U0153994

文本風景

自我與空間的相互定義

鄭毓瑜　著

國家圖書館出版品預行編目（CIP）資料

文本風景：自我與空間的相互定義 / 鄭毓瑜作. -- 三版.
-- 臺北市：國立政治大學政大出版社, 2023.12
　　面；　公分
　　ISBN　978-626-97668-4-0（精裝）

1.CST: 中國文學 2.CST: 文集

820.7　　　　　　　　　　　　　　　112020604

文本風景：自我與空間的相互定義

作　　者｜鄭毓瑜

發 行 人　李蔡彥
發 行 所　國立政治大學政大出版社
出 版 者　國立政治大學政大出版社
總 編 輯　廖棟樑
執行編輯　林淑禎
校　　對　陳占揚、朱先敏
地　　址　11605臺北市文山區指南路二段64號
電　　話　886-2-82375669
傳　　真　886-2-82375663
網　　址　http://nccupress.nccu.edu.tw

經　　銷　元照出版公司
地　　址　10047臺北市中正區館前路28號7樓
網　　址　http://www.angle.com.tw
電　　話　886-2-23756688
傳　　真　886-2-23318496
戶　　名　元照出版有限公司
郵撥帳號　19246890

法律顧問　黃旭田律師
電　　話　886-2-23913808

三版一刷　2023年12月
定　　價　500元
I S B N　9786269766840
G P N　1011201989

政府出版品展售處
• 國家書店松江門市：104臺北市松江路209號1樓
　電話：886-2-25180207
• 五南文化廣場臺中總店：400臺中市中山路6號
　電話：886-4-22260330

目　次

序
時空以外
楊牧

　　善讀書者一定看得見傳統文學之典麗幽微，透視文本，知道它是不孤立的，前有所承，後有所續，於嬗遞轉圜處產生意義。他揣摩作者謀篇的理路，試探其詞鋒，語窘，深入文章修辭規模的中心，有時甚至嘗試以意逆其志，是為閱讀策略之極致，一種令人神往的詮釋行為，接近了原初的創作動機。他看到層出無窮的意志和觀念在字裡行間流動，沸聲活活，浡勢潺潺，形象既繁複多樣，指涉復不失分明，都在他實踐的濾光鏡下各自擔負起語意折衝，勾勒，相互詮釋的責任─暑日繼之以黑夜的膏焚，使他得以通過深入比對和思考，把握到章句訓詁之鉅細而靡遺，認識時代地域的格調，風尚，以及文章賴以擴充完成的意象，進一步用來印證，說明典故和傳說等附屬，所以說他絕無懷疑，縱觀橫看，沒有一篇文章是孤立的。

　　雖然，我也聽到過有人埋怨，對早期漢文學異代互出的主題與風格不能容忍，視之為模仿重複，為思想與文體之退化、腐敗。有人讀杜詩「國破山河在，城春草木深」，認為是寫戰亂後植物蓊鬱豐美，一片繁榮新氣象，不知其所以然；再讀韋莊「長安寂寂今何有，廢市荒街麥苗秀」，始覺悟到底詩人並不是著眼在寫春天美景，但國破怎能以「草木深」和「麥苗秀」表現？殊不知這正是傳統文學象徵系統準確，堅持的運作一例。其源出於王風：「彼黍離離，彼稷之苗」。詩詠周東遷後，大夫行役過故都宗廟，見曩昔禮樂宮室盡皆荒蕪，為禾黍所取代，所以感歎如此。簡言之，黍稷既不屬於宗周舊廟種植之農作，草木和麥苗也不屬於長安的大道街衢，目睹自然品物忽焉易位，更加重表達徬徨之心。

而事實上，也唯有從古典原文考察，我們才能正確理解杜甫為什麼把「國」與「山河」齟齬錯置，反而造成最美麗，簡潔的文字效果，蓋國無非實際存在或存在過的城邑，即長安，如魏風「聊以行國」有限的範圍，和山河同樣是具體而非抽象，彼此的對應固然不可忽視，但須在人為聚落與自然界存在本體的異同處思考，才找到頭緒，領悟到古典的啟示。面對文本，不充足的詮釋固然可惜，過分閱讀也大可不必。若「池塘生春草」或「孟夏草木長」，前者無非就是蓄意於煩瑣處找到簡約，我們隨其上下文勉強進入那世界，感受它存在的理由或在其篇幅結構，但修辭學上的重要性竟無從說起。後者自然天成，彷彿就一筆帶過，不作勢深奧，不攀附，自成時序指示之規格，反而以無心機渲染更勝其餘，於六義中保留了一種介乎賦與興之間的祕密，還有一些比喻的因素，所以就不是孤立的。

我們把眼光轉到六朝都城的建康，就感覺到那三百餘年的歷史起伏，有一種幽遠的神詮秩序，初不僅只於宮室建築與地理形勢而已；綿互成長的政治和經濟體制，活動，以及它崇高的文化層面，我們風聞的傳說和深入的文章，更使我們相信，治文學史有習以時代分期解析共同主題與風格者，若是放在這個六朝「時期」來看，想當然是合理的。在建康都城的中心，郊野，邊緣，以及想像的空間與時間記憶最遙遠的夢之鄉陲，我們感覺到一些大雅人物共有的聲音，色彩，面貌，穿越不同的季候節氣，各自連結成黼黻有機之章，縮帶之以不朽的詩賦，環繞著那命運之城在永遠不斷地生長。

所以，當我們閱讀這大環境所催生的文化生命，揮之不去的當然是那些人物，勝過舊時代白下的軍壘或風景不殊的新亭，包括既賦〈遂初〉又諫遷都的孫綽，在清談與憂國間找到平衡的王導，庾亮，謝安，和雍容儀形，轉身又傲然嘯詠的周顗。他們和最完整的詩賦文章一樣，緣情體物有機進行，彼此詮釋。所以我們就在那一來一回的交談裡聽見微言大義，桓溫與孫綽，王羲之與謝安，因為言語論述到精妙處，智慧領先流露，而聲韻婉約，泠泠如絃上之音，是注定引起迴響，殆無可

疑。

　　空間的設定如此，通過它可以讓我們回頭檢視那不世出的皇城，它的崛起和毀壞，再生，屈服，其規律圓融猶如一首五言詩，在江南的宮廷裡，市井中琢磨發光，如此確定不可移易的意象群，或持續自轉以導致變化的傳說和典故，隱喻與現實，廣泛的象徵體系，似乎都還不到完全定型的時候。但也好像有一天這一切都完成了，在我們來不及探明底細的時候，不知道是懷古，還是預言，無意間抬頭看到：

　　一片降幡出石頭

若不是時間操縱它，難道我們可以說是空間以那俯視與仰望的巨眼，如此虛無地將時間限定，「築長圍以絕內外」，把所有斯文與側豔帶到一個終點？

　　鄭毓瑜教授將她近年環繞抒情傳統這個大題目所撰的論文六篇集成一帙，題為《文本風景》，其中第一單元兩篇的研究對象是東晉時代以及接下來南朝的建康，從一種紀律的角度檢視這金粉都城超越，繁複的意象世界，和它的宿命。我於閱讀之際，屢次為她冷肅的筆觸後點出的大量的同情體會覺得感動；想到有時面對古來的漢文學，還難免為其中的構成與敷衍動輒流於程式，為過度的鋪張，而產生反感，就知道我們需要的不一定是流行的批評理論，反而就是一貫的訓詁演練，和基本文學史觀的陶冶，以之推斷邏輯，找到詩的公理。這裡，我們看到一個方位分明的空間地域，一個無隱晦的光圈，被使用來照明特定時間裡多元的文化形態，突出人生的優遊和殘酷，終於又回歸文本，但不再僅是儼然禁錮的經典了。若第二單元所關注的，於一般騷賦瀏亮之外，又多了鉅大的勇毅和無窮悲憫，收束在晚明那一段悽惶無限的時間裡，指向江南，在更大的思想空間，體會烈士和遺民的意志，則文本裡舉哀的對象和虛設實有的園囿似乎更充滿了象徵張力，死難與流亡都是古來經典裡重複面對，思考的主題，也唯有在那持久延續的傳統裡最具意義。

　　上文提到傳統文學的構成與敷衍有時流於程式，甚至變成一種閱

讀上的困擾。然則，我們又如何能將它順氣勢和傾向從頭整理，找到活力，並導向修辭學最上乘的表現體裁？創作者隨手之變，難以辭逮，但我們眼前攤開的文本傳承確定，不能增減，正在接受時間的考驗，普遍的質疑。況且，善讀書者更有責任為古典辯護，通過深刻精當的訓詁將它準確定位，繼之以解析，詮釋，還它活躍跳動的生氣，放置於調整的批評觀點之下，發現它所有典麗與幽微，彷彿是前所未有的，則甚至連續重出的章句，或近乎程式的表現方法，因為邏輯存在，正足以證明傳統文學之為想像和知識的累積，一種持平的創作方法，所以任何文本都不是孤立的，前後有所繼承，產生美學和倫理的意義。

　　此書第三單元探討自然界的氣氛與詩的發生，展開，結束的關係，其中大篇幅評估漢魏時代抒情詩由無到有的過程，強調詩人對自然與文本的迎拒，於他的創作動機和方法，以及結果，具有一種辯證的力量。這就好像是說，所以，當陸士衡強調一個詩人的養成首先必須具有對時序推移的敏感—遵四時以歎逝，瞻萬物而思紛；悲落葉於勁秋，喜柔條於芳春—恐怕只是一種隱喻修辭用語，細部結構仍有待參差的文本為他適時提供，其不可或無幾同於記載先人世德的大書，和一般「文章之林府」，而那有關時氣的文本特別令人覺得不可思議，例如：

> 立春之日，東風解凍。又五日，蟄蟲始振。又五日，魚上冰。風不解凍，號令不行。蟄蟲不振，陰氣奸陽。魚不上冰，甲冑私藏。驚蟄之日，獺祭魚。又五日，鴻雁來。又五日，草木萌動。獺不祭魚，國多盜賊。鴻雁不來，遠人不服。草木不萌動，果蔬不熟。

　　這些近似農民曆的文字或許真介乎號稱夏代流傳下來的〈小正〉和《呂氏春秋》一類的月令之間，其實也可以說就是詩，如〈豳風・七月〉云：「五月斯螽動股，六月莎雞振羽，七月在野，八月在宇，九月在戶，十月蟋蟀入我牀下」，而詩是原來就有的，先於哲人之高瞻遠矚或深思熟慮而存在，或者如薄伽丘（Giovanni Boccaccio, 1313-1375）

所說，詩人就是秉諸神之志以探索，記述天地運作的睿智。從神詮的層次言，詩人創作的時氣感或從大自然季候變化的現實風景來，或自文本來，並無不同，其效果對他的詩的完成應該是一樣的。蓋文本曾經就是大自然風景的真實記載；唯其如此，詩人追求的時空就是無限，煙翳縹緲，訴諸具體的形象，付託給文字。毓瑜的論文集編就後，索序於我，可能因為她知道我早年曾作詩〈北斗行〉，試探天上星宿的預言奧祕，相對於人間玄想，至「搖光第七」遂以前引月令的季候節物隳桰度入，總結天樞以下七章之作。捧讀新書，愈增歲月之想。

二〇〇五‧九‧臺北

三版序

　　《文本風景──自我與空間的相互定義》，是我在研究上的分水嶺；在此之前出版的書名都冠以「漢晉」或「六朝」，但是《文本風景》之後，我不再以時期作為研究構想的範圍，而希望以觀念結構跨越分期的疆界。區分時期，幾乎是文學史研究的基本方法或甚至是一種規範，但是一般依據政權劃分，往往忽略還有社會、地域、文化、經濟、交通等各項不必因時間而切斷的因素；每一個時期，看似完整一致的框架，其實是隱藏了框架外邊不整齊、不一致的出入，這些分歧往往反過來挑戰看似自圓其說的分期。這並不是說文學史絕對不能分期，而是必須思考究竟是在甚麼意義結構下進行分期；而不同的意義種類，可能才是追索文學歷史的意義。[1]

　　《文本風景》以「空間」為思考核心，分別探討都城意象、地方感、國族認同與物類體系的形塑，涉及的文本包含《詩大序》、《楚辭》、〈月令〉，至於漢魏、南朝、明清之際的詩賦、史錄、方志，不但解開受限於某一時期的文體規範，同時解開局限於地域疆界的文化思想，就如同採用新方式來切分、重組文學史，凸顯文學本身是「不──連續」的發展關係體。離散失根的明遺民可以透過漢代大一統時期的大賦體式，表現自己移植人文種子的新生；楚騷的「哀江南」，既可以表現庾信的傷心愧悔，也可以抒發夏完淳從容就死的義憤慷慨；〈時訓〉、

1　此處關於分期的思考，可參見 Eric Hayot, "Against Periodization; or, On Institutional Time", *New Literary History*, AUTUMN 2011, Vol. 42, No. 4, pp. 739-756.

〈月令〉以來的草木鳥獸，憑藉跨越時空的文本互涉與交織，甚至在人物、事件都不存在的情況下，成為後人可以模擬與再製的文化實在物。透過意義連結，在傳統中國的文學文化裡，「文學南方」既超越時空限制，也重新建構文本的時空。

　　《文本風景》之後，我進一步透過「引譬連類」這個概念，希望呈現中國文明的知識論，即便在晚清民初「西學」、「科學」推波助瀾的「計算語言（the language of calculation）」大旗下，並沒有拋卻身心與宇宙相互類推、彼此交融所生成的「初始話語文本（the primitive text of a discourse）」。[2] 這個人和宇宙相互靠近的共感場所，鍛煉出漢語的「可發聲性」與「可體現性」，在當時講求拼音化、符號化、語法化的「現代」工程中，提出另一種「現代轉向」。[3]

　　自十九世紀上半葉，當天文物理學進行大尺度量測，開始以「光年」測度太空中星球間的距離長度，不論是五大洲上百年、千年的人類生活史，或是以億年為度的地球變動史，相較之下，似乎都顯得無足輕重。當前的文學或人文學研究者該如何重新詮釋人的境況下可以感知的時空，文本的框架有可能與子午線或相對論的規範框架相交涉嗎？當漢娜 鄂蘭說「工匠人」以製造取代沉思，以心智結構取代了存有的體驗，當我們服從於抽象符號所推論的定律公理，人如何以感覺、記憶、想像，持續體認美、悲傷與永恆？[4]《文本風景》在二十一世紀初出版，書中由各種知識、政治、社會關係交錯的「自我」文本，如今彷彿為逐漸疏離存有感知與風土記憶的人，提供另一種重構的可能途徑。

2　參見 Michel Foucault, *The Order of Things*（New York: Random House, 1970），pp.59-63。關於「引譬連類」這概念的系列討論，請參見鄭毓瑜《引譬連類：文學研究的關鍵詞》（臺北：聯經出版公司，2012 年 9 月出版，2014 年 8 月再版），又，簡體版由北京三聯書局出版（「三聯文史新論」），2017 年。

3　關於漢語的現代轉型，請參見鄭毓瑜《姿與言：詩國革命新論》（臺北：麥田，2017 年 2 月）。

4　參見漢娜‧鄂蘭《人的條件》（林宏濤譯，臺北：商周，2021 二版），尤見第六章〈行動的生活和近代世界〉。

　　《文本風景》的增訂再版，特別感謝廖棟樑、高嘉謙教授的鼓勵，
也同時感念當時為本書作序的楊牧老師。

鄭毓瑜

2023 年夏至

增訂版序

　　我長時間關注文學中的時空議題，早先針對「山水」、「行旅」等傳統類型的表現進行討論，[1]直到《文本風景》一書，藉由人文地理學或文化地理學的角度，確立系列研究的焦點，正在於個人與空間相互侵進、相互定義的文本脈絡，才突然像是找到了旋轉的樞機，詩空間以「意象化」、「文體化」乃至於「氣氛狀態」自成方圓。2005 年出版之後，得到許多師友的鼓勵，這次再版，除了少數字詞修訂，主要是新增〈由修禊事論蘭亭詩、蘭亭序「達」與「未達」的意義〉、〈身體行動與地理種類——謝靈運山居賦與晉宋時期的「山川」、「山水」論述〉[2]兩篇文章，希望可以更豐富「文本風景」的主題詮釋，也希望稍微記錄自己學術路上曾經有過的追尋。

　　往往，學術研究的題目不必是最時新的，卻應該是最根本的議題。

1　相關論文有如〈試由修禊事論〈蘭亭詩〉、〈蘭亭序〉「達」與「未達」的意義〉，《漢學研究》第 12 卷 1 期（1994 年 6 月），頁 251-273；〈觀看與存有——試論六朝由人倫品鑒至於山水詩的寓目美觀〉，《中國文學理論與批評研究學術討論會論文集》（臺北：新文豐，1995）後收入《六朝情境美學》（臺北：里仁，1997）；〈歸反的回音——漢晉行旅賦的地理論述〉，《中國文哲專刊》第 17 期「世變與創化：漢唐、唐宋轉換期之文藝現象」（臺北：中研院中國文哲研究所，2000），頁 135-192，後收入《性別與家國——漢晉辭賦的楚騷論述》（臺北：里仁，2000）等。

2　〈身體行動與地理種類——謝靈運〈山居賦〉與晉宋時期的「山川」、「山水」論述〉一文，最先是英文版 "Bodily Movement and Geographic Categories: Xie Lingyun's 'Rhapsody on Mountain Dwelling' and the Jin-Song Discourse on Mountains and Rivers"，發表於 *The American Journal of Semiotics* vol. 23,1-4 (2007), pp. 193-219。經增補後的中文版，刊登於《淡江中文學報》第 18 期（2008 年 6 月），頁 37-70。

距離初版近十年後，重看《文本風景》，體會到「空間」議題所可能延伸的深廣度，「空間」與「時間」，乃至於「身體」感知、「譬喻」架構環環相扣。而「時空－身體－譬喻」，就是我這十幾年來陸續展開的研究主題，其中「相互定義」的視野正是打開二元僵局的關鍵；人身在宇宙四時流轉中，體驗順逆、離反的處境，並且透過不斷對話與創化的譬喻，更新與時推移的身心姿態。十年間，我並沒有停下腳步，《引譬連類──文學研究的關鍵詞》[3]於 2012 年底出版（2014 年再版），藉由重新詮釋「引譬連類」這個關鍵詞，顯示中國人文傳統中牽涉思考、行動以及語言的「概念框架」（conceptual frame）。而其中，追問中國所謂「物」、「類」如何異於西方的「物質」、「範疇」，又開啟了我對於「連類框架」如何對應「技術體系」的未來研究。

　　2005 年，王德威教授將《文本風景》推薦給麥田出版公司，由胡金倫先生仔細編校，楊牧老師親筆寫序，勉勵為古典辯護，尋求詩的真理，出版後，陳國球教授的書評，為「抒情傳統」的研究勾勒來路與前景，2014 年高嘉謙教授催促將絕版多時的《文本風景》重出增訂版，經秀梅小姐費心編輯，終於 2014 年底面世。時光悠遠，記憶綿長，這本書在「自我與空間的相互定義」之餘，也是「自我與時間的相互定義」了。

3　《引譬連類──文學研究的關鍵詞》（臺北：聯經），2012 年 9 月初版，2014 年 8 月再版。

導言
抒情自我的詮釋脈絡

　　「空間」是一個跨學科的語詞，從物理學、地理學到現象學，從藝
術審美到權力運作都可以藉由「空間」角度進行論述。空間究竟只是一
切物質活動的靜態背景，或者是一種會參與物質變動而波動起伏的流體
狀態？空間如果可以透過數理方式計算與衡量，那麼又該如何安置靈界
與天堂？人固然生活在一個與社會現實相關涉，甚至是被規畫好的空間
中，但是透過記憶、書寫與日常實踐，人是否也可以「創造」對於社會
空間的主觀感覺？如果空間是如此複雜的現實或想像的社會關係互動的
網絡，原本被視為封閉的地方或個體存在，是否也應該有開放與聯繫性
的新理解？[1]

1　關於「空間」概念的論述，針對西方由神學到物理學乃至於網路空間的發展可
　參考《空間地圖：從但丁的空間到網路的空間》（*The Pearly Gates of Cyberspace*,
　1997）一書的簡要說明，魏特罕（Margaret Wertheim）著，薛絢譯（臺北：臺
　灣商務，1999）。至於強調人文空間的相關著作則可參考 Gaston Bachelard, *The
　Poetics of Space* (Boston: Beacon Press, 1994)，本書以房屋（house）由地下室到
　閣樓的種種設備家具為例，說明房屋意象如何成為個人私密存在的地誌，甚至
　人就居住在種種遺忘或記得之間，在自身靈魂之中。另外如 Yi-fu Tuan, *Space
　and Place: The Perspective of Experience* (Minneapolis: University of Minnesota Press,
　1977)，本書以簡明筆法討論人如何賦予空間與地方意義，尤其強調個別多元的空
　間與地方經驗（如地理學者、觀光客、計程車司機經驗地方的方式都不同）。又如
　《文化地理學》（*Cultural Geography*, 1998），Mike Crang 著，王志弘等譯（臺北：
　巨流，2003），本書探討文化如何透過一連串空間地景或文本地景來複製與傳播，
　尤其針對如何由 1960 年代強調普遍規律的空間科學進展至於 1970 年代的人文地
　理學與馬克思主義社會學的空間觀點轉換，對於計量化空間科學將地方當客體，
　而不是在地方中體驗生活，以及可能假中性科學之名淪為權力宰制工具之虞，有

　　對於文學研究而言，在 1970 年代從空間科學（spatial science）至於人文地理學（humanistic geography）或「社會地界定的（socially defined）空間概念」的轉換，是最值得關注的焦點。從作為幾何計量式的客體呈現，至於重新思索這些地形、經濟的模型、數據與社會文化的交互牽涉（意識形態主導數據分析而宰制或標定社會行動的所謂進退，社會政經行動也可能抗拒或重塑這些計量調查），尤其是在這些「準確」的數據之外，透過個體主觀經驗所賦予空間的意義，對於文本詮釋應該都極具啟發性。當空間成為社會關係的產物，或者出現充滿情感的地理學書寫，[2] 首先讓文學文本相關於空間的描繪可以脫除「太主觀」或「不科學（不是地理事實）」的世俗認定，[3] 文學筆法固然不是客觀地呈現區

清晰的說明（如第七章「地方或空間？」）。另外批判空間科學的外部流派（除了地理學內部的人文地理學）即是以社會關係為主的空間論述，如 Michel Foucault, "Questions on Geography," in Colin Gordon ed., *Power/knowledge: Selected Interviews and Other Writings*, 1972-1977 (New York: Pantheon Books, 1980), pp. 63-77，檢討許多諸如場（field）、區（region）、領域（territory）等地理觀念，其實充滿政治或知識權力的運作。而關於以社會為關注焦點的空間理論（如空間是社會關係的產物；空間的組織與意義是社會經驗的產物）之介紹，可參考王志弘〈空間與社會──邁向社會優位的空間理論〉，收入氏著《流動、空間與社會》（臺北：田園城市文化，1998），頁 1-16。當然個人或庶民並不必然完全為社會權力機制所制約，但是也有可能自以為是翻轉中心的邊緣論述卻也成了霸權中心的共謀。前者可以參考邱貴芬〈尋找「臺灣性」──全球化時代鄉土想像的基進政治意義〉，《中外文學》32 卷 4 期（2003 年 9 月），頁 45-65，此文以鹿港民俗儀式「（王爺）夜巡」為例，說明庶民行動並不為主流經濟勢力（如現代化工商業）收編，而呈現一個動態又前進（鄉土想像或在地性通常被視為後退停滯的）的在地性（鄉土想像）之形成過程。後者如朱耀偉〈當代批評論述中的空間化迷思〉，《當代》第 105 期（1995 年 1 月），頁 14-25，以跨國資本主義為例，說明「第三世界」或「亞太地區」根本不再是與西方中心相抗衡的「邊緣」，反而成為西方論述體制中的一條新生產線（如「異國風情」的商品化即主流中心化）。

2　可參考如 Yi-fu Tuan, *Space and Place* 中對於「地方感」的描寫，"Intimate Experiences of Place," ch. 10, pp. 136-148。

3　克蘭（Mike Crang）在〈文學地景：書寫與地理學〉中就認為「文學不因其主觀而有缺陷；相反地，主觀性表達了地方與空間的社會意義。因此，我考察了不同的書寫城市方式，以及不同時期與地方的不同故事形式，如何告訴我們都市生活的特質。在這個基礎上，我認為不同的文學類型訴說了變化中的時代，……如何

域或地方，但是卻比看似精確的統計圖表更能撐拄起當時深刻的社會脈絡與在地經驗。其次，正因為破除了主／客觀或現實／想像的二元分界，空間無法單純被反映，同樣也無法完全被編造，這應該是個人與空間「相互定義」的文本世界；空間設置可能引導社會關係的實踐，但是社群生活實踐過程中的衝突協調也可能重寫空間的意義。

　　從這個「相互定義」的角度出發，最可以重新看待的就是文學研究的根本基礎─背景或環境的問題，也就是文本脈絡的詮釋空間。在一般文學研究裡，「背景」或「環境」常常只是聊備一格，或是以前言交代，或在註釋裡說明，與文本分析既難以密切相融，甚至容易限制解讀的可能性，而使文學僅僅流於地域史或建築史的補充資料，相對來說，文學以外的其他學門之研究成果也無法有效的運用。然而，當文學作品放回世界脈絡重新觀看，文本開放成一個交涉、協調的場域，跨領域的詮釋於是成為可能。譬如「想像」一座城市，該如何去結合實證性的史料，同時又能有合於環境脈絡的穿織游移？以六朝都城建康為例，它不但是政治、經濟中心，也是六朝文化形成與發展的核心場域。歷來論述建康城，以現今可見具體成書者如唐許嵩《建康實錄》、宋周應合《景定建康志》、元張鉉《至大金陵新志》乃至明、清間成書的《應天府志》、《江寧府志》等，可以說是匯集了「建康史」之大成，分別在地理形勢（山、川、河、湖）、宮城建築（另包括寺廟、園宅、陵墓），以及人物掌故各面向，累積了豐富的文獻資料；當代的研究以史料配合出土文物，針對都城形制、貿易交通等都有更進一步的具體描述，提供了具體的圖表（如都城規畫、園宅分布）、數據（如人口結構、出使及征戰次數），[4] 當然也明顯偏重在講求精確（accuracy）的客觀事項（objective facts）上。那麼這些資料如何有助於人文詮釋，又如何表達出屬於建康

　　對應於不同的體驗世界與組織相關知識的方式」，收於《文化地理學》，頁 58-59。

4　可參考如朱偰《金陵古蹟圖考》（收入《民國叢書》第 4 編，據商務印書館 1934 年版影印），劉淑芬《六朝的城市與社會》（臺北：臺灣學生，1992）等。

的都城意義？

　　如果將建康城視為一個社會空間（social space），這些各個分立的事項其實與人情經驗相互穿織，經過主、客觀協調之後，成為展現文化價值或社會關係的環境形態。[5] 比方說，建康城西南的新亭，是東晉初過江諸人最常邀集飲宴之處，周顗並且認為「風景不殊」，只是江、河之異，這固然可以從洛陽和建康的地理環境非常相似來加以解釋，[6] 但是如果也考慮西晉名士常常共至洛水戲游談道，那麼新亭所在更深刻的感受應該是如何在江東復現這種名士文化活動中共感的氛圍。又譬如從歷史資料可以清楚序列東晉建康宮城、都城由簡陋走向華麗的建築時間表，但是如果同時也注意到桓溫治江陵（荊州），被顧長康題以「遙望層城，丹樓如霞」，層樓疊觀早於謝安主持興建的建康新宮，兩座城市的華儉較量，毋寧也成為當時朝中閫外強弱關係的具體象徵。[7] 那麼弱勢的東晉政權，面對地促勢卑、無力北反的事實，建康既無華麗宮城，又尚未完備禮制，更因禍起蕭牆而屢遭戰亂；這時候王導、謝安諸人如此傳續中原正始以降的名士風流才因此顯現出重要性：這樣跨越朝代、地域的文化連續性，成為重建江左政（正）統的重要象徵，那是在原本左遷的地域、弱勢的政局中重建家國領域合法、合情的想像基礎。而建康城相對於平直整飭的迂餘格局，也許可以說是王、謝諸人玄妙淵雅的名士政治下打造的永恆地景。

　　換言之，外在空間的實踐其實與內在意識的象徵相互表裡，一個地

5　人文地理學者段義孚（Yi-fu Tuan）在 "Literature and Geography: Implications for Geographical Research" 一文中談到文學書寫可以提供地理學者三個思考面向：如尋找人文經驗及關係形態所構成的社會空間；尋索如同藝術作品所透露的對環境的理解與文化價值的熔鑄；最後在地理分析中嘗試達到一種主、客觀的平衡。見 David Ley and Marwyn S. Samuels ed., *Humanistic Geography: Prospects and Problems* (Chicago: Maaroufa Press, 1978), pp. 194-206。

6　見劉淑芬《六朝的城市與社會》，頁 170-171。

7　以上二例詳細分析請見鄭毓瑜〈東晉建康論述──名士與都城的相互定義〉，收入李豐楙、劉苑如主編《空間、地域與文化：中國文化空間的書寫與闡釋》上冊（臺北：中央研究院中國文哲研究所，2002），頁 211-212。

理空間（包括各式建築或不同地域）可以是某種意象化的形式，而人們正是藉助於在一定程度上共通的意象，來「看到」這個空間或發展出對於這空間的感知。顯然空間意象並不就等於從自然地域或文物遺址上所標示的方位，當然也不是單單由個人記憶就可以聚合出來，而必須是一種社會相續互動下的經驗產物，是四面八方的線索相互作用下所浮顯的立體座標。[8] 這樣一個社會空間或文化空間，不但可以超越距離、方位所構成的地域區判，明顯也超越了政治權限或國族興亡的分野，而凝聚出一種越界存在的關係場域。所謂「越界」的地方感（the sense of place）或地方認同，正說明了銘刻意義的「地方」（相對於「空間」），[9] 並不必然是可以指出範界的區域（as areas with boundaries around），反而可以想像成是「在社會關係與彼此協議的網絡中連貫不斷的行動」。[10] 亦即是，如果將「地方」意義的建構放在人與人的往來周旋上來看，「流亡者」或「異國他方」這些原本僅固著在區域、疆界的設想，也許可以有新的理解空間。尤其是改朝換代時遺民、烈士的心境，最可以重新討論。以明清易代之際為例，國破家亡讓明末士人彷彿身處無路可出的絕境，身分認同也失去原本基於疆域劃分（如國、族、家）而提供的

8　對於都市空間文化的分析，參考曼威・柯思特（Manuel Castells）著，夏鑄九譯〈都市象徵〉（"The Urban Symbolic"），及葛迪樂、拉哥波羅斯著，吳瓊芬等譯（M. Gottdiener and Alexandros Lagopoulos）〈都市與符號〉（導言），皆收入夏鑄九、王志弘編譯《空間的文化形式與社會理論讀本》（臺北：明文，1993），分別見於頁539-547 及 505-526。

9　關於「空間」（space）與「地方」（place）的差異，請參考潘朝陽綜合段義孚、芮查（Edward Relph）等人所提出的說法：「一個地方，即是被主體我占有居存的空間，在其中不斷生發存有意義，使此原本空洞、抽象的空間轉化成涵詠蘊具人文與生命意義的空間。」見〈空間・地方觀與「大地具現」暨「經典訴說」的宗教性詮釋〉，《中國文哲研究通訊》10 卷 3 期（2000 年 9 月），頁 178。

10　這是引自瑪西（Doreen Massey）所說 "Instead, then, of thinking of places as areas with boundaries around, they can be imagined as articulated movements in networks of social relations and understandings," "A Global Sense of Place," *Marxism Today* 35(June 1991): 28。瑪西的說法原用以突破地域區隔，而提出重視彼此交遇關係的「全球感」建構的可能性。

支援系統，如果書寫是一種另類寄託，這究竟如何提供生存的餘地，又如何安頓失落的認同？

如果選取明清之際辭、賦文學表現為例，似乎可以從系列擬作與套用典事上，發現作者重建「自我認同」的迂曲心路。因為文學現象中常見的仿擬與用典，正是透過對於過往經驗的借代與解釋所起的一種情感上的認同作用，「不論擬古或用事，在在顯示出古典作家試圖把時間上的過去拉向現在，使得過去與作家當下的現在具有一種同時代性，並且以此喚起、造就一種文化上的集體意識」。[11] 很明顯的，原本「疆域－認同」的紐帶，此時轉為「典律－認同」所取代；書寫無法自外於傳統典籍所建構的支持體系，閱讀、詮釋也同樣共存於這個歷代累積的提供翻查、比對的領域，作者與讀者可以說都是藉助它從而具體地理解彼此，並在其上從事歷代相感相續的意義建構（寫／讀）行動。「地方」，就是古今同情共感的所在；「認同」就在彼此共享的文體語碼中；所謂「國族」觀念成為一連串記憶的再現與轉譯的過程。譬如「哀江南」論述，自屈原、庾信至於尤侗、夏完淳等，地理江南幾經遷變，但是「魂兮歸來哀江南」卻像是亙古不息的聲聲召喚；除了對應當時「國亡家破，軍敗身全」的現實時局之外，又加上今古相涉、藉彼釋此的歷史深度。尤其是藉著庾信引發的關於忠臣是否必定死節的紛紜議論，讓「哀江南」論述早超越了地理空間上的鄉關之思，更必須包含歷時變亂中的個人抉擇與事件意義；換言之，在這個論述形成過程中，除了懷想故國，暗裡更彷彿有明清之際的士人宣示著不同的身分、立場，進行著彼此的拉

11　蔡英俊在〈「擬古」與「用事」──試論六朝文學現象中「經驗」的借代與詮釋〉一文中，對於這種借代、解釋引起的認同作用，乃至於影響鑑賞判斷中的「典式」（the model）問題，有發人深省的探討。文見李豐楙主編《文學、文化與世變》（第三屆國際漢學會議論文集文學組）（臺北：中央研究院中國文哲研究所，2002），頁 67-96，括號內文字引自頁 75。而拙著〈直諫形式與知識分子──漢晉辭賦的擬騷、對問系列〉亦曾經由文體的模擬與轉化，探討漢代知識分子如何透過讀／寫雙方不斷累積、交集的經驗，體現對於時代環境某種集體性觀點，文見《中國文哲研究集刊》第 16 期（2000 年 3 月），頁 151-212。

鋸、調協，而使這個「哀江南」的論述充滿曲折宛轉的起伏波動。

　　顯然，亂世變局中的文人士子是如此熟悉而穩妥地在這個已成典律的文化原鄉中（如已知的「哀江南」），讓傳統「代言」自我，為當代自我的抉擇找到傳統論述方式的「背書」。如果當時的擬騷或論述「哀江南」可以作為個人身分抉擇的一種支援體系，可以成為探索時人生命依存的一個參考點，那麼更值得注意的是流亡海外的朱舜水，身處異國卻又模擬漢大賦筆法寫下的〈遊後樂園賦〉。大賦體式不但是漢帝國大一統的象徵，當然也成為中原國族正（政）統的符碼，朱舜水依循這個體式慣例，並不是說〈遊後樂園賦〉就只是模擬〈上林賦〉，而應該說是挪借了以〈上林賦〉為代表的體國經野的盛世氣象，象徵自己所輔佐的光國卿與所指導的水戶學派在日本文化及政治上已經造成的影響與貢獻。對於朱舜水而言，身在中國時期既以世亂而拒絕出仕，初至日本又充滿憂憤而閉門掃跡，直到六十六歲以後，知遇於源光國而竟至於可以面對這樣「趨近」文化盛世的處境，可說是絕望的一生中原來沒有預料的轉機，作於七十歲（1669）的〈遊後樂園賦〉於是歡欣快意地模擬宮廷大賦的頌美文體，援引漢武上林的歷史典事，應該就是這逐步朗現的人生出路非常貼切自然的寫真。

　　一種「文化的」盛世，而不是「政治的」盛世，因此得以實現於任何地域，讓疆界性的家國限制消弭無形。對於終身堅持著明朝衣冠的朱舜水而言，[12] 清虜盤據的中國早已不成為家；中原雖是故鄉，自己卻早與毀冕薙髮的中原人大不相同。七十歲開始準備身後事，次年（庚戌，1670）以檜木製妥棺槨，曾自誓「非中國恢復不歸也」，然而一旦老病不起，「骸骨無所歸，必當葬於茲土」。[13] 因為具有如此體認，〈遊後樂

12　朱舜水不但自己奉行（自製明室衣冠，見〈舜水先生行實〉，《朱舜水全集》附錄，頁 322），甚至要求來探視他的孫兒一到長崎，「便須蓄髮，如大明童子著式，另作明朝衣服，不須華美。其頭帽衣裳，一件不許攜入江戶」，見湯壽潛刊、馬浮編〈答王師吉〉，《朱舜水全集》（臺北：世界，1956），頁 20。
13　引自安積覺〈舜水先生行實〉，《朱舜水全集》附錄，頁 321。

園賦〉透過大賦體式所展布的格局，明顯有別於一般遺民書寫總是「黍離之悲」、「新亭對泣」等「危苦之詞」[14]的單一形態；除了流離逃遁、懷歸望鄉，[15]〈遊後樂園賦〉為本來已經無路可出的流亡生涯，朗現一片柳暗花明的喧鬧春意──那是朱舜水歷經生死、仕不仕的抉擇關隘，甚至走上不歸路後，終於看見的華美風景。

如果書寫活動是為了詮釋自己，那麼文體的選擇其實就是選擇表現自己的一個面向。作者不是反映環境的客觀中介，但是也無法全然主觀率意，文體是主客觀聯繫的焦點，作者從文體的程式規範、寓意型式中恍然看見被書寫出來的在世界中的自己。個別的生活遭遇透過文體的模塑，因此參與了一個累積的公共傳統；這個文體傳統累積了世代的讀／寫經驗，提供作者印證、闡發與擴大個別經驗的機會。一旦選擇某種文體，就彷如進入歷史文化的迴廊，在一種熟悉的語句格式、典事氛圍中，完成發現當下自我同時也是再現共享傳統的書寫活動。而任何共享的傳統當然不只是社會結構、文化場域的象徵符碼，更擴大來說，它是宇宙觀或世界觀的體現：抒情言志的自我，不但應該置放回社會、文化的脈絡中來詮釋，也同時應該讓個我重回自然的懷抱。

雖然，直到南朝，才出現運用「自然」這個詞語來指稱整個人類

---

14 《詩經‧黍離》：「彼黍離離，彼稷之苗，行邁靡靡，中心搖搖。知我者謂我心憂，不知我者謂我何求，悠悠蒼天，此何人哉？」《毛序》以為詩人過西周舊都，見宮室荒蕪，無限悲閔之作（見《十三經注疏》之《毛詩注疏》卷四〔臺北：藝文，1979〕，頁 147）。《世說新語‧言語篇》第三一則：「過江諸人，每至暇日，輒相要出新亭，藉卉飲宴。周侯中坐而歎曰：『風景不殊，舉目有江河之異。』皆相視流淚。唯王丞相愀然變色曰：『當共戮力王室，克復神州，何至作楚囚相對泣耶？』」（楊勇《世說新語校箋》〔臺北：宏業，1976〕，頁 71）。庾信〈哀江南賦〉序曰：「追為此賦，聊以記言。不無危苦之辭，惟以悲哀為主。」（倪璠《庾子山集注》卷 2〔臺北：中華，1968〕，頁 3 上）。

15 朱舜水留居長崎初期就反映這種心境，除了本文第一節所述，安積覺〈舜水先生行實〉亦記載「先生雖客寓於茲，莫不日向鄉而泣血」，《朱舜水全集》附錄，頁 320。

環境，[16] 但這並不代表漢魏或之前的人沒有意識到包圍著人身的種種物質構成的關係環境。只是，歷來「抒情傳統」的論述，著力於「抒情自我」的發現，強調內在、主觀的優位性，往往將景物視為外在於人，是詩人情感的寄託。人與自然的二分與主從之別，很容易讓抒情文學的關鍵：「情－景」關係，淪為修辭技巧的講求或人事的比附，而無法深入追索如此龐大、普遍的比物連類的體系究竟是在什麼共識下建立的，以至於成為中國抒情文學如此熟悉又普遍的「用詩」（詮釋）、「作詩」的模式，當然也無法說明這個譬類體系究竟以什麼樣的形態能夠參與自我「感興」當下的體現（「觸物」可以「致情」），而不只是當作參考引用的資料庫而已。根據當代學者的研究，自先秦至於兩漢，引譬連類作為認識、推理的方法已廣為流行，同時不限於引詩，葉舒憲特別舉《淮南子》為例，認為這部百科全書式的著作，正是依賴類比認知法，將宇宙事物統合成一個有機體。[17] 而自《夏小正》、《周書·時訓》至於《呂氏春秋》「十二紀」、《禮記·月令》等文獻中逐步建構的「物候曆」，尤其可以顯現出不論是「天－人」、「時－事（物）」、「物－我」之間必然存在早經認可熟悉的關係，同時更是時時處於「類應」（類固相召，氣同則合）以「穿通」的互聯狀態中。這表示後來被視為文學技巧的引喻、譬類，原是用以和合陰陽變化、貫通天地萬物乃至於被認為得以掌握宇宙精微的體驗方式。

　　從「類應」的角度來考量，人（自我）不再是一個向內封閉的個體，「感物」不是一個選定的人情轉嫁點，而是動態的交遇對話狀態，人與物之間應該是相互往還出入。自《夏小正》以來所形成的時氣物候

16　顧彬（Wolfgang Kubin）認為「到南朝時，景物當作『自然』且游離於人類社會之外的觀點才過度到自然當作人類環境的觀點」，參見氏著，馬樹德譯《中國文人的自然觀》（*Der durchsichtige berg: Die entwicklung der naturanschauung in der chinesischen literatur*）（上海：上海人民，1990），頁 517。

17　葉舒憲〈詩可以興——神話思維與詩國文化〉，收入氏著《詩經的文化闡釋：中國詩歌的發生研究》（武漢：湖北人民，1994），頁 414-415。

系統或所謂氣化宇宙的觀點看來，並不著意於分判心與物或身與心（內外、主客），乃至於人與自然（如天地四時）的差別，在這個天人相參與的普遍共識中，天地之風雨寒暑與人的四肢形骸、同時也與取與喜怒相互關聯，顯然，所謂「天地宇宙，一人之身」的「人身」，一方面不是身、心分立，另一方面人身明顯也不是一個被畫界的孤立對象，而可以是延展至於宇宙的巨大視野。如此，人身的種種狀態，不但不分內外，而且應該推拓到一個更大的，甚而就是大氣所在的場域，才能完整的理解或看待。

　　天地物我的相互開放、彼此參與，既然體現在流動蔓衍的「氣態」之中，關於這「氣態」或「氣象」的感知，其實並不全然是概念的抽象推理，或突發奇想的「天－人」比譬而已。四時與人的相交感正存在於一個可具體經驗的流動的氣的場域，譬如在魏晉定型而可以溯自楚騷的「悲秋」文學，如果不強制二分情、景，那些猿吟鳥飛、風飄露降、日落月出，不但不是人情選擇的替代品，反而是與人身一起被包圍在整個大氣狀態裡的同步動盪。換言之，這些「感物」的悲秋作品，所欲傳達的也許就是時氣與體氣交響的話語，以身體為核心的情緒震顫，同樣被如同漣漪的時氣波動反過來層層環繞與籠罩。這也許就可以解釋為什麼漢末以來的「秋」詩有那麼多的動作姿態，外在景物與人身在氣態式無距離、方位與寬窄限制的相互牽引中，正是這牽引關係構成了無限擴散的情緒張力網，起坐、俯仰、出還的姿態是內在的發動，同時也是風物外力侵進、圍裹的承受與抵拒。那麼，「抒情自我」也許就體現在猶如大氣狀態的生存空間裡，空間性的徘徊徬徨展現出身體的不安不寧，同時也讓情緒不再全然主觀曖昧，而具體化為迎引、進退的空間性力量。

　　自從陳世驤、高友工先生為中國文學的「抒情傳統」奠定論述基礎以來，海內外學者對於相關的個體自覺、文學自覺、情景交融、時空意識、抒情批評等等議題的研究逐步擴大且深化了「抒情」的論述規模。不過，「內／外」、「主／客」的分立與越界，似乎一直是「抒情」論述必須面對的根本問題，本書從「相互定義」的角度出發，想追問的是：

瞬間自我「感興」是純粹關乎內在精神，抑或與身體所在的環境息息相關；「情－景」議題中的「感物」究竟是人情賦予外物意義，或者是社會流風、時物知識早已形塑了感物模式；如何保有自我的獨特性又能參與同體共鳴的情意流動，而系統化的符碼成規如何反覆被改編而引生文化認同與促動生活實踐……。本書透過意象化的城市，典式化的國族認同，乃至於充滿情緒波動的自然氣象的探索，會發現所謂個人、自我從來不會是一種本然存在的有邊界的概念，無法僅透過宇宙圖式或群體的要求去設定，或全然透過主動意志所及的實踐範圍（如遇不遇或得不得）去解釋，反而必須依賴與外在環境的相遭逢、相出入，換言之，這是「關係世界中的自我」，是由人、我與物、我之間的動態協調及其共識所產生；原本被強調的心靈、精神也許應該放回作為感知所在的身體，而身體應該置放回社會環境及宇宙自然之中，那麼「抒情傳統」或許就是這個關係場域的繽紛光譜。在準確客觀的地圖、數據之上浮映名士風流，在文體程式中摸索亡國後的出路，而熟悉的物候常識掩藏不住與時遷變的震顫，風景在文本中流轉，而，我們想像這一種脈絡性的人文空間。

單元一 意象化的城市

「想像」一座城市，
該如何去結合實證性的史料，
同時又能有合於環境脈絡的穿織游移？

名士與都城：
東晉「建康」論述

　　建康，自東吳孫權於建安十六年遷都於此，次年改稱建鄴，[1]西晉末年司馬睿採用王導建議，渡江鎮守建鄴，永嘉七年改建鄴為建康，[2]建武二年（西元 318）司馬睿於江東稱帝，建康成為東晉首都，後來南朝四代也都建都於此。顯然，建康不但是六朝政治、經濟中心，也是六朝文化形成與發展的核心場域；尤其東晉南渡以後，正始清談、竹林玄風隨著中原人士傳播到江南來，都城建康在江左政權初建之際因此與名士流風相互交錯而在政治、文化上都有重新反思的機會。地域所在的現實空間（如長江上游的軍事優勢時時威脅著建康），都城所在的權力場域（君臣關係、王朝歷史）當然會影響民生的安危與人情的向背，但這並非單方面的宰制，相對而言，人本身透過身心日復一日的調協、應對，原來作為一個地域或都城成品（product）的個人，也會反過來具體改變這個城市的空間象徵（spatial metaphor）。換言之，個人身體與城市空間，不是誰產生誰或誰反映誰的問題，而是他們彼此的相互定義（mutually defining）。[3]本文正是選取名士言行與都城的社會政治結構彼此周旋互涉的某些面向，嘗試想像東晉建康的一種不必然同於以往都城

1　參見許嵩《建康實錄》卷 1，「建安十六年」、「建安十七年」條（臺北：臺灣商務，影印文淵閣四庫全書 370 冊，1986），頁 236。

2　同前註卷 5，「永嘉元年」、「永嘉七年」條，頁 287、289。

3　關於身體與城市的主從關係之辯證與相互定義的實況，請參考 Elizabeth Grosz, "Bodies-Cities," in Beatriz Colomina ed., *Sexuality and Space* (New York: Princeton Architectural Press, 1992), pp. 241-253。

論述的城市意象。

虛實〈揚都賦〉

　　據《晉書・文苑傳》記載，東晉時庾闡作〈揚都賦〉「為世所重」，
曹毗也有同題之作，「亞於庾闡」。[4]曹賦今僅得「海豨鯨鱘」一句，庾
作雖不完整，卻可見鋪敘地勢、物類並敘及禮儀的部分，應該是渡江之
初論述建康最重要的文學資料。[5]《世說新語・文學篇》有兩則關於此賦
的記載，其一說到因為庾亮求看賦文，庾闡還更動兩字以避名諱並標美
其為民典範；[6]其二則說到庾亮以親族大為此賦名價，以為可以「三二
京、四三都」，謝安針對日後京都中人人競寫的情況，有如下的批評：

4　房玄齡《晉書》卷 92（臺北：鼎文，1980），頁 2386。劉淑芬於〈六朝建康城的
　　興盛與衰落〉中，將左思〈三都賦〉與此二篇並列，認為是晉人平吳後，在勝利
　　榮誇心理下，對孫吳都城的歌詠，又以此二篇〈揚都賦〉今已失傳。收入氏著
　　《六朝的城市與社會》（臺北：臺灣學生，1992），頁 41。其實嚴可均根據《藝文類
　　聚》、《太平御覽》、《初學記》等所錄，曹賦猶有「海豨鯨鱘」一句，而首出的庾
　　闡〈揚都賦〉則猶可見鋪敘地勢、物類，言及三朝之禮的部分，見《全晉文》卷
　　107，《全上古三代秦漢三国六朝文》（京都：中文出版社，1981），頁 2075，及卷
　　38，頁 1678-1679；而其中「我皇晉之中興，而駿命是廓；靈運啟於中宗（元帝廟
　　號），天綱振其絕絡」，及「溫挺義之標，庾作民之望」更顯然是針對東晉初年的
　　建康而作，不能視同〈三都賦〉的寫作背景。又建康於孫吳時稱建鄴，於永嘉七
　　年改為建康，見《建康實錄》卷 5，頁 289。
5　張可禮《東晉文藝繫年》（濟南：山東教育，1992）將庾闡〈揚都賦〉繫於成帝咸
　　和元年（西元 326），距元帝改元建武不過九年，頁 128。
6　據劉義慶《世說新語・文學篇》（臺北：文史哲，1985，徐震堮校箋本）第 77 則
　　記載，庾闡原句為「庾作民之望」及「比德則玉亮」，後更改「望」為「雋」，
　　「亮」為「潤」（頁 140），後者避庾亮名諱，至於前者，馬瑞志（Richard B.
　　Mather）譯為「hope」與「paragon」，由生民之希望進而為生民之典範。參見
　　Richard B. Mather trans., *A New Account of Tales of the World* (Minneapolis: University
　　of Minnesota Press, 1976), chap.4 "Letters and Scholarship,"p. 134。又下文《世說新
　　語》資料皆引自徐震堮校箋本，僅註明頁數。

　　不得爾，此是屋下架屋耳，事事擬學，而不免儉狹。[7]

謝安認為〈揚都賦〉根本是模擬兩京、三都，而不免拘束空乏。由現存片段略作分析，「子未聞揚都之巨偉也，左滄海，右岷山……」是強調地理形勢；「我皇晉之中興」以下，則大段鋪聚江左所有的山川物類並及於華屋珍寶；「歲惟元辰」一段則描述正月初一四方會同、萬國朝觀之禮，大致不脫歷來京都賦的三個書寫面向，亦即具體地覈驗建康及其所代表的東晉王朝是否遵行禮法、擁有富足國力、具備險要地勢。如果參照兩京、三都的論辯，就作為一個都城的正當性（或稱合法性[legitimacy]）而言，禮儀法度顯然重於宮室、地利，「先臣之舊式，國家之遺美」[8]不但用以解釋建都地點的正當性，約束宮室苑囿的建築儉奢，更重要的是合於歷史制度的京邑建築是用來祭祀天地、規範政體，[9]一方面表徵當朝所紹續的皇統正朔，[10]一方面成就君王世系在疆域資產上的擁有聲明。[11]庾闡的〈揚都賦〉既然成功地套用京都賦的書寫程式，必然因為兼顧禮制正統、博事麗辭而為當世所重；[12]相對來說，

<hr />

7　引自《世說新語・文學篇》第79則，頁141。

8　語出班固〈兩都賦〉序，引自李善注《昭明文選》卷1（臺北：河洛，1975），頁2。

9　張衡〈東京賦〉詳述漢明帝（顯宗）所建宮室如何「奢未及侈，儉而不陋」，並總結以「規遵王度，動中得趣，於是觀禮，禮儀是具」，接著就談到三宮（明堂、辟雍、靈臺）的興建如何規矩天地，並細述夏正三朝之禮的舉行，如何有助於政體人倫的建立，而至最後達到感天動地、上下通情的圓滿成果。賦文參見《昭明文選》卷3，頁54-58。

10　如張衡〈東京賦〉以王莽篡漢是「忿奸慝之干命，怨皇統之見替」，見前註，頁70；又左思〈魏都賦〉以吳、蜀之人應該投奔大魏，才是「附麗皇極，思稟正朔」，見《昭明文選》卷6，頁116。

11　詳見鄭毓瑜〈賦體中遊觀的形態及其所展現的時空意識——以天子游獵賦、思玄賦、西征賦為主的討論〉及〈歸反的回音——漢晉行旅賦的地理論述〉二文中關於「苑囿」論述的部分，分別見於《第三屆國際辭賦學學術研討會論文集》（臺北：國立政治大學文學院，1996），頁411-432；《世變與創化：漢唐、唐宋轉換期之文藝現象》（臺北：中央研究院中國文哲研究所籌備處，2000），頁135-192。

12　朱曉海〈〈兩都〉、〈二京〉義疏補〉文中引用《世說新語・文學篇》孫綽曰：「三都、二京，五經鼓吹」（第81則），認為此評雖略有譏薄語氣，然亦精準看出〈京

庾闡無視於一統轉成分裂，而昧於東晉倉皇東渡的現實局勢也是事之必然。

東晉立國之初，百度草創，就連禮儀制度中最能表徵奄有天下的郊祀禮，[13] 也無法完備如舊。據《晉書・禮志》元帝於太興二年始議立郊祀儀，原本刁協、杜夷認為須待還都洛陽才可行，後王導、庾亮贊成荀組建議，即於江左所在先立南郊。[14] 到明帝太寧三年始詔立北郊，〈明帝紀〉曰：

> 郊祀天地，帝王之重事，自中興以來，惟南郊，未曾北郊，四
> 時五郊之禮都不復設，五嶽、四瀆、名山、大川載在祀典應望
> 秩者，悉廢而未舉。主者其依舊詳處。[15]

但是明帝未及建而崩，到成帝咸和八年方於覆舟山南立北郊，[16] 至於行郊祀禮之明堂更是直到孝武帝才下詔議立，[17] 但是根據《宋書・禮志》所載「江左不立明堂，故闕焉」，[18] 終東晉之世，寰丘郊祀之禮是從未實行了。至於庾闡〈揚都賦〉現存唯一描寫禮儀的部分，僅見「三朝」之禮，應該就是模擬自〈東都賦〉、〈東京賦〉中「春王（夏正）三朝」的

都賦〉所以仍盛行於玄言風行的東晉，是因為「具博物異聞、頌聖尊經、才華難校之特點」（頁 241），見《中國文哲研究集刊》第 14 期（1999 年 3 月），頁 193-256。

13　班固《漢書・郊祀志》卷 25 下（臺北：鼎文，1981），載成帝時匡衡、張潭上奏曰：「帝王之事莫大乎承天之序，承天之序莫重於郊祀，故聖王盡心極慮以建其制。祭天於南郊，就陽之義也；瘞地於北郊，即陰之象也」，頁 1253-1254。王健文《奉天承運：古代中國的國家概念及其正當性基礎》談到「封建時代，家、國、天下三個層級分別著宗廟、社稷與明堂（或圜丘郊祀）」，詳見第五章「宗廟、社稷與明堂」（臺北：東大圖書，1995），頁 135-190。

14　《晉書・禮志》卷 19，頁 584。

15　《晉書・明帝紀》卷 6，頁 164。

16　《晉書・禮志》卷 19，頁 584。

17　《晉書・禮志》卷 19「孝武帝太元十二年五月壬戌，詔曰：昔建太廟，每事從儉，太祖虛位，明堂未建。郊祀國之大事，而稽古之制闕然，便可詳議」，頁 606。

18　沈約《宋書・禮志》卷 16（臺北：鼎文，1984），頁 424。

部分，所謂「萬國鳴鑾，有客戾止」，無疑是翻印「天子受四海之圖籍，膺萬國之貢珍」（〈東都賦〉）、「群后旁戾，百僚師師……藩國奉聘，要荒來質」（〈東京賦〉）的刻板印象，[19] 事實是江左廢行朝聘之制，元會朝禮根本不可能有四方諸侯同時入京參與的盛況。[20]

　　當然，禮制荒廢而未舉，與渡江之初「公私窘罄」，[21] 只好每事從儉，也有關係；而國力貧弱連帶就影響到京都論述的另一要素──宮室都城諸建築。元帝即位建康，並未另建新宮，而是沿用永嘉元年初渡江所居之孫吳太初宮，而以孫吳舊城為都城。[22] 明帝為太子時欲起西池樓觀，溫嶠還上書以朝廷草創、巨寇未滅加以諫止。[23] 從元帝到明帝，建康的宮城、都城一直是以竹籬圍成而沒有起造樓觀、增建池臺的簡陋形制。[24] 成帝咸和二年，蘇峻作亂京師，縱兵大掠，因風放火，宗廟宮室並為灰燼，[25] 才於咸和五年造新宮，[26] 並於咸康五年改用磚石疊築宮城，開始創建樓觀。[27] 東晉宮苑由儉狹走向壯麗，[28] 還必須等到孝武帝太

19　〈東都賦〉引自《昭明文選》卷1，頁20；〈東京賦〉引自《昭明文選》卷3，頁55。

20　《宋書・禮志》卷14「魏制，蕃王不得朝覲，……江左王侯不之國，其有授任居外，則同方伯刺史二千石之禮，亦無朝聘之制，此禮遂廢」，頁345。陳戍國《魏晉南北朝禮制研究》（長沙：湖南教育，1995）則舉明帝時涼州牧張駿與趙、蜀的來往，認為東晉朝廷不可能連外交聘問之禮都沒有，參見第二章第九節，頁179-180。

21　引自《晉書・謝鯤傳》卷79，頁2079。

22　《建康實錄》卷5「（永嘉元年）秋七月，以琅邪王睿為安東將軍，……用王導計，渡江鎮建鄴，討陳敏餘黨廓清江表，因吳舊都城修而居之，太初宮為府舍」，頁287。

23　《晉書・溫嶠傳》》卷67，頁1786。

24　《建康實錄》卷7「（顯宗成皇帝）始用磚壘宮城，而創構樓觀」，頁324。又《資治通鑑・齊紀一》卷135「自晉以來，建康宮之外城唯設竹籬，……上（齊高帝）感其言，命改立都牆」（臺北：藝文，1955），頁2057。

25　參見《晉書・蘇峻傳》卷100，頁2629。

26　參見《晉書・成帝紀》卷7，頁175。

27　見註24。

28　謝安欲更營宮室，王彪之曾以強寇未殄加以諫止，並說到「中興初，即位東府，殊為儉陋，元明二帝亦不改制。蘇峻之亂，成帝止蘭臺都坐，殆不避寒暑，是以

元三年，由謝安主持在建康宮基礎上增建而成「內外殿宇大小三千五百間」，並「起朱雀門重樓，皆繡栭藻井……懸楣上刻木為龍虎，左右對」，[29] 才比較接近歷來京都賦所誇飾的精工富麗。[30] 然而庾闡〈揚都賦〉作於成帝咸和元年，[31] 時建康固未經蘇峻之亂，但亦未及見成帝所築新宮，遑論謝安於孝武帝時大規模修築的華麗宮苑；更何況王敦曾於元、明帝時期兩度率眾向內，兵入建康，「放肆兵士劫掠內外」，[32] 賦文中描述「雲旆委蛇，層樓巍峨。爰有蘭堂華室，高門重構。羅鼎玉食，絲竹並奏」，根本不是東晉初年王室所能坐享的資產世界，而僅能視為紙上演練三都、兩京的程式筆法。

　　換言之，庾闡〈揚都賦〉是提供一座複印長安、洛陽的紙上城市，這其中還包括挪借自兩漢的一統帝國意識及誇炫資產的物欲文化。歷來透過京都賦這樣的書寫體式，主要目的在「宣上德而盡忠孝，雍容揄揚，著於後嗣」，[33] 完全為君王及其所掌控的政權體制服務。但是，在《世說新語・文學篇》關於〈揚都賦〉的兩則記載中，卻一再提到庾闡最在意的是賦文內容能否符合當時權臣庾亮的閱讀期待，這其實不只是為了獲得名流稱賞以廣為流傳。〈文學篇〉另外記載袁宏作〈東征賦〉以稱過江諸名望，剛開始都不提陶侃，或者說是絕不及桓彝，後來為陶範（侃子）或為桓溫（彝子）所迫，也必須美言讚頌「長沙之勳」、「宣城之節」。[34] 袁宏為一代文宗，〈東征賦〉亦早有聲名，因此稱頌陶侃或桓彝，就是為了滿足權臣矜誇揚名的心態。於是再仔細檢視〈文學篇〉

更營修築。方之漢魏，成為儉狹，復不至陋，殆合豐約之中，今自可隨宜增益修補而已」，《晉書・王廙傳》附王彪之，卷76，頁2011-2012。
29　引自《建康實錄》卷9，頁357。
30　謝安針對王彪之的反對，則認為「宮室不壯，後世謂人無能」，明顯有藉營築增建以自我誇炫的心態。同註28。
31　見註5。
32　引自《晉書・王敦傳》卷98，頁2559。
33　引自班固〈兩都賦序〉，同註8。
34　參見〈文學篇〉第97則及劉孝標註所引《續晉陽秋》，頁147-148。

特別引錄〈揚都賦〉的這段文字：

> 溫挺義之標，庾作民之望。方響則金聲，比德則玉亮。

其實不只標美庾亮，同時並列溫嶠，溫、庾二人與王導、郗鑒等並受顧命，[35]〈揚都賦〉作於成帝初立的咸和元年，時庾亮以元舅「決事禁中」，[36] 因為陶侃、祖約疑亮刪除褒進遺詔，致生怨言，庾亮懼其為亂，使溫嶠為江州刺史，鎮守上流以廣聲援。[37] 顯然，庾亮、溫嶠聯手主導朝中閫外，權傾一時，無人得出其右。那麼，庾闡寫作〈揚都賦〉，以金玉為喻，美其聲威德望，當是自然流露迎合仰慕的心態。

地域與權力關係的游移

　　賦寫建康，如果還為了頌美或取悅權臣，〈揚都賦〉顯然不同於歷來京都論述，完全是為了成就君王權力的宣示中心。雖然，王導於蘇峻亂後，曾以建康為「王者之宅」反對遷都，[38] 但是由當時決策過程看來，「不宜遷都」顯然也因為是王導的立場，所以成為最後定論。據《晉陽秋》所載，當時「朝士及三吳豪傑謂可遷都會稽」，弭平蘇峻之亂而幾乎取代王導宰輔之位的溫嶠則提議徙都豫章，「以即豐全」，僅有王導「獨」謂「不宜遷都」，[39] 固然王導說明若南遷於會稽、豫章等蠻越之地，如同示弱於北虜，不如鎮靜以安民心，[40] 然而以當時都邑荒殘，「帑藏空竭」、「國用不給」[41] 的窘迫情況下，遷徙於豐全富庶的豫章、會稽 [42]

35　參見《晉書・明帝紀》卷 6，頁 164。

36　引自《晉書・五行志》上，卷 27，頁 815。

37　參見《晉書・庾亮傳》卷 73，頁 1918，〈溫嶠傳〉卷 67，頁 1790。

38　見《世說新語・言語篇》第 102 則，劉孝標註引《晉陽秋》，頁 87。

39　同前註。

40　《晉書・王導傳》這段說辭為《晉陽秋》所無，卷 65，頁 1751。

41　參見《晉書・王導傳》卷 65，頁 1751。

42　溫嶠正是以豫章豐全主張遷都；關於會稽之富饒，參見劉淑芬〈六朝建康的經濟

未嘗不是紓困救急的最好方法。可是，因為是開國元勛、先帝所任的王導，連溫嶠都不敢堅持己見，還「借資蓄、具器用」之後，才固辭宰輔而歸守武昌。[43] 建康，雖是「王命」所在，但是在這個「朝權國命，遞歸臺輔」[44] 的政局下，年齡八、九歲的成帝更不可能有意見了。[45]

其實從東晉立國以來，整個朝政就一直是「君弱臣強」的局面。琅琊王徙鎮建康，威名未著，王導只好求助於在江南夙有聲望的王敦，[46]會三月上巳，「帝親觀禊，乘肩輿，具威儀，敦、導及諸名勝皆騎從」，自此才得到江南名望如顧榮、紀瞻之臣服。[47] 中興之初，因此有「王與馬，共天下」的說法。[48] 而握有強兵、威權莫貳的王敦，也早有問鼎之心。先是「憚（元）帝賢明」欲更議所立，因為王導堅持而作罷；[49] 繼而欲以「不孝」廢太子（明帝），幸賴溫嶠不為所迫，證明太子「以禮事親」，足稱為「孝」。[50] 廢立之事成為世家大臣的權勢角力，在東晉顯得如此稀鬆平常，譬如成帝初崩，庾冰、庾翼兄弟與何充爭執嗣君人選，庾氏為維持戚屬權位，立成帝之弟為康帝；及康帝疾篤，庾氏意在簡文，而何充奉遺旨立太子為穆帝，[51] 雙方明目張膽地各擁其主，帝王成為政爭的傀儡，被動等待權臣的推選議立。[52] 其後桓溫於泰和六年廢海

基礎〉「一、吳會財賦」，見《六朝的城市與社會》，頁 81-86。

43 見《晉書・溫嶠傳》卷 67，頁 1795。

44 《宋書・武帝紀下》卷三，史臣曰：「晉自社廟南遷，祿去王室，朝權國命，遞歸臺輔。均道雖存，主威久謝」，頁 60。

45 《晉書・劉超傳》以咸和三年蘇峻遷天子於石頭時，帝年八歲，則咸和四年王導反對遷都時為九歲，卷 70，頁 1795。

46 《晉書・王敦傳》卷九八，「琅琊之初鎮建鄴，龍德猶潛……王敦歷官中朝，威名夙著，作牧淮海，望實逾隆……」，頁 2567。

47 參見《晉書・王導傳》卷 65，頁 1745-1746。

48 引自《晉書・王敦傳》卷 98，頁 2554。

49 參見《晉書・王導傳》卷 65，頁 1749-1750。

50 《世說新語・方正篇》第 32 則，頁 178。

51 參見《晉書・何充傳》卷 77，頁 2029-2030。

52 《世說新語・方正篇》第 41 則，載康帝登阼，大會群臣，謂何充：「朕今所以為大業，為誰之議？」何答曰：「陛下龍飛，此是庾冰之功，非臣之力。于時用微臣之

西公而立簡文帝，也是透過廢立大事來展現鎮壓四海之實力，[53]而簡文登
阼後，因「外壓強臣，憂憤不得志，在位二年而崩」。[54] 至於東晉末年桓
玄、劉裕的反篡，其實是自王敦之亂以來早已埋下的「蕭牆之禍」[55]必然
有的發展了。

　　正因為君王不成為權力的發話者，除了遷都自王導定奪之後不再
被提起，歷次攸關東晉存亡絕續的北伐、還都[56]的爭論中，帝王所代
表的朝廷對於坐擁強兵的閫外方州也根本無法產生牽制的作用。以庾
翼、桓溫為例，據《漢晉春秋》，庾翼與桓溫友善，「相期以寧濟宇宙
之事」。[57] 所謂「宇宙之事」亦即《世說・豪爽》所述庾稚恭常有「中
原之志」，[58]康帝即位，庾翼欲率眾北伐，「帝及朝士皆遣使譬止，車騎
參軍孫綽亦致書諫」，結果「翼不從，遂違詔輒行」，[59]而朝廷對於庾翼
的忌憚，甚至及其臨終自表其子代為荊州都無法斷然拒絕。[60] 桓溫則
先是永和五年乘石季龍死率眾北征，[61]上書求朝廷議水陸之宜，但久不
報，於是聲言北伐，拜表便行；當時朝廷以殷浩與桓溫抗衡，「雖有君
臣之跡，亦相羈縻而已」，八州士眾資調，根本權在桓溫，而不為國家

議，今不睹盛明之世」，帝有慚色。頁 183。

53　桓溫於枋頭敗後，採郗超之建議，行廢立以鎮民望，參見《世說新語・言語篇》
　　第 59 則，頁 66；及《晉書・郗超傳》卷 67，頁 1804。

54　見《世說新語・言語篇》第 59 則註引《續晉陽秋》，頁 66。

55　《晉書・甘卓傳》卷 70 載甘卓聞王敦殺害周顗、戴若思，流涕曰「吾之所憂，正
　　謂今日。每得朝廷人書，常以胡寇為先，不悟忽有蕭牆之禍」，頁 1865。

56　在東晉，還都與遷都意義不同，有光復舊京，重整華夏的象徵意義。見下文桓溫
　　所論。

57　見《世說新語・豪爽篇》第 7 則註引《漢晉春秋》，頁 327。

58　同前註，頁 327。

59　參見《晉書・庾翼傳》卷 73，頁 1933。

60　《世說新語・識鑒篇》第 19 則載庾翼臨終，自表其子爰之代任荊州，「朝廷慮其不
　　從命，未知所遣，乃共議用桓溫」，註引宋明帝《文章志》「翼表其子代任，朝廷
　　畏憚之」，頁 221-222。

61　見《晉書・穆帝紀》卷 8「（永和五年）夏四月，……石季龍死，子世嗣偽位」，
　　頁 195。

所用。[62] 後殷浩北伐屢敗，內外大權一歸於溫，哀帝隆和初年，寇逼河南，溫使鄧遐率三千人往助，並上疏欲還都洛陽；[63] 時「朝廷畏溫，不敢為異，而北土蕭條，人情疑懼，雖並知不可，莫敢先諫」，[64] 後來還是孫綽上疏，桓溫心服其理才作罷。[65] 透過這些事件，首先可以發現，倡議北伐或者還都雖然在表面上都有「匡維內外、掃蕩群凶」、「光復舊京、疆理華夏」的高論，[66] 但是事件背後其實糾纏著權臣專制天下的用心，史載桓溫「既負其才力，久懷異志，欲先立功河朔，還受九錫」，[67] 而庾翼既鎮荊州，於公朝大會上坦言宣告欲為改朝換代之「漢高、魏武」。[68] 其次，這些覬覦帝位的雄心異志其實顯露名為都城的揚州建康早因弱勢朝廷而失去作為權力中心的象徵，而庾亮、庾翼兄弟連據上流荊州十年，桓溫更據荊州近二十年，荊州早成為與朝廷抗衡或甚至對朝廷要脅威迫的權力據點。[69] 《世說新語・言語篇》有一則記載「桓征西治江陵城甚麗」，顧長康曾題以「遙望層城，丹樓如霞」；[70] 江陵為荊州治所，據顧

62　見《晉書・桓溫傳》卷 98，頁 2569。

63　同前註，頁 2571-2572。

64　見《晉書・孫綽傳》卷 56，頁 1545。

65　見《世說新語・輕詆篇》第 16 則，頁 449。

66　分別引自《世說新語・豪爽篇》第 7 則註引《漢晉春秋》所敘庾翼之志，頁 327；及《晉書・桓溫傳》卷 98 所錄桓溫〈還都洛陽上疏〉，頁 2573。

67　見《晉書・桓溫傳》卷 98，頁 2577。周一良《魏晉南北朝史札記》則認為桓溫始終堅持北伐，是為了廣大人民的利益，晚年雖志存篡奪，但其早年建功立業之時，未必就已覬覦帝位而利用北伐作為政治資本，見氏著《魏晉南北朝史札記》（北京：中華，1985），頁 102。

68　《世說新語・規箴篇》第 18 則載庾翼於荊州問諸僚佐：「我欲為漢高、魏武，何如？」江虨曰：「願明公為桓、文之事，不願做漢高、魏武也」，頁 312。桓、文所為乃尊王攘夷之舉，不同於漢高、魏武之改朝換代，參考毛德富主編《文白對照全譯世說新語》（鄭州：中州古籍，1994），頁 232。

69　關於東晉南朝荊州方鎮在政治鬥爭中的地位，詳見周一良《魏晉南北朝史札記》，頁 75-82；以及王文進〈荊雍地帶與南朝詩歌關係之研究〉第二章亦談及荊、雍地域於南朝政治局勢中的重要性（臺北：國立臺灣大學中國文學研究所博士論文，1987），頁 7-31。

70　《世說新語・言語篇》第 85 則，頁 79。

愷之描述，遠望桓溫治下的江陵，層樓疊觀猶如天邊雲霞般璀璨絢麗。
桓溫逝於孝武帝即位之初，則華麗的江陵城尚早於孝武太元三年由謝安
主持興建的建康新宮，就在築城華儉的較量上，建康王城的落居下風可
見一斑。

再值得進一步思考的是，如果都城與王權之間在東晉形成模糊游移
的關係，那麼當桓溫倡議還都洛陽，這對於都城所在地的離返省思，就
可以視作是對於王權或者說是家國領域的重新界定。桓溫提出還都洛陽
的理由是：

> 夫先王經始，玄聖宅心，畫為九州，制為九服，貴中區而內
> 諸夏，誠以晷度自中，霜露惟均，冠冕萬國，朝宗四海故
> 也。……

> 而喪亂綿邈，五十餘載，先舊徂沒，後來童幼，班荊輟音，
> 積習成俗，遂絕望於本邦，宴安於所託。眷言悼之，不覺悲
> 歎。[71]

這段話的第一個重點，其實是承襲張衡〈東京賦〉「宅中而圖大」的說
法，以周成王「掩觀九隩，靡地不營。土圭測影，不縮不盈。總風雨
之所交，然後以建王城」，[72] 來強調洛陽作為王城的合法地位。第二，則
是引用《左傳》「班荊復故」[73] 為喻，對比東晉苟安東南而不思光復的心

---

71 《晉書・桓溫傳》卷 98 所錄桓溫〈還都洛陽上疏〉，頁 2573。
72 引自《昭明文選》卷 3，頁 51。而關於都城處於天地之中的「中心」象徵，除了
　　本文著重的「歷史性」，自然也可以從神話或「宇宙性」的角度來探索，如所有王
　　城皆處於天地交會之處的中心，為天、地、地下三界交會的宇宙之軸等等，可參
　　見埃利亞德（Mircea Eliade）著，楊儒賓譯《宇宙與歷史：永恆回歸的神話》（*Le
　　mythe de l'éternel retour: Archétypes et répétition*）（臺北：聯經，2000），第一章，頁
　　9-13。
73 《左傳》襄公二六年載楚人伍舉、聲子將奔晉，遇於鄭郊，「班荊相與食，而言復
　　故」，「班荊」即扯草鋪地，聊以代席之意。參見楊伯峻《春秋左傳注》（臺北：源
　　流，1982），頁 1119。

態。所以最後他呼籲自永嘉以來播遷者，「一切北徙」，資其舊業、返其土宇，則「宇宙之內，誰不幸甚」。換言之，桓溫明顯是依據地域合乎歷史法典的正當性，而將河洛中原作為家國想像的版圖；當然能否北徙復故也就成為東晉王室是否合於臣民期待的準據。如果配合桓溫「立功河朔，還受九錫」的野心，那麼，當他批評江左朝廷「永結根於南垂，廢神州於龍漠，令五尺之童掩口而歎息」，[74] 或者「恥帝道皇居仄陋於東南，痛神華桑梓遂埋於戎狄」，[75] 這些引以為恥的歎息，毋寧有著更多質疑、詰難的言外之意。

　　前一節提及，兩京、三都所建立的京都論述首重合於法度，再由法度開展宮苑（物資）、地勢兩方面的勘驗。而東晉倉皇東渡，論宮苑儉奢必須迨及孝武帝之後，地域合法性則是自渡江以來就相應於政權合法性，成為必須合理解釋的首要課題，桓溫還都洛陽的說法因此其來有自。《世說新語‧言語篇》載：

> 元帝始過江，謂顧驃騎曰：「寄人國土，心常懷慚。」榮跪對曰：「臣聞王者以天下為家，是以耿、亳無定處，九鼎遷洛邑，願陛下勿以遷都為念。」[76]

元帝所謂「寄人國土」的愧疚與日後桓溫克復河洛的慷慨其實一體兩面，都是漢代以來一統帝國的京都權力論，而顧榮以商周間國都數度遷徙為例，推出「王者以天下為家」，則是適應偏安政局的必要說解。這個相對角度也出現在孫綽諫止桓溫移都洛陽疏中，[77] 所謂「自古帝王之都豈有常所，時隆則宅中而圖大，勢屈則遵養以待會」；孫綽同時也以西晉定都中土，卻令胡戎交侵、神州絕綱，其實根本原因是「道喪」而導致「地不可守」，來反駁桓溫必得反歸河洛才得重建王權帝業的說

---

74 《晉書‧桓溫傳》卷 98 所錄桓溫〈請還都洛陽疏〉，頁 2573。
75 《晉書‧桓溫傳》卷 98 所錄桓溫〈辭參朝政疏〉，頁 2575。
76 《世說新語‧言語篇》第 29 則，頁 49-50。
77 見《晉書‧孫綽傳》所錄，卷 56，頁 1545-1546。

法。換言之，不僅僅是地利或歷史舊制，而是運用地利或推行制度的「道」、「義」才更是守國安民的重點。[78] 這其實某種程度將京都或家國論述由「地利」（廣義的地利含括歷史成法與法度象徵的合法權力）轉移到「人和」，[79] 並由君主在上的施政考慮到在下的世事民情。針對桓溫批評江左臣民「班荊輟音」，不思歸返，孫綽這樣說到：

> 自喪亂已來六十餘年，蒼生殄滅，百不遺一，河洛丘虛，函夏蕭條，井煙木刊，阡陌夷滅，生理茫茫，永無依歸。播流江表，已經數世，存者長子老孫，亡者丘壟成行。雖北風之思感其素心，目前之哀實為交切。若遷都旋軫之日，中興五陵，即復緬成遐域。

在這段描述中所謂「河洛」不再代表周代王城典制、不再是宅中圖大的帝國象徵，就只是歷經喪亂六十餘年的一片蕭條丘虛；至於江南，卻歷經數世播流，而成為長養老死的依存所在。因此孫綽切要地指出，桓溫倡議還都洛陽所以引起「百姓震駭，同懷危懼」，正因為「植根」江外數十年，卻欲一朝拔之；旋軫北返無異是捨目前「安樂之國」，而返舊日「習亂之鄉」。這樣的看法是將家國意識的核心由「地域正當性」移轉到「人情普遍性」，以人情取代地域（或「歷史─地理」），作為一種重新界定東晉王朝與邦國想像的出發點。

文化事件的「正（政）統」想像

《世說新語・輕詆篇》這樣記載孫綽上疏諫止桓溫還都洛陽一事：

---

78 孫綽認為帝王之興貴能「以義平暴」、「任道而遺險」。見前註，頁 1245。
79 孫綽上疏一開頭就「以為帝王之興，莫不藉地利、人和以建功業」，接著以西晉雖有地利卻不可守，突出守道以安民的重要性；於是東晉若「任道」為先，自可「遺險」而固存。至於「任道」的內容乃是以蒼生為念，所謂「國以人為本」，百姓生業所在、情思所係，是孫綽最在意的「人和」。文同前註。

> 桓公欲遷都，以張拓定之業。孫長樂上表諫，此議甚有理。桓
> 見表心服，而忿其為異。令人致意孫云：「君何不尋遂初賦，
> 而彊知人家國事。」[80]

孫綽曾賦〈遂初〉，築室畎川，自言見止足之分；[81] 桓溫此處反譏其既嚮往山林，何由干預世事。〈遂初賦〉敍曰「余少慕老莊之道，仰其風流久矣」，於是宅於東山，帶長阜，倚茂林，「孰與坐華幕、擊鐘鼓者同年而語其樂哉」，[82] 另外孫綽與簡文（時任撫軍大將軍）商略諸風流人物時，也談到自己「託懷玄聖，遠詠老莊，蕭條高寄，不與時務經懷」，[83] 顯然，逍遙玄遊與家國時事一般被視為相對的兩個領域。那麼回頭來看《世說新語・輕詆篇》這則資料就更具意義——因為它透露了玄遊與時務在領域上可以形成的交錯互涉，同時也顯示孫綽並不因為寄懷莊老，就放棄自己參與東晉政局的意見。換言之，孫綽不但是重新以民情人事來看待東晉時局，這篇上疏及其所帶來的反應（包括桓溫與朝廷決策），更透露了風流名士與廟堂權臣如何相互對應或甚至是模糊了彼此身分分際，來共同定義建康朝廷的可能性。

　　名士與政治的關係自然不是東晉才發生，但是上承西晉覆亡而清談誤國批評成風之際，嚮慕玄遠的孫綽在相對的時務領域可以造成影響，顯然一般認為東晉名士只是「絕望」、「麻醉」自己，或東晉社會放蕩奢飲根本彷如「世界末日」，[84] 都有再次理解的必要。桓溫與袁虎、謝安與王羲之的對答爭論，就表現出東晉名士對於歷來清談亡國說法的抗拒。

80　同註65。
81　《世說新語・言語篇》第84則，頁79。
82　《世說新語・言語篇》第84則註文所引錄，頁79。
83　《世說新語・品藻篇》第36則，頁285。
84　如《魏晉玄學史》第六章〈東晉玄學〉就認為北方名士東渡之後，「由於對國家前途和個人命運的絕望，許多名士更加放蕩不羈，肆情酣飲，以此麻醉自己的靈魂。……使得東晉上層社會幾乎成了一座遊樂場，酒吧間，……真像是到了世界末日」，見許杭生等著《魏晉玄學史》（西安：陝西師範大學，1989），頁417-418。這樣的說法顯得褊狹而無法觀顧全盤社會實況。

《世說新語・輕詆篇》記載桓溫於北伐入洛之後，登樓船眺望中原，慨然曰：

> 遂使神州陸沉，百年丘墟，王夷甫諸人不得不任其責。[85]

太尉王衍為中朝風流雅望，據《晉陽秋》所載，王衍將為石勒所殺，謂人曰「吾等若不祖尚浮虛，不至於此」，[86] 倉皇東渡以後，祖尚浮虛與中朝傾覆的關係申說，成為省思過去、戮力未來的課題。議論的焦點集中在放浪形骸的悖禮傷教與高談莊老的玄虛浮華，如陶侃批評「亂頭養望，自謂宏達」，庾翼認為談玄說理「實長華競」，[87] 桓溫的說法其實是這個立場的延續。[88] 袁虎（即作〈東征賦〉的袁宏）不加思索地反駁：

> 運自有興廢，豈必諸人之過？

袁宏不贊成將亡國的罪責加諸名士身上，應該不是輕率之言，袁宏不但作〈東征賦〉，悉稱過江諸名望，還依據謝安平日所談，分別過江前的正始、竹林、中朝名士，而作成《名士傳》；[89] 如第一節所述連桓溫都必須求袁宏在〈東征賦〉為其父桓彝記事立名，可見袁宏對人對事的看法並非無的而發。而助成袁宏完成《名士傳》的謝安，正是另一個不贊成清談亡國論的名士，《世說新語・言語篇》記載，王羲之與謝安共登建

85　《世說新語・輕詆篇》第 11 則，頁 446-447。

86　參見《世說新語・輕詆篇》第 11 則註所引，頁 447。

87　陶侃說法見《世說新語・政事篇》第 16 則註引《晉陽秋》，頁 99；庾翼說法見其貽殷浩書，《晉書・殷浩傳》卷 77，頁 2044。又提出相似看法者，如卞壼斥貴遊子弟慕放達為「悖禮傷教」，《世說新語・賞譽篇》第 54 則註引鄧粲《晉紀》，頁 248；應詹上疏元帝，批評「元康以來，賤經尚道，以玄虛宏放為夷達，以儒術清儉為鄙俗」，《晉書・應詹傳》卷 70，頁 1858。

88　曹道衡認為桓溫將中原的淪亡歸罪王衍諸人是「倒因為果」，其實西晉末年統治者的腐朽，諸藩王手握兵權相互爭奪，根本不是王衍之流的名士所能改變的情勢。見所著《南朝文學與北朝文學研究》（南京：江蘇古籍，1998），頁 80。

89　《世說新語・文學篇》第 94 則「袁伯彥作名士傳成，見謝公，公笑曰：我嘗與諸人道江北事，特作狡獪耳，彥伯遂以著書」，頁 146。

康宮城附近的冶城，謝安悠然遠想，有高世之志，王、謝因此展開這樣的對答：

> 王謂謝曰：「夏禹勤王，手足胼胝，文王旰食，日不暇給。今四郊多壘，宜人人自效；而虛談廢務，浮文妨要，恐非當今所宜。」謝答曰：「秦任商鞅，二世而亡，豈清言致患邪？」[90]

當時冶城所見既多壘築，可見此處所謂「冶城」乃孫吳冶鑄舊處，不是謝安死後（太元十年）孝武帝太元十五年及安帝元興三年遞加興築而延屬宮城的繁麗寺院，[91]正與羲之勸戒謝安去虛談、勤治事之背景相合；而謝安面對這番勸戒，則較諸袁宏更犀利地提出反證，以秦無清言卻二世而亡，一方面反駁清言誤國的一貫論點，一方面也表露清言可以與治國並存不悖的態度。

　　謝安的好惡本為京師士庶競慕爭從，[92]因此這個態度其實顯示，南渡之後雖然對清談玄言或宏放流風一直批評不斷，但是這股名士風流不但沒有消退，卻反而持續不斷，而且是由高門貴遊所引領，而與東晉內憂外患的政局相始終；這幾乎挑戰了一般將家國時務與清談宴集相對二分的成見，而無法理解在江左「動盪不定、前途未卜之際」，這些名士竟「依然舊我」坐得下來，微言達旦。[93]換言之，治國與清談，或者家

90　《世說新語・言語篇》第 70 則，頁 71。
91　周應合《景定建康志》卷 20（臺北：臺灣商務，影印文淵閣四庫全書 489 冊，1986）述冶城「金陵有古冶城，本吳冶鑄之地，世說敘錄云丹楊冶城，去宮三里」句下考證云「⋯⋯孝武帝太元十五年於城中立寺以冶城為名，安帝元興三年以寺為苑，廣起樓榭，飛閣複道，延屬宮城。謝安每與王羲之登之，悠然遐想，有高世志」，頁 116。此說將謝安、羲之事附於末尾，未分別繫年，易生誤解。
92　《世說新語・輕詆篇》第 24 則註引《續晉陽秋》述滯銷之蒲葵扇一經謝安使用，於是「京師士庶競慕而服焉，價增數倍，旬月無賣」，頁 452。可見謝安愛憎與奪如何影響時風。
93　羅宗強《玄學與魏晉士人心態》（杭州：浙江人民，1991）第四章〈東晉士人心態的變化與玄釋合流〉就先提出這樣的質疑，然後自作解釋「是因為他們（清談名士）在江南安頓下來之後，便產生了一種偏安心態」，頁 286。

國與名士，還原到東晉當時的歷史環境中就不是彼長此消、非此即彼的問題，而是相互適應、互相轉化的問題。江左立國以來，自元、明帝、簡文帝及王導、庾亮、殷浩、謝安等王公重臣，莫不遊心玄虛、好尚清談，加上謝鯤、王羲之、孫綽、王濛、許詢、劉惔、支道林等彼此周旋往來所共同構成的清言集團，[94] 其實無法以「與實際生活無關」的「名士裝飾品」[95] 來輕忽這個融會朝內外的群體於社會政治結構與文化認同上所引發的效應。

　　從京都論述的基本面向看來，東晉初期的建康沒有華麗宮苑、豐富資產，也沒有完備禮法制度與居中圖大的地理優勢，因此桓溫與孫綽是否還都洛陽的爭議，以及謝安與王彪之是否興築華麗宮苑的爭議，其實都是針對同一個重點——如何重建家國領域合法、合情的想像基礎。然而中原淪陷、國力窘困，使得地域或宮苑權力論述無法保持歷來絕對優勢，這時候人情感知就成為當下最直接體切的經驗。孫綽反駁桓溫的地域權力論，就處處從人情因時移事遷或喪亂流徙所造成的切身體驗，如「北風之思」與「目前之哀」或「反舊之樂賒」與「趣死之憂促」等等的對比，設想那具體細膩的哀樂憂思超越於國家帝王的所謂「超世之弘圖，千載之盛事」之上。[96] 換言之，都城所在的地理位置或都城中的宮室儉奢不再成為論述家國的唯一中心點，人情往來、世風趨向成為另一個想像家國的立足點。於是，時人的好尚清談、嚮慕玄遠，在這裡與家國時務有了關係，名士風流所構成的社會現象可以重新結構建康所代表

94　《世說新語・方正篇》第 45 則註引《高逸沙門傳》「晉元、明二帝，遊心玄虛，託情道味，以賓友禮待法師；王公、庾公傾心側席，好同臭味也」，頁 184-185。其餘諸人請參見〈文學篇〉相關記載。從這些資料亦可見名士風流瀰漫於不同權力與身分階級之間，權臣也同時可能是名士，對於建康所代表的都城意義也可能出現不同觀點（如北伐與否、是否還都），顯然任何文化現象的研究都無法統整為一，因此本文僅能說是探察出名士觀點的面相之一。

95　陳寅恪〈陶淵明之思想與清談之關係〉一文中對於東晉清談的批評，收入《陳寅恪先生文集》一《金明館叢稿初編》（臺北：里仁，1981），頁 194。

96　同註 77。

的東晉政體。

　　西晉永嘉亂後，胡戎交侵、山河變色，國破家亡之痛成為過江諸人最直接的感懷，《世說新語‧言語篇》中相關記載如下：

> 過江諸人，每至美日，輒相邀新亭，藉卉飲宴。周侯中坐而歎曰：「風景不殊，正自有山河之異」，皆相視流淚。惟王丞相愀然變色曰：「當共戮力王室，克復神州，何至作楚囚相對。」[97]

> 溫嶠初為劉琨使來過江，於時，江左營建始爾，綱紀未舉。溫新至，深有諸慮。既詣王丞相，陳主上幽越、社稷焚滅、山陵夷毀之酷，有黍離之痛。溫忠慨深烈，言與泗俱；丞相亦與之對泣。敘情既畢，便深自陳結，丞相亦厚相酬納。既出，懽然言曰：「江左自有管夷吾，此復何憂。」[98]

「新亭」於建康城西南，近江渚，[99]「新亭」對泣因此可以視作過江諸人對於江左建康最初始的象徵性義界；所意指的「山河之異」、「楚囚相對」，正與當時「綱紀未舉」的寡弱政局相應和。而當溫嶠由河北至於江南，[100] 親身陳述社稷焚滅、山陵夷毀的經歷，更使得建康朝廷瀰漫一種孤臣遺子的慷慨悲憤。對於東、西晉之際的君臣而言，眼前的分崩離析、散裂絕滅 [101] 應該就是江、河之間最無法跨越的變異；因此，重建家國想像毋寧就是追尋一種承續、彌合、復歸的心理渴望，而在諸多載記清談宴集的資料裡，就透露出由正始或竹林玄風得以重返中原文化流脈的欣喜不已。以清通簡要作為特色的玄理談辯，一開始就是只盛行於河

---

97 《世說新語‧言語篇》第 31 則，頁 50。
98 《世說新語‧言語篇》第 36 則，頁 54。
99 《景定建康志》卷 22「新亭亦曰中興亭，去城西南十五里，近江渚」，頁 158。
100《世說新語‧言語篇》第 35 則記載劉琨與溫嶠期勉「吾欲立功於河北，使卿延譽於江南，⋯⋯」，頁 53。
101《世說新語‧言語篇》第 36 則註引《語林》「溫公始入，⋯⋯既坐，陳說九服分崩，皇室弛絕，晉王君沉默不獻歡」，頁 54。

南一帶，與接受漢儒繁蕪學風的河北、江南都不同，永嘉亂後才隨著中原人士傳播到江南來，[102]《世說新語・賞譽篇》述及永嘉末年衛玠從洛陽至武昌投奔王敦，彼此相見欣然，談話彌日，之後，王敦告訴謝鯤：

> 不意永嘉之中，復聞正始之音。阿平若在，當復絕倒。[103]

「正始」乃三國時魏齊王芳之年號，「正始之音」當指何晏、王弼等領引時人進行的談玄論理，[104]永嘉上距正始六、七十年，[105]「不意」與「復聞」，不但充分流露尋著古今續連的喜出望外，更因為永嘉末年的亂離背景，使中原（河南）的「正始之音」又傳達出一種彌足珍惜的親近熟悉。至於後兩句藉西晉王澄每聞衛玠語輒傾倒歎服的往例，[106]除了表達王敦同樣的賞美之情，更牽引起東、西晉未曾間斷的同情共感。換言之，正始清談其實可以作為貫穿西晉至於東晉的連綿不已的（中原）文化的表徵。

如此，從文化流衍的角度，將清談玄言上溯至正始之音，當不僅只於東晉名士，《世說新語・賞譽篇》就同時記載西晉名士對於何晏等人辨言析理的懷慕與承繼：

> 衛伯玉為尚書令，見樂廣與中朝名士談議，奇之，曰：「自昔

---

102 曹道衡以潘（岳）文淺淨、陸（機）文深蕪為例，說明清簡玄風於西晉時仍只是流行於河南一帶，而不及於江南，至於《隋書・儒林傳序》所謂「南人約簡，……北學深蕪」應該是在中原人士南渡之後，將清省之風傳播至江南，而與河北地區形成的對比。見《南朝文學與北朝文學研究》，頁 105-107。這個看法正有助於說明渡江之初「欣聞」正始之音的「中原情結」。

103《世說新語・賞譽篇》第 51 則，頁 247。

104 如《世說新語・文學篇》第六則記載「何晏為吏部尚書，有位望，時談客盈坐。王弼未弱冠，往見之。晏聞弼名，因條向者勝理語弼曰：『此理僕以為極，可得復難不？』弼便作難，一坐人便以為屈。於是弼自為客主數番，皆一坐所不及」，頁 106。

105 正始元年，西元 240 年，永嘉元年為西元 307 年，永嘉七年為西元 313 年。

106《世說新語・賞譽篇》第 45 則「王平子邁世有雋才，少所推服。每聞衛玠言，輒歎息絕倒」，頁 245。

諸人沒已來，嘗恐微言將絕，今乃復聞斯言於君矣。」[107]

劉註引《晉陽秋》所謂「諸人」乃指「何平叔諸人」，[108] 顯然名士清言是一種可以不分地域（河南或江南），也超越朝代（魏、晉或東、西晉）更迭而持續進行的文化事件。〈（衛）玠別傳〉中王敦這番話說得更清楚：

昔王輔嗣吐金聲於中朝，此子（衛玠）今復玉振於江表，微言之緒，絕而復續。[109]

從王弼至於衛玠，自中朝到江表，「絕而復續」的是正始以來的清談玄言，更進一步說是玄遠流風下的人物風神與生活情態。譬如正始之後以放曠任誕的竹林名士，就成為東晉士人擬譬的對象，像是王濛酒酣起舞，劉尹讚賞他「阿奴（王濛）今日不復減向子期」的率性任真；[110] 而謝鯤因為放浪形骸、不修威儀，謝安說他「若遇七賢，必自把臂入林」。[111] 至於名士宴集，除了晤言一室，也常常流連山水，阮籍蘇門（山）之遊、嵇康遊於汲郡山中，不免有寓言傳說的成分，[112] 至於兩晉則成為名士間非常普遍的社交活動。西晉名士「共至洛水戲」[113] 或者「在洛水邊共談道」，[114] 就如同過江諸人於江渚新亭「藉卉飲宴」是一樣的活動慣例，所以周顗才會說「風景不殊」，[115] 只是河洛、江南的「江河之

107《世說新語·賞譽篇》第 23 則，頁 238。
108 同前註。
109《世說新語·賞譽篇》第 51 則註文所引，頁 247。
110《世說新語·品藻篇》第 44 則，頁 287。
111《世說新語·賞譽篇》第 97 則及註所引《江左名士傳》，頁 259。
112《世說新語·棲逸篇》第 1、2 則記載阮籍至蘇門山與蘇門先生「目擊道存」，及嵇康於汲郡山中遇神謀良妙的道士孫登，頁 355-356。
113 見《世說新語·言語篇》第 23 則，頁 46。
114 見《世說新語·企羨篇》第 2 則「王丞相初過江，自說昔在洛水邊，數與裴成公、阮千里諸賢共談道」，頁 346。
115 見《世說新語·言語篇》第 31 則，頁 50。此處「風景不殊」，劉淑芬曾從洛陽和建康的地理環境非常相似來加以解釋（見《六朝的城市與社會》，頁 170），但是

異」。[116] 據〈竹林七賢論〉，西晉名士王衍諸人至洛水「解禊事」，於修禊活動中談名理、論史漢；[117] 東晉王羲之、謝安、孫綽等人於會稽山陰之蘭亭修禊，亦留下以悟理感懷為主旨的〈蘭亭詩〉三十七首。[118] 這樣跨越朝代、地域的文化連續性，正可以顯示，都城為中心的疆域並不是界定家國的唯一要素，對於東晉而言，從正始以來的名士風流，是超越中原及都城權力論之上，而成為重建江左政治社會更廣大的文化結構，而建康不過和荊州的江陵、吳會的會稽一樣，都屬於這個結構中一個相互繫連的關節點而已。

名士政治與建康意象

名士風流既然不是被動受制於地域或朝廷，因此這個文化結構就可以與政治結構並存不悖或甚至反過來有主動去影響的能動力。例如明帝將嚮慕竹林之風的名士謝鯤、周顗與廟堂重臣庾亮、郗鑒相比並，就是很明顯的例子：

> 明帝問謝鯤：「君自謂何如庾亮？」答曰：「端委廟堂，使百僚準則，臣不如亮；一丘一壑，自謂過之。」[119]

> 明帝問周伯仁：「卿自謂何如郗鑒？」周曰：「鑒方臣如有功夫。」復問郗，郗曰：「周顗比臣有國士門風。」[120]

更深刻的感受應該是戲遊談道的集團活動與共感的氛圍。
116《世說新語・言語篇》第 31 則作「山河之異」，《晉書・王導傳》卷六五作「舉目有江河之異」，頁 1747。
117 見《世說新語・言語篇》第 23 則及劉註所引《竹林七賢論》，頁 46。
118 關於蘭亭詩及蘭亭序的討論，請參見本書〈由修禊事論〈蘭亭詩〉、〈蘭亭序〉「達」與「未達」的意義〉。
119《世說新語・品藻篇》第 17 則，頁 280。
120《世說新語・品藻篇》第 14 則，頁 279。

謝鯤與王澄等慕竹林諸人，常散首披髮、裸裎箕踞，號曰「八達」，竟然可以與當時掌理國政的庾亮相比，還以丘壑山林為傲，鄧粲《晉紀》說是因為「鯤有勝情遠概，為朝廷之望，故時以庾亮方焉」。[121] 朝廷之望可以不必表現在政風治績，也可以是玄遠風流，這在東晉社會是一種共識，譬如時人以「安石不肯出，將如蒼生何」，又以殷浩「起不起以卜江左興亡」，[122] 而謝安當時高臥東山，以無用為心；[123] 至於殷浩早以妙辯玄致為名流賞譽，[124] 王導更在與其談辯後，歎曰「正始之音，正當爾耳」。[125] 至於郗鑒在治事才能上勝過周顗，而周顗則較郗鑒有「國士門風」，鄧粲《晉紀》認為是因為伯仁「清正嶷然，以德望稱之」，[126] 另一方面也可能指涉周顗出自汝南高門；[127] 但是不可否認，周顗的名望卻也同時表現在追慕林下風氣之上，譬如他的雍容風姿：

> 周僕射雍容好儀形。詣王公，初下車，隱數人，王公含笑看之。既坐，傲然嘯詠。王公曰：「卿欲希嵇、阮邪？」答曰：「何敢近捨明公，遠希嵇、阮。」[128]

從下車至於既坐，周伯仁展現一種不疾不徐的態勢與旁若無人的嘯詠，王導因此說他欲效法阮籍、嵇康的笑傲世俗，周顗之為「國士」，應該

121《世說新語・品藻篇》第17則註引鄧粲《晉紀》，頁280。本文審查人之一認為當時所以將謝鯤、庾亮相比，是因為共同關係人王敦；庾亮素為王敦所敬畏，謝鯤為王敦長史，王澄僅與謝長史相談忘倦，都不顧主人王敦，所以明帝會將二人相比。不過，從謝鯤自抒「丘壑」之志，史載其「不徇功名」、「不屑政事」，「居身於可否之間」（《晉書・謝鯤傳》卷49，頁1377-1378），可見謝鯤確以名士風流為時人所慕。
122 見《世說新語・賞譽篇》第99則，頁260。
123 謝安事參見《世說新語・排調篇》第26則及註引《婦人集》，頁429。
124 參見《世說新語・賞譽篇》第82、86則，頁256、257。
125《世說新語・文學篇》第22則，頁115。
126《世說新語・品藻篇》第14則註文所引，頁279。
127 蘇紹興據《世說新語》統計兩晉士族，汝南周氏有五人，其中包括周顗及其父周浚，見氏著《兩晉南朝的士族》（臺北：聯經，1988），頁88、94。
128《世說新語・言語篇》第40則，頁56。

也不能排除這樣的雅望「門風」。

在上引資料中以「王公含笑看之」，生動描述王導對於名士風流的賞愛；而王導既好尚清談、遊心玄虛，[129] 於是反而延續了一種與亂世看似格格不入的為政風格，尤其是與庾亮的對比中看出來：

> 丞相夏月至石頭看庾公，庾公正料事。丞相云：「暑，可小簡之。」庾公曰：「公之遺事，天下亦為以為允。」[130]

關於「公之遺事」，徐廣《歷紀》說到「導阿衡三世，經綸夷險，政務寬恕，事從簡易」，[131] 到了晚年，王導更常常只是在公文上畫諾，而不再事事斟酌，並且自詡這樣的政風：

> 人言我憒憒，後人當思此憒憒。[132]

「憒憒」是相對於勤恪謹飭、網密刑峻的另一種為政風格，[133] 王導的「寬和得眾」，正與庾亮的「任法裁物」相反；[134] 簡易與嚴密這兩者之間的爭持對比，就一直是交揉參錯在江左的政治體制之中，譬如：陶侃、殷仲堪作荊州皆勤事任刑，[135] 而王導死後，庾冰（庾亮弟）代相，殷羨就感慨：「卿輩自是網目不失，皆是小道小善耳。至如王公，故能行無

---

129 如前引《世說新語‧方正篇》第 45 則（頁 184）、〈文學篇〉第 21、22 則（頁 114-115）等。
130 《世說新語‧政事篇》第 14 則，頁 98。
131 《世說新語‧政事篇》第 15 則註所引，頁 98。
132 皆見《世說新語‧政事篇》第 15 則，頁 98。
133 楊勇《世說新語校箋》（臺北：宏業，1976）引《魏志‧蔣琬傳》「作事憒憒」解之，頁 138。其實陳壽《三國志‧蜀書》曾載諸葛亮為蔣琬請命：「蔣琬，社稷之器，非百里之材也。其為政以安民為本，不以修飾為先，願主公重加察之」，這段話最能解釋「作事憒憒」之意，見陳壽《三國志‧蜀書》卷 44（臺北：鼎文，1979），頁 1057。
134 引自《晉書‧庾亮傳》卷 73，頁 1918。
135 參見《世說新語‧政事篇》第 16、26 則，頁 99、103。

理事。」[136] 殷羨的評斷最為謝安所歎詠，而安石正是最能承繼王導風格者，史稱其「德政既行，文武用命，不存小察，弘以大綱，威懷外著，人皆比之王導，謂文雅過之」。[137] 表現於為政風格上的不同，背後正是玄言與時務在社會體制上的相互周旋，除了前引謝安反駁王羲之的清言亡國說，時人對於清言與政務在建康朝中的相容共存，早已習以為常，譬如王濛、支道林等去看望何充，何充忙著看公文而無暇他顧：

> 王謂何曰：「我今故與林公來相看，望卿擺撥常務，應對玄
> 言，那得方低頭看此邪？」何曰：「我不看此，卿等何以得
> 存？」[138]

這樣的對答更早出現在明帝時阮孚與卞壺的應對中；卞壺勤於吏事，欲軌正督世，阮孚每謂之曰「卿恆無閑泰，常如含瓦石，不亦勞乎」，壺曰：

> 諸君以道德恢弘，風流相尚，執鄙吝者，非壺而誰？[139]

值得注意的是，卞壺「為諸名士所少，而無卓爾優譽」，[140] 何充則因與王濛、劉惔等好尚不同，而「見譏於當世」；[141] 然而卞壺因為斥責貴遊子弟的放達為「悖禮傷教」，[142] 使聞者莫不折節，何充也因為與王濛的對答，使諸名士改觀而以為佳。[143] 可見，欲論究東晉的名士風氣或社會政治現象，單單從時務來批評玄風，或單單從玄風來蔑棄時務，都落入事後一廂情願的二元化約，而忽略了當代情境中彼此妥協與轉化的可能性。

---

136 《世說新語・政事篇》第 14 則註引《殷羨言行》，頁 98。
137 《晉書・謝安傳》卷 79，頁 2074。
138 《世說新語・政事篇》第 18 則，頁 100-101。
139 《晉書・卞壺傳》卷 70，頁 1871。
140 同前註。
141 《世說新語・政事篇》第 18 則註引《晉陽秋》，頁 100。
142 同註 139。
143 同註 141，頁 101。

　　玄言與時務的比列交錯如果是建康朝的社會政治實況，那麼底下有
關陶侃因為庾亮的風神、或桓溫因為謝安的雅量而緩解生死殺機或篡奪
陰謀的記載，就變得自然合理。蘇峻兵入建康，陶侃先前因懷疑是庾亮
刪改明帝詔書，致不在顧命之列，早有嫌隙；又因庾亮不聽勸止，強征
蘇峻而致亂，因此當溫嶠向其求救，陶曾憤然曰：「釁由諸庾，誅其兄
弟，不足以謝天下。」及至應溫嶠之請出兵勤王，兵至尋陽，庾亮憂怖
無計，溫嶠勸庾見陶，而且只要「遙拜」，必保其無事；果然依據《世
說新語》的記載是：

　　　庾風姿神貌，陶一見便改觀，談宴竟日，愛重頓至。[144]

「一見改觀」在「談宴」之前，「風止可觀」明顯先於「引咎自責」的言
語。[145] 而「遙拜」的動作除了表示謙遜，在這裡更積極的作用是有助於
風神的展現；前引謝鯤自謂不如庾亮之廟堂風範，但並不表示庾亮就完
全不具名士風神，《世說新語》記載「庾太尉風儀偉長」，[146] 甚至在難得
的詠謔任樂之際，流露「以玄對山水」的「丘壑」之思。[147] 正是這風姿
神貌改變陶侃的成見，而不再糾纏個人恩怨；「石頭事故」[148] 因此不只是
發生在建康朝廷的政治事件，同時也交織了名士風流，成為玄風與政局
相互周旋的具體見證。[149]

─────

144　引自《世說新語・容止篇》第 23 則，頁 339。至於溫嶠勸庾詣陶，「卿但遙拜，
　　必無他，我為卿保之」，見〈假譎篇〉第 8 則，頁 457。
145　《晉書・庾亮傳》卷 73 載「亮甚懼，及見侃，引咎自責，風止可觀」，其實倒反
　　了《世說新語》記述的次序，也因此忽失了名士風神在整個事件中的重要性，頁
　　1919。
146　《世說新語・雅量篇》第 17 則，頁 200。
147　《世說新語・容止篇》第 24 則及註所引孫綽〈庾亮碑文〉，頁 339。
148　《世說新語・容止篇》第 23 則開頭曰：「石頭事故，朝廷傾覆」，即指蘇峻兵入石
　　頭，焚掠建康一事，頁 338。
149　時人曾疑庾亮風神非真本性，後探測其子，「知元規非假」（同註 146）；然得陶
　　侃愛重之後，庾亮揣摩陶性儉嗇，因此食韭留白，以再次種植，陶稱其「非惟風
　　流，兼有治實」，《世說新語・儉嗇篇》第 8 則，頁 467。廖蔚卿先生認為「故知

　　至於另一例，謝安與桓溫的應對交接，同樣也顯示名士雅量參與政治事件的深刻度。「雅量」為《世說新語》人物品類之一，主要在欣賞名士安恬從容的言行神態。[150]〈雅量篇〉第二九則記載，簡文帝駕崩，並未如桓溫所期待禪位於己或依周公居攝故事，桓溫疑王坦之、謝安進言所致，[151] 因此伏甲設饌，廣延朝士，「欲誅謝安、王坦之」：

> 王甚遽，問謝曰：「當作何計？」謝神意不變，謂文度曰：「晉
> 祚存亡，在此一行。」相與俱前。王之恐狀，轉見於色。謝之
> 寬容，益表於貌，望階趨席，方作洛生詠，諷浩浩洪流。桓憚
> 其曠遠，乃趣解兵。[152]

據《晉書》本傳，當時桓溫在新亭「大陳兵衛」，意圖殺害謝安、王坦之二人後，「將移晉室」，[153] 所以謝安才認為「晉祚存亡」就在這次面見桓溫的宴集上。而從《世說新語》記載看來，此行完全沒有慷慨激昂的政治談辯，舉朝之前，謝安就只是展現泰然自若的神情，且以洛下音調吟詠嵇康詩句，就能讓桓溫命卻左右，燕飲行觴，[154] 保全謝安自己，也保全了晉室。關於為什麼吟誦嵇康〈贈秀才入軍詩〉，[155] 有以為是藉一種

名士們優雅從容的風貌，頗多出於偽作，因為面對得失利害，有時不能不以容
忍、從容的謹慎態度加以應付，這樣的政治周旋，自非出於天性」，見〈論魏晉名
士的雅量〉，《漢魏六朝文學論集》（臺北：大安，1997），頁 104。本文並不以分辨
名士風流是偽作或天性為目的，而重在呈現名士風流與政治相互周旋的實況，因
此庾亮或謝安的風神「政治化」現象，反而是本文重點。

150 見前註所引〈論魏晉名士的雅量〉，頁 129-130。

151 參見《晉書・桓溫傳》卷 98，頁 2579，及《世說新語・雅量篇》第 29 則註引
《晉安帝紀》，頁 206。

152《世說新語・雅量篇》第 29 則，頁 206。

153《晉書・謝安傳》卷 79，頁 2073。

154 見《世說新語・雅量篇》第 29 則註引宋明帝《文章志》，頁 206。《晉書》謝安本
傳的記載則是因為謝安明示「諸侯之道」，才解除桓溫殺害二人、篡奪晉室的陰
謀，這是另一種選擇的詮釋。

155 嵇康〈四言贈兄秀才入軍詩〉：「浩浩洪流，帶我邦畿。萋萋綠林，奮榮揚暉。
魚龍瀺灂，山鳥群飛。駕言出遊，日夕忘歸。思我良朋，如飢如渴。願言不獲，

「思我良朋」的懷舊情緒，以自己與桓溫昔日的關係（安石曾為桓溫司馬），緩和當場殺機；[156] 有以為此詩前四句「自具體國經野的大義」，桓溫乃歎服謝安為國家大計而不計個人安危的氣度。[157] 但是不論是懷舊之情或家國之義，詩句的意旨都必須藉助濁重的詠歎音調與寬舒的容姿神情表現出來，換言之，晉祚存亡與當下謝安的諷詠風神密不可分，東晉的政治局勢與正始、竹林以來未曾斷絕的名士傳統其實有著相與相成的發展脈絡。

從這個角度重新看待作為政治場域的都城建康，因此可以發現，正始以降的名士風流其實也在原本左遷的地域、弱勢的政局中銘刻下永恆的城市風景。《世說新語・言語篇》記載王導孫王東亭與人論姑孰城與建康城的建築巧拙：

> 宣武移鎮南州，[158] 制街衢平直。人謂王東亭曰：「丞相初營建康，無所因承，而制置紆曲，方此為劣。」東亭曰：「此丞相所以為巧。江左地促，不如中國，若使阡陌條暢，則一覽而無盡，故紆餘委曲，若不可測。」[159]

在制置上紆曲或平直的表現，當然同時對比東晉前期兩位朝廷重臣的勛績功業，王東亭於是從紆曲的建康城使原本地促的江左若「深不可測」，來詮解王導的巧思。然而，如果從王導好尚玄虛的名士作風來看，相對於嚴整勤恪的「憒憒」政風，不也同時表現在相對於平直條暢的紆餘委曲；建康城的建築因此刻畫出王導及其所延續的「邁達沖

　愴矣其悲。」引自逯欽立輯校《先秦漢魏晉南北朝詩》魏詩卷九（臺北：木鐸，1988），頁 483。
156 參見羅宗強《玄學與魏晉士人心態》，頁 303。
157 參見廖蔚卿先生《漢魏六朝文學論集》，頁 143。
158 桓溫曾一度移鎮姑孰，見《晉書・桓溫傳》卷 98，頁 2575。又司馬光《資治通鑑》卷 102（臺北：世界，1974，新校《資治通鑑》注第六冊）胡三省註曰：「晉都建康，以京口為北府，歷陽為西府，姑孰為南州」，《晉紀》，頁 3213。
159 《世說新語・言語篇》第 102 則，頁 87。

虛」、「玄鑒劭邈」[160] 的文化版圖。到了謝安的時候，許多逃亡的兵士僕役，都流竄到建康城南，秦淮河邊的船舫中，有人要求搜捕，謝安說：

> 若不容此輩，何以為京都？[161]

謝安為政「每以厚德化物，去其煩細」，[162] 最同於王導的寬和簡易。而今看來，王導籠絡孫吳士族、寬縱過江北人，以穩定江南局勢，[163] 謝安談笑間退卻符堅進犯大軍，鞏固東晉政權，[164] 這前後續連的「名士政治」，正為浮沉不安的建康，張設出悠游曠遠的城市風情。

本文原刊登於李豐楙、劉苑如主編《空間、地域與文化：中國文化空間的書寫與闡釋》上冊（臺北：中央研究院中國文哲研究所，2002），頁 199-236。

---

160 引自《晉書・王導傳》卷 65 所錄〈諡王導冊〉，頁 1753。
161 《世說新語・政事篇》第 23 則，頁 102。
162 錄自《世說新語・政事篇》第 23 則註所引《續晉陽秋》，頁 102。
163 參考陳寅恪〈述東晉王導之功業〉，收入《金明館叢稿初編》，《陳寅恪先生文集》一，頁 48-68。
164 《世說新語・尤悔篇》第 16 則及註引《續晉陽秋》，記載桓沖聞符堅進犯，深以為慮，帶三千人自荊州赴京師，「時安已遣諸軍，且欲外示閒暇，因令充軍還」，桓沖驚憤不已，俄而群謝大破符堅，桓沖「慚慨而薨」。又《世說新語・雅量篇》第 34 則就描述謝安得知謝玄大勝，仍繼續下棋，「意色舉止，不異於常」，註引《續晉陽秋》「初，符堅南寇，驚師大震。謝安無懼色，方命駕出墅，與兄子玄圍棋。……破賊又無喜容，其高量如此」，頁 209。

市井與圍城：
南朝「建康」宮廷文化之一側面

　　針對任何一個地域或城市的社會文化研究，由於牽涉層面極廣，很難獲得所謂整全的面貌。而建康既為南朝的都城，本文從宮廷文化這角度進行討論，似乎比較容易契合都城作為權力階級生活娛樂、交際周旋的場域之特點；當然宮廷文化也必然因為集團、個人表現不同而有諸多面相，本文僅選取趨向市井形態這一側面加以探察，期望為宮廷與市井及其所衍生的公眾與私己這些相對社會領域彼此交錯、挪借的文化現象，揭示更為清晰的面目。而文化由於是歷時發展的累積與演化，必然會形成前後承續或對比的情況，本文的論述過程因此不但以東晉建康的文化流風為開端，而且後文論述中亦援引為對照的背景。

士人流風與都城意象

　　建康，先秦楚號金陵，秦改為秣陵，東吳孫權於建安十六年遷都於此，次年改稱建鄴，[1] 西晉末年司馬睿採用王導建議，渡江鎮守建鄴，永嘉七年改建鄴為建康，[2] 建武二年（西元 318）司馬睿於江東稱帝，建康成為東晉首都，後來南朝四代也都建都於此。顯然，建康不但是六朝政治、經濟中心，也是六朝文化形成與發展的核心場域。歷來論述建康

1　參見許嵩《建康實錄》卷 1，「建安十六年」、「建安十七年」條（臺北：臺灣商務，影印文淵閣四庫全書 370 冊，1986），頁 236。
2　同前註卷 5，「永嘉元年」、「永嘉七年」條，頁 287、289。

城，以現今可見具體成書者如唐許嵩《建康實錄》、宋周應合《景定建康志》、元張鉉《至大金陵新志》，乃至明、清間成書的《應天府志》、《江寧府志》等，可以說是匯集了「建康史」之大成，分別在地理形勢（山、川、河、湖）、宮城建築（另包括寺廟、園宅、陵墓），以及人物掌故各面相，累積了豐富的文獻資料；當代的研究以史料配合出土文物，針對都城形制、貿易交通等都有更進一步的具體描述，譬如從城磚的原料、色澤的不同，尋索出都城與石頭城遺址，[3] 從古墓出土的玻璃杯和玻璃碎片，考證出東晉時期就與東羅馬及波斯有貿易關係。[4] 所有關於建康的歷史研究，提供了具體的圖表（如都城規畫、園宅分布）、數據（如人口結構、出使及征戰次數），[5] 同時也明顯偏重在講求精確（accuracy）的客觀事項（objective facts）上。

　　然而建康城作為一個社會空間（social space），這些各個分立的事項其實與人情經驗相互穿織，經過主、客觀協調之後，成為展現文化價值或社會關係的環境形態。[6] 比方說，建康城西南的新亭，是東晉初過江諸人最常邀集飲宴之處，周顗並且認為「風景不殊」，只是江、河之異，這固然可以從洛陽和建康的地理環境非常相似來加以解釋，[7] 但是如果也考慮西晉名士常常共至洛水戲游談道，那麼新亭所在更深刻的感受

3　參見羅宗強〈對南京六朝都城的一些看法〉，《中國古都研究》第 2 輯（陝西：三秦，1986 年 9 月），頁 162-164。

4　參見郭黎安〈試論六朝時期的建業〉，《中國古都研究》第 1 輯（陝西：三秦，1985 年 4 月），頁 283-284。

5　可參考如朱偰《金陵古蹟圖考》（收入《民國叢書》第 4 編，據商務印書館 1934 年版影印），劉淑芬《六朝的城市與社會》（臺北：臺灣學生，1992）等。

6　人文地理學者段義孚在 "Literature and geography: Implications for geographical research" 一文中談到文學書寫可以提供地理學者三個思考面向：如尋找人文經驗及關係形態所構成的社會空間；尋索如同藝術作品所透露的對環境的理解與文化價值的熔鑄；最後在地理分析中嘗試達到一種主、客觀的平衡。見 David Ley and Marwyn S. Samuels ed., *Humanistic Geography: Prospects and Problems* (Chicago: Maaroufa Press, 1978), pp. 194-206。

7　見劉淑芬《六朝的城市與社會》，頁 170-171。

應該是如何在江東復現這種名士文化活動中共感的氛圍。又譬如從歷史資料可以清楚序列東晉建康宮城、都城由簡陋走向華麗的建築時間表，但是如果同時也注意到桓溫治江陵，層樓疊觀早於謝安主持興建的建康新宮，那麼兩座城市的華儉較量，毋寧也成為當時朝中闥外強弱關係的具體象徵。[8]

換言之，外在空間的實踐其實與內在意識的象徵相互表裡，一個都市可以是某種意象化了的形式，而人們正是藉助於在一定程度上共通的意象，來「看到」這座城市或發展出對於這座城市的認知。顯然這個城市意象並不就等於從自然地域或文物遺址上所標示的城市，當然也不是單單由個人記憶就可以聚合出來，而必須是一種社會互動下的經驗產物，是四面八方的線索相互作用下所浮顯的立體座標。[9]從這個角度重新看待建康，因此可以發現，過江之初，面對地促勢卑、無力北反的事實，建康既無華麗宮城，又尚未完備禮制，更因禍起蕭牆而屢遭戰亂；這時候王導、庾亮諸人是如何傳續正始以降的名士風流，而在原本左遷的地域、弱勢的政局中銘刻下永恆的都城風景。《世說新語・言語篇》記載王導孫王東亭與人論姑孰城與建康城的建築巧拙：

> 宣武移鎮南州，[10]制街衢平直。人謂王東亭曰：「丞相初營建康，無所因承，而制置紆曲，方此為劣。」東亭曰：「此丞相所以為巧。江左地促，不如中國，若使阡陌條暢，則一覽而無盡，故紆餘委曲，若不可測。」[11]

8　以上二例詳細分析請參見本書〈名士與都城：東晉建康論述〉。

9　對於都市空間文化的分析，參考曼威・柯思特（Manuel Castells）著，夏鑄九譯〈都市象徵〉（"The Urban Symbolic"），及葛迪樂・拉哥波羅斯（M. Gottdiener and Alexandros Lagopoulos）著，吳瓊芬等譯〈都市與符號〉（導言），皆收入夏鑄九、王志弘編譯《空間的文化形式與社會理論讀本》（臺北：明文，1993），分別見於頁 539-547、505-526。

10　桓溫曾一度移鎮姑孰，見房玄齡《晉書・桓溫傳》卷 98（臺北：鼎文，1980），頁 2575。

11　劉義慶《世說新語・言語篇》第 102 則，引自楊勇《世說新語校箋》（臺北：宏

在制置上紆曲或平直的表現，當然同時對比東晉前期兩位朝廷重臣的
勛績功業，王東亭於是從紆曲的建康城使原本地促的江左若「深不可
測」，來詮解王導的巧思。然而，如果從王導好尚玄虛而具有名士作風
這一面來看，相對於嚴峻整飭的「憒憒」政風，不也同時表現在相對於
平直條暢的紆餘委曲；建康城的建築因此刻畫出王導及其所延續自中原
的「邁達沖虛」、「玄鑒劭邈」[12] 的文化版圖。[13]

可以說意象化了的名士風流因此就體現在東晉建康城的空間形式
上，而這樣的形式主題自然會引向某種機能或效應，亦即意象透過都市
空間為媒介而與機能效應相互依存。東晉於王導之後，以謝安主政最同
於王導的寬和簡易，當時許多逃亡的兵士僕役，都流竄到建康城南，秦
淮河邊的船舫中，有人要求搜捕，謝安說：

　　若不容置此輩，何以為京都？ [14]

從空間常識而言，都城因為匯聚五方、人物混雜而藏匿不法，是很自然
而正常的現象，[15] 但是，謝安所言顯然不僅只於空間常規，而是一種放
曠而去煩細的悠游風情，這可以對比東晉以下宋沈璞與齊王儉的做法
而得知。同樣是面對「號為難治」的京邑所在，沈璞「以清嚴制下」，
使「姦吏斂手，猾民知懼」；[16] 而齊高帝「欲立符伍，家家以相檢括」，

業，1976），頁 122 又下文《世說新語》資料皆引自楊勇校箋本，僅註明頁數。

12　引自《晉書·王導傳》所錄〈諡王導冊〉，卷 65，頁 1753。

13　詳見鄭毓瑜〈東晉建康論述〉一文，頁 20-21。關於「憒憒」政風，《世說新語·
　　政事篇》第 15 則載王導曰「人言我憒憒，後人當思此憒憒」，王導的「寬和得
　　眾」，正與庾亮的「任法裁物」相反，陳寅恪〈述東晉王導之功業〉就特別談到
　　「東晉初年既欲籠絡孫吳之士族，故必仍循寬縱大族之舊政策」，江左之所以能立
　　國五朝之久，王導之「憒憒」政風實為主因，見《陳寅恪先生文集》一（臺北：
　　里仁，1981），頁 52-54。

14　《世說新語·政事篇》第 23 則，頁 143。

15　參見劉淑芬《六朝的城市與社會》書中對謝安所言的解釋，頁 152。

16　沈璞事見沈約《宋書·自序》卷 100（臺北：鼎文，1984），「時天下殷實，四方
　　輻輳，京邑二縣，號為難治」以下所述，頁 2462。

王儉卻引用謝安所謂「不爾何以為京師」，而認為「必也持符，於事既煩，理成不曠」。[17] 據史書所載，王儉常謂人曰「江左風流宰相，唯有謝安」，蓋以此自況也；[18] 那麼在面對奔雜且多盜賊的建康，王儉所以展現和謝安一樣寬容的治理態度，顯然就不在於視京邑之雜亂為理所當然，而是因為將名士風流具體實踐於都城的形制機能中。

然而，單單因為王儉的例子，並不足以認定南朝的建康仍舊偏向以名士風流為主導意象的空間氛圍。如果城市意象的產生是來自於社群間彼此的角力互動，那麼宋、齊以來士人流風的逐步轉變，就不能不成為考察城市意象主題的關鍵。以宋人孔覬為例，其「為人使酒仗氣」、「尤不能曲意權幸」，「性真素，不尚矯飾」，時吳郡顧覬之亦尚儉素，而「宋世言清約，稱此二人」。可見入宋以來，社會風氣是轉趨於汲營，相對於真素清約的希罕難能，當時士大夫的表現就像孔覬弟道存、從弟徽，善於聚斂經營，自外郡東還，「輜重十餘船，皆是綿絹紙席之類」，孔覬正色曰：

> 「汝輩忝預士流，何至還東作賈客邪？」命左右取火燒之，燒盡乃去。[19]

當時外郡牧宰除了朝廷薪俸，還有當地雜供、百姓餉餽，任滿或請假還京，往往帶著外郡搜刮的財富或將土產運回京城販售營利，[20] 所謂士流與賈客，顯然漸漸泯除了分別。而這種重財貨的心態，與魏晉名士風儀的格格不入，還表現在宋、齊之際的褚淵（彥回）身上。褚彥回美姿儀、善容止，「時人以方何平叔」。[21] 宋明帝時長淮為北境，[22] 江南無鰒魚，

17　見李延壽《南史・王儉傳》，卷 22（臺北：鼎文，1980），頁 592。

18　見蕭子顯《南齊書・王儉傳》卷 23（臺北：鼎文，1983），頁 436。

19　孔覬事見《宋書・孔覬傳》卷 84，頁 2155。

20　參考劉淑芬《六朝的城市與社會》中對於「外郡還資」的說明，頁 86-87。

21　此句見於《南史・褚裕之傳》附褚彥回，卷 28，頁 749。《南齊書・褚淵傳》未見此語，卷 23。

22　王應麟《通鑑地理通釋》卷 13（臺北：臺灣商務，影印文淵閣四庫全書 312 冊，

或有間關得至者，一枚值數千錢，人有餉彥回三十枚，彥回時雖貴而貧薄，門生獻計賣之，彥回變色曰：

> 「我謂此是食物，非曰財貨……」悉與親游噉之，少日便盡。[23]

然而，褚彥回雖然不重財貨，卻因宋末歸心齊高帝，世俗頗以名節譏之，當時百姓曰「可憐石頭城，寧為袁粲死，不作彥回生」，[24] 甚至褚彥回子褚賁、從弟褚炫、褚炤等皆恥彥回之身事二代，而有棲退之志。彥回入齊後拜司徒，褚炤歎曰：

> 使彥回作中書郎而死，不當是一名士邪？[25]

顯然重財貨或不持守節操都是影響士流質變的重要因素，若再加上南朝以來士族勢力逐漸衰落，政治實權漸為布衣寒人所取代，整個社會關係結構的轉變就直接表現在生活形態、施造玩好各方面，而呈現出不同於放曠任真的空間氛圍。

以時人方之何晏的褚彥回，和自比謝安的王儉為例，雖然二人風神出眾，且「務弘儉約」、[26]「寡嗜慾……車服塵素，家無遺財」，[27] 但是面對朝中以寒人而入見親倖的阮佃夫、茹法亮等公然貨賄、奢華成風，也莫可奈何。史載宋明帝崩，褚彥回與袁粲受顧命、輔幼主，共理庶事，未嘗驕倦，然而當時：

> 王道隆、阮佃夫用事，奸賂公行，淵不能禁也。[28]

　　1986）述「宋重鎮」下云：「……明帝時後魏南侵，淮北青冀徐兗四州及豫州西境悉陷沒，則長淮為北境」，頁 191。

23　此亦見於《南史‧褚彥回傳》卷 28，頁 751；《南齊書》未見記載。

24　見於《南史‧褚彥回傳》卷 28，頁 753。

25　以上關於褚賁、褚炤、褚炫事，皆見《南史》卷 28，頁 754-758。

26　《南齊書‧褚淵傳》卷 23，頁 426。

27　《南齊書‧王儉傳》卷 23，頁 438。

28　《南齊書‧褚淵傳》卷 23，頁 426。

而齊武帝時茹法亮、呂文度並勢傾天下，大納財賄，廣開宅宇，太尉王
儉常謂人曰：

> 我雖有大位，權寄豈及茹公？[29]

即便是身居高位的王儉、褚彥回都不如阮佃夫、茹法亮等寒人機要有權
有勢，而如同王導、謝安這些主導東晉大局的風流人物又僅能成為緬懷
的過往，儉約或者閑遠的名士意象顯然逐漸在南朝的建康城中失去了主
導的地位。

士庶拉鋸與意象建構權

　　城市意象的轉變既然是社會關係結構中相互拉鋸、調協的結果，必
定是在人物、事例、環境施造上都有系列性的變革與發展，亦即是身心
內外、尊卑上下成系統的游移、變位而漸漸被「看」出新輪廓的有意味
的空間形式。當然，任何新意象的出現並不代表舊意象的消亡，正是隨
時相對的狀況，才能比較出新／舊的意義。所謂「城市意象」因此不是
分明的汰舊換新，而是在原本的氛圍中允許某種新成分的參與，透過制
約與新變的相互對話、交錯演練，才能分辨出文化形態的不同邊界。
　　就社會空間中最重要的權力結構而言，一般都承認世家大族是六朝
最具影響力的階級，「以士庶之別，為貴賤之分」，即使是建功立業、身
居高位的寒門素族，亦不免有愧懼之色；[30] 然而反過來說，就正如趙翼
於《二十二史箚記》中指出的「江左諸帝，乃皆出自素族」、「其他立功

29　《南史・恩倖》茹法亮傳，卷 77，頁 1928-1929。《南齊書・倖臣》卷 56，茹法亮
　　傳未見王儉此語。

30　詳見趙翼《二十二史箚記》卷 12（臺北：洪氏，1978），「江左士族無功臣」條下
　　所述關於六朝門第定制，如張敬兒、陳顯達、王敬則等雖功高位重猶不得與士族
　　並列之事例。見頁 157-158。

立事，為國宣力者，亦皆出於寒人」。[31] 這個功業／門第或說是權位／出身的兩不相應，一方面固然揭露南朝以來士族重文輕武、不理庶務，尤以保家重於衛國等弊端積習；[32] 另一方面如果「求如王導、謝安柱石國家者，不一、二數也」，[33] 這不但牽涉士／庶在政治實權上的此消彼長，同時也必然是王、謝所引領的士族文化品味、生活形態面臨挑戰的重要關鍵。

宋高祖劉裕藉北伐中原、外積武功而建國稱帝，曾於宴集時，謂群公曰：

> 我布衣，始望不至此。[34]

劉裕說這個話的時候，作為南朝第一個布衣天子，語氣中的喜出望外，以及帶著試探性的惶恐不安，是可以真切感覺的；當時擁立高祖的布衣之徒如傅亮等正欲盛稱功德，唯王導曾孫王弘率爾對曰「此所謂天命，求之不可得，推之不可去」，[35] 出身高門大族的王弘，顯然不肯輕易稱揚劉裕的北伐武功。其實劉裕自己在位居宰相後，就想改變「少事戎旅，不經涉學」的背景，也開始談辯論理，效慕風流，人皆依違之，時有鄭鮮之毫不寬假，每至高祖辭窮理屈乃止。劉裕只好自承「我本無學術，

31　同前註，頁 158。

32　趙翼認為高門大族「不過雍容令僕，裙屐相高」，又「以自保其家世」為念，故無法奮立功業，同前註；蘇紹興〈論「江左世族無功臣」〉，收入氏著《兩晉南朝的士族》（臺北：聯經，1987）修正趙翼說法，認為江左世族非無國士，只是與寒人相較，為量特少，並臚列包括「時主猜忌」、「保族固寵」、「謝絕庶務」、「世俗輕武」、「德衰體羸」、「起兵地域」等六項原因，頁 19-32。換言之，門閥士族在政治場上的日居下風，有其本身積弱的因素，不必然全因君王重用寒人加以牽制，可參考如田餘慶《東晉門閥政治》（北京：北京大學，1991），尤其書末〈後論〉7〈門閥政治的暫時性和過渡性〉可視為全書總結，頁 357-360。

33　同註 30，頁 158。

34　見《宋書・王弘傳》卷 42，頁 1313。

35　同前註。

言義尤淺」。[36] 至於書畫琴棋更非所長，劉穆之就要劉裕乾脆「縱筆為大字」以藏拙。[37] 這些事例顯示，劉裕固然無法學得言談風流，獲得士族認同；同樣的，士族流風也逐漸無法成為南朝以來追逐權位的必要條件。經國理政，究竟需不需要讀書萬卷、文義從容，在東晉王、謝身上根本不成問題，在南朝卻有另外一種看法。劉裕當年自己無學術而居相位，佐命有功的第一位，就是同樣起自布衣，「又無術學」的徐羨之，但是一旦居廊廟，「咸謂有宰臣之望」。[38] 當時功臣同列有才學辯博的傅亮、謝晦，徐羨之風度詳整，時然後言，鄭鮮之就如此評定高下，「觀徐、傅言論，不復以學問為長」。[39]

　　齊高帝雖然也與劉裕一樣明言「吾本布衣素族，念不到此」，但是他「博涉經史，善屬文，工草隸書，奕棋第二品」，[40] 是具有名士流風的布衣天子。不過，之後的齊武帝，曾經因為寒人機要劉係宗，久在朝省、閑於職事，而如此對比：

> 「學士輩不堪經國，唯大讀書耳。經國，一劉係宗足矣。沈
> 約、王融數百人，於事何用？」其重史事如此。[41]

沈約、王融為永明文學的代表，齊武帝舉以為例，一方面因為二人「博涉有文才」、[42]「篤志好學，晝夜不倦」；[43] 一方面則因以竟陵王子良為首的永明文人集團，於創作詩文、校錄古籍成就顯著，[44] 然而並非武帝所著

36　《宋書‧鄭鮮之傳》卷 64，頁 1696。
37　《宋書‧劉穆之傳》卷 42，頁 1305。
38　《宋書‧徐羨之傳》卷 43，頁 1331。
39　《南史‧劉穆之傳》附徐羨之，卷 15，頁 433。
40　《南齊書‧高帝紀》卷 2，頁 38。
41　《南史‧恩倖》劉係宗傳，卷 77，頁 1927。唯《南齊書‧倖臣》劉係宗傳，卷 56，作「（齊）明帝曰：學士不堪治國，唯大讀書耳。一劉係宗足持如此輩五百人」。
42　《南齊書‧王融傳》卷 47，頁 817。
43　姚思廉《梁書‧沈約傳》卷 13（臺北：鼎文，1980），頁 233。
44　《南齊書‧武十七王》卷 40，竟陵王子良傳記載：「子良少有清尚，禮才好

重的「吏事」。後來齊明帝也有同樣的看法，當江祐上書推薦「博通經傳」的明山賓：

> 齊明帝不重學，謂祐曰：「聞山賓談書不輟，何堪官邪？」遂不用。[45]

至於梁代，梁武蕭衍與齊高同族，亦非高門，而武帝曾為永明八友之一，[46]藝能博學、下筆成章，同時也勤於政務、孜孜無怠，顯然讀書、經國二者兼顧而不偏廢。[47]大同五年以何敬容入為尚書令，則可以某種程度反映梁武選人任事的一個看法。何敬容出自名門，「身長八尺，白晳美鬚眉。性矜莊，衣冠尤事鮮麗，每公庭就列，容止出人」，[48]然而如此名士風儀的另一面，是「出為建安內史，清公有美績」、「守吏部尚書，銓序明審，號為稱職」、「出為吳郡太守，為政勤恤民隱，辨訟如神，視事四年，治為天下第一」，[49]長於吏事、勤於庶務的這部分，就為時俗所嗤鄙，甚至針對他「拙於草隸，淺於學術」[50]加以嘲戲。史載「自晉宋以來，宰相皆文義自逸」，[51]這自然是綜論概觀之詞（如劉裕顯然就無法從容言論），不過何敬容因「恪勤匪懈」遭到「鄙俗」之譏，[52]這說明「尚玄遠」、「貴放誕」的名士風氣仍然存在南朝文化環境裡，然而從另一方

士，……天下才學皆游集焉。……士子文章及朝貴辭翰，皆發教撰錄。……（永明）五年，……移居雞籠山邸，集學士抄五經、百家，依皇覽例為四部要略千卷」，頁 694、698。

45　《南史‧明僧紹傳》附明山賓，卷 50，頁 1243。

46　《梁書‧武帝紀》卷 1，頁 2。

47　同前註，卷 3，頁 96-97。

48　《梁書‧何敬容傳》卷 37，頁 531。

49　同前註。

50　《南史‧何敬容傳》卷 30，頁 796。

51　同註 48，頁 532。

52　《南齊書‧何敬容傳》卷 37，末錄陳姚察曰「魏正始及晉之中朝，時俗尚於玄虛，貴為放誕，尚書丞郎以上，簿領文案，不復經懷，……逮乎江左，此道彌扇，……望白署空，是稱清貴；恪勤匪懈，終滯鄙俗」，頁 534。

面說，如果何敬容已經打破一直以來清貴放逸的宰臣形象（如東晉王、謝；宋王敬弘），[53] 顯然這個文化環境裡已經容許某種歧異的發展。

　　陳代姚察針對何敬容事例，除了感歎「何國禮之識治，見譏薄俗」，也批評朝中瀰漫清貴放逸之風，是使：

> 朝經廢於上，職事隳於下。小人道長，抑此之由。[54]

是不是祖尚玄虛就一定隳廢國事，其實因時而異，比方說東晉偏安江左，正始玄風就成為延續中原正統的文化表徵，論理談道成為必要的生活形態，也是當時彼此周旋往來的政治策略；[55] 所以如果深入分析姚察批評的重點，這句話與其說是批評玄風，還不如說是批評學步風流而為朝廷所寬縱的士族子弟，因為浮華迂誕而予小人干涉朝政的機會。《顏氏家訓‧涉務》篇有一段話說得清楚：

> 晉朝南渡，優借士族，故江南冠帶，有才幹者，擢為令僕以下尚書郎中書舍人以上，典掌機要。其餘文義之士，多迂誕浮華，不涉世務，纖微過失，又惜行捶楚，所以處於清高，蓋護其短也。
>
> 至於臺閣令史、主書監帥、諸王籤省，並曉習吏用，濟辦時須，縱有小人之態，皆可鞭杖肅督，故多見委使，蓋用其長也。
>
> 人每不自量，舉世怨梁武帝父子愛小人而疏士大夫，此亦眼不能見其睫耳。[56]

53　同上姚察所言「宋世王敬弘身居端右，未嘗省牒，風流相尚，其流遂遠」。
54　同註52。
55　詳見鄭毓瑜〈東晉建康論述〉一文。
56　《顏氏家訓‧涉務篇》，引自王利器《顏氏家訓集解》（臺北：明文，1982），頁292。

這段資料從晉室渡江之初，為安定政局而極力籠絡士族的策略談起，即使世家子弟多高論浮文仍美其名曰清高，適為掩護其顢頇無能之病。而南朝以來帝王逐漸疏遠士大夫，正因為寒素容易驅使，又能經理實務。這當中除了實用價值，明顯還牽涉君王是否能貫徹威權的問題。自劉宋以布衣為天子以來，這問題日益浮顯，最明顯的兩個例子發生在宋孝武帝與齊武帝身上。宋孝武時，路慶之（太后兄）孫路瓊之，嘗「盛車服詣王僧達」，僧達了不與語，且嘲曰：「身昔門下騶人路慶者，是君何親」，太后怒，涕泣於帝，帝曰：

> 瓊之年少，無事詣王僧達門，見辱乃其宜耳。僧達貴公子，豈
> 可以此加罪乎？[57]

宋孝武帝表面上保持尊重士族的態度，但僧達「屢經犯忤」，最後宋孝武見其終無悔改，就藉故構陷，於獄賜死。[58] 另外，齊武帝時倖臣紀僧真曾向武帝「乞作士大夫」，武帝要僧真自己去找當時士族子弟如江斆等，結果喪氣而還，齊武帝說：

> 士大夫故非天子所命。[59]

時人稱讚江斆「不為權倖降意」，不過，齊武帝自己並不這麼心甘情願面對士／庶之別，他認為紀僧真「容貌言吐，雅有士風」，並說：

> 人生何必計門戶？紀僧真堂堂，貴人所不及也。[60]

這評語在極力賞歎中，刻意對比出對於士／庶區別的不滿甚至是不屑，與紀僧真乞作士大夫遭拒事難脫干係，而與齊武自己帝王之尊卻奈何不

57　事見《南史‧王弘傳》附王僧達，卷 21，頁 574。
58　同前註，頁 575。
59　《南史‧江夷傳》附江斆，卷 36，頁 943。
60　見《南史‧恩倖》紀僧真傳，卷 77，頁 1926。《南齊書‧倖臣傳》紀僧真傳，卷 56，作「人何必計門戶，紀僧真常貴人所不及」，頁 974。

了門第觀念，還間接受辱，自然也有關係。

　　趙翼《二十二史箚記》認為魏晉時大臣當國的局面，到了南朝諸君皆威福自己，不肯假權於大臣，除了他所提及高門大族「罕以務事關懷」，[61] 如前述應該還有君王無法貫徹威權的顧慮。因此真正能博取帝王信任，尤其是讓南朝以來的素族天子引以為腹心者，唯有也出身寒賤的機要近臣。趙翼認為在士族不可用的情況下，南朝君王才「不得不用寒人」任機要；[62] 但是由齊武帝賞愛紀僧真的例子看來，這「不得不」也許已轉化為彼此相濡相須的親近。蕭子顯就明白說到寒人倖近「探求恩色，習睹威顏，遷蘭變鮑，久而彌信」，最後能「窺盈縮於望景，獲驪珠於龍睡。坐歸聲勢，臥震都鄙」。[63] 顯然不只是因為寒人「希榮切而宣力勤，便於驅策」，[64] 更重要的是寒人近臣可以揣摩迎合帝王心意，或甚至是可以參與導引朝政施行。比方說宋孝武帝時信任巢尚之、戴法興，「凡選授遷轉誅賞大處分，上皆與法興、尚之參懷」，而孝武生性嚴暴，動輒罪戮，「尚之每臨事解釋，多得全免，殿省甚賴之」。[65] 這樣一來，原本君王與士族的權力拉鋸，轉成了君王權力下放給寒人機要；南朝素族天子固然抑制、削弱了門閥勢力，但是沒想到要面對的是日益坐大的權幸小人。

　　以宋孝武親信戴明寶、戴法興為例，史書記載二人「大通人事，多納貨賄，凡所薦達，言無不行，天下輻輳，門外成市，家產並累千金」；明寶尤其驕縱，長子戴敬甚至與君王爭買御物，六宮出行，戴敬竟盛服騎馬於車左右來往逐馳，而宋孝武帝雖大怒，後來還是委任如初。[66] 前廢帝繼位，戴法興更加專斷，時市里風謠謂法興為「真天

61　見趙翼《二十二史箚記》卷 8「南朝多以寒人掌機要」條下所述，頁 106。

62　同前註。

63　《南齊書・倖臣傳》史臣曰，卷 56，頁 979。

64　同註 61。

65　《宋書・恩倖》戴法興傳，卷 94，頁 2303。

66　同前註。

子」，帝為「贗天子」，廢帝怒將法興免官、賜死。[67] 蕭子顯說「（宋）
孝武以來，士庶雜選」，[68] 其中有人才如巢尚之，自然也有佞倖如戴法興
等，但是更重要的是庶民寒人與素族天子相結合，對於整個南朝政治權
勢結構的影響力，明顯撼動一般印象中的門閥士族；[69] 換言之，建康城
作為一個社會空間，隨著士／庶階級在政權結構中的上下拉鋸，原本卑
微的受話者（listener）轉成了新的發話者（speaker），同時自然享有參
與定義或重建城市意象的權力。

從「名士風流」到「市井形態」

如果以「名士風流」作為東晉建康城的一種代表意象，那麼轉而
由素族天子、寒人近倖參與構築的建康意象，也許可以從「市井形態」
這個側面進行探討。大眾所表現的「市井形態」（a marketplace style of
expression）挪借自巴赫汀（Mikhail Bakhtin）「嘉年華」（carnival）的
觀念，在《拉伯雷和他的世界》（*Rabelais and His World*）[70] 一書中，以
源自中世紀而在文藝復興時期作家拉伯雷筆下的節日狂歡為例，從兩

67　同註 65，頁 2304。
68　《南齊書・倖臣傳》前言，卷 56，頁 972。
69　如唐長孺〈南朝寒人的興起〉，收入氏著《魏晉南北朝史論叢續編》（臺北：帛
　　書，1985），頁 105-138；劉漢東《混亂與重構：魏晉南北朝社會與階級研究》（廣
　　州：廣東人民，1996）第一章第三節「庶族寒人的政治崛起」，頁 15-20，對於南朝
　　士／庶界線的模糊與庶人掌握實權的事實都有討論。
70　*Rabelais and His World*, trans. Hélène Iswolsky (Bloomington: Indiana University Press,
　　1984). 在中國，「市井」這詞語的應用相當早，如《孟子・萬章》下曰：「在國曰
　　市井之臣，在野曰草莽之臣，皆謂庶人」，引自朱熹《四書集注》（臺北：藝文，
　　1980）《孟子集注》卷 10，頁 12a，是指相對於草莽的都邑街市，後有所謂「市井
　　之徒」、「市井無賴」等描述街市間粗鄙庶人，至於是否形成特屬於中國的「市井
　　論述」則待他日另文討論；本文所以暫時取用巴赫汀的「市井形態」作為討論的
　　方便，其實是希望在差異對比之後，開啟「市井」論述可能的理想狀態，提供中
　　國文學所謂「雅／俗」分辨、轉化之外，另一種自由而豐富的全民參與之烏托邦
　　式文化遠景。

個主要面向加以闡釋：其一，是社會政治意義，「嘉年華不是一個為人
們觀看的場景，人們在其中生活，人人參與，因為嘉年華的觀念擁抱全
體大眾」；[71] 亦即這個狂歡盛宴是一個全民參與的活動，它不同於官方或
教會活動的地方，就在於所有階級、權威的倒錯顛覆。其二：就文化審
美意義而言，嘉年華會發展出一種不同於日常生活的溝通形式，「它致
生一種新形態的市井言行，坦白、自由，允許人群之間毫無距離，而且
脫除了在其他時刻被要求的禮儀成規」；[72] 在嘉年華氛圍中的言行可以
親暱、直率、淫穢、嘲謔，挑戰了官方正式場合中褒貶分明、雅俗對立
的言行標準。[73] 當然，由於歷史、文化背景的不同，南朝在士（尊）/
庶（卑）階級的衝撞上，固然與嘉年華泯除身分的參與有著初步的相似
性，但是建康城中的遊宴歡會，究竟算不算反官方的全民活動，或只是
素族天子與寒人機要聯手，突破原本由士族主導的宮廷規約之活動？其
二，在言行表現上，宮廷間由從容玄遠轉成狎謔粗鄙，固是某種程度的
解放，但是否企圖以平民文化顛覆菁英、貴族文化，進而深刻凸顯「自
由自在的嘉年華精神，以及面向未來的烏托邦性格」？[74] 當然，西方理
論一旦旅行到他方，本來就是兩個不同環境產物的交遇、修正、反思的
過程，[75] 巴赫汀「嘉年華」的觀念在啟發視界之外，因此更適合作為「看
清」建康文化層次的對照組。

　　南朝諸帝既出身布衣素族，沒有高門大族習以為常的朝堂儀度、
宮闈常規，因此自宋以來，帝王突破宮禁，好遊走道塗、出入市里的例
子，較諸前朝顯得頻繁。在公眾群聚的開放空間，尤其是交易、消費或

---

71 同前註，頁 7；中譯參考劉康《對話的喧聲：巴赫汀文化理論述評》（臺北：麥
　　田，1995），頁 267。
72 同註 70，頁 10。
73 以上兩個分析面向及解釋，參考劉康《對話的喧聲》，頁 261-285。
74 同註 70，頁 33。
75 薩依德（Edward W. Said）提出「旅行的理論」，請參考李有成〈理論旅行與文學
　　史〉一文對此理論越界所形成的跨文化過程之深入分析，《中外文學》25 卷 3 期
　　（1996 年 8 月），頁 224-233。

慶典場合，通常是人聲鼎沸、車馬往來，其間摩肩接踵、高呼大喊帶來的暱近、隨便，對於原本位居中心地位的君王，明顯有一種解放社會規範而流向通俗、邊緣的無比趣味。[76] 齊廢帝（鬱林王昭業）為南郡王時，就曾經因為其父文惠太子禁其起居、節其用度，而抱怨身在帝王家：

> 動見拘執，不如作市邊屠酤富兒百倍矣。[77]

廢帝少為竟陵王子良所攝養，矯情自飾，私下其實「與左右無賴群小二十人許，共衣食、同臥起」，竟陵王移西邸而獨住西州後，則每夜開後堂閣，「與諸不逞小人，至諸營署中淫宴」。即位後不但微服遊走市里，又多往文帝[78]崇安陵隧中，「與群小共作諸鄙褻擲塗賭跳、放鷹走狗雜狡獪」。[79] 齊明帝後，東昏侯立，不接引朝士，唯親信閹人及左右御刀應敕等，更是肆無忌憚，或於宮苑中立店肆、模大市：

> 太官每旦進酒肉雜肴，使宮人屠酤，潘氏（貴妃）為市令，帝
> 為市魁，執罰，爭者就潘氏決判。[80]

或四出遊走，輕騎戎服往諸刀敕家游宴，有吉凶輒往慶弔；又詣潘妃父寶慶：

> 帝躬自汲水，助廚人作膳，為市中雜語以為諧謔。[81]

---

76 城市中的市集（尤其是夜市）空間在中心──邊陲、文雅──庸俗上的偏移象徵及所提供的樂趣，參考余舜德〈空間、論述與樂趣──夜市在臺灣社會的定位〉，收入黃應貴主編《空間、力與社會》（臺北：中央研究院民族學研究所，1995），頁 391-462。

77 《南齊書・鬱林王本紀》卷 4，頁 73。

78 此文帝乃指武帝長子文惠太子，鬱林立，追尊為文帝，葬崇安陵，見《南齊書・文惠太子傳》卷 21，頁 402。

79 以上所述見《南史・齊本紀》廢帝鬱林王，卷 5，頁 135-137。

80 見《南齊書・東昏侯紀》卷 7，頁 104。

81 見《南史・恩倖》茹法珍傳，卷 77，頁 1934。

身分地位的上下顛倒，配合言語行止的倒錯翻轉，南朝宮廷中「市井化」的傾向明顯迥異於東晉從容玄遠的廟堂雅望。

根據《世說新語》記載，庾亮一次造訪周顗，庾肥周瘦而相互取笑，周顗回答自己的消瘦並非有所憂煩，而是：「清虛日來，滓穢日去耳」；[82] 言下之意，庾亮的肥碩恐怕是渣滓汙垢日積月累的結果了。這樣的揶揄並不點明道破，透過言語機智反而有心領神會的莞爾。而《宋書》記載前廢帝也曾狎侮王公大臣形體狀貌，但做法就大異其趣：

> （始安王）休仁、太宗（明帝）、山陽王休祐，形體並肥壯，（前廢）帝乃以竹籠盛而稱之，以太宗尤肥，號為「豬王」。……嘗以木槽盛飯，內諸雜食，攪令和合，掘地為坑阱，實之以泥水，裸太宗內坑中，和槽食置前，令太宗以口就槽中食，用之為歡笑。[83]

在這個戲謔場景中，充斥著粗鄙（言語）、汙穢（泥水），以及低下（裸身就槽而食）的言行，完全解構廟堂端嚴雍容的氣勢。然而其中有一點值得注意，並不是每個在場者都是參與者，也就是說並不都是可以被戲謔的人，前廢帝明顯就作為旁觀者，像一個等待被取悅的觀眾；而諸王公大臣才是被編派而完全不是自發的演員。這與擁抱全體大眾的理想「市井形態」根本上就有所出入。另外一個例子，史載宋後廢帝無日不出宮牆，夕去晨返、晨出暮歸：

> 從者並執鋋矛，行人男女及犬馬牛驢逢無免者。人間擾懼，晝日不開門，道無行人。……有白棓數十，各有名號，鉗鑿錐鋸，不離左右，為擊腦、槌陰、剖心之誅，日有數十，常見臥屍流血，然後為樂。……出逢婚姻葬送，輒與挽車小兒群聚飲

82　《世說新語・言語篇》第30則，頁70-71。
83　見《宋書・文九王》始安王休仁傳，卷72，頁1871-1872。

酒，以為歡適。[84]

在這則資料裡，帝王的確走入人車喧囂的市井之中，甚至與挽車小兒圍
聚飲酒；但同樣的，這種歡適並不具有彼此一體的全民性，這個發話者
的歡笑不是與大眾一同開懷大笑，大眾甚至因為這個發話者的威嚇殺戮
而畏懼躲避。[85]

　　換言之，君／臣、君／民的階級分別依然存在，宮廷的「市井形
態」不過成為上層階級操弄的娛樂，尊卑易位、變雅從俗這些種種跨
界不過是表象彷彿，其實都是為了滿足私己縱恣癲狂的欲望。當然，
從歷史記載中可見，如漢高祖劉邦亦「嫚而侮人」、漢末崛起的曹操也
有「佻易無威重」的一面，[86] 然而都不若南朝出現得如此頻繁，這顯然
不單單是君王個人品行的問題，亦即宋、齊以來系列昏君廢帝趨向市井
化的行徑，其實與社會空間中因為士／庶階級在政治權位上的升降所引
生的言行表現、人倫品賞的價值轉換有關係。如前述，這些跨越尊卑、
雅俗的行徑，其目的不是為了消解距離，反而建構了新的社會距離。而
決定這個新的社會間距的因素，則是從原來的門第世系、學問教養，解
放為赤裸裸地職權勢位的爭逐、金銀財貨的較量。以宋初徐羨之、王華

84　見《南史‧宋本紀》後廢帝紀，卷3，頁89。

85　巴赫汀認為「市井話語」（the style and tone of the marketplace）（劉康譯為「公眾
　　廣場的話語」）「實際上就是叫喊聲，在人群中的高聲大喊，來自人群也以人群為
　　對象。說話者與人群為一，他既不與群眾對立，但也不教導、詛咒或威嚇大眾。
　　他與大眾一起開懷大笑，言談中沒有絲毫的嚴肅正經、沒有害怕、虔敬或謙遜。
　　這是一種自由坦白，完全快樂、無畏的話語」，引自 Rabelais and His World，頁
　　167，中譯參考劉康《對話的喧聲》，頁270。

86　查閱班固《漢書》（臺北：鼎文，1981）、范曄《後漢書》（臺北：鼎文，1979）、
　　陳壽《三國志‧魏志》（臺北：鼎文，1979）及《晉書》諸本紀，帝王喜好鬥雞走
　　狗或狎侮臣屬的記載如下：漢高祖「嫚而侮人」（卷1，頁56）、漢宣帝亦「喜游
　　俠，鬥雞走馬，具知閭里奸邪，吏治得失」（卷8，頁237）、漢成帝曾單騎出入市
　　里，不復警蹕，若微賤之所為（「鴻嘉元年，……上始為微行出」顏師古註引張晏
　　所言，卷10，頁316）、東漢靈帝列肆於後宮，又於西園弄狗（卷8，頁346）、魏
　　武帝曹操「為人佻易無威重，……每與人談論，戲弄言誦，盡無所隱」（裴松之之註
　　引《曹瞞傳》，卷1，頁54），兩晉諸帝似無此類載錄。

為例。宋武帝晏駕，徐羨之與傅亮、謝誨等同被顧命，後少帝失德，羨之等謀廢立，然而少帝若廢，次第在盧陵王義真，羨之等素以義真德輕於才，不任主社稷，乃先廢義真，再廢少帝，[87]後徐羨之又使人將兄弟二人殺害，再立劉裕三子義隆（文帝）。當時朝中與羨之素不相合的范泰說：「吾觀古今多矣，未有受遺顧託，而嗣君見殺，賢王嬰戮者也」；[88]即使是稱賞徐羨之「曉萬事、安異同」[89]的蔡廓，也如此明白告訴謝誨：

> 卿受先帝顧命，任以社稷，廢昏立明，義無不可。但殺人二昆，而以之北面，挾震主之威，據上流之重，以古推今，自免為難也。[90]

從蔡廓、范泰的話語中，除了批評徐羨之等人作為失義背德，更有一種意料之外的震驚，這分震驚固然是由於既已廢之又趕盡殺絕的殘酷；然而另外在王華安慰文帝的一段話裡，可以看到更深層的疑慮，是對於徐羨之、傅亮起自布衣寒士，卻行廢立大事的無法釋懷：

> 文帝將入奉大統，以少帝見害，不敢下。華曰：「先帝有大功於天下，四海所服。雖嗣主不綱，人望未改。徐羨之中才寒士，傅亮布衣諸生，非有晉宣帝、王大將軍之心明矣。……陛下寬叡慈仁，天下所知，……羨之、亮、誨又要檀道濟、王弘五人同功，孰肯相讓，勢必不行。今日就徵，萬無所慮。」[91]

這段話表面上作為慰解，其實是透過比較加以揣測；作為對照的二人是建立晉朝的司馬懿，以及東晉初年所謂「王與馬，共天下」[92]的王敦。王

87　見《宋書・武三王》盧陵孝獻王義真傳，卷61，頁1636。又參《南史・宋宗室及諸王》盧陵王義真傳，卷10，頁365-366。
88　《宋書・范泰傳》卷60，頁1620。
89　《宋書・徐羨之傳》卷43，頁1331。
90　《宋書・蔡廓傳》卷57，頁1572-1573。
91　《南史・王華傳》卷23，頁626。
92　引自《晉書・王敦傳》卷98，頁2554。

華為王弘從祖弟，亦為琅邪王氏後人，這句話除了表面上指徐羨之等人無司馬懿篡魏與王敦奪晉的野心，深入來說，一方面指徐羨之等人才略不如司馬懿（所以只是「中才」），一方面則認為「寒士布衣」的背景也無法有琅邪王氏當年權傾江左的氣勢。就後一點看來，王華雖然根據世家門第作為判定個人成就高低的尋常準則，但面對徐羨之等人行廢立、戮嗣君的事實，門第優先的社會價值標準顯然難以紓解疑慮；所以最後加上徐羨之等五人同功，終究勢力分散的局面，來推助宋文帝入奉大統。[93]

其實，王華揣測徐羨之「非有王大將軍之心」，除了慰解宋文帝，毋寧也表露對徐羨之寒人出身而背德專權的憤慨與不滿。因此每閑居諷詠，常誦王粲〈登樓賦〉「冀王道之一平，假高衢而騁力」，出入逢羨之等，每切齒憤詫，歎曰「當見太平時不？」[94] 王華倒不見得真是祈求王道施行的太平治世，真正讓他切齒忿恨的是徐羨之等位勢崇重；史載王華與時人孔甯子並有「富貴之願」，「自羨之秉權，日夜構之於太祖」，[95]《宋書》甚至這樣說：

> 宋世惟（王）華與南陽劉湛不為飾讓，得官即拜，以此為常。[96]

趙翼曾經說到南朝諸君重用寒人，「人寒則希榮切而宣力勤」，[97] 但從上述記載裡可以發現，即使出身士族之後，在求富貴、爭權位上，與寒士布衣同樣急切。王華毫不避諱的富貴之願，與從兄王曇首的表現就很不一樣。在誅徐羨之、平謝誨之後，王華、曇首與王弘一起輔政，王華常

93　《宋書・王華傳》卷 63 中，就根本沒有「徐羨之中才寒士，傅亮布衣諸生，非有晉宣帝、王大將軍之心明矣」此句，而只是說徐羨之等應該不敢「一朝頓懷逆志」，且「三人勢均，莫相推服」來紓解文帝疑慮，頁 1676。

94　見《宋書・王華傳》卷 63，頁 1677。

95　同前註，頁 1677。

96　同前註。

97　《二十二史劄記》卷 8「南朝多以寒人掌機要」，頁 106。

欲獨攬，而歎息曰「宰相頓有數人，天下何由得治」；曇首則不但自己力辭封賞，也勸王弘減府中一半兵力配與彭城王義康，以消除義康對王弘權位的嫉恨。[98] 而當時與王華、王曇首同為文帝「五臣」之一，出身陳郡謝家的謝弘微，亦恆思減退；元嘉六年領中庶子、又尋加侍中，「弘微志在素宦，畏忌權寵，固讓不拜，乃聽解中庶子」，[99] 沈約後來就稱美謝弘微是「簡而不失，淡而不流」，乃「古之所謂名臣」。[100]

　　如果王曇首、謝弘微尋求簡淡、避忌權寵的表現彷彿今之「古」人，那麼王華的例子就可以說明，進入劉宋以後，爭求富貴已經是士、庶文化彼此交接、滲透後趨於一致的社會風氣。尤其是先貴而後富，以金銀服玩、園池伎妾自傲傲人，已經取代玄言雅量的鑑賞，而成為南朝「市井化」社會空間中最普遍的人倫評比。如宋文帝時徐湛之以皇室姻戚厚置產業，園宅妓樂，冠絕一時，又門生千餘人，皆三吳富人之子，資質端妍，衣服鮮麗，「每出入行遊，塗巷盈滿，泥雨日，悉以後車載之」，文帝「嫌其侈縱」，每以為言。[101] 然而，這並非徐湛之個人現象，當時還有安成公何勗、臨汝公孟靈休並各奢豪，「與湛之共以肴膳、器服、車馬相尚」：

> 京邑為之語曰：「安成食，臨汝飾」，湛之二事之美，兼於何、孟。[102]

而徐湛之後人徐君蒨，於梁時隨湘東王蕭繹出鎮荊楚，常載伎肆意遊行，荊楚山川靡不畢踐；而侍妾數十「皆佩金翠，曳羅綺，服玩悉以金銀」，當時襄陽魚弘亦以豪侈見稱，於是：

---

98 《宋書‧王曇首傳》卷 63，頁 1679-1680。
99 《宋書‧謝弘微傳》卷 58，頁 1592-1593。
100 《南史‧謝弘微傳》卷 20，頁 553。
101 《宋書‧徐湛之傳》卷 71，頁 1844。
102 同前註，頁 1845。

府中謠曰：「北路魚，南路徐。」[103]

這些新出的人倫品賞完全著眼在資產財貨，顯然「市井化」的社會空間在藉助權勢移轉來虛化士／庶對比的重要性與影響力之後，[104] 連帶以粗鄙、狎謔的言行轉換名士流風的廟堂雅望，同時也在朝野之間吹刮起一股暴富縱侈的世俗習氣。

　　趙翼曾經批評南朝執掌機要之寒人，因為「出身寒賤，則小器易盈，不知大體。雖一時得其力用，而招權納賄，不復顧惜名檢」，[105] 其實這由權位而至勢利的發達途徑，不僅拘限於寒人，而可以擴大到上下一體的爭逐競營；像是士族出身的褚裕之於廣州四年就「廣營貲貨，資財豐積」，[106] 武夫出身的沈慶之廣開田園，每指地示人曰「錢盡在此中」，[107] 這與布販出身而至恩倖的戴法興在聚積厚斂上並無二致。[108] 更何況說到即使已經享盡榮華富貴的君王，還爭奪人臣歸資、往劫他人貨寶，如：

> 宋孝武末年貪慾，刺史二千石罷任還都，必限使獻奉，又以蒱戲取之，要令罄盡乃止。……（明帝時）（桓閬）出為益州刺史，蜀還之資亦數千金，先送獻物，傾西資之半，明帝猶嫌其少，及閬至都，……先詔獄官留閬，於是悉送資財，然後被遣。[109]

103《南史‧徐羨之傳》附徐君蒨，卷 15，頁 441。
104 劉躍進談到南朝皇帝對士族實施軟中帶硬政策，一方面假意尊重，一方面以寒人執事，剝奪士族從政特權，使南朝士族放棄東晉時的政治野心、軍事實力，而棄武從文，走向文化士族的道路，如永明竟陵八友就是「聲歌爭逐，詩酒流連」的南朝士族文化的代表。參見氏著《永明文學研究》（臺北：文津，1992），頁 68-76。
105 同註 97。
106 褚裕之為晉太傅褚裒曾孫，見《南史‧褚裕之傳》卷 28，頁 745-746。
107《宋書‧沈慶之傳》卷 77，頁 2003。
108《宋書‧恩倖》戴法興傳，卷 94，頁 2303。
109《南史‧垣護之傳》附垣閬，卷 25，頁 688。

> 宋元徽中，（張）興世在家，擁雍州還資見錢三千萬，蒼梧王
> （宋後廢帝）自領人劫之，一夜垂盡，興世憂懼病卒。[110]

> 吳興沈勃多寶貨，（宋後廢帝）往劫之，揮刀獨前，……勃
> 知不免，手搏帝耳，唾罵之「汝罪於桀紂，屠戮無日」，遂見
> 害。[111]

從這些資料看來，出身寒賤並不必就是恣行聚斂的根由，反倒可以說是因為完全不必顧慮名檢所以如此放縱物欲，才會發生連皇帝都打家劫舍的事件。兩晉之間，石崇曾「劫奪殺人，以致巨富」，[112] 過江之初祖逖曾「使健兒鼓行劫鈔」，[113] 針對這些事例，時人猶有批評餘地；[114] 然入宋以來，配合士族參政權的弱化，名士風軌失去文化專寵的地位，簡淡玄遠逐漸隱退，而貪婪暴虐則假借市井屠酤放聲高呼、放恣隨便的形式，毫不避諱、無所遮掩的表現出來。如前文所述，宋孝武在廟堂之上狎侮群臣以為歡樂，後廢帝出入市里逢人擊剖，然後為樂，這與他們公開的爭奪、劫掠配合起來看，「市井化」不但成為南朝新貴躍登政治舞臺的身分標記，也讓建康京邑成為誇談富貴、眩示資財的欲望城邦。

從「洛生詠」到吳歌西曲

檢閱《南史》諸本紀，針對南朝帝王的記載中有一個關於儉／奢

110《南史・張興世傳》附張欣泰，卷 25，頁 692。
111《南史・宋本紀》後廢帝傳，卷 3，頁 89。
112《世說新語・汰侈篇》第 1 則劉孝標註引王隱《晉書》，頁 656。
113《世說新語・任誕篇》第 23 則，頁 5559。
114《世說新語・任誕篇》第 23 則劉孝標註引《晉陽秋》「談者以此少之（祖逖），故久不得調」，頁五五九。

之辨的連貫主題，歷數清簡寡欲如宋武帝、[115]齊高帝、[116]齊明帝、[117]梁武帝[118]及陳武、文帝；[119]而奢靡相承如宋孝武、宋明帝、[120]齊武、齊廢帝鬱林王及東昏侯等。[121]當儉／奢成為這樣系列的論述，顯然是儉約有賴極力宣示，而奢靡已經到往而不返的地步了。齊高帝曾經下決心移易風俗，而說到：

> 使我治天下十年，當使黃金與土同價。[122]

黃金與土石何止天壤，蕭道成的豪語在痛下決心之餘，也揭露了當時社會極端拜金的風氣。史載宋文帝元嘉二十三年討伐林邑，得黃金數十萬斤，[123]是南朝最為可觀的一次黃金輸入，若加上四方進獻及透過海上貿易所輸入的明珠、珊瑚、琉璃、琥珀與熏香料，[124]建康王朝可以稱得上是流香鑠金的世界。像是齊東昏侯為潘妃興築仙華諸殿，皆匝飾以金璧，又以麝香塗壁，錦幔珠簾，窮極綺麗；[125]而陳後主為張貴妃起臨春三閣，其窗牖、壁帶、欄檻之類，皆以沉檀香為之，又飾以金玉、間以珠翠，「每微風暫至，香聞數里；朝日初照，光盈後庭」。[126]另外像齊文

115《南史‧宋本紀》卷 1，頁 28。
116《南史‧齊本紀》卷 4，頁 113。
117《南史‧齊本紀》卷 5，頁 145-146。
118《南史‧梁本紀》卷 7，頁 223。
119《南史‧陳本紀》卷 9，頁 274、282。
120《南史‧齊本紀》卷四有云「大明、泰始以來，相承奢侈，百姓成俗」，頁 103。
121《南史‧齊本紀》卷四載齊武生前「喜游宴、雕綺之事」，臨終才下詔禁絕奢麗，頁 126。廢帝（昭業）事見《南史‧齊本紀》卷 5，頁 137；東昏侯事同見卷五，頁 151-154。
122《南齊書‧高帝紀》卷 2，頁 39。
123《梁書‧諸夷傳》卷 54，頁 786。而《南齊書‧東南夷》卷 58 作「數萬斤」，頁 1013。
124 詳參劉淑芬《六朝的城市與社會》，頁 95-102。
125《南齊書‧東昏侯本紀》卷 7，頁 104；「皆匝是以金璧」出自《南史‧齊本紀》東昏侯，卷五，頁 153。
126《南史‧后妃》張貴妃傳，卷 12，頁 347。

惠太子壯麗極目的東田宮苑，「觀者傾京師」，[127] 加上寒人近倖憑藉恩寵在京邑大起園宅，宋時阮佃夫可於宅內開瀆，東出十餘里遠，金玉錦繡之飾，宮掖不及，因此「每製一衣，造一物，京邑莫不效法」，[128] 梁時朱异及諸子自潮溝列宅至青溪，臺池氈好莫不備具。[129] 上行下效的結果是，即使「庶賤微人」，皆務在貪汙，爭飾綺羅、相競誇豪。[130] 所以當賀琛奏請梁武帝以身率下，「貶黜雕飾，糾奏浮華」，梁武帝也只能以自己早已絕房事、不飲酒、不奏樂而腰身瘦削的刻苦形象來做無力抗辯了。[131]

　　針對建康王朝所以能極侈縱欲，歷史研究學者已經從富裕的經濟面來分析，建康因為一方面有吳會沃野為富實之本，一方面藉長江為全國貨物集散地，還有交、廣地區廣大的海上貿易；換言之，是從地域背景說明建康作為一個商業都會，自然就會發展出奢侈靡費的生活。[132] 然而在六朝商業活動中最為特出的現象是經商分子極為複雜，而屠酤列肆的活動又顯現出不同性質。除了平民經商營生，東晉以來屯封山澤的北來士族或當地豪族，已經加入農產販售、礦冶及製瓷產業，以及運輸業等，[133] 南朝時期，前文提及沈慶之廣開田園之業，[134] 孔顗二弟由外地還都即趁便經營販運，[135] 而如宋豫章王子尚等諸皇子更是開店設邸、甚至兼營高利貸，[136] 梁時臨川王蕭宏更要求以田宅邸店作為抵押，逾期

127《南齊書・文惠太子傳》卷 21，頁 401。
128《宋書・恩倖》阮佃夫傳，卷 94，頁 2314。
129《梁書・朱异傳》卷 38，頁 540。
130 見賀琛上奏，《南齊書・賀琛傳》卷 38，頁 544。
131《南齊書・賀琛傳》卷 38，頁 549。
132 參見劉淑芬〈六朝建康的經濟基礎〉，《六朝的城市與社會》，頁 81-102。
133 參見劉淑芬〈三至六世紀浙東地區的經濟發展〉，《六朝的城市與社會》，頁 210-238。
134 同註 107。
135 同註 19。
136《宋書・沈懷文傳》卷 82 載沈懷文以「列肆販賣，古人所非」上言宋孝武帝，頁 2104。

未還則奪其田宅。[137] 這其中參與者除了士族、土豪，更加上劉宋以來素族天子的宗室，以及寒庶出身的佐國功臣。[138] 這麼普遍經商的風氣，絕對不同於平民謀生的行為，當然也早已打破公侯卿士不與民爭利的清貴地位，[139] 更重要的是結合劉宋以來士／庶在政治權位上的此消彼長，高門大族恥於聚斂、詩書傳家的風範逐漸失去主導力量，[140] 宮廷擬於市井的屠酤風氣勃然發展。也就因此，並無法完全由建康居長江沿岸樞紐或作為都城的地理位置來完全說明這個城市的商業文明，而應該從「市井化」已經成為一種門第淡薄、士族虛位之後新出的文化性格、生活品味，才能完整解釋為什麼連皇宮內院都要模擬市集而享受屠酤之樂。如前述，齊東昏侯於苑中立店肆、模大市，又「開渠立埭，躬自引船，埭上設店，坐而屠肉」，因此當時百姓歌曰：

> 閱武堂，[141] 種楊柳，至尊屠肉，潘妃酤酒。[142]

「至尊屠肉，潘妃酤酒」生動描述由宮廷越界向市井那種突破階級身分、言行規範所帶來的解脫快感；然而當整個屠酤行為是在窮奇極麗的芳樂苑（前稱閱武堂）中進行，這些解脫、突破並不是下放為平民文化，反而是建構特權的象徵論述。

　　模擬市井屠酤成為一種權位階級論述，其實可以遠溯漢末靈帝「作列肆於後宮，使諸采女販賣，更相竊盜爭鬥。帝著商估服，飲宴為樂」

---

137 《南史・梁宗室》蕭宏傳，卷 51，頁 1279。
138 許輝主編《六朝經濟史》（南京：江蘇古籍，1993）對六朝貴族、官僚普遍經商有更多人物例證，見頁 359-364。
139 郭祖深曾上書梁武帝談到朝政弊端，其中有「百僚卿士，少有奉公，尸祿競利，不尚廉潔」，見《南史・循吏》附郭祖深傳，卷 70，頁 1721。
140 蘇紹興認為「西晉以來，玄風彌扇，士族競事隱遁，恥談積聚，以博清譽」，見《兩晉南朝的士族》，頁 54。因此本文暫時將南朝宮廷中也存在的好古、清儉、談詩論義的風氣歸為與市井化相對的士族遺風，屬於兩晉流傳下來的另一種宮廷文化之面向。
141 時改為芳樂苑，窮奇極麗，見《南史・齊本紀》東昏侯，卷 5，頁 154。
142 《南史・齊本紀》東昏侯，卷 5，頁 155。

的事例，[143] 然而東晉以來，結合江南的民風俗謠，奢華府苑中列肆屠酤之樂再加上妖冶淫放的吳俗聲歌，更完備了南朝宮廷「市井化」的系列表現。換言之，宮廷市井化的事例也許出現在不同歷史時期，但是這個文化現象在南朝獨特的社會空間中會表現的比較豐富顯著。例如東晉中晚期司馬道子、謝石的例子，《金樓子》記載：

> 司馬道子於府第內築土山，穿池沼，樹竹木，用功數十百萬。
> 又使宮人為酒肆，酤賣於水側，道子與親幸乘船就其家，飲宴
> 若在市肆，以為笑樂。[144]

「飲宴若在市肆」就如同東昏侯於苑中立肆屠肉，是為了享受市井喧鬧諧戲而無所拘束的樂趣。史載司馬道子曾在東府置酒，宴集朝士，其中謝安弟謝石也在受邀之列：

> 尚書令謝石因醉為委巷之歌，（王）恭正色曰：居端右之重，
> 集藩王之第，而肆淫聲，欲令群下何所取則。[145]

所謂「委巷之歌」即江南吳聲，[146] 過江以來朝中權貴逐漸親近吳聲，謝石的例子正說明被視為「妖而浮」[147] 的吳聲歌曲已成為權貴階級間廣泛流行的娛樂。但更重要的是吳歌流行於上層階級的現象不能單獨看待，[148] 謝石吟唱吳歌配合司馬道子於東府立肆酤賣，可以說是進一步完

---

143 《後漢書・孝靈帝紀》卷 8，頁 346。

144 梁元帝《金樓子》（知不足齋叢書本）《百部叢書集成》468 冊（臺北：藝文，1965-1970）卷 3，頁 21 下。

145 《晉書・王恭傳》卷 84，頁 2184。

146 王運熙《樂府詩述論》（上海：上海古籍，1996）中以《北堂書鈔》引《晉中興書・太原王錄》所載此事，「委巷之歌」正作「吳歌」，頁 13。

147 《世說新語・言語篇》第 104 則載桓玄問羊孚「何以共重吳聲」，羊曰：「當以其妖而浮」，頁 123。

148 如王運熙自述〈研究樂府詩的一些情況和體會〉中，提到閱讀《晉書》、《宋書》、《南史》等史籍後，發現不少記載「表明六朝的貴族上層階級人士，在日常生活中喜歡聽吳聲、西曲這類通俗樂曲」，這對於理解吳聲西曲的歷史背景和思想藝術特

整了模擬市井的文化象徵。謝石曾與謝玄大破苻堅，功在邦國，但也因
為聚斂無度、貨鬻京師而取譏當世，所謂「工徒勞於土木，思慮殫於機
巧，紈綺盡於婢妾，財用糜於絲桐」，[149] 明顯類同於司馬道子的奢僭靡
麗，委巷之歌當然也就如同屠酤之樂已成為權貴娛樂方式之一。而吳聲
歌曲本產生於巫風盛行的南方，通過歌舞自然表現祭祀儀節中的縱放與
熱烈，所謂「妖而浮」真切傳達出民間歌舞迎神所瀰漫的褻慢狂歡的性
質，[150] 正與東府「若在市肆」的框喝喧鬧、隨便暱近相互應和，而共同
建構了特定階級的娛樂體系（systems of pleasure）。

　　從這個角度重新看待當時產生於建康的吳聲歌曲，[151] 以及後來也盛
行於京畿的西曲，[152] 除了以往研究者最常注意的產生時代、地域性、創
作本事之外，[153] 也許可以比較全面考察現在僅存文本（text）資料的吳
歌、西曲在整個社會環境（social context）裡與其他成分互動下所扮
演的角色。《宋書‧樂志》記載「孝武大明中，以鞞、拂、雜舞合之鐘
石，施於殿庭」，[154] 雜舞與吳聲、西曲同屬清商樂，雜舞透過宋孝武施於
殿庭，可以推想原屬民間的吳聲、西曲已經在廟堂取得正式、合法的地
位。[155] 這是僅僅就樂府文學的發展所做的解釋，然而如前所引述，宋孝

色大有幫助，見《樂府詩述論》，頁 507；他也注意到江左帝王、官僚多為寒素出
　　身，而統治者對商酤生涯極為愛好等現象，見《樂府詩述論》，頁 18。但是對於宮
　　廷文化如何藉助模擬市井而建構出新的政治話語與權力論述，則未進一步申論。
149 引自《晉書‧范弘之傳》卷 91 中范弘之議謝石諡號，頁 2362。
150 詳參李豐楙〈六朝樂府與仙道傳說〉，《古典文學》第 1 集（臺北：臺灣學生，
　　1979），頁 67-96。
151 郭茂倩《樂府詩集》卷 44（臺北：里仁，1980）曰：「蓋自永嘉渡江之後，下及
　　梁、陳，咸都建業，吳聲歌曲起於此也」，頁 640。
152 王運熙《樂府詩述論》中認為要說西曲產生於西方，僅能就開頭言，西曲中多商
　　人歌，而商人多在荊、揚間經商，因此西曲後來也和吳歌一樣流行於京畿了，見
　　頁 23-27。
153 參見《樂府詩述論》中如〈吳聲歌曲的產生時代〉、〈吳聲西曲的產生地域〉、〈略
　　談樂府詩的曲名本事與思想內容的關係〉、〈吳聲西曲中的揚州〉等。
154《宋書‧樂志》卷 19，頁 552。
155 參考《樂府詩述論》，頁 14。

武曾因王導後人王僧達犯忤凌人而加以構陷，同時自即位以來「士庶雜選」，不拘門第，朝中能臣巢尚之、佞倖如戴明寶、戴法興，還有以才學知名的東海鮑照皆出身寒微。[156] 史載孝武帝好為文章，自謂無人能及，「（鮑）照悟其旨，為文多鄙言累句」；[157] 表面上看來是鮑照刻意寫得鄙俗累贅，以滿足帝王的自滿自大，然而關於語文的粗鄙，究竟是對比出彼此的優劣或根本是取悅帝王的語言策略，可能還有深入探討的餘地。宋孝武其實不討厭粗鄙，甚至還以粗言鄙字狎侮群臣而自得其樂：

> 孝武狎侮群臣，隨其狀貌，各有比類，多鬚者謂之羊，顏師伯缺齒，號之曰齱，……黃門侍郎宗靈秀體肥，拜起不便，每至集會，多所賜與，欲其瞻謝傾踣，以為歡笑。[158]

這就如同前廢帝以「豬王」戲謔明帝一樣，都是南朝宮廷「市井化」的現象之一，因此鮑照寫得鄙俗也可能是為了趨附布衣出身的帝王的喜好。鍾嶸《詩品》載其從祖鍾憲所謂「大明（宋孝武）、泰始（宋明帝）中，鮑、休美文，殊以動俗」，[159] 休、鮑比論，容或猶有爭議，[160] 然而在高下評比之外，鮑照與惠休的詩作在模擬世俗淫豔的江南民歌上，倒是趨於一致。

《宋書》稱惠休「善屬文，辭采綺豔」，鍾嶸以為惠休「淫靡」，[161] 宋顏延之則每每鄙薄惠休這種綺豔詩作，謂人曰：

> 惠休制作，委巷中歌謠耳，方當誤後生。[162]

---

156 蕭子顯說「（宋）孝武以來，士庶雜選，如東海鮑照，以才學知名」。《南齊書·倖臣傳》前言，頁 972。
157 《宋書·宗室》臨川王義慶傳附鮑照，卷 51，頁 1480。
158 《宋書·王玄謨傳》卷 76，頁 1975。
159 引自陳延傑《詩品注》（臺北：臺灣開明，1981 臺 8 版），頁 38。
160 像鍾嶸就認為時人惠休匹之鮑照，「恐商周矣」，見前註，頁 37。
161 見陳延傑《詩品注》，頁 37。
162 《南史·顏延之傳》卷 34，頁 881。

惠休制作「委巷歌謠」與東晉謝石所為「委巷之歌」都是指當時采錄自民間而重新編曲作詞，流行於建康上層階級的樂府民歌，也就如同鮑照「險急」、「淫豔」而被批評為「鄭衛、紅紫」的作品；[163] 謝石歌於司馬道子的奢華府邸，鮑照作於孝武帝「雕鑾綺節，珠窗網戶」[164] 的殿堂，而惠休則游於貴戚徐湛之門下。徐湛之為徐羨之從孫，如前述，徐羨之是劉宋建國功臣，與劉裕一樣出身布衣，又無學術，徐湛之則以皇室姻戚而與當時安成公（食）、臨汝公（飾）並名奢豪。史載元嘉二十四年，湛之出為南兗州刺史，修整廣陵舊樓：

> 城北有陂澤，水物豐盛，湛之更起風亭、月觀、吹臺、琴室，
> 果竹繁茂，花藥成行。招集文士，盡遊玩之適，一時之盛也。
> 時有沙門釋惠休善屬文，辭采綺豔，湛之與之甚厚。世祖（孝
> 武）命使還俗。[165]

顯然惠休與徐湛之、宋孝武帝皆有往來，那麼加上於孝武時入朝的鮑照，當時以委巷歌謠標世動俗[166] 的鮑照、惠休，在南朝文學史上的重要性也許還有雅／俗價值的爭論，然而在社會文化象徵上則具有不容忽視的關鍵性；「委巷之歌」或說是吳聲西曲在這裡都成為一種新出的權力論述，標誌著素族寒人進入政治核心、競逐富貴榮華，可以出語鄙俗、縱情淫靡，連皇宮內苑、王公府第都鼓盪著市井風情的樂園意象。[167]

---

163 蕭子顯《南齊書‧文學傳》卷 52 論曰「次則發唱驚挺，操調險急，雕藻淫豔，傾炫心魂，亦猶五色之有紅紫，八音之有鄭衛，斯鮑照之遺烈也」，頁 908。

164《宋書‧良吏傳》卷 92 前言論及「世祖承統，制度奢廣，……更造正光、玉燭、紫極諸殿，雕鑾綺節，珠窗網戶……」，頁 2261。

165《宋書‧徐湛之傳》卷 71，頁 1847。

166 前引鍾憲所謂「鮑、休美文，殊以動俗」，而蕭子顯《南齊書‧文學傳》卷 52 論曰「休、鮑後出，咸亦標世」，頁 908。

167 唐長孺〈南朝寒人的興起〉一文認為南朝宮廷中流行吳歌西曲，是因為宮廷中聚集了大批依附皇室的市里小人，尤其是商人，見《魏晉南北朝史論叢續編》，頁 113-120。不過本文也提及如東晉高門出身的謝石亦愛委巷歌謠，可見與其說是南朝商人進入宮廷才開始流行吳歌西曲，不如從士／庶模糊界線後，轉換了上層階

　　《南齊書》曾經如此記述：「自宋大明以來，聲伎所尚，多鄭衛淫俗，雅樂正聲，鮮有好者」，[168]於是宋末齊高帝輔政時，王僧虔上表請正聲樂，高帝乃使蕭惠基調正清商音律，[169]表文中說到：「喧醜之制，日盛於廬里；風味之響，獨盡於衣冠」，[170]一語道盡當時市里俗謠風靡王公縉紳的實況。蕭道成即位後，一次於華林園宴集，使群臣各效伎藝：

> 褚淵彈琵琶，王僧虔彈琴，沈文季歌子夜，張敬兒舞，王敬則拍張。（王）儉曰「臣無所解，唯知誦書。」因跪上前誦相如封禪書。上笑曰：「此盛德之事，吾何以堪之。」[171]

司馬相如的封禪書在於尊顯帝國盛德，[172]與柔情繾綣的子夜歌，[173]同時出現在宮苑宴集上，不但模糊俚俗／雅正的界限，書寫兒女私情的樂府民歌配合樂舞之後，甚至可以堂而皇之成為宮廷娛樂的主體系，而與封禪大事在喧笑中分庭抗禮。如果還注意到王敬則「拍張」助興，《南史》中詳細描述：

> 於是王敬則脫朝服袒，以絳糾髻，奮臂拍張，叫動左右。上不悅曰：「豈聞三公如此？」答曰：「臣以拍張，故得三公，不可忘拍張」，時以為名答。[174]

級的娛樂風向入手，會更為全面。
168《南齊書・蕭惠基傳》卷46，頁811。
169《南史・王僧虔傳》卷22，頁602。
170《南齊書・王僧虔傳》卷33，頁595。
171《南齊書・王儉傳》卷23，頁435。《南史》卷22記載略有出入，其中沈文季歌「子夜來」（頁593），王運熙以為「子夜來」三字是「子夜」歌的和聲，《樂府詩述論》，頁52。
172〈封禪書〉見司馬遷《史記・司馬相如列傳》卷117（臺北：洪氏，1974），頁3063-3065。
173參見《樂府詩集・清商曲辭》卷44，吳聲歌曲所錄「子夜歌」42首，頁641-644。
174《南史・王儉傳》卷22，頁593-594。

《南齊書》載王敬則「善拍張，補刀戟左右」，[175]「拍張」應是指一種張
手拍擊的胡戲，[176] 廟堂之上拍張戲弄，一方面是王敬則本來的出身習
氣，一方面當然也表示在南朝政治空間中，是允許這樣一種庶民形態的
存在。像王敬則雖然名位顯達，不但不忘拍張，甚至是：

> 接士庶皆吳語，而殷勤周悉。[177]

據陳寅恪先生考察：「江左士族操北語，而庶人操吳語」，因此東晉南朝
的官吏「接士人則用北語，庶人則用吳語，是士人皆北語階級，而庶人
皆吳語階級」。[178] 原屬庶人階級的王敬則現在位居三公，這是士／庶階
級在南朝政治體制中權位消長的又一事例，同時不論對待士人或庶民，
王敬則都一樣口操吳語，與初時吳士習熟北音（如陳寅恪所舉王融例）
的情況相對比，這明顯是伴隨著階級升降、權力轉移而改弦更張的政治
話語；這絕非僅僅因為敬則出身庶人，而是因為布衣庶民成為握有權力
的發話者，所以自在地運用自己熟悉的語言。

　　將吳語或吳聲視為南朝宮廷中新出的權力論述，就表示它可以和北
語一樣成為權力體制中周旋往來的政治話語，比方齊明帝即位後，誅戮
高、武帝諸子孫，[179] 王敬則身為高、武舊臣，心懷憂恐；當時敬則子仲
雄曾於御前鼓琴：

> 作懊儂曲，歌曰：「常歎負情儂，郎今果行許」，帝愈猜愧。[180]

---

175 《南齊書・王敬則傳》卷 26，頁 479。
176 參見張自烈《正字通》（臺南：莊嚴文化四庫全書存目叢書，1997）卯集中手部
　　「拍」字下曰「又拍，張手搏捽，胡之戲也」，並引王敬則事為例，頁經 197-549。
177 同註 175，頁 484。
178 陳寅恪〈東晉南朝之吳語〉，《金明館叢稿二編》，《陳寅恪先生文集》二（臺北：
　　里仁，1982），頁 267-272。
179 《南齊書・宗室》始安王遙光傳，卷四五，記載「上（明帝）以親近單少，憎忌
　　高、武子孫，欲並誅之，遙光計畫參議，當以次施行……河東王鉉等七王一夕見
　　殺，遙光意也」，頁 789。
180 《南齊書・王敬則傳》卷 26，頁 485。

王運熙說這則資料「令人想起東周時代列國卿士大夫斷章取義地吟誦詩經的情況」，[181] 說它斷章取義，因為〈懊儂歌〉（或作「懊惱」）原是吳地流行的情歌，後石崇仿作一首贈愛妾綠珠，如今以男女愛怨來暗喻君臣猜疑，當然是刻意比附；[182] 而更重要的是，如果在南朝朝廷中運用吳歌就彷彿先秦士大夫於出使會盟時賦詩言志的情況，毋寧肯定了吳聲歌曲已經成為政治話語的事實。這其實可以與東晉朝堂之上的「洛生詠」形成對比。《世說新語》有一則關於謝安的故事：

> 桓公伏甲設饌，廣延朝士，因此欲誅謝安、王坦之。……王之恐狀，轉見於色；謝之寬容，益表於貌；望階趨席，方作洛生詠，諷浩浩洪流。桓憚其曠遠，乃趣解兵。[183]

所謂「洛生詠」即洛陽書生吟詠時的重濁音調，謝安能作洛生詠，不但引起社會名流仿效，[184] 而在此甚至是以吟詠的音調、姿態而解除桓溫布置的重重殺機，並且存續了東晉國祚。而後來當桓溫之子桓玄不解社會上為何流行「妖而浮」的「吳聲」，當然就不只是表露「中原人士保其北人音容，以與南方吳音競美」的心態，[185] 操「北語」或者重「吳音」，重點不僅是南／北差異，還是士／庶之別；換言之，吳音在操中原北語、效洛下之詠的士族社會中興起，其實是牽涉了士庶地位轉換、階級升降所帶來的政治語言的新變。

---

181 《樂府詩述論》，頁 15。
182 參〈吳聲西曲雜考〉第八節「懊儂歌考」，《樂府詩述論》，頁 73-75。
183 《世說新語・雅量篇》第 29 則，頁 282-283。
184 見《世說新語・雅量篇》第 29 則劉孝標註引宋明帝《文章志》「安能作洛下書生詠，……後名流多效其詠，莫能及」，頁 283。
185 《世說新語・雅量篇》第 29 則校箋一，頁 283。

「圍城」的欲望論述

劉師培論南朝文學，認為側豔之詞起自晉宋樂府民歌：

> 如桃葉歌、碧玉歌、白紵詞、白銅鞮歌，均以淫豔哀音，披于
> 江左，迄于蕭齊，流風益盛。其以此體施于五言詩者，亦始晉
> 宋之間，後有鮑照，前則惠休。特至于梁代，其體尤昌，……
> 宮體之號，自斯而始。[186]

對於這南朝文學史上「側豔之詞」發展的體系，張伯偉從休、鮑以下，
還補充永明八友中豔詩作得極多的沈約，以及呼籲「京師文體」應該從
謝靈運轉而以沈約、謝朓為楷模的梁簡文帝蕭綱。[187] 而其實豔情宮體的
形成早在蕭綱鎮守襄陽（雍州）期間，[188] 宮體詩與民歌西曲的關係也是
貴族市井化、市井貴族化兩面一體的事。[189] 如果再加上陳後主使宮人與
狎客共賦豔麗新聲，[190] 於是從宋孝武帝、齊武帝時期到梁武帝、陳後主

---

186 劉師培〈宋齊梁陳文學論略〉，《中國中古文學史》（臺北：育民，1979），頁 91。
187 張伯偉主要是從佛教文化中刻畫聲色的成分如何影響南朝文學做細密探索，他認
　　為蕭綱所謂「京師文體」「競學浮疏，爭為闡緩」，並在謝靈運、裴子野之外，提
　　出謝朓、沈約為述作楷模，正是受戒之後，而這封〈與湘東王書〉全名應為〈答
　　湘東王和受戒書〉；所以如果佛教文化影響了蕭綱對於詩歌創作的大膽放蕩，那麼
　　蕭綱以繼承永明體（尤其是豔情詩不少的沈約）作為文學改革宣言，也是理所當
　　然。參見〈宮體詩與佛教〉，收入氏著，《禪與詩學》（杭州：浙江人民，1996），
　　頁 187-223。關於沈約與南朝豔情詩形成的關係，亦可參考興膳宏〈豔詩の形成と
　　沈約〉，《日本中國學會報》第 24 集（昭和 47 年〔1972〕10 月），頁 114-134。
188 曹道衡認為《梁書・徐摛傳》所謂「摛文體既別，春坊盡學之。宮體之號，自斯
　　而起」的記述是有疏忽的，因為蕭綱於中大通二年自雍州調回建康任揚州刺史，
　　次年昭明太子薨，蕭綱立為太子，但徐摛同年因朱异之間即出為新安太守，因此
　　宮體詩的形成並非在蕭綱位居東宮以後，而是在徐摛追隨於雍州襄陽期間，見氏
　　著《南朝文學與北朝文學研究》（南京：江蘇古籍，1998），頁 158。
189 王文進〈荊雍地帶與南朝詩歌關係之研究〉（臺北：國立臺灣大學中國文學研究所
　　博士論文，1987）早注意到民歌西曲的貴族性格，認為西曲是依靠出鎮荊、雍的
　　王室貴族，才由民間走入宮廷，見第六章第三節，頁 277-286。
190《南史・后妃》張貴妃傳，卷 12，頁 384。

的南朝宮廷中，這個文學上「側豔之詞」或「委巷之歌」的發展，其實已經透過作為娛樂體系或挪借為政治話語而成為南朝宮廷文化的主流；其結果一方面是宮廷有「市井化」的風情，其實也是假借市井形態放任「私欲化」的權力論述。整個論述從豪奢富麗的背景中流盪開來，鄙語喧喝與珠翠金玉共鳴交響，淫聲豔辭也與雲輦龍舟相互輝映。這與漢代京都論述一方面強調合禮中法的富麗，一方面由富麗尚想凌雲飄風的遠遊成仙既不相同；也與東晉廟堂中瀰漫清談玄言，緬懷正始之音，吟誦洛下之詠的風尚有別。[191] 所有作為都邑的城市當然都無可避免成為家國（與帝王）權力欲望的載體，然而不同形態的欲望論述，讓建康有了與以往不同的城市意象。

　　梁武帝末年，蕭綱所賦寫的〈圍城〉其實就某種程度象徵了南朝建康自築或深陷長圍的虛實景況。據史書記載，蕭綱於侯景兵臨城下時，作有四言〈愍亂詩〉與〈圍城賦〉，[192]〈愍亂詩〉所謂「謀之不臧，襃我王度」就是批評當時作威作福的權臣朱异。而今僅見末章的〈圍城賦〉進一步描述到：

> 彼高冠及厚履，並鼎食而乘肥，升紫霄之丹地，排玉殿之金扉，陳謀諛之啟沃，宣政刑之威福，四郊以之多壘，萬邦以之未綏。問豺狼其何者，訪虺蝪之為誰？[193]

這段話其實詰難朱异於梁武朝中大權在握，卻在納降侯景之後又力主與魏通好，致侯景心生疑懼，舉兵謀反，天下遂陷入動盪不安的局面。[194] 當時侯景十萬大軍由朱雀航長驅直入，燒毀大司馬門，直逼臺城（建康

---

191 請參考鄭毓瑜〈東晉建康論述〉；〈賦體中遊觀的形態及其所展現的時空意識──以天子游獵賦、思玄賦、西征賦為主的討論〉，《第三屆國際辭賦學學術研討會論文集》（臺北：國立政治大學文學院，1996），頁 411-432。

192 《梁書‧朱异傳》卷 38 僅及〈圍城賦〉，頁 539；《南史‧朱异傳》卷 62 又及〈愍亂詩〉，頁 1518。

193 《梁書》卷 38，頁 539。

194 相關史事參見《梁書》卷 56 及《南史‧賊臣》侯景傳，卷 80。

宮城）。梁以前臺城原只有二重宮牆，天監十年，增築一道宮牆，愈形堅固，[195] 侯景苦攻不下，乃「築長圍以絕內外」，[196] 蕭綱所以賦名為「圍城」。羊侃時輔助宣城王都督城內軍事，與侯景軍在城內外展開激烈攻防，賊人以尖頂木驢攻城，羊侃則擲雉尾炬以焚之，賊人於東西兩面起土山以臨城，羊侃則挖掘地道，潛引其土，致山不能立。後來城內土山因大雨而崩，賊乘隙而入，羊侃令擲火，「為火城以斷其路」，再往裡築城以阻止賊人進入。[197] 爾後宋嶷降賊，又引玄武湖水灌臺城，「城外水起數尺，闕前御街並為洪波矣」。[198]

　　後來議和失敗，侯景決水攻城，晝夜不息，宮城終於淪陷，擄掠乘輿服玩、後宮嬪妃，又聚死屍燒之，臭氣聞十餘里，而宮城外原本熱鬧繁榮的秦淮南岸的民居營署也被燒毀殆盡，一時之間，「大航南岸，極目無煙」；[199] 太清三年百濟國不知京師寇亂，猶遣使進貢，既至，「見城邑丘墟」，並號慟涕泣。[200] 從這些史料，可以描想彼時這座圍城墮敗荒涼的景象；然而長圍之於建康城，卻不僅僅發生於梁武末年，當年蕭衍起兵伐齊東昏侯，亦「命諸軍築長圍」，時朝廷李居士猶據新亭壘，「請東昏燒南岸邑屋以開戰場，自大航以西、新亭以北，蕩然矣」，[201] 死亡的詛咒、滅絕的宿命似乎已成為「圍城」反覆不息的象徵。但是，作為一座圍城，可以是深陷重圍，自然也可能是自我範圍，「長圍」之名最先正是起於東昏侯於市井巷陌所圈圍的遊處區域。東昏侯喜出遊走，不欲令人見之，[202] 時地無定，日夜驅迫，百姓無復作業；

195《梁書・武帝》卷2紀天監十年「作宮城門三重樓及開二道」，頁51。《建康實錄》卷17云「是歲初作宮城門三重及開二道」，頁370-540。

196《梁書・侯景傳》卷56，頁842。

197《梁書・羊侃傳》卷39，頁560-561。

198《梁書・侯景傳》，頁844。

199《南史・賊臣》侯景傳記載王僧辯兵援建康，時「都下戶口百遺一二，大航南岸極目無煙」，頁2014。

200 見《梁書・侯景傳》，頁853，及卷54〈諸夷〉百濟，頁805。

201《梁書・武帝紀》卷1，頁12。

202《南史・齊本紀》東昏侯傳，卷5，頁153。

從萬春門由東宮以東至郊外，數十里，皆空家盡室。巷陌懸幔為高障，置人防守，謂之屏除。高障之內，設部伍羽儀，復有數部，皆奏鼓吹羌胡伎，鼓角橫吹。……或於市肆左側過親幸家，環繞宛轉，周遍都下，老小震驚，啼號塞道，處處禁斷，不知所過。……禁斷又不即通，處處屯咽，或泥塗灌注，或冰凍嚴結，老幼啼號，不可聞見。時人以其所圍處號為「長圍」，及建康城見圍，亦名長圍，識者以為讖焉。[203]

前文提過東昏侯於芳樂苑中設店屠肉，那是宮廷模擬市井；此處則走入市井，放任私欲在市井中圈圍出如同宮苑的遊樂處。其中驅斥百姓、懸幔高障所圍的「屏除」，具體說明了南朝宮廷與市井之間表面彷彿實際區隔的真相；「屏除」內吹奏當時流行的西北民歌以為娛樂，[204]「屏除」外是老少震驚、啼號塞道。這則資料最後以「長圍」為讖，其實透露「長圍」一語雙指的意涵，它既是指建康城外逼兵甲，也是指內迫奢靡的建康城。

　　如此一語雙指的「長圍」，想必也是蕭綱〈圍城賦〉暗喻外有侯景、內有朱异最終的意旨所在。朱异寒士出身，與歷來寒人機要一般善於揣摩上意、討取歡心，像納降侯景就是朱异探得梁武心意加以促成的；同時也如同戴法興、阮佃夫、茹法珍等恩倖一樣，貪財冒賄，奢華無度，「起宅東陂，窮乎美麗」，「好飲食，極滋味聲色之娛」。[205] 史載朱异資產與當時由北南歸且於侯景亂時都督城內軍事的羊侃相埒，[206] 而羊

---

203 引自《南史・齊本紀》東昏侯，卷5，頁152-153。《南齊書・東昏侯本紀》卷7，記載較簡略。

204《樂府詩述論》之〈梁鼓角橫吹曲雜談〉一文中認為所謂「羌胡伎」是一個內涵更廣的名詞，泛指西北少數民族的樂曲，當也包括鼓角橫吹曲在內；而這些原本施行於軍中的樂曲「並被一些嗜好聲色的君王、官僚應用於儀仗隊或作日常娛樂」，見頁471。

205 關於朱异起宅東陂、極好聲色，見《南史・朱异傳》卷62，頁1516。《梁書・朱异傳》卷三八未見載及。

206《南史》，同前註。

侃善音律，自造採蓮、棹歌兩首，府中除妙盡奇曲的歌者王娥兒、屈偶之，還有舞人孫荊玉能反腰帖地、張淨琬纖細如能掌中舞等，[207] 繁華綺靡就這樣張設在江南風情的聲歌樂舞中，而可以與謝石、惠休的委巷之歌在歷史長河中遙相呼應。梁代朝中奢華景況其實不待武帝晚年，天監年間蕭衍六弟蕭宏是最顯著的例子。前文提及蕭宏經營高利貸，逾期未還則奪人所押抵的田宅，而他的嗜錢貪吝表現最徹底的莫如聚錢三億餘萬：

> 宏性愛錢，百萬一聚，黃牓標之，千萬一庫，懸一紫標，如
> 此三十餘間。（梁武）帝與（丘）佗卿屈指計見錢三億餘萬，
> 餘屋貯布絹絲綿漆蜜紵蠟朱沙黃屑雜貨，但見滿庫，不知多
> 少。[208]

蕭宏恣意聚斂，庫室將近百間，是庫室收藏了錢財貨物，其實也可以說是貪念物欲於都下圈圍成一間間深鎖的府庫。從高障到庫室，內裡盡是笙歌樂舞、流香鑠金，而被遮掩、區隔的是相對在外的戰亂、死滅、啼號，以及為洪波淹灌的御闕，為戰火焚燒的火城—建康。

　　模擬市井的南朝宮廷文化，終究沒有推展出普及於全民的烏托邦式遠景（utopian character oriented toward the future），[209] 所有恣意的奢華、誇張的粗鄙、放肆的淫豔，都只是為私己的品味、個人的愛欲服務；就像宮體詩中肉感形象的美人，只是供擁有者狎玩、擺弄而成為可以估價、交易的財貨項目，而不會是庶民狂歡節中那代表「肥沃、生長以及極度豐饒」（fertility, growth, and a brimming-over abundance）的肉體形

---

207 《南齊書・羊侃傳》卷 39，頁 561。
208 《南史・梁宗室》蕭宏傳，卷 51，頁 1278。
209 巴赫汀認為，狂歡節中的自由解脫—那種面向未來的烏托邦性格，雖然只能出現於全民參與的節慶中，但即使歷經十七世紀以來對於民間文化的嘉年華形式的縮減與弱化，它仍然持續豐富不同地區的生命與文化，見 *Rabelais and His World*，頁 33-34。

象。[210]而當市里廣場的論述其實萎縮至於衽席閨闈[211]之內，竟與建康王朝的勢力版圖由劉宋初期北至長安、盡得河南之地，至於侯景亂後，江北之地全數失陷有著彷彿同步的發展，[212]或許「長圍」的逐漸形成，並不只是南朝宮廷文化的象徵，也是見證建康王城在喧鬧與死寂、繁華與腐朽中反覆流轉的歷史意象。

本文原刊登於熊秉真主編《欲掩彌彰：中國歷史文化中的「私」與「情」（公義篇）》（臺北：漢學研究中心，2003），頁 135-168。

---

210 在狂歡節慶中，除了粗鄙、汙穢的話語，赤身裸體也一掃罪惡的陰影，成為自由活力的正面形象，見 *Rabelais and His World*，頁 19，中文解釋參見劉康《對話的喧聲》，頁 287。而關於宮體詩的美人形象請參見鄭毓瑜〈由話語建構權論宮體詩的寫作意圖與社會成因〉，《漢學研究》13 卷 2 期（1995 年 12 月），頁 259-274。

211 魏徵於《隋書‧經籍志》卷 35（臺北：鼎文，1980）集部總論言及宮體詩是「止乎衽席之間」、「思極閨闈之內」，頁 1090；而本文重在指出從吳聲至於宮體的「側艷之詞」的脈絡，正是南朝文化史上挪借市里的委巷歌謠而發展成宮廷私欲論述的過程。

212 分見於《通鑑地理通釋》卷 13，「宋重鎮」、「梁重鎮」條下所述，頁 191、196。

單元二　文體與地方感

一旦選擇某種文體，就彷如進入歷史文化的
迴廊，
在一種熟悉的語句格式、典事氛圍中，
重現一種非關地域的「地方感」

明清之際辭賦作品的「哀江南」論述：
以夏完淳〈大哀賦〉為端緒的討論

　　從「知人論世」的傳統觀念來看，針對明清之際的辭賦文學，最常探討的不外是關乎個人的主體認同（如忠臣或貳臣、殉死或苟活），以及驗證當代時事的價值性。而不論是從言志或載記的角度來看，任何詮釋的提出其實都造就了一種「詮釋路標」，透過註解、徵引、分析就像在重重標誌下的徑路呈現，勾連出一種所謂「作者」的主體性，或是所謂一個時代的「歷史」。讀者往往就是在翻查箋註校釋的過程中，浮現一個逐漸清晰（但絕非完整）的創作者及其時代背景。

　　而就像書寫無法自外於文獻典籍所建構的支持體系，閱讀、詮釋也同樣共存於這個歷代累積的提供翻查、比對的領域；作者與讀者可以說都是藉助它從而具體地理解彼此。以文學現象中常見的仿擬與用典而言，正是透過對於過往經驗的借代與解釋所起的一種情感上的認同作用，「不論擬古或用事，在在顯示出古典作家試圖把時間上的過去拉向現在，使得過去與作家當下的現在具有一種同時代性，並且以此喚起、造就一種文化上的集體意識」，[1] 而讓書寫得以在不同時代被理解，或者

1　蔡英俊在〈「擬古」與「用事」—試論六朝文學現象中「經驗」的借代與詮釋〉一文中，對於這種借代、解釋引起的認同作用，乃至於影響鑑賞判斷中的「典式」（the model）問題，有發人深省的探討。文見李豐楙主編《文學、文化與世變》（第三屆國際漢學會議論文集文學組）（臺北：中央研究院中國文哲研究所，2002），頁 67，括號內文字引自頁 75。而拙著〈直諫形式與知識分子——漢晉辭賦的擬騷、對問系列〉亦曾經由文體的模擬與轉化，探討漢代知識分子如何透過讀／寫雙方不斷累積、交集的經驗，體現對於時代環境某種集體性觀點，文見《中國文哲研究集刊》第 16 期（2000 年 3 月），頁 151-212。

說是因為詮釋者早就具備這種前理解，所以讀出符合這種期待的作者與作品。透過反覆的書寫與詮釋，每一次的參與都不是獨創、突發的偶然狀況，就書寫者而言是感覺到自己與歷來的文學作品構成一個同時並存的秩序，而詮釋者扮演的是一個薦介者的角色，將作品引導入綿長豐富的「傳統」流脈中。[2] 然而作為一個文學傳統，即使是長江大河也顯然具有邊界性，看似多元地參與、引介會逐漸因為使用頻繁、議題集中乃至於意義的建構完整而形成具有準範性的「典律」（canon formation）。就像古典文學最具代表性的《詩》、《騷》，從形式體制到閱讀效應都形成一定範圍內的合理想像（譬如比興美刺、失志怨悱），當然每一次的書寫與詮釋除了因為這合理想像或傳統意識而造成不自覺的調整與化約，也必然有衍伸、轉化，以便在這逐漸擴大的典律系統中安放自己的關係位置。

　　本文選擇從「典律化」的角度探索明清之際辭賦文學的一種面向，正是希望呈現在書寫與詮釋相互為用的情況下，亂世變局中的文人士子是如何熟悉而穩妥地在這個已成典律的文化原鄉中，讓傳統「代言」自我，為當代自我的抉擇找到傳統論述方式的「背書」。

「已知」的「哀江南」

　　明末夏完淳（1631-1647）在近代中國知識界突然成為研究與傳誦的焦點，這除了因為國族主義興起，所以尋找排滿抗清的民族英雄之外，最近研究認為可能還牽涉松江地挾其經濟、文化優勢所營造的鄉賢崇拜，以及晚清青少年族群興起以致夏完淳的年少殉國因此成為青年偶像等因素。[3] 而就其中少年俊傑這形象而言，其實夏完淳在文學創作上

2　最具代表性的看法是艾略特（T. S. Eliot）〈傳統和個人的才能〉（"Tradition and the Individual Talent"）一文，強調詩人是不斷泯除個性而獻身於自古及今的整體傳統的表現之中。見杜國清譯《艾略特文學評論選集》（臺北：田園，1969），頁 3-20。

3　關於以夏完淳為中心的夏家父子忠烈故事之流傳，以及其中論述焦點的轉移與背

的表現更早在五、六歲稚齡就博得「神童」美譽，[4] 加上師事張溥、陳子龍等當時文壇領袖，[5] 雖年僅十七即殉節而死，侯玄涵仍總評其「文采宏逸，江左絕儷」，並載及完淳以「有韻之文，自謂無敵」的說法。[6] 而在詩賦作品中，最受人矚目的當屬長篇力作〈大哀賦〉。關於著作時間，賦文中提及「弱齡則海籌十六，短髮則霜鏡三千」，[7] 當是作於隆武二年丙戌（1646），完淳十六歲的時候。而關於當時情勢，賦文云「天蕭蕭兮不明，日荒荒兮欲曀。傷兩鎮之不歸，痛孤城之已潰」，[8] 如同賦序所言「兩鎮喪師，孤城潰版。三軍魚腹，雲歇黃浦之帆；一水狼煙，風動秦房之火」，[9] 這是指乙酉（1645）8月吳志葵與黃蜚敗於黃浦，而松江城陷；後段續云「短衣則東州亡命，長戟則西掖備員。……既充下乘，聊託中涓。草檄則遠愧孔璋，入幕則身慚仲宣。……秦地之椎未中，楚王之墓不鞭，……招魂而湘江有淚，從軍而蜀國無絃」，[10] 則是指允彝本佐於吳志葵戎幕，志葵兵敗後，允彝自沉松塘，丙戌，完淳十六歲，「從其師陳子龍起兵太湖，尊父遺命盡以家財餉軍，魯監國遙授編修，子龍戰敗，完淳走吳易軍為參謀」，[11] 後四句是感慨吳易軍敗，不屈而死。換

後因由，孫慧敏〈書寫忠烈──明末夏允彝、夏完淳父子殉節故事的形成與流傳〉有非常詳盡的闡述，《臺大歷史學報》第 26 期（2000 年 12 月），頁 263-308。

4　如陳繼儒有〈題端哥六歲能文〉、錢默有〈神童賦〉，見白堅《夏完淳集箋校》（上海：上海古籍，1991）附錄（五）所引，頁 728-731。白堅並認為陳繼儒驚見夏完淳能文，應在夏完淳五歲之時，是年繼儒年 78，見頁 729。

5　夏完淳於十一歲作〈招魂〉哀悼張溥，序言「五齡侍函丈，摘疑賜問」，引自《夏完淳集箋校》卷 2，頁 57；又屈大均〈周秋駕六十壽序〉述及秋駕與存古並以稚齡能文章，允彝亦薦之於陳子龍門下，見屈大均《翁山文外》卷 2（北京：北京，四庫禁燬書叢刊 184 冊，2000），頁 102。

6　見〈吏部夏瑗公傳〉，載《國粹學報》第 2 年丙午第 2 號（第 14 期）（1906），頁 3b-4a。

7　引自《夏完淳集箋校》卷 1，頁 19。

8　同前註。

9　《夏完淳集箋校》卷 1，頁 1。

10　《夏完淳集箋校》卷 1，頁 21-22。

11　引自屈大均《皇明四朝成仁錄・吳江起義傳》「夏完淳」條下，收入周駿富編《明代傳記叢刊・名人類》（臺北：明文，1991），頁 066-484。而關於夏完淳十五至

言之，〈大哀賦〉當作於浙東盡失，復國無望而亡命江海之時，所以自謂「國亡家破，軍敗身全」，「哀哉欲絕，已矣何言」。[12]

　　屈大均曾謂夏完淳「為大哀賦萬餘言，淋漓創痛，世爭傳誦」，[13] 屈大均（1630-1696）僅長夏完淳一歲，「世爭傳誦」之說無疑是真切反映了當時期南明士人一致的悲憤心境。而另一位與屈、夏二人生年相次，且與大均相契的朱彝尊（1629-1709）[14] 則這樣說到：

> 存古，南陽知二，江夏無雙。束髮從軍，死為毅魄。其大哀一
> 賦，足敵蘭成。昔終童未聞善賦，汪踦不見能文，方知古人，
> 殆難其匹。[15]

這段文字從文武雙修、才德兼具來完備夏完淳少年英雄的形象，尤其重要的是朱彝尊將存古與庾信（小字蘭成）[16] 並比，亦即將〈大哀賦〉與庾信〈哀江南賦〉並列；這使得〈大哀賦〉除了對應當時「國亡家破，軍敗身全」的現實時局之外，又加上今古相涉、藉彼釋此的歷史深度。甚至可以說〈哀江南賦〉是替代〈大哀賦〉而成為「已知」的同情共感的基點，這除了像〈大哀賦〉在體制上直接步趨〈哀江南賦〉之外，其餘在書寫上可能出現的相互關聯（包括主題命意或共用事典、字辭），以及針對庾信及其〈哀江南賦〉的種種體會、詮釋或申論，就彷彿是在

十六歲期間如何出入軍中、又如何身歷浙東盡失的敗狀，近人柳亞子綜合、考辨各家史料，完成〈夏允彝完淳父子合傳〉，可參考，見《夏完淳集箋校》附錄二，頁 558-567。

12　《夏完淳集箋校》卷 1，頁 22。

13　引自《皇明四朝成仁錄・吳江起義傳》「夏完淳」條下，頁 066-486。

14　陳伯陶《勝朝粵東遺民錄・屈大均》下，卷 1，曰：「丁酉（即 1657），秀水朱彝尊至粵，與大均最契，歸則持其詩遍傳吳下，名大起」，引自周駿富編《清代傳記叢刊》（臺北：明文，1985），頁 26。

15　引自朱彝尊《靜志居詩話》卷 21（北京：人民文學，1990），頁 644。

16　〈哀江南賦〉有「王子洛濱之歲，蘭成射策之年」，倪璠註引陸龜蒙《小名錄》云「蘭成，信小字也」，並以此二句俱言十五歲。見倪璠《庾子山集注》卷 2（臺北：中華，四部備要本，1968），頁 6b。

召喚、協調、擴大一種集體的理解共識；這樣的推論也許可以先從尤侗〈反招魂〉來尋索可能的線索。

尤侗（1618-1704）〈反招魂〉顯然是反宋玉〈招魂〉而為之，王逸說宋玉哀憐屈原「忠而斥棄」，所以作〈招魂〉以復其精神、延其年壽，而通篇的書寫方式就是「外陳四方之惡，內崇楚國之美」，不但招屈原之魂，甚至也彷彿代屈原招楚懷王之魂，「冀其覺悟而還之也」，[17]而〈招魂〉結尾云：「魂兮歸來哀江南」，宋洪興祖即曰：「庾信哀江南賦取此為名」。[18] 因此，從主題取擇上來看，〈反招魂〉與〈招魂〉、〈哀江南〉可以視作一個命意範圍之內的相關作品。從〈反招魂〉序[19]可見，此文作於「乙酉六月六日」（1645），值好友湯傳楹（字卿謀）忌辰，有感「亂深矣，將安歸命」而作；顯然此文不僅是祭悼年前哭崇禎帝而病歿的湯傳楹，[20]也是眼見北都淪陷後，乙酉五月清兵渡江，南都繼覆而弘光出奔，[21]致對自己終將無所歸處的發憤紓憂。正因為引發無所歸處的悲慨，〈反招魂〉首段以「魂兮魂兮望江南」開啟全篇之後，直接續以「魂毋歸來」領引的五段文字來扣合篇題「反」意：「魂毋歸來兮返故家」作為「毋歸」的中心，串聯起故國家園所以無法歸返乃在於烽火狼煙（「魂毋歸來兮登長途」）、船艦蔽空（「魂毋歸來兮涉遠水」）、白骨塞路（「魂毋歸來兮入孤城」）、荒原鬼哭（「魂毋歸來兮游曠野」），而這

17　見王逸《楚辭章句》卷 9（臺北：藝文，1967），頁 269。王夫之則認為此篇應作於頃襄王之時：「及懷王客死，國仇不報，頃襄遷竄原於江南，原乃無生之氣，魂魄離散，正在斯時。」引自《楚辭通釋》卷 9，頁 400，收入王夫之《船山全書》第 14 冊（長沙：岳麓，1998）。

18　見洪興祖《楚辭補注》卷 9（臺北：藝文，1977），頁 354。

19　〈反招魂〉收入尤侗《西堂雜俎》一集卷 2（北京：北京，四庫禁燬書叢刊 129 冊，2000），頁 110。

20　尤侗〈哭湯卿謀文〉曰「崇禎十七年三月十九日賊陷京師，皇帝崩，越兩月，哀詔下，吾友湯子卿謀哭臨三日，歸而病，以六月六日酉時卒」，收入《西堂雜俎》一集卷 2，頁 126。

21　見計六奇《明季南略‧宏光出奔》卷 9（臺北：臺灣銀行經濟研究室，臺灣文獻叢刊 148 種，1963），頁 231-233。

又回應首段望江南後，所謂「天地干戈行路難」的整體描述。宋玉〈招魂〉是要魂魄不要遠去四方、不要上天下地，所以極力描摹江南楚地的館閣、女色、歌舞、游宴之豐美，希望招來魂魄；尤侗〈反招魂〉則反過來要魂魄「毋歸故家」後，繼而「（吾）招魂兮上青天」、「下黃土」、「隱山川」，這兩相對比，自然更有力反襯甲申難後，再無家國可以歸返的沉痛處境。

　　入清以後，尤侗於康熙十八年（1679）試博學鴻詞科，授翰林院檢討，分修明史，[22] 同年朱彝尊、毛奇齡亦授檢討，同入明史館；[23] 而在此之前，三人其實早在順治初年（六年至十年間），就曾經因為十郡大社而彼此交往，或因為共同朋友而間接與聞。[24] 而朱彝尊明確指出〈大哀賦〉與〈哀江南賦〉的關係，毛、尤二人自然也會注意到〈哀江南賦〉，那麼，後來在毛奇齡、尤侗詩文裡皆記載與當時註解《庾子山集》的倪璠交往，且相與討論，[25] 這個情形未嘗不可以視作是建構與〈哀江南賦〉相關的理解共識之歷程。尤侗後來既然知悉且參與了這個評論的流脈，〈反招魂〉不但與〈哀江南賦〉、〈大哀賦〉的主題可以上下連串，甚至〈反招魂〉可以說是甲申國難之後所逐步凝聚的「哀江南」意識的先聲。

　　當然，所謂「哀江南」意識會因為不同的論述方式而有表現上的異同；這也是一種詮釋、書寫體系裡必然出現的轉折與化用。就像毛奇

22　見《清史稿・文苑一》尤侗傳，卷 484（臺北：鼎文，1981），頁 13340。

23　參見《清史稿・文苑一》朱彝尊傳，卷 484，頁 13339；卷 481〈毛奇齡傳〉，頁 13175。

24　關於順治乙酉、丙戌以後，幾社末流分裂狀況及尤侗、吳偉業等人如何力促和解，謝國楨《明清之際黨社運動考》〈九、幾社始末〉有詳細論述，其中引證毛奇齡〈駱明府墓志〉（原應作〈駱明府倪孺人合葬墓誌銘〉，收入《西河集》卷 98）一文，可見朱彝尊、尤侗當時皆曾參與十郡大社之集會，而毛奇齡至少因為駱復旦而熟悉朱、尤二人。謝國楨《明清之際黨社運動考》（臺北：臺灣商務，1967），頁 193-196。

25　參考錢鍾書〈全後周文卷八〉所述，《管錐編》第 4 冊 257 則（北京：中華，1986），頁 1520。

齡，同樣與當時註解《子山集》的倪璠交遊談論，但是在辭賦創作上所發抒的「望江南」、「懷故園」，[26] 卻與尤侗旨趣各異。由表面字句看來，比方〈涪漚賦〉[27] 所謂「夫何毛甡經行瀨上，游滯江表，羈行人之舊館，入將軍之幕府。亦有去國才人，思歸王子，咸集臺端，同棲幕裡，望朝雨之盈沼，見涪漚之初起……」，明顯挪借庾信〈哀江南賦〉的字句：「季孫行人，留守西河之館」、「幕府大將軍之愛客」、「咸陽布衣，非獨思歸王子」等，這幾句都指向被留置異國者，雖深受眷顧，猶懷歸思。但是〈涪漚賦〉的主旨卻不聚焦於鄉關之思或故國之情，這篇小賦細細描繪水面浮沫，如何「前形既剖，繼點復圓，乍興乍滅，旋來無端」，終以「匪去留之足審，何存亡之有加」作結，是藉涪漚感慨萬物消長，來去無端。蔡大敬曾評論毛奇齡賦：

> 西河賦大約度取江淹，而江無其形似；思規庾信，而庾遜其宕逸。[28]

顯然毛奇齡之取法江淹或庾信，重在詠物上的巧構形似與情思上的芊綿逸蕩，除了〈涪漚賦〉，〈秦淮吹笛賦〉也表現出一樣的取向。此篇記述西河至江左拜訪友人吳興，憶起舊日「西河度曲，吳興吹笛」的風流雅韻，並取《世說新語》中桓子野於青溪側為王子猷吹笛的典事加以比擬；[29] 全篇重點就在於鋪陳秦淮河畔聞笛聆曲的旖旎風情：

> 至若三秋佳日，九月新寒，桑枝初落，桃葉將殘。……索長廂之長笛，過西州而夜闌。爾乃清商徐激，三奏成弄，白蘋風來，黃菊露重，停鄂渚之舡，引秦庭之鳳。紅桃出兮哀歡興，

26　毛奇齡〈江柳賦〉二末尾「望江南兮思如結，懷故園兮心自驚」，見毛奇齡《西河集》卷 125（臺北：臺灣商務，影印文淵閣四庫全書 1321 冊，1986），頁 339。

27　〈涪漚賦〉見《西河集》卷 125，頁 339。

28　《西河集》卷 125「賦」前所引評論，頁 338。

29　見余嘉錫《世說新語箋疏・任誕篇》第 48 則（臺北：華正，1984），頁 761。

赤玉號兮怨聲送，何人樓上生愁，少婦城南有夢。……況乎
樓當結綺，門對秦淮，紅欄夜敞，朱屏晚開，龍鱗作瓦，雁齒
為階，……乃楚竹微吟，吳床高據，雖非王子之舟，正是桓生
之步，拭華琯於西秦，盼柯亭於東渡，自當淮水波興，方山石
裂，一響悲來，再聽恨絕。……[30]

篇末所附顧茂倫評曰「庾子山按調尋節、展轉入變之作」，[31] 從上引文字
看來，明顯是取法庾信早期綺豔、輕險的風格，而可與子山〈春賦〉、
〈燈賦〉等作品合觀。[32] 雖然文中亦有相思別情之描述，如「況夫牲
者，本墮泥中，枉來幕裡。惜燕河之遠別，過而生哀；類楚老之相逢，
因之下淚」，與〈哀江南賦〉所謂「燕歌遠別，悲不自勝；楚老相逢，
泣將何及」，明顯取事相同，但庾信是用以上承「喪亂」、「流離」之
後，[33] 毛奇齡在此則聯想舊誼故事；最後兩句所謂「豈知聞歌輒喚，仍來
譙邑桓郎；登山而哭，有似瑯琊王子」，形似〈哀江南賦〉最後「豈知
灞陵夜獵，猶是故時將軍；咸陽布衣，非獨思歸王子」，但是西河旨在
述交誼而非關家國。

　　毛奇齡從流連風物、巧構形似的角度來化用〈哀江南賦〉的字句，
是否意圖規避庾信晚年身事二姓、未能與國俱亡的身分轉換，也影響了
他對庾信身分所引發的忠臣是否死節這議題的關注（譬如臣子不因國亡
身全就不忠），後人無法知悉；但是毛奇齡有〈辨忠臣不徒死文〉，而且
還引發後來全祖望的強烈批判，而全祖望同時在〈題哀江南賦後〉斥責

30　引自《西河集》卷 125，頁 346-347。
31　見《西河集》卷 125，頁 347。
32　關於庾信早、晚期風格由綺豔到蕭瑟的轉變過程，楊儒賓〈龍門之桐半死半生
　　——由體裁、主題與表現方式論庾信晚期作品所展現的精神世界〉有非常詳盡、
　　具體的分析，《幼獅學誌》20 卷 1 期（1988 年 5 月），頁 39-79。
33　〈哀江南賦〉云：「信年始二毛，即逢喪亂；藐是流離，至於暮齒。燕歌遠
　　別，……」，見倪璠《庾子山集注》卷 2，頁 2a。

庾信「失身」、「無恥」，這倒是巧妙的關聯。〈辨忠臣不徒死文〉[34] 中認為後人誤讀子夏所云「事君能致其身」是君死亦死、為國捐軀，其實這是無益於君國，謂之「徒死」；君國之事，隨地見忠，並非必死，至不得已而死之，謂之「殉難」「義士」，不可稱為「殉死」「忠臣」。關於「不得已而死」，毛奇齡列舉像是夷、齊、龔勝、文天祥、謝枋得等為例，其中，夷、齊、龔勝的事典，都出現於〈哀江南賦〉與〈大哀賦〉，如何詮釋，後文再談；而毛奇齡稱這些義士之死，是為了「一身名行」，而「不關係國事」，也就是說他承認這是「大節所在」，但不是有益君國的忠臣作為。全祖望〈書毛檢討忠臣不死節辨後〉，[35] 揭發西河是為保身避禍，因此不但與自己作序的恩人盧鎮遠之《續表忠記》撇清關係，且作此文進一步混淆視聽；在〈蕭山毛檢討別傳〉中，[36] 全祖望甚至如此感歎：

> 畏禍而不難背師與賣友，則臨危而亦誠不難背君與賣國矣。忠臣不死節之言，宜其揚揚發之而不知自愧也。[37]

這與〈題哀江南賦後〉所謂：

> 甚矣庾信之無恥也，失身宇文，而尤指鶉首賜秦為天醉，信則已先天而醉矣，何以怨天。……若顏〈觀我生賦〉，實勝於信，蓋深有愧恨之意，而非謬為支言以欺世者。[38]

雖然全祖望文末直接批評的是錢謙益，[39] 但是對照兩段文字，會發現全祖望批駁貳臣的天醉之說，根本是文過欺世，毫無自我反省之意，當然也

34　引自毛奇齡《西河文集》（臺北：臺灣商務，1968），頁 1573-1576。
35　引自全祖望《鮚埼亭集》外編，卷 33（臺北：華世，1977），頁 1137-1138。
36　引自黃雲眉《鮚埼亭文集選注》（濟南：齊魯，1982），頁 304-307。
37　同前註，頁 307。
38　引自《鮚埼亭集》外編，卷 33，頁 1123。
39　所謂「予嘗謂近人如東澗，信之徒也，梅村則顏氏之徒也。同一失節，而其中區以別矣」，同前註。

包括後期賦作規步庾信且倡言「忠臣不徒死」而不知自愧的毛奇齡。

　　從尤侗、毛奇齡的例子看來，「哀江南」的論述除了地理空間上的鄉關之思，還必須包含歷時變亂中的個人抉擇與事件意義；換言之，在這個論述形成過程中，除了懷想故國，暗裡更彷彿有明清之際的士人宣示著不同的身分、立場，進行著彼此的拉鋸、調協，而使這個「哀江南」的論述充滿曲折宛轉的起伏波動。

眾說紛紜的庾信

　　如果說〈哀江南賦〉因為創作在先，而成為明清之際「哀江南」意識已知的同情共感的焦點；相對而言，透過明清之際相關於〈哀江南賦〉的詮釋、書寫，也如同是在形塑當代人眼中的庾信，以及如何閱讀或仿擬〈哀江南賦〉的可能視野。換言之，這當中牽涉代言與發言者雙重角色，既是挪借〈哀江南賦〉而為言，亦在挪借的同時進行主觀的取捨與定位。而對於現代讀者而言，庾信的作品必須藉助註解、箋疏，才能為後人理解；至於形仿〈哀江南賦〉的〈大哀賦〉，自然也是在可理解的〈哀江南賦〉的基礎上，才能進一步對照、比較；換言之，只有箋注者斟酌過的意旨，不能確定這是否就是庾信的原意，因此像是針對〈大哀賦〉的詮釋，也就難免參考較〈大哀賦〉後出的吳兆宜註或倪璠註中所述的「哀江南賦」。所以在本文探討的明末清初這時期之內，書寫與詮釋的例證無法完全依照著成時序排列，發現論述間的對話關係也許比形成因果關係更是本文的重點。

　　前文提及全祖望從「不知愧恨」的角度批判庾信的失身失節，其實早在明遺民歸莊的詩裡就說到「當今材不少，自是品難真。庾信方臣魏，揚雄正美新」，[40] 明顯也是藉庾信諷刺當時降清的貳臣，但是庾信到

40　語出〈哭陸幼于秀才二十韻〉，見歸莊《歸莊集》卷1（上海：中華，1962），頁55。

底有沒有愧恨，倒沒有一致定論；這與個人面對世變所依歸的人格理想、身分抉擇有關，亦即庾信是否愧恨都可以成為一種正當性說辭，用以解釋自己或批判他人。比方彭而述作於順治十年（1653）的〈悔賦〉[41]也是一個例子。彭而述少入復社，與吳應箕等交好，為人雄豪磊落，有橫槊賦詩之氣概，入清後歷官永州道參議、貴州巡撫、廣西按察使、進右布政使、移雲南左布政使。[42]對於這樣一個卓犖豪放的人，在明清交替之際，身分的差異與轉換，〈悔賦〉有一種內省、反思的情志表白，尤其賦前序文亦藉庾信來提點自己的心情：

> 彭子生四十有八年矣，感身世之多艱，悟盈虛之至理。早歲失怙，曾廢王裒之詩；強仕入官，終慚毛義之檄。兼以鳥飛故苑，鹿走平原，庾信抱去國之悲，哀江南者一賦；鑿齒齋入秦之恨，得襄陽者半人。[43]

關於身世感慨，彭而述其實就針對入仕這角度做前後兩階段的反省。前一階段在明朝時期，反用王裒、毛義兩個典故，事雖異而義同，以自己並未因孝親緣故來考量出處而感到慚愧。[44]後一階段在入清之後，用庾信〈哀江南賦〉先表露「去國之悲」，後用習鑿齒事典強調「入秦之恨」，同樣是兩事相承，去國、入秦意指相乘。習鑿齒事見《晉書・本

41　彭作〈悔賦〉題下註「癸巳」，由賦序可知發抒仕清之悔恨，當為入清第一個出現的「癸巳」，即順治十年（1653）。〈悔賦〉見於彭而述《讀史亭文集》卷 1（臺南：莊嚴文化，四庫全書存目叢書 201，1997），頁 15-16。
42　關於彭而述生平，可參考《清史稿・彭而述等合傳》，卷 247，頁 9649-9650；錢林《文獻徵存錄》卷 10，引自周駿富編《清代傳記叢刊》，頁 57a-57b；王穡《今世說・容止篇》卷 6，引自周駿富編《清代傳記叢刊》，頁 74；鄧之誠《清詩紀事初編》卷 8，引自周駿富編《清代傳記叢刊》，頁 888。
43　引自《讀史亭文集》卷 1，頁 15。
44　王裒因父王儀為司馬昭所殺，終身隱居而不就徵辟，見《晉書・王裒傳》卷 88（臺北：鼎文，1980），頁 2278；毛義母老，奉檄為守令，喜動顏色，實為親屈，待母死，不應薦舉，見《後漢書・劉趙淳于江劉周趙合傳》卷 39（臺北：鼎文，1996），頁 1294。

傳》，苻堅陷襄陽，獲道安與鑿齒，鑿齒腳疾而蹇，苻堅與諸鎮書曰：「昔晉氏平吳，利在二陸；今破漢南，獲士裁一人有半耳」。[45] 苻堅僭稱「大秦天王」，[46] 故言「入秦之恨」。而〈哀江南賦〉及其序文中，庾信亦言己之聘魏乃「忽踐秦庭」，而以襄陽盡歸於周為「鶉首賜秦」，顯然「入秦之恨」一語雙指，也從被迫入仕的角度憐憫庾信，間接表達彭而述自己仕清之不得已。總結明、清兩朝入仕，彭而述顯然自認既無法盡孝又難以盡忠，出處、仕隱的抉擇影響了平生發展，於是在「短髮日見蕭疏，暮齒漸以搖落」的年歲，不禁發出所謂「偕隱既愧鹿門，壯志復慚麟閣」這不能及時建立功業、又無法隱居不臣的牢愁悔疚。[47]

　　從這個愧悔的角度來看待庾信，最明顯的當是倪璠的註釋。針對賦題「哀江南」，倪註言「哀梁亡也」，並徵引《周書》所謂「信雖望位通顯，常有鄉關之思」[48] 詮釋庾信著作原由。本傳這兩句話以「雖」字轉折，巧妙透露庾信在新朝／故國與亡國之人／新朝顯貴之間的尷尬身分，倪註循此意旨，針對賦文最後「豈知灞陵夜獵，猶是故時將軍；咸陽布衣，非獨思歸王子」，認為是「子山鄉關之思，一篇之致意也」，並以此對比前文所謂「幕府大將軍之愛客，丞相平津侯之待士。見鐘鼎於金張，聞絃歌於許史」，是庾信「言己仕周得與貴戚交遊，非其好也」。[49] 就因為非其所好，讓「豈知」反詰出內裡猶然思歸睠顧的心境，所以一方面減低仕宦北朝對於庾信人格的汙毀，一方面也相對凸顯了追憶、懷舊而引人同情的鄉關之思。[50]

45　見《晉書‧習鑿齒等傳》卷 82，頁 2154。
46　見《晉書‧苻堅傳》卷 113，頁 2884。
47　括號內文字皆引自〈悔賦〉序，同註 41。
48　見《周書‧庾信傳》卷 41（臺北：鼎文，1980），頁 734。
49　見倪璠《庾子山集注》卷 2，頁 31a
50　關於賦文末尾這幾句話在表面景象描述上的哀（南朝）／樂（北朝）對比，以及「豈知」一詞開頭提領的反詰語所揭露的思歸心境，李錫鎮《庾信哀江南賦的批評與詮釋》有詳細分析。然篇中未徵引倪註所謂「非其好也」，實則倪璠早由此一對比強調庾信雖身仕二姓猶仍思歸的無奈心聲。李氏分析，參見《庾信哀江南賦的批評與詮釋》（臺北：三通，2000），頁 84-88。

　　當然，倪璠不能不承認庾信歷仕南北、身事二姓的事實，除了解釋北朝顯宦的身分非庾信所好，倪璠同時也藉著「楚老」典事，解釋庾信是懷抱有身事二姓的慚愧。〈哀江南賦〉序有云：「信年始二毛，即逢喪亂；藐是流離，至於暮齒。燕歌遠別，悲不自勝；楚老相逢，泣將何及」，關於最後兩句，較早的吳兆宜註引《列子》曰：

> 燕人生長於楚，及老而還本國。過晉，同行者誑之，指舍曰：「此君先人之廬」，乃潸然而泣。[51]

這是從落葉歸根的人情之常，來體會庾信渴望歸返本國的心境。但是倪註則以「楚老」謂「漢世弔龔勝者也」：

> 漢書兩龔，皆楚人也。勝字君賓、舍字君倩，並著名節，徵為光錄大夫。舍年六十八，王莽居攝中卒，莽遣使徵勝，勝曰：「吾受漢厚恩無以報，今年老矣，旦暮入地，誼豈以一身事二姓，下見故主哉？」語畢，遂不復開口飲食，積十四日死。有父老來弔，哭甚哀。[52]

倪璠進一步就以龔勝事來對照庾信的遭遇，並且這樣說到：

> 信本楚人，為魏周所逼，何異王莽時，故引此事，深慚龔勝，傷其身事二姓，絕紀唐矣。[53]

錢鍾書曾引葉廷琯《吹網錄》，認為倪註有誤，當從吳兆宜說，[54] 然而倪璠為什麼要詳引龔勝事？由前引歸莊、毛奇齡針對庾信、龔勝的評論看來，倪璠在這波節義論述中是採取比較包容的態度，認為庾信是被逼迫而無以自主，固然不是忠臣，也不是為名節而死的義士，但至少懂得慚

51　吳兆宜《庾開府集箋註》卷 2（臺北：臺灣商務，四庫全書珍本，1973），頁 3b。
52　倪璠《庾子山集注》卷 2，頁 2a。
53　同前註。
54　見《管錐編・全後周文卷八》第 257 則，頁 1520。

愧（所以書寫中援引龔勝事以自喻），不是無恥之徒。

　　倪璠既然從自責自愧（「深慚龔勝」）的角度為庾信解釋，對於賦文中提及的梁朝興亡之關鍵人物柳仲禮、王僧辯，倪註也假代庾信之口，為之抱憾鳴冤。關於柳仲禮於梁末政局的決定性，吳註引《南史》曰：「論者以為梁禍始於朱异，成於仲禮」，[55] 原本柳仲禮為侯景亂時，諸蕃援軍共推之都督大將，然因青塘一役，先勝後敗，自此壯氣衰竭，閉營不戰，後竟開城降賊；及至江陵，湘東王以為雍州刺史，迎戰魏將楊忠，大敗，沒於魏，魏待以客禮，西魏於是盡得漢東。〈哀江南賦〉以「申子（仲禮小字）奮發」四句起頭，繼而「青落魚門」四句，最後以「功業天枉，身名埋沒」作結，倪註先引（《南史》）史論以為「仲禮始終之際，其不相副，天方喪梁，斯人而有斯跡」[56] 來解釋「功業天枉，身名埋沒」之事，進一步闡發庾信如此書寫仲禮，是因為：

> 蓋仲禮喪節於侯景，俘囚於西魏，功業何存，身名兩失，子山
> 之賦，所以深恨之 。[57]

倪璠認為子山替柳仲禮的一生抱憾，是因為如果不能始終如一，從前的偉業英名也就湮滅消亡。換言之，倪璠自認為是讀出子山字裡行間某種同情的感慨，而不單單是針對後來失節、見俘的結果的批判。這種關於臣道士節的多層次論述，還見於倪璠註解〈哀江南賦〉自「司徒之表裡經綸」以下關於王僧辯的大段文字。王僧辯領勤王之師，剋平侯景，收復建康，受封為司徒，庾信稱其「平吳之功，壯於杜元凱；王室是賴，深於溫太真」，亦即以僧辯之平侯景足與平吳之杜預、平蘇峻之溫嶠相比並，然後筆鋒急轉，庾信接著就以下面四句談到僧辯之死：

55　吳註見《庾開府集箋註》，卷 2，頁 22a。原文出《南史·柳元景傳》附〈柳仲禮〉，卷 38（臺北：鼎文，1980），頁 993。

56　《南史》原作「仲禮始終之際，其不副也何哉？豈應天方喪梁，不然，何斯人而有斯跡也」，與倪註所引略有不同，同前註，頁 995。

57　倪註見《庾子山集注》卷 2，頁 15b

始則地名全節，終則山稱枉人。南陽校書，去之已遠；上蔡逐
獵，知之何晚？ 58

倪註以「全節」、「枉人（山）」皆為地名，前者即為戾太子死處，後者
或云即殷紂殺比干之處；其後兩對句則又分別以文種、李斯之死加以比
譬。但是，僧辯如何由王室重臣突遭殺身之禍，〈哀江南賦〉的文字其
實模糊隱微，在這地方就很容易看出註釋者的觀點。吳註總括「司徒之
表裡經綸」以下乃「序王僧辯成功之後，為陳霸先所殺」，59 並且引《陳
書‧武帝紀》解釋僧辯之死是因為敬帝立後，「齊送貞陽侯明還主社
稷，僧辯納之」，陳武乃引兵至石頭，絞殺僧辯父子。60 倪註亦援引貞陽
侯蕭明事並以陳武宿有圖僧辯志，描述僧辯終於見殺，但進而藉助庾信
的文字，他細分出兩層次來看待王僧辯的得失：

> 「南陽校書去之以遠」者，哀僧辯功成見殺也；「上蔡逐獵知之
> 何晚」者，罪僧辯內有粵主而外求君，以致父子俱戮也。61

文種於勾踐稱霸後被賜死，李斯捨扶蘇而立胡亥，終父子同戮，庾信所
以接著取此二事為比；倪註最後說到：「僧辯既死，陳武遂致受禪，梁
之社稷存亡，繫於王公，故賦終言之。」62 從陳興梁亡的結局看來，王僧
辯納貞陽侯一事的確給予陳霸先剷除異己、專擅天下的正當藉口，理應
接受罪責；但是從平定侯景之亂、江陵陷後奉迎敬帝的角度來說，僧辯
之死也有令庾信（倪璠所理解的庾信）哀憐憫惜之處。錢鍾書曾據「始
則地名全節，終則山稱枉人」，說是「蓋藉地名以言僧辯能全大節而不
免枉死」；並且認為倪璠從「代王僧辯鳴冤」的角度來理解庾信這段文

58　倪註見，《庾子山集注》卷 2，頁 22a-22b。
59　吳註見，《庾開府集箋註》卷 2，頁 32a。
60　吳註見，《庾開府集箋註》卷 2，頁 33a。
61　倪註見，《庾子山集注》卷 2，頁 22b。
62　同前註。

字，是正確的。63

　　從深慚龔勝到為柳、王二人抱憾鳴冤，在註解〈哀江南賦〉文本的同時，其實也等於反過來假借庾信，主觀地參與了明清世變之際如何看待忠孝節義的種種論述。如果說倪璠的論述態度是比較寬容，換言之，對於亡國遺民會透露一種曲折迴護的苦心。相對來說，仿擬〈哀江南賦〉的〈大哀賦〉則表現一種慷慨壯烈的語氣，完全「改寫」了可能慚愧憾恨的遺民形象；這自然正可以視作夏完淳以忠烈形象「改寫」哀江南意識的表現。這可以由雙方如何取意（包括書寫與詮釋）於相同的典事來加以比較。首先，關於夷、齊與申包胥，兩篇賦文（並序）中所述分別如下：

> 畏南山之雨，忽踐秦庭；讓東海之濱，遂餐周粟（〈哀江南賦〉）。
> 申包胥之頓地，碎之以首；蔡威公之淚盡，加之以血（〈哀江南賦〉）。
> 鬼同曹社之謀，人有秦庭之哭（〈哀江南賦〉）。
> 申胥之七日依牆，秦庭何在；墨允之三年采蕨，周粟難餐（〈大哀賦〉）。
> 訪彭咸於藥室，從墨允於首陽（〈大哀賦〉）。

最後兩則，夏完淳直接取用申包胥立哭秦庭七日夜，以乞師擊吳救楚，反襯明末公私傾覆而無處求援的絕境；以及伯夷、叔齊不食周粟、餓死首陽的典故寄寓一己抗清殉死的心志。對比於〈哀江南賦〉的首例，夏完淳模仿之跡極其明顯，但是因為際遇、身分的不同，表現在語氣上就出現明快爽直／委屈壓抑的差別。彷彿向四方哭喊「秦庭何在」，一改「忽踐秦庭」的畏縮無措；「周粟難餐」的悍然拒絕，也全然無視於「遂

63　同註54，錢鍾書原作「按倪註謂代王僧辯鳴冤，是也」，蓋是指「哀僧辯功成見殺」註語。

餐周粟」的委曲求全。由庾信終仕魏、周來看，引夷、齊自比根本不
當，而是否有包胥秦庭乞師之舉，也未見史書記載。倪璠註文針對這兩
個典故的運用，就有另一番說詞。首先他區分「人有秦庭之哭」與「忽
踐秦庭」是「事同而取意各異」，後者指入長安，前者言金陵失守，二
帝遇害，「已有乞援之志」，故逃奔江陵，[64] 似乎是說入長安（使西魏）
後所用的「秦庭」沒有乞師本意。但是在「申包胥之頓地」與接下來的
「蔡威公之淚盡」的註解中，他又說「言使魏之後，江陵遭兵革之患，
已無處求救也」，[65] 亦即不論金陵陷或江陵亡皆本有乞師之志，只是後者
求救無門，如此又何必區分包胥事典在本文前後會「取意各異」？至於
首例，他不同意前人（如吳註）「引東海、周粟為一事」（伯夷孤竹國濱
東海），亦即「讓」東海之濱並非指夷齊「讓國」一事，其後「周粟」
也就不盡然要從「不食」上面來解釋。[66] 倪註結合上下兩對句，如此解
釋：

> 元帝都江陵，本楚地，西魏都長安，故曰秦庭。信之至秦亦
> 欲存楚也。……或其時迫於君命，不敢不行，以南山喻君
> 所。……讓東海之濱，蓋指魏周禪受也，……讓者，微詞也。
> 遂餐周粟者，宇文氏國號曰周，故假夷齊周粟為比。言元帝畏
> 秦兵之下，使己聘魏，忽踐秦庭也。及江陵既陷，身留長安，
> 見周受魏禪，遂終仕於周也。[67]

倪註僅取「周粟」之「周」字，認為庾信只是用後兩句說明終仕於周的
事實；明顯忽略「周粟」上頭還有「遂餐」、「不食（難餐）」之別，似
乎刻意模糊這個詞語所牽涉的認知共識，正是易代之際的志節取捨。而

64　倪璠《庾子山集注》卷 2，頁 17a。
65　倪璠《庾子山集注》卷 2，頁 3b。
66　倪註原文為「夷齊始為讓國而逃，其後不食周粟，似是一事，然於子山不類，按
　　之上句，不得引東海周粟為一事也」，《庾子山集注》卷 2，頁 2b。
67　同前註。

關於「秦庭」，同樣也取「秦」字所代表的地域說明出使於魏，不過為稍稍顧及「秦庭乞師」的救國之意，先是說庾信使魏是迫於君命難違，後又強調其出使與包胥一樣，有「（亦）欲存楚」之志，曲意迴護反倒出現矛盾扞格了。

　　對於夏完淳而言，庾信宛曲的遺民心路，就顯然不是他注意的焦點。〈大哀賦〉中兩次述及庾信，一次論其文，引陸機辯亡之論、徐陵盼歸（梁）書札、謝靈運叛逸詩作，以及庾信〈哀江南賦〉（「子山傷心於哀亂」），認為是「咸悲家國，共見詞章」，所以自己也作〈大哀賦〉以舒鬱懷。[68] 一次論其人，以「蘇屬國之旄節終留」，對比「庾開府之江關永棄」，[69] 比喻「明使臣之抗節與投降」，[70] 庾信既然臣服，鄉關故國已渺不可尋。〈大哀賦〉雖然仿擬〈哀江南賦〉，卻一語戳破「哀江南」意識中最魂縈夢繫的鄉關之思，其實也等於批判庾信擺落不了的身事二姓的尷尬處境；當後來〈哀江南賦〉的詮釋者替庾信吐露宛曲的思歸望返，當年夏完淳卻以「孤臣」孽子，「枕戈」待旦的意氣相期。[71] 這並不是說夏完淳沒有鄉國懷思，同樣針對金陵覆亡，庾信痛心於「桂林顛覆，長洲麋鹿。潰潰沸騰，茫茫墋黷。天地離阻，神人慘酷」，[72] 完淳有更大一段文字鋪敘「蘼蕪遍於故宮，苺苔碧於舊內。平康之巷絕雞鳴，鍾嶺之山空鶴唳。……故老吞聲，行人隕涕。……天地何心，山河何罪」，其中歷數秦淮、桃葉（渡）、玄武、莫愁的煙雲風月，[73] 情景纏綿勝過〈哀江南賦〉。只是，面對國難世變，夏完淳跟隨父親師長（允彝、子龍）走上奮力抵抗的「揭竿報國」之路。完淳自謂「束髮從軍」，[74]

68　《夏完淳集箋校》卷 1，頁 1。
69　《夏完淳集箋校》卷 1，頁 16。
70　引白堅箋「蘇屬國二句」，《夏完淳集箋校》卷 1，頁 17。
71　〈大哀賦〉最後曰：「此孤臣所以輟食而拊心，枕戈而於邑者也」，《夏完淳集箋校》卷 1，頁 26。
72　引自《庾子山集注》卷 2，頁 16a。
73　引自《夏完淳集箋校》卷 1，頁 16-17。
74　引自《夏完淳集箋校》卷 1，頁 1。

十五歲起先後在吳志葵、吳易軍中謀畫奔走，其間的壯志悲心，由三組張良、子胥對舉的偶句，可見一斑：

> 伍大夫昭關馬渡，張留侯倉海龍潛。
> 秦帝之椎未中，楚王之墓不鞭。
> 亡楚之功不就，報韓之志誰傳。[75]

而〈哀江南賦〉接續金陵淪陷後，也曾兩度使用子胥事典，可作為比較：

> 爾乃假刻璽於關塞，稱使者之酬對。逢鄂坂之譏嫌，值盱門之徵稅。
> 淮海維揚，三千餘里。過漂渚而寄食，託蘆中而渡水。[76]

倪註認為「鄂坂」、「蘆中」兩處皆引子胥過昭關事（包括關吏欲執之、漁父渡之）喻己溯江而上、道奔江陵之狀。[77] 所引〈大哀賦〉首則亦是用渡昭關奔吳國一事，相應於張良狙擊始皇前的「東見倉海君」。[78] 倪註以子山重在描述「歷盡關塞之苦也」，然夏完淳卻用以表現蓄勢待發之氣魄。第二、三則接著以椎擊、鞭墓譬比夏完淳自己實際參與抗清戰事，爾後舉事屢敗、誰傳其志，失落的語氣中蘊含著深長的憤恨。庾信在梁元帝承聖三年九月西魏大軍來犯江陵前即已出使長安，[79] 此後長留北地，只能「聞隴水而掩泣，向關山而長歎」；[80] 相隔一千多年，少年英雄夏完淳卻以如同子胥的快意執著改寫了「惟以悲哀為主」[81]的「哀江南」

75　引自《夏完淳集箋校》卷 1，頁 22。
76　分別引自《庾子山集注》卷 2，頁 17a-19a。
77　同前註。
78　見《史記‧留侯世家》卷 53（臺北：洪氏，1974），頁 2034。
79　見《周書‧庾信傳》卷 41，頁 734。
80　引自《庾子山集注》卷 2，頁 28a。
81　〈哀江南賦〉序「追為此賦，聊以記言。不無危苦之詞，惟以悲哀為主」，引自《庾子山集注》卷 2，頁 2b。

論述。

擬騷的哀怨

　　由前一節分析可見，透過同一個人物事典，可藉以論述在不同的
人生際遇與身分抉擇下的情志意向，繼而形成彼此挪借、反覆對話的
可理解的共識範圍。這個共識範圍顯然必須經過長期的累積與轉化，
也會在歷時推衍中釐析出多層次的體系流脈。比方說，明清之際的〈大
哀賦〉、〈悔賦〉、〈反招魂〉等都可以說是相關於「哀江南」的體系裡，
而既然〈哀江南賦〉的主題根本出自〈招魂〉，那麼又可以擴大來說，
整個「哀江南」系列也可以視作《楚辭》傳統巨流在明末掀起的一波浪
頭。

　　屈大均曾經自述主辦西園詩社的原由是：

> 自申、酉變亂以來，士多哀怨，有鬱難宣，既皆以蜚遁為懷，
> 不復從事於舉業，於是祖述風騷，流連八代，有所感觸，一一
> 見諸詩歌。故予嘗與同里諸子為西園詩社，以追先達。[82]

　　其中雖然有所謂「祖述風騷」，但是對於明末遺民而言，隱居不臣
的背後所難以宣洩的亡國怨懣，似乎唯有楚騷方能表達得淋漓盡致，
不但屈大均自稱「騷餘」，「為騷聖堂祀屈原」，且「為詩原本三閭」，[83]
另外像是吳炎等主盟，而後來歸莊、顧炎武、朱鶴齡諸人亦參與的驚隱
詩社，也排定「歲於五月五日祀三閭大夫，九月九日祀陶徵士，同社纍
至，咸紀以詩」。[84] 然而，悽楚鬱結之音並不必產生於亡國之後，自萬

82　引自屈大均《廣東新語・詩語》卷 12（廣州：廣東人民，1991），頁 317。

83　見《勝朝粵東遺民錄》卷 1，頁 26-29。

84　引自楊鳳苞〈書南山草堂遺集後〉，《秋室集》（清光緒間湖城義塾刊本）卷 2，頁
　　16a；關於驚隱詩社始末，請參見謝國禎〈大江南北諸社〉，《明清之際黨社運動
　　考》，頁 208-213。

曆、天啟兩朝的主荒臣怠、財匱民饑，加上遼陽狼煙瀰漫，毅宗即位雖誅殺魏忠賢、客氏等，力圖振作內外，然而，就像〈大哀賦〉所論「兵由積弱，政以賄崇，敝簞不能止宣房之決，勺水安得熄驪山之火」，[85] 崇禎朝廷終於步上亡國之途。[86] 親歷這三朝亂象，明末士子文人的效騷命篇早在亡國之前即已成形。

　　當然，任何一種文體的風行必經大量創作，當時以復古為號召的復社、幾社等文社的推波助瀾功不可沒。[87] 雖然在明清易代之前，文社活動主要為應制服務，但是詩酒酬唱之間，興發吟詠自然不局限於制舉課業。像陳子龍自撰《年譜》於崇禎五年說到：「集同郡諸子治古文辭益盛，率限日程課，今日所傳壬申文選是也」，[88] 而《壬申文選》[89] 乃仿《昭明文選》體例，總包有韻之文與無韻之筆，而以賦、騷居各種文類之首。姚希孟於《壬申文選》序中描述幾社諸子「心古人之心，學古人之學，糾集同好，約法三章，月有社，社有課，仿梁園、鄴下之集，按蘭亭、金谷之規」，[90] 可見《壬申文選》中濃厚的文學創作興味。而在編選凡例中，臥子又說到「怨誹不怒，風謠所興，感物悼時，豈能無慨。……托美人於君王，寄良媒於哲輔，淫思怨感，實始風騷」，因此諸子作品之託情言志，既承襲經典，自不應受到猜疑與譏諷；[91] 由此可

85　此二句引自〈大哀賦〉針對崇禎朝無法挽救危亡的論述，《夏完淳集箋校》卷1，頁8。
86　關於萬曆以來的朝政亂象，請參考孟森《明代史》（臺北：國立編譯館主編，華香園印行，1993），第七、八兩章。
87　關於明末文社的復古運動，請詳參廖可斌《復古派與明代文學思潮》（臺北：文津，1994），第十六章〈復古運動第三次高潮的文學理論與詩文創作〉；孫立《明末清初詩論研究》（廣州：廣東高等教育，1999），第二章〈晚明社事與文社諸子的興復古學〉。
88　引自施蟄存、馬祖熙標校《陳子龍詩集》附錄二（上海：上海古籍，1983），頁647。
89　見中國科學院圖書館藏《幾社壬申合稿》（北京：北京，四庫禁燬書叢刊34冊，2000）。
90　同前註，頁485。
91　同前註，頁489。

見明末文社的創作活動因為復古而能純熟運用傳統比興諷諭的書寫程式。在《壬申文選》卷四所收十一首「騷」中，除〈訟魃〉（陳子龍、朱灝、周立勳）哀江南之苦旱及〈閔奄〉（陳子龍）、〈哀謝〉（周立勳）之傷悼友人潘桓，其餘如〈天問〉（李雯）與屈原同題、〈反招隱〉（顏開雍）取淮南小山〈招隱士〉而反之，[92]〈眾薆〉（陳子龍、李雯、周立勳）、〈初服〉（顏開雍）則語出〈離騷〉，顯然是有意步趨承襲。陳子龍〈眾薆〉前有序曰：

> 騷云：「何瓊珮之偃蹇兮，眾薆然而蔽之」，悲賢人去國也。[93]

至於「初服」即〈離騷〉所謂「進不入以離尤兮，退將復修吾初服。製芰荷以為衣兮，集芙蓉以為裳」，[94] 亦即賢人受讒見蔽，不得施用，仍將秉心持志，不改初衷。這些作品固然難與時事一一對應，然而文體形式本身就是一種觀點論述，香草美人的描繪、眾濁獨清的幽怨，已經是知識分子歷來熟知且彼此分享的文本環境，這個環境可以超越時、空區限，而成為隨時可以被召喚的集體意識與可以被追憶的文化氛圍。

　　這種親近楚騷的書寫，同樣也表現在復社文人如吳應箕、方以智的作品中。[95] 吳應箕曾經自謂：「予早嗜賦而未嘗為然，不讀漢以下賦。昔人云漢無騷而有賦，騷不可再也，則近騷者猶漢賦耳」，[96] 換言之，即使作賦，也是以「近騷」的心情為之。因此，例如〈弔忠賦〉，「弔天啟時死奄禍諸臣」，就描繪當時朝中黑白混淆，如同：

92　《楚辭章句》卷 12「招隱士者，淮南小山之所作也。……或稱小山或稱大山，其義猶詩有小雅、大雅也。小山之徒閔傷屈原，……故做招隱士之賦，以章其志也」，頁 325。

93　《幾社壬申合稿》卷 4，頁 573。

94　「眾薆」句見《楚辭章句》卷 1，頁 60-61；「初服」句見《楚辭章句》卷 1，頁 37。

95　關於吳應箕、方以智在復社的活動，請參考《明清之際黨社運動考》〈八、復社始末〉下，頁 172-186。

96　引自吳應箕「賦」下題記，《樓山堂集》卷 20（北京：北京，四庫禁燬書叢刊 11 冊，2000），頁 491。

斥鳳凰以為梟，指麒麟而曰獍。夷惠為跖，逢干則佞。翊東朝
者窮奇，阿後宮者秉正。[97]

這就像屈原〈九章‧懷沙〉所謂「鳳凰在笯兮，雞鶩翔舞。同揉玉石
兮，一概而相量」，[98] 如此顛倒賢愚的比喻，後來成為擬騷作品必備的語
碼，像是「使麒驥可得系而羈兮，豈云異夫犬羊？……橫江湖之鱣鯨
兮，固將制於螻蟻」（賈誼〈弔屈原文〉），[99] 或者「驥垂兩耳兮，中坂蹉
跎；蹇驢服駕兮，無用日多」（王褒〈九懷‧株昭〉）[100] 等，這自然是忠
臣失志不遇最關鍵性的痛苦。但是吳應箕認為「世無常治，而士有恆
期」，[101] 尤其遭遇亂世，猶能不欺不貳，正是天啟年間蒙難諸臣最值得敬
佩的地方，所以崇禎十一年，次尾在南京代表復社名士起草〈留都防亂
公揭〉，即以東林遺孤、天啟被難諸家為首，公然聲討阮大鋮。[102] 崇禎
十二年秋後被放，溯流東歸，作〈述歸賦〉，雖然舉試不利，他仍如此
自我期許：

恥反志以干進兮，信被褐之可娛。欣聖人之再造兮，亶誼舒之
志申。媒阻絕而不通兮，羞理弱之自陳。……予固珍吾鼎而自
愛兮，抑何待素絲之紛紜。扣天閽而宮宮兮，捫白雲之磅礡。
進不入以邅迴兮，退予將覽乎遐荒。……事有感而難忘兮，學
有屬而如磨。敦予志之匪懈兮，將千秋百世其如何。[103]

這段文字裡捫天閽、理弱媒拙的敘述，正出自〈離騷〉著名的三段
求女故事之前後。屈原既感歎世俗昏濁，於是乘風駕雲，往觀四方，但

97　同前註，頁 492。
98　引自《楚辭章句》卷 4，頁 182-183。
99　引自李善註《昭明文選》卷 60（臺北：河洛，1975），頁 1303-1304。
100　引自《楚辭章句》卷 15，頁 404。
101　引自《樓山堂集‧弔忠賦》，頁 493。
102　參見《明清之際黨社運動考》〈八‧復社始末〉下，頁 179-184。
103　引自《樓山堂集》卷 20，頁 493。

是「吾令帝閽開關兮，倚閶闔而望予」，上天並不可行，於是往聘「下
女」，然宓妃「信美而無禮」，有娀之佚女則「猶豫而狐疑」，最後有
虞之二姚是「理弱而媒拙兮，恐導言之不固」。這上（天）下（地）求
索的失敗，其實正為了喻示「閨中既邃遠兮，哲王又不寤」的最終遺
憾。104 楚騷以下，利用這個求索歷程來比喻平生的志業追求，有如張衡
〈思玄賦〉「載太華之玉女兮，召洛浦之宓妃。……雖色艷而賂美兮，
志浩蕩而不嘉。……叫帝閽使闢扉兮，覿天皇於瓊宮。……惟盤逸之
無斁兮，懼樂往而哀來」，透露歷程中的憂疑不定；105 阮籍〈大人先生
傳〉「掃紫宮而陳席兮，坐帝室而忽會酬。……心往而忘反，慮大而志
矜。……召大幽之玉女兮，接上王之美人。體雲氣之迴暢兮，服太輕之
淑真」則對比於世俗的鄙瑣憔悴，106 而吳應箕用以比喻科考失利，並反
襯一己仍將力學不輟、自愛自重的初志。

　　如此熟悉且自如地運用楚騷典式，在方以智的〈九將〉、〈激楚〉中
表現得更明顯。〈九將〉自序 107 裡先談到「屈平作九歌、九章，以傷悼
反覆」，接著列舉宋玉〈九辯〉、東方朔〈七諫〉、王褒〈九懷〉等，大
抵都是悲憐屈原見放自沉而作，而針對後代這些大量的擬作，方以智認
為正可以「讚賢以輔志」，也就是那不只是一個文學現象，而且是一個
可以砥礪共勉的社會現象，其中傳達的是一個亙古共通而不只是關涉屈
原個人的主題。〈九將〉自序因此這麼說：

> 余素好其辭，間作九將，以攄吾所怨結耳。邃古如茲，欲發
> 憤，其不得志，往往然也。豈必顑怒椒蘭之譖，哀南郢之靈修
> 乎。憂心京京，亦孔之將，且因此以將之矣。108

---

104 引自《楚辭章句》卷 1，頁 49-55。
105 引自張震澤《張衡詩文集校注》（上海：上海古籍，1986），頁 224、230。
106 引自陳伯君《阮籍集校注》（北京：中華，1987），頁 181。
107 引自方以智《浮山文集》前編卷 1（北京：北京，四庫禁燬書叢刊 113 冊，
　　2000），頁 465。
108 同前註。

換言之，「發憤而不得志」的士人心境，就與楚騷的書寫形式相互結
合，而歷代擬作是透過這個典式反覆吟詠出的連綿不已的怨結憂心。
當時有蘇桓為其序，就認為宋玉、景差以降，續離騷者七人，而密之此
作亦足以列刻《楚辭》中而傳之；而屈原作〈離騷〉是因為「不得於
君」，而「續者又託古之不得於君者，以發憤其志」，並以當時不得所
遇、抑鬱牢騷之士人比比皆是，「密特進其詞意於離騷之間，以自勗焉
已矣」，「玩詠其詞，則亦可惻然而悲矣」。[109] 由蘇桓〈九將〉序，可見
當時楚騷的書寫與詮釋都已經成為知識分子之間普遍的共識，並且透過
書寫或詮釋行動直接參與自己於這個傳統典律的流脈之中。至於〈激
楚〉，乃因父方孔炤蒙冤下獄而作。孔炤於崇禎十一年巡撫湖廣，擊賊
平亂，八戰八捷，後因孔炤安撫的主張不同於總理軍事的楊嗣昌，而且
合擊必敗又為其所言中，嗣昌惱羞成怒遂因敗事獨劾孔炤。[110] 〈激楚〉
因此不但是為父而作，同時也自敘人生不幸、感歎世道不平，如文末假
借他人提出教諭，曰：

> 爾勿以詩書為足徵兮，何為出不得於時也？爾勿以朋友為足
> 信兮，緩急奚為而辭也？吾家世有隱德為昭認兮，自斷事而監
> 其忠。今披闇而茹肝兮，上帝方隮而。世已亂而卒瘁兮，念爾
> 之材宜坎坷。……驚竄兮泣而歌曰：泣已盡兮，歌不得聲。
> 風颯颯兮，夜不得明。天道其終無信兮，吾不知古之人何以為
> 生？[111]

〈激楚〉一文同樣引起許多同情共感，如宋玫序以「激楚推於先世，指
信天道，怨問古人何以為生，是誠孝子之言哉，是誠忠臣之志哉」，[112]
徐燿也認為屈平「傷君之信讒而作離騷，是以忠成文」，而密之〈激楚〉

---

109 引自《浮山文集》前編卷1，蘇桓〈九將〉序，頁464-465。
110 參見《明史・孔炤傳》卷260（臺北：鼎文，1979），頁6744-6745。
111 引自《浮山文集》前編卷4，頁571。
112 引自《浮山文集》前編卷4，宋玫〈激楚〉序，頁513。

則「以孝成文」，「而忠兼之矣」。[113] 至於黃景昉誌於崇禎辛巳（十四年）的序文更直言密之「善楚聲，蓋亦性近之矣」，並說明〈激楚〉篇旨及風格：

> 直以家難未平，國威方震，庶幾借孝子履霜之操，一伸其羈
> 臣、罪帥、棄友、怨婦壹鬱無聊賴之感。說在乎，女娟氏之
> 歌，河激也，觀其攘袂操檝、凌波浪、狎蛟龍，倡為禱福恕醉
> 之詠，雖偏主未免神動，矧天日赫然者乎？[114]

顯然，在明末國禍家難之際，狷直激切的楚聲騷體適足以成為羈臣、罪帥、棄友、怨婦發憤抒怨的論述形式，而造就當時一股兼具社會與政治意義的文學書寫風潮。

這樣一種論述「哀怨」的風氣，自然在南都覆亡以後達到高峰。夏完淳賦名「大哀」揭示不同於常情的沉痛；尤其夏完淳於北騎陷南都後，先後入吳志葵與吳易軍中，經歷抗清戰事的慘烈敗退，目睹忠臣烈士的捨身殉死，也見證國破家亡、大勢已去的最後結局，而賦文中出現直接假借楚騷篇名的兩段文字，正在兩次義旅敗戰之後：

> 國殤悲而陰雨深，戰鬼哭而愁飆厲。煙草依然，江湖如是。義
> 魄歸來，靈風涕泗。……禮魂兮春蘭秋菊，弔古兮山高水長。
> 悴瓊枝而無色，零瑤草兮不芳。

> 三戶亡秦之讖，九歌哀郢之篇。……煙斷營門之柳，雙凋幕府
> 之蓮。國亡家破，軍敗身全。招魂而湘江有淚，從軍而蜀國無
> 弦。哀哉欲絕，已矣何言。[115]

〈國殤〉、〈禮魂〉哀戰死兵將，〈招魂〉句尤其藉賈誼過湘水弔屈原一事

---

113 引自《浮山文集》前編卷 4，徐耀〈激楚〉序，頁 513-514。
114 引自《浮山文集》前編卷 4，黃景昉〈激楚〉序，頁 513。
115 分見《夏完淳集箋校》卷 1，頁 19、22。

來悼念交誼深厚的吳易；[116]而〈九歌〉、〈哀郢〉則用以感歎國亡家破、亡命江湖的悲哀了。[117]夏完淳熟悉楚騷書寫模式可由其騷體之〈九哀〉、〈招魂〉與仿擬騷情的〈端午賦〉、〈湘巫賦〉等明顯看出，尤其被認為可能作於南京淪亡後的〈九哀〉，[118]承襲〈九章〉、〈九歌〉以來纏綿往復的論述典式，融合家國之悲於失志不遇的「哀怨」論述中。如「南浦」一節云「南浦泛兮帆檣集，長劍斷兮寶刀澀。天策隱兮旄頭急，玉冕裂兮錦裘失。胡笳動兮樓船敗，從魚龍兮沉江海」，哀吳易軍敗；「王孫」一節曰「余將排閶闔兮入帝所，告天皇兮玄之圃。左玄螭兮右蒼虎，射旄頭兮於北街乎飲羽，無使王孫兮久荼苦」，則向天宣誓抗清復仇的壯志。[119]至於所謂「橫四海兮皆狂，髮斯披兮衽斯左」（「結玉芝」）；「彼眾鳥兮安翔，獨孤鳳兮遑遑。……哀美人兮既亡，彼蚩蚩兮為朋」（「雲中遊」）；以及「東望首陽兮有蕨復有薇，玄馬黃兮僕苦飢，橫絕四海兮將何依」（「望首陽」），[120]更層次地描述國族存亡危急之秋，眾人依舊渾噩黨私，唯有自己悵望江河，終將依歸首陽。換言之，在哀痛之餘，〈九哀〉其實也透露孤臣無力回天的憤慨，那憤慨自屈原以來最典型的描寫正是著重群己關係（包括君臣、僚屬之間）的不協調（如賢愚、忠奸）所激生的怨懟；對照〈大哀賦〉，夏完淳標揭「追原禍始」，歷數萬曆以降的朝政亂象，尤其針對弘光朝曰：

> 而乃東昏侯之失德，蒼梧王之不君。玉兒寵金蓮之步，麗華長玉樹之淫。……冠蓋之銀青俱滿，朝堂之銅臭相因。但知安石

116 此句解釋參考白堅箋註，見前註，頁 23。
117 〈九歌〉其實包括〈國殤〉、〈禮魂〉，此處分別言之，蓋以〈九歌〉乃屈原放逐沅湘、流離竄伏之作，以配〈哀郢〉國亡家破之遭遇；見《楚辭章句》卷 2，〈九歌〉章句序，頁 80。
118 馬積高認為「存古還有騷體〈九哀〉，也應是南京破後所作。其中充滿了亡國破家的悲憤……」，馬積高《賦史》（上海：上海古籍，1987），頁 565。
119 這兩節主旨的解釋，參考馬積高先生說法，同前註。
120 夏完淳〈九哀〉，引自《夏完淳集箋校》卷 1，頁 51-57。

之賭墅，何止元規之避塵。……寧右則孔愉江總，閫外則祖約
王敦。將相皆更始之羊胄，衣冠多南渡之雁民。宜其及矣，況
有強鄰。[121]

　　一方面假南朝的昏君廢帝暗示君王無道，一方面以東晉以來的叛將狎客
暗喻朝臣無德；這君不君、臣不臣的危國亂象，就是出自屈原反覆陳述
的「哲王又不寤」、「惟此黨人其獨異」的書寫模式。[122]

　　班固於〈離騷〉序說到：「今若屈原露才揚己，競乎危國群小之
間，以離讒賊。然責數懷王，怨惡椒蘭，愁神苦思，強非其人，忿懟不
容，沉江而死，亦貶潔狂狷景行之士」，[123] 這段話除了批評屈原怨惡君
主、群僚的表現，還追究根本原由在於屈原的「露才揚己」；換言之，
楚騷的話語雖然表現為對於君王的勸諫或對於社群的訓誡，但是自我
表現——包括家世身分，及其無法充分發展與獲得安頓，其實更是「哀
怨」論述的核心。最明顯的例證是〈離騷〉全篇以大段的「自敘」發
端，上陳氏族與楚王共祖，下列祖考以世德自期，透過宗國、世系的
脈絡來安頓自我認同，對比於後文的被讒見逐，有一種自重自傲的端
嚴意氣。在「哀江南」系列裡，也繼承了類似的論述方式。庾信自比
江陵亡後，如「傅燮之但悲身世，無處求生；袁安之每念王室，自然
流涕」，而接下來馬上談到桓譚、杜預咸著書「自序」，而潘岳、陸機
能「述家風」、「陳世德」；顯然「悲身世」、「念王室」雖相對為言，但
庾信作〈哀江南賦〉最主要是寄寓身世感慨於王室亂亡之中。[124] 所以，

---

121 引自《夏完淳集箋校》卷 1，頁 14。
122 引自《楚辭章句·離騷》卷 1，頁 55、57。
123 引自《楚辭章句》卷 3 所附，頁 146-147。
124 以上皆引自〈哀江南賦〉序，參見《庾子山集注》卷 2，頁 1b-2a。又魏晉南朝述
　　祖德家風之作大量出現，自然有其重視門第的時代背景，可參考錢穆〈略論魏晉
　　南北朝學術文化與當時門第的關係〉三，收入氏著《中國學術思想史論叢》（臺
　　北：東大，1977），頁 168-173；然而由〈離騷〉的自敘可見，在祖考世系中建立
　　的自我認同，早在書寫體系中發端，不必遲至魏晉。

賦文起首也以「我之掌庾承周」乃「以世功而為族」、「用論道而當官」開啟下文鋪陳先祖播遷、祖考貞德，乃至於蘭成自己於梁時聲名早著的描述；[125] 其後，信奔江陵，遭逢父喪，感歎「昔四世而無慚，今七葉而始落」，賦文最後追憶平生，由庾滔時遭永嘉之亂播遷江南，再次說到「泊余身而七葉」，因身仕北朝，「又遭時而北遷」。[126] 可見，在世變國亡的大環境中，庾信對於無法光大家門、護衛親族的深刻自責仍無一時忘卻。而仿擬〈哀江南賦〉的〈大哀賦〉雖然沒有在賦文伊始先自我標美，但是也同樣以「哀哉自悼」[127] 的心情書寫家國之悲。所以序文有「余使成童，便膺多難」，吐露揭竿起義的征戰艱苦，至於「先君絕命」、「慈母披緇」自憐羈孤薄命，漂泊無家；[128] 賦文最後一段也自述：

> 余草木門庭，旂常家世。家淑人黃鵠之悲，先文忠白虹之氣。
> 非無德曜之妻，尚有文姬之姊。衣冠連於杜曲，姓氏通夫槐
> 里。寄食無鄉，望塵有地。[129]

對照末尾夏完淳仍不放棄枕戈復明的慷慨孤忠，兩處門庭自述格外顯得真摯親近；換言之，作為烈士的夏完淳在自表孤忠的憤懟之外，也部分轉化了自美自重的「露才揚己」的屈騷模式，更增添子遺之人死生契闊、變故相繼的幽怨淒涼。同作於丙戌（1646）年而稍早於〈大哀賦〉的〈端午賦〉，[130] 即因佳節而反襯喪父的大慟，也將屈原投江的悲壯化為哀怨的招魂：

125　參見《庾子山集注》卷 2，頁 5a-7b。
126　分別引自《庾子山集注》卷 2，頁 19b、30b。
127　〈大哀賦〉自序「已矣何言，哀哉自悼」，引自《夏完淳集箋校》卷 1，頁 2。
128　同前註，頁 1。
129　引自《夏完淳集箋校》卷 1，頁 25。
130　〈大哀賦〉敍述兩次起義——從吳志葵與吳易軍，並哀悼吳易之死，吳易就義於丙
　　　戌六月，可見〈端午賦〉或作於允彝死（1645）後第一個端午，而〈大哀賦〉書
　　　寫時間略後。參考白堅箋註《夏完淳集箋校》卷 1，頁 2、23、46。

愁中風俗，夢裡歲時。……今年之朱索空纏，去歲之赤符
已破。蘭非可浴之湯，艾無可懸之戶。蕭條佳節，慘澹餘
生。……興懷抱石之貞，未遂投江之孝。……嗚呼，三廢有
恨，百贖何身。雖年年而祭屆，或處處而祠陳。魂歸來兮未
定，哀江南兮幾人。[131]

當時幾社諸子之一的李雯曾認為「古之善言怨者，三百篇而後，僅見離
騷」，可見「怨之難言」，而存古「忠孝性成，纏綿懇摯，遭時喪亂，
未及終、賈之年，殉身家國，若此者，可以怨矣」；[132] 這段話附於〈怨曉
月賦〉之後，舒章自然是將美人閨怨比作孤臣悲心，雖然偏重惋惜夏完
淳之少年早夭，忠孝而不假年，但是總論夏完淳於喪亂之際，猶有「纏
綿懇摯」宛若騷情離憂的賦作，可見無論直抒（如〈大哀賦〉或〈端午
賦〉）或借喻（如〈湘巫賦〉、〈怨曉月賦〉），[133] 夏完淳的書寫話語在當時
都已經被認同是可以進入〈離騷〉哀怨論述的經典傳統中。

何處是乾淨之地

　　當某些人物事典或一種古典文體形式在特定時期重新被使用，而
且引起反覆的仿擬與詮釋，這時候在這個相關範圍內的書寫就不再是純
粹個人的隨興抒發，反而成為一種尋求認同的集體行動；典故與體式就
如同一種成員標誌，歷代的書寫者在此談論著彼此可以理解、領會的話

---

131 引自《夏完淳集箋校》卷 1，頁 46。
132 引自莊師洛《夏節愍公全集・怨曉月賦》後附「李雯云」，卷 2（臺北：華文，叢
　　書彙編第一編之二，1970），頁 79。
133 白堅認為如〈怨曉月賦〉、〈湘巫賦〉皆早期之作，見《夏完淳集箋校》卷 1，頁
　　40、48；然而又以寫孤雁離思的〈夜亭度雁賦〉為「乙酉國難後流離漂泊中作」，
　　並無確切證據。所以像許結、郭維森《中國辭賦發展史》就認為〈怨曉月賦〉也
　　可能是舉義抗清期間，夏完淳模擬妻子錢秦篆口吻之作。參見許結、郭維森《中
　　國辭賦發展史》（南京：江蘇教育，1996），頁 748。

題，而形成可以依賴、也可以期待的文學傳統。說它可以依賴，是因為熟悉其中比喻寄託的方式，透過挪借與轉化得以穩妥地表情達意；說它可以期待，是因為書寫成為一種照面會心的方式，隱藏在典故或體式下的用心，尋求彷彿知音的共鳴來完成自我詮釋。

　　從「哀江南」擴大為楚騷系列，明清之際的遺民在參與這個體系的寫作時，就像是不時歸返的回音，在這個融合放逐之苦與鄉關之思、失志之怨與亡國之悲的文體典式中，敲扣自我安置的音聲。[134] 譬如入清後屏居著述的朱鶴齡 [135] 所作〈枯橘賦〉，[136] 原是借用屈原〈橘頌〉「受命不遷，生南國兮」[137] 的獨立壹志的寓意，而進一步從即使已是離披的枯枝，也不願轉徙北遷來暗喻不願屈附清廷的志節。其中描述橘樹凋萎乃由於節氣更改，就像：

> 漢上苑之玉樹，既失青蔥；楚三閭之木蘭，俄成萎絕。晨曦照耀，欲雕飾以無能；暮雨低垂，訝芳菲之頓輟。嗚呼，半死嗟桐，先伐歎桂。昔日婆娑，今日憔悴。

這是藉花樹之萎絕比喻朝代嬗替、物故事遷的滄桑世局，尤其「半死嗟桐，先伐歎桂」句，明顯出自庾信〈枯樹賦〉所謂「桂何事而銷亡，桐何為而半折」，[138] 桂樹典出漢武帝悼李夫人辭「桂枝落而銷亡」，桐樹出自枚乘〈七發〉「龍門之桐高百尺而無枝，其樹半死半生」，[139] 是由桂

---

134 本人指導博士生王學玲針對明清之際模擬屈原〈九歌〉、〈九章〉等以「九」名篇的賦作，如何挪用、轉化屈原形象（由竭忠殉國至於歸鄉行孝）來開解自我的身分認同，有詳細描述。王學玲撰〈明清之際辭賦書寫中的身分認同〉（臺北縣新莊市：輔仁大學中國文學所，2001）第四章。

135《清史稿‧儒林》朱鶴齡傳，卷 480：「鼎革後屏居著述」，頁 13-24。

136〈枯橘賦〉引自朱鶴齡《愚菴小集》下，卷 1（上海：上海古籍，清人別集叢刊，1979），頁 12a-13b。

137 屈原〈橘頌〉曰：「后皇嘉樹橘徠服兮，受命不遷生南國兮。……獨立不遷豈不可喜兮，深固難廓其無求兮……」，引自《楚辭章句》卷 4，頁 197-199。

138 引自《庾子山集注》卷 1，頁 17a。

139 參見倪註，同前註，頁 17a。

之銷亡進而凸顯半死之桐，雖然外表依舊，也已憔悴欲絕。[140] 朱鶴齡是「寧就槁而不辭（別故土）」，抱持生死以之的態度回應屈原〈橘頌〉「忠臣生死依於宗國」[141] 的心志；而不至於像庾信流落異域、轉仕北朝，有「拔本」垂淚、「傷根」瀝血的離別飄零。[142]

　　然而，一旦鼎革之後，南國、北地皆屬清之領域，拔本、傷根之痛必然無法避免，這時候，「懷南」毋寧就成為一種心靈的歸宿，尤其是挪借楚聲騷情所依傍的文化原鄉。明亡後與沈壽民、巢鳴盛並稱「海內三遺民」[143] 的徐枋曾作〈鷦鵠賦〉，[144] 以「飛必南翔，集必南首」，故「亦名懷南」的鷦鵠鳥，寓託不移之節。其中說到「天地橫流，江河鼎沸」之後，「橘既變枳，荃亦為茆。軑不指佞，松不後凋……」，描繪出忠佞不分、良窳不辨的亂世景象，唯有鷦鵠「矢心無負」：

> 既九死而無悔，亦百折而不傾。江河之瀾既狂，而不能沉淫于弱羽；天地之醉未醒，而不能迷惑于微禽。豈燕尾之剪漢，胡鶉首之屬禽。若夫執珪越吟，泠人楚音，一縈欷而激響，一撫操而流聲。舊鄉悲于疾首，故國愴其傷心。

　　徐枋之九死無悔，正如屈原「亦余心之所善兮，雖九死其猶未悔」，[145] 而所謂「天地之醉未醒」、「胡鶉首之屬秦」，正是出自庾信〈哀江南賦〉「以鶉首而賜秦，天何為而此醉」，[146] 其中的亡國之悲憤與孑遺之貞心，藉諸楚音越吟益顯悽愴。於是後文再次強調，不論逃隱之節

---

140 楊儒賓〈龍門之桐半死半生〉一文中，特別提舉庾信晚年作品最常出現的植物意象，就是「梧桐」，都意指「其樹半死半生」，見頁58、63。
141 語出王夫之《楚辭通釋・橘頌》卷4，《船山全書》第14冊，頁335。
142 〈枯樹賦〉曰：「若乃山河阻絕，飄零離別，拔本垂淚，傷根瀝血」，引自《庾子山集注》卷1，頁18b。
143 參見《清史稿・遺逸》徐枋傳，卷501，頁13847。
144 引自徐枋《居易堂集》卷16（臺北：臺灣商務，四部叢刊本，1975），頁5b-8a。
145 引自《楚辭章句・離騷》卷1，頁33。
146 引自《庾子山集注》卷2，頁30a。

士或絕國之羈臣，皆不向清廷[147]而懷乎南裔；而所謂「南裔」，或即是「稅衡浦之蘭林，憩湘潭之蕙畝」，或是「翔乎禮樂之林，集乎冠裳之藪」，為了追索這藉由香草眾芳比擬的有道治世，文末還雜用「兮」字句加以描述：

> 于是探禹穴于會稽，弔重華于蒼梧。帝子去兮不返，神女降兮焉如。翔千仞兮萬里，渡三湘兮九疑。乃始精衛填海，子規望帝，揮魯陽之戈，回義和之馭。[148]麗杲杲于中天，去漫漫之長夜。于時而暢但南之芳聲，畢懷南之洪緒。

這段文字形似屈原所謂「濟沅湘以南征兮，就重華而陳詞」、「朝發軔於蒼梧兮，夕余至乎懸圃」，以及「吾令義和弭節兮，望崦嵫而勿迫」，[149]「帝子降兮北渚，目眇眇兮愁予」，[150]徐枋意圖效法屈原上下求索的精神，運用神話素材突破空間上的虛實限制，向虞舜陳情則貫通時間上的古今區隔；換言之，徐枋藉著化用楚騷的字句，其實聯繫起古今同一的追求，所謂「南方」，既對立於混濁的世俗，也無法對應於現實時空，反倒是具體存在於這些慣用的語詞事典、鋪寫方式所建構的體制規模中。

如果一種文體書寫也可以寄託一種志業的追求，這種文體的重要性當然就不只是修辭法則，而是可以立足立身之「地」；遺民的自我安置也由於文體傳統所累積的意義，因此有了不同於尋常的空間新意。徐枋

---

147 〈鴟鴞賦〉曰「坐不望乎淇園，身不向乎典午」，藉由後漢更始大將軍呂植兵屯淇園後降光武（卷 17，頁 654）與司馬氏篡魏立晉二事，喻己不降服於侵奪明室之清廷。
148 「魯陽」典出《淮南子・覽冥訓》卷 6「魯陽公與韓搆難，戰酣日暮，援戈而揮之，日為之反三舍」，引自劉文典《淮南鴻烈集解》卷 6（臺北：臺灣商務，1974），頁 2a。
149 以上引自《楚辭章句・離騷》卷 1，頁 47。
150 引自〈九歌・湘夫人〉《楚辭章句》卷 2，頁 91。

「隱學商山」後，時常畫墨芝以寄意，[151] 並且援引離騷香草以為比擬，如：

> 若余之所畫則商山之所采掇，離騷之所詠歎而已。黃綺遯世無悶，則采芝以療飢；三閭憤世嫉俗，則託香草以懷君子。二者吾俱有焉。癸卯秋寄跡東渚，雨中作此，不禁其撫卷太息也。[152]

> 鄭所南先生常自題其墨蘭云「淒涼如怨望」，今日有遺民，託興湘纍，思深故國，雖數語直與離騷同其哀怨。余每讀而悲之。乙巳小春，偶畫墨芝，捉筆黯然。[153]

此二題分別作於康熙二年與四年，徐枋四十二與四十四歲時，[154] 按照徐枋自己說法，自二十四歲遭家國之變後二十年，「不入城市」，這不入城的舉動，自然不僅只於個人生活方式的轉變，對於明遺民來說，還是對於城市空間所代表的行政統治權的否認，[155] 相對來說，商山及商山芝草已經成為徐枋自我放逐也自我定位的空間景物。徐枋一再強調相同於〈離騷〉之哀怨、三閭之憤悶，這是將香草所代表的楚騷寓意體系，與眼前可以采掇芝草的商山相互結合，於是不遷不徙、一意懷南的徐枋，終於有了可以安置自我的所在。徐枋喜歡將自己的墨芝與宋遺民鄭所

---

151 徐枋〈題畫芝〉云：「余隱學商山，飢同孤竹，時畫墨芝，以寄吾意」，引自《居易堂集》卷 11，頁 5a。

152 引自《居易堂集・題畫芝》卷 11，頁 7b。

153 引自《居易堂集・題畫芝》卷 11，頁 9b。

154 參見羅振玉《徐俟齋（枋）先生年譜》，收入沈雲龍選輯《明清史料彙編》（臺北：文海，1971）7 集 9 冊，頁 20-22。

155 《居易堂集》序曰：「余不佞痛遭家國之變，時年二十四，……而況世變至今四十年中，……前二十年不入城市，後二十年不出戶庭……」，序 1b-2a。又關於明遺民藉著「不入城」來表達亡國悲情，詳參王鴻泰〈流動與互動──由明清間城市生活的特性探測公眾場域的開展〉（臺北：國立臺灣大學歷史研究所博士論文，1998）第二章第一節，頁 143-152。

南 156 的墨蘭相比，還有一例，如：

> 商山紫芝，節比采薇；離騷香草，芳同蘭，此固幽人貞士之所
> 寄託者也。余山居暇日輒喜畫芝，竊自比於所南之畫蘭，……
> 或謂所南畫蘭不著地，而子必畫坡石，或此獨遜古人。夫吾之
> 所在，即乾淨土也，何為不可入畫乎？吾方笑所南之隘也。157

這裡除了屈原（〈離騷〉），徐枋還提出夷、齊不食周粟，采薇首陽以自
比，而其實伯夷的典事本來就涵括於楚騷體系之中，如「行比伯夷置以
為像兮」、158「求介子之所存兮，見伯夷之放跡」，159伯夷、叔齊的棄國遠
走、持志不改，都與屈原的心境相互應照，而這份同情共感也引發千載
之下如徐枋一般幽人貞士的共鳴。就因為在讀／寫之間不斷傳響的共
鳴，畫面上的芝草坡石固然不必即是商山芝草，比諸孤竹采薇、離騷香
草的墨芝圖，也不僅僅存在一紙畫面上；著不著地，不是有沒有山、石
可以居處或該不該居處的問題，而是一種在書寫傳統中建立的氣節的依
託、志行的知己就是可以安置自我的「乾淨土」。

　　藉由楚騷傳統做一種自我詮釋或抉擇的支援體系，在王夫之的〈章
靈賦〉也有同樣的表現。此賦描述順治九年至十年（1653）間的心境，
當時已封秦王的悍將孫可望挾永歷帝至貴州安龍，而可望分派大西軍將
領李定國入粵，克復衡陽後，曾派人力邀王夫之，王夫之既對於李定國
的所向披靡有所期待，又無法苟同於孫可望的專擅恣肆，於是作〈章靈
賦〉以梳理心緒。160 所謂「章靈」，雖然是假借兩次同樣的筮兆命題與

---

156 徐枋〈題秋林落木圖〉「昔宋之亡也，有遺民鄭所南先生，隱居不出，而常寫墨蘭
　　以寄意」，引自《居易堂集》卷 11，頁 10b。
157 引自《居易堂集‧題畫芝》卷 11，頁 6b。
158 引自〈九章‧橘頌〉，《楚辭章句》卷 4，頁 199。
159 引自〈九章‧悲回風〉，《楚辭章句》卷 4，頁 208。
160〈章靈賦〉序：「壬辰元日，筮得暌之歸妹。明年癸巳，筮復如之。時孫可望挾主
　　滇黔，有相邀赴之者。久陷異土，既已得主而死為歊，託比匪人，尤以遇巷非時
　　為戒。仰承神告，善道斯章，因賦以見」，引自《薑齋文集》卷 8，收入《船山全

意，然而全篇書寫格式仿擬〈離騷〉體式，「可以說是船山的一篇〈離騷〉」。[161] 首先以自敘發端，如同屈原一般鄭重地歷敘祖考功德、世系傳衍，並自註所以「稱引初始」，正因為「先世既以從王起家」，如今進退維谷，「懼忝爾所生」。承襲這份早在書寫體系中建立的自尊自重，面對甲申國難，王夫之自誓「情終繫主」，「死生以之」。[162] 這是一開始就確立了作為「忠臣」的自我定位，所以己丑（順治六年〔1649〕）間入桂林，依瞿式耜，任職永歷朝廷，眼見王化澄等奸佞亂政，就有「死諍」之事。[163] 王夫之《楚辭通釋》序例曾說「蔽屈子以一言曰忠」，[164] 而忠貞之臣「一以君國為心」，[165] 當然不同於漢人劉向、王逸僅以「不用見逐為怨」[166] 來理解屈原，反而是「忠言日告」，[167] 知無不為，如王夫之註釋屈原流徙於江南的〈九章〉，就屢屢用相對於巧佞之言的所謂「正諫」、「直諫」，[168] 來形容屈原扶危定傾、保全社稷的孤詣苦心。王夫之既認為

書》第 15 冊，頁 183。後潘宗洛〈船山先生傳〉、《同治衡陽縣志‧王夫之列傳》等亦載及〈章靈賦〉之寫作原由，可參考《船山全書》第 16 冊傳記之部，頁 88、109。

161 語出馬積高〈論王船山的楚辭學及其辭賦——兼論船山文學思想和創作的一個特質〉，收入湖南省社會科學院、湖南省哲學社會科學學會聯合會、湖南省船山學社編《王船山學術思想討論集》（長沙：湖南人民，1985），頁 579。

162 以上引文參見〈章靈賦〉自註文，頁 183、186。

163 〈章靈賦〉自註曰：「己丑夏，復繇間道赴闕，拜行人，雖陳力之無可致其靖共，而悲憤有懷，不能自匿，固有死諍之事」，《船山全書》第 15 冊，頁 186。又關於王夫之於永歷朝中三劾王化澄事，可參考《清史稿‧儒林》王夫之傳，卷 480，頁 13106。

164 《楚辭通釋》序例，《船山全書》第 14 冊，頁 208。

165 引自〈九章‧惜往日〉釋文，《楚辭通釋》卷 4，《船山全書》第 14 冊，頁 335。

166 引自〈九章‧思美人〉篇題釋文：「誓以必死，非婞婞抱憤，乃以己之用舍繫國之存亡，……劉向、王逸之流，惟不知此，故但以不用見逐為怨」，《楚辭通釋》卷 4，《船山全書》第 14 冊，頁 330-331。

167 王夫之〈九昭‧悼子〉自註曰：「然則忠言不用，國必危亡。……當懷王之世，日在君側，忠言日告，且熒眩於邪佞，今遠竄千里之外，君孤迷於上，更孰與詔之」，引自《薑齋文集》卷 5，收入《船山全書》第 15 冊，頁 159。

168 如「（上）既言己之正諫，可以質諸鬼神」（惜誦），「己願王察眾論以慎於舉動，故不容已於正諫」，「毒藥，攻毒之藥，喻直諫也」（抽思），分見《楚辭通釋》卷

自己與屈原是「孤心尚相彷彿」，[169] 對永曆朝中王化澄等「五虎」結奸
為患，既暗中擁戴孫可望，復讒害忠賢如金堡、嚴起恆等，自是無法容
忍，上書直諫三次，然而君王不聽，反而遭致奸臣迫害，「諫道窮矣」，
只好遯跡山林。[170] 遯於蒸原的王夫之，因此對於是否還要受邀再次入
朝，呈現糾結的思慮，所謂「徊葛荏余糾躓兮，睎余天而未可。夙延清
而飲虛兮，紛莫知余之所甫」，並自註曰：

> 當斯時也，欲留則不得乾淨之土以藏身，欲往則不忍就竊柄之
> 魁以受命，進退縈迴，誰為吾所當崇事者哉？既素秉清虛之
> 志，以內決於心，固非悠悠紛紛者能知余之所好也。[171]

就像屈原慨歎「已矣哉，國無（賢）人莫我知兮」，[172] 王夫之也認為別
人無法理解自己真正的心志。對於王夫之而言，作為南明孤臣，自當奔
赴朝廷與永曆共存亡，所以之前在三諫後離朝，他曾經自愧，即使遯跡
山林，不為降吏，空有一片忠誠，也不算是忠貞；[173] 顯然如今的猶豫不
往，已經不再停留於君臣倫理的關係，而是因為孫可望挾君專權，狐
假虎威，一旦入朝，則所託非人，因此又再次省思：「鄰化哀而狎悖能

4，《船山全書》第 14 冊，頁 300、315、316。

[169] 《楚辭通釋》序例中談到為滌除後人對屈原的誤解，因此綴〈九昭〉於卷末，雖然
時地不同，「孤心尚相彷彿」，《船山全書》第 14 冊，頁 208。

[170] 〈章靈賦〉「余姣固殉於所字兮，蒼天正余以無奔。虹奇色其眾媚兮，睽星樞以
思存」句下註曰：「時山陰虞山二相公，孤忠南濟，反蒙主疑，而朱天麟、王化
澄……流竄，猶恣奸佞得進用，結叛臣陳邦傅，下諫者金堡等於獄，幾杖殺
之。……唯余一意事主，不隨眾狂，而孤立無援，如彼何也。群姦畏死貪賂，復
陰戴孫可望，……三諫不聽，諫道窮矣。乃以並乞身，遂離行闕」，《船山全書》
第 15 冊，頁 187。

[171] 括號內文字及引文，見〈章靈賦〉，《船山全書》第 15 冊，頁 188-189。

[172] 〈離騷〉亂曰：「已矣哉，國無人莫我知兮，又何懷乎故都。既莫足與唯美政兮，
吾將從彭咸之所居」，引自《楚辭通釋》卷 1，《船山全書》第 14 冊，頁 68-69。

[173] 〈章靈賦〉自註庚寅冬（返鄉、幽居耶薑山）以來心境：「靜言自責，蓋亦志之未
充，故猶波流以有今日之生。方之古人，於斯愧也。詎云遯跡窮山，不為降吏，
遂得以天日之誠文飾，而致於貞夫之列？」，《船山全書》第 15 冊，頁 188。

兮，豈不知秋駕之可學。媒與鴆其逕搖兮，覆悔幾之先覺。夢宵征之輕
馳兮，畏失轡於罔浹」，[174] 並自註：

> 以今者所居非乾淨之土，所鄰而狎者皆化獸之人，則豈不欲學
> 御而得以馳驅哉？乃其或為良媒，或為毒鴆，逕雜搖搖，胥不
> 可測。既已覺其不可託，是以逗留而不往，……既已覺之，則
> 非死之恤，而失身之為憂，是以夢輕馳而終畏罔浹。[175]

毒鴆或良媒的比喻，是取自〈離騷〉「吾令鴆為媒兮，鴆告余以不好。
雄鴆之鳴逝兮，余猶惡其佻巧」，[176] 喻指阻斷君臣遇合的奸佞小人，換言
之，永歷朝廷不是一個上下一心或臣屬之間志同道合的時局；留而不往
因此不是憂心忠直而為國身亡，而是憂慮己身所修持的志節終將遭受汙
損，清入濁流，混然無別，就像屈原在〈卜居〉中向太卜鄭詹尹陳述究
竟該堅持忠貞抑或從俗順非，最後感歎「世溷濁而不清，……讒人高
張，賢士無名。吁嗟默默兮，誰知吾之廉貞」，[177] 這可以說是借用屈騷傳
統所標揭的清濁之辨。

　　然而上文所引兩段文字中，還有另一層清濁之辨，那就是重複提
及的「乾淨之土」。前述徐枋曾以志節（伯夷、屈原）所在即是「乾淨
土」，此處王夫之則是在堅持志節後，感歎「不得乾淨之土」。這「不
得」在決定「不往」之後，是保全了不與孫可望同流的清白之身（不
「失身」），但是留此清白之身於何處？舉目所見，盡皆清領，「不得乾
淨之土」，又何所安置「乾淨之身」？王夫之在此隱約透露的是比徐枋
但求方寸所安更為深層的遺民之痛；因為堅持的清白終將在無可回天
的改朝換代中徒然留下無所用武的憾恨，「乾淨之土」終成永遠無法到
達的安身之地。寫作〈章靈賦〉五年後，王夫之在《家世節錄》中後悔

174〈章靈賦〉文，同前註，頁 192。
175〈章靈賦〉自註文，同前註，頁 192。
176 引自《楚辭章句》卷 1，頁 53。
177 引自《楚辭章句》卷 6，頁 236。

庚寅在朝，為堅持忠奸之辨，三諫離朝，拂衣以遯，否則或許得以「披草凌危，以頸血效嵇侍中濺御衣，何至栖遲歧路，至於今日，求一片乾淨土以死而不得哉」。[178] 對應〈章靈賦〉自註兩度提及「乾淨之土」，後來沒有追隨李定國揮軍抗清，應該也是王夫之終身的遺憾。[179] 這樣的心境在擬〈九章〉而作的〈九昭〉中也有所謂「進不可與期兮，退不可與息。曠嘉會以韜愁兮，誰與俯而自戢」的表白，雖然從詮釋屈原的角度出發，但是也借屈原說出了自己的追悔：

> 懷王之初，信任屈子甚至，乘其時而與靳尚輩爭死生於一日，
> 事尚可為。如其不克，以身殉之可爾。投鼠忌器，而留禍本以
> 使蔓延，想屈子沉湘之日，必懷此遺憾，故為代白之。[180]

可比於上官靳尚者當然不只是孫可望一人，王夫之不僅僅為屈原、也為自己不能力盡於可為之時，感到惋惜。[181] 藉助於楚騷的遺民論述，在這裡留下一個令人惆悵嗟歎的餘音，如果屈原懷抱這個遺憾自沉，那麼在這個書寫體式建立忠貞、清潔的自我認同的王船山，因為錯失奮力一搏的時機，連求死都不得乾淨之地，的確是最能同情「三閭之志」[182] 的知音了。

---

178 〈章靈賦〉作於 1653 年，而《家世節錄》序末曰：「時永曆十有二年季秋月朔日乙未」，是作於 1658 年，引文見《薑齋文集》卷 10，《船山全書》第 15 冊，頁 219。《船山全書》所錄《薑齋文集》之〈家世節錄〉自序末尾原缺「永曆」二字，據劉毓崧〈王船山先生年譜〉補，引自《船山全書》第 16 冊，頁 207。

179 陳書良〈王船山楚辭通釋‧離騷經淺議〉亦引《家世節錄》此段話認為王夫之終身的遺憾應該包含未能跟隨李定國一事，收入《王船山學術思想討論集》（長沙：湖南人民，1985），見頁 592。

180 引自〈九昭‧申理〉最後一段註文，《薑齋文集》卷 5，《船山全書》第 15 冊，頁 150。

181 馬積高認為王夫之〈九昭‧申理〉最後一大段，是為屈原、也為南明朝中的正直之士總結出教訓，見〈論王船山的楚辭學及其辭賦〉，頁 581。

182 〈九昭〉自序末曰：「聊為九昭，以旌三閭之志」，《薑齋文集》卷 5，《船山全書》第 15 冊，頁 147。

　　由上文探討可見，在國破家亡的亂世裡，文學書寫的意義如果可能作用於當時在政治或社會上的實踐與反思，[183] 其中很重要的一個途徑是透過傳承典律，表現在仿擬體式、典事借喻這些使古典（作品）「重生」的不斷書寫與詮釋之中。典律或稱必讀經典不是因為值得保存的考古功用而具有重要性，而是在個別時空條件失去之後，仍能持續引發同情共感而顯得珍貴。藉助楚騷體系的話語論述之所以重要，正因為這些作品重塑或體現了這個中國文化固有的情志體系，傳承了這個體系中一套累積前代無數習練經驗後的表意方式（包括文體、語彙、人事典故）。《楚辭》典律因此可以在明清之際，一方面作為當時文人自我詮釋的熟悉範式，一方面承上啟下，建構出深遠的文化圖譜。

本文原發表於《清華學報》（新）31 卷 1、2 期合刊（2001 年 3 月），頁 1-36。

---

183 本文以當代的擬騷或論述「哀江南」可以作為個人身分抉擇的一種支援體系，可以成為探索時人內在思索的一個參考點；而不是可以全面解決問題的方法。而關於明清之際針對君權、忠臣等社會、政治議題的反思，當然在思想性著作裡有非常豐富的創發，可以參考熊秉真〈十七世紀中國政治思想中非傳統成分的分析〉，《近代史研究所集刊》第 15 期（1986），頁 1-31。

流亡的風景：
〈遊後樂園賦〉與朱舜水的遺民書寫

　　如果書寫活動是為了詮釋自己，那麼文體的選擇其實就是選擇表現自己的一個面向。作者不是反映環境的客觀中介，但是也無法全然主觀率意，文體是主客觀聯繫的焦點，作者從文體的程式規範、寓意形式中恍然看見被書寫出來的在世界中的自己。個別的生活遭遇透過文體的模塑，因此參與了一個累積的公共傳統；這個文體傳統累積了世代的讀／寫經驗，提供作者印證、闡發與擴大個別經驗的機會。一旦選擇某種文體，就彷如進入歷史文化的迴廊，在一種熟悉的語句格式、典事氛圍中，完成發現當下自我同時也是再現傳統的書寫活動。

　　從這個角度來看，明末朱舜水所作〈遊後樂園賦〉因此不能僅僅由主題內容說它是辭賦史上唯一遊賞異國（日本）庭園的賦篇，[1] 更進一步應該探索的是，朱舜水採用鋪寫景物的辭賦體式與當時身處環境可能形成什麼樣的相互應和，透過辭賦書寫，朱舜水在當時為自己薦介或選擇去認同一種什麼樣的人文傳統？換言之，結合文本所穿織的文體傳統與情境遭遇，才能真切體現〈遊後樂園賦〉在朱舜水流亡一生中所形成的自我詮釋。

1　許結、郭維森《中國辭賦發展史》（南京：江蘇教育，1996），頁 785。

轉換視野的流亡旅途

　　《朱舜水全集》[2] 中除了首卷收入早年詩作十五首，卷 2 辭賦僅得作於安南的〈堅確賦〉[3] 及〈遊後樂園賦〉，其餘全為答問、書啟、箴銘等應用文體。而〈堅確賦〉作於丁酉（1657）3 月為堅持不事安南的明志之作，〈遊後樂園賦〉篇首標誌遊園時間是「己酉春，三月十九日」，距離朱舜水隨鄭成功北伐失敗（1659）後流亡日本已經十年，可以說是留居日本後出現的唯一的抒情作品。關於所抒發的情志，《中國辭賦發展史》認為朱舜水在「異國景趣間，並未忘卻故國災難和人生艱難（此賦作於甲申之變翌年）」，[4] 末尾所謂「雅欲盡園林而一覽，特慮夫進退之迤邐」就是暗中披示抗清失敗而流寓日本的心情。但是這說法一方面錯置了寫作年代——將「己酉」（1669）誤認為甲申後之「乙酉」（1645），一方面對於篇末所謂「進退之迤邐」似乎也求之過深，忽略上句是「余酒力不勝，舉足躊躇」，「迤邐」極可能是模擬醉後傾倚難進之態，致無法秉燭夜遊，窮盡園林之美。

　　從朱舜水自序看來，這是己酉（日本寬文九年）三月，源光國宰相邀請已經搬至園內的「大日本史編纂所」官員及舜水一起賞櫻宴遊的盛會。[5] 序文談到：

2　本文所引用舜水作品皆引自湯壽潛刊、馬浮編《朱舜水全集》（臺北：世界，1956）。下文所引錄，皆簡稱《全集》。

3　《世說新語・識鑒》第 18 則記載「王仲祖、謝仁祖、劉真長俱至丹陽墓所省殷荊州，殊有確然之志」，徐震堮《世說新語校箋》（臺北：文史哲，1985）引《易・乾文言》曰：「遯世無悶，確乎其不可拔者」，說明殷浩隱遁之志乃堅確不移也，頁 221。朱舜水賦名「堅確」或即出自《易・乾文言》以表不仕安南之意。

4　同註一。

5　根據重森三玲《日本庭園史圖鑑》（江戶時代初期）「後樂園」目下所述，寬文元年進入光國卿修建後樂園時期，並將原本在彌生町的大日本史編纂所搬至園內，於寬文 9 年 3 月 19 日舉辦櫻花宴，朱舜水作有〈後樂園賦並序〉表示了當時的情況。見《日本庭園史圖鑑》（東京：有光社，昭和 11 年），頁 18-19。

辟公而崇折節，高貴而慮下人。事皆出於誠然，意不尚乎虛飾。[6]

這裡讚美源光國優禮賢士、厚待下屬，〈遊後樂園賦〉的寫作主旨因此是王侯宴樂群臣而臣屬歌頌主上德業的基調；而所謂「先後諸賢，徘徊瞻眺。悅目娛心，流連無已」（序文），正可見賞心悅目的遊觀之樂，才是全篇描摹的重點。如果一味從孤臣孽子的角度去比附，其實是無視於朱舜水留居日本前後時期的不同遭遇所帶來的心境變改。明永曆十三年（己亥 1659）鄭成功北伐失敗後，朱舜水復至日本，不同於前幾次是為了藉助外邦援兵以恢復明朝國力，而是熟知一時之間「聲勢不可敵，壞地不可復，敗將不可振」，留在內地只有「毀冕裂裳，髡頭束手」從清朝之俗，於是決定蹈海東渡，以全志節。[7] 當時師事舜水的安東守約及其友人，極力奔走，希望在日本鎖國時期能破例讓舜水居留。[8] 確定獲准居留長崎成為亡國遺民[9]後，〈答釋斷崖元初〉[10]敘及當時心情：「僕以中國喪亂，往來逋播，蕩搖於波濤中者十七年，去冬方得暫借一枝，棲息貴邦」，[11] 在「暫借」的前提之下，選擇流亡日本之初並沒有終老的打

6　《遊後樂園賦》並序，引自《全集》，頁 4。
7　以上敘述及引文，參考日人安積覺〈舜水先生行實〉，《全集》附錄，頁 318-320。至於鄭成功北伐失敗的原因，〈與安東守約書〉曾提及軍中「紀律未明，上情不能下究」，又「藩臺（鄭成功）似謂虜在目中，徒使英雄頓足耳」（頁六七），說明了驕縱渙散的明軍從此一蹶不振、無力回天的絕境。
8　《中國歷代思想家》（臺北：臺灣商務，1978）第 7 冊，賴橋本著《朱之瑜》敘及「日本正當鎖國時期，不許唐人留居本地」，見《中國歷代思想家》（臺北：臺灣商務，1978）第 7 冊，頁 7。〈與陳遵之書〉舜水自言「日本國之禁，三十餘年不留唐人，留弟乃異數也」，見《全集》，頁 13。
9　〈答明石源助書〉（頁 35）舜水自稱「不佞雖亡國之遺民，來此求全……」，篇中有「前年至廈門，赴國姓之召」，「赴國姓之召」為 1659 年，可見此書作於確定留居長崎後的 1661 年，而與〈答釋斷崖元初〉所述心境一致。見《全集》，頁 35。關於朱舜水事蹟及作品繫年，部分參考李甦平《朱舜水》所作「朱舜水年表」（臺北：東大，1993），頁 267-282。
10　〈答釋斷崖元初〉，引自《全集》，頁 18。
11　共「十七」年是從崇禎帝死、甲申（1644）變後於辛丑（1661）年，「去冬」獲

算，朱舜水說留寓期間只想「閉門掃跡」：[12]

> 所冀天下稍寧，遄歸敝邑，本非為昌明儒教而來。生於聖道榛
> 蕪之日，而貴國又處極重難回之勢，若以僕之荒鄙而欲倡明絕
> 學，猶以管蒯之朽索，繫萬鈞之石，垂之千仞不測之懸崖，其
> 不絕而墜者，自古及今，未之嘗聞。

幾近相同的字句又出現在後來〈答安東守約〉的書信裡，「前答他國佛
者」云云，同樣是朽索繫石必有不測之禍，同樣申明「不肖本為避難，
初非為倡明道學而來」。[13]

　　為什麼反覆申明自己沒有「倡明儒教」之意？其實留寓長崎之前，
舜水早因與長崎譯者完翁及其所引介的安東守約彼此相知相惜，而對於
儒學復興於域外有過想像。隨鄭成功北伐前一年（1658），舜水於廈門
〈答安東守約〉[14] 書中，就認為「聖賢踐履之學」在中國已是衰微之「世
季」，但是在安東守約身上卻預見「開闢而首出」的希望，所以他如此
勉勵到：

> 貴國山川降神，才賢秀出，恂恂儒雅，藹藹吉士。如此器識而
> 進於學焉，豈孔顏之獨在於中華，而堯舜之不生於絕域。

而在爭取居留或剛剛確定獲准居留的時期，否認或放棄原先有過的念
頭，除了文字兩度指出的「貴國又處極重難回之勢」，可能是針對日本

准留居長崎，即指 1660 年。參考梁啟超《朱舜水先生年譜》「庚子（永曆十四
年）」下，云「冬間，在長崎賃廡定居」引〈答釋斷崖元初書〉所附按語。見《朱
舜水先生年譜》（臺北：中華，1957 年臺一版），頁 29。
12 「閉門掃跡」是藉由無所交接傳達心繫故國的志意，《南史‧沈炯傳》載沈炯於魏
尅荊州後被擄，「以母在東，恆思歸國，恐以文才被留，閉門卻掃，無所交接」，
見《南史》卷 69（臺北：鼎文，1980），頁 1678。
13 〈答安東守約〉，引自《全集》，頁 80-81。
14 〈答安東守約〉，《全集》，頁 74-75。此信梁啟超《朱舜水先生年譜》繫於「戊戌
（永曆十二年）」下，並認為此書「表示欲昌明儒學於域外之意」，頁 22-24。

當時佛教盛行，沉錮難起，[15] 像是世俗普遍相信超度、極樂之說而與儒家講求禮法制度明顯不同以外，[16] 還有更根本的原因是一旦出奔流亡，跟隨著朝代、疆域失去的是自己原本確定的身分，與依據這個身分所規畫的人生志業。流亡者的憂憤因此是在於眼見一切逐步失去的不甘不捨與難以拉挽，這個時候任何曾經抱持的志業都成了無根空想。居留長崎第一年（辛丑 1661），舜水作〈陽九述略〉[17] 由親身經歷剖析「致虜之繇」、「虜勢」、「虜害」與「滅虜之策」，其中或是對於「莫大之罪，盡在士大夫」激切的指斥，或是對於「逆虜猖亂中華，憲綱掃地」的痛心疾首，混雜著眷戀與失落是朱舜水面對遺民身分的起伏難平。

　　然而三年後，[18] 當小宅生順欲薦舜水於水戶侯源光國，情況就有了改變。〈答小宅生順問〉中，對於講學於江戶，舜水雖然自謙「才德非薄」、堅持「不論祿而論禮」，仍憂心「貴國惑於邪教，深入骨髓，豈能一旦豁然」，[19] 但是同時所謂「（聖人之學）此事必君相極力主持之」，又「貴國主讀書好禮，雅意欲興聖人之學，必有非常之識，亦非今日可遙度也」，明顯對於儒道傳播萌生些微希望，而原本堅持「非為昌明儒教而來」的心情有了鬆動。這也可以由舜水與安東守約的書信中看出：

　　故欲圖十畝之園，抱甕灌之。在長崎輻輳之地，足以自給。

15　題〈聖像——子在川上圖〉曰：「瑜今年從交趾復來日本，得崇信仲尼者三人焉。……然其俗尚浮屠，千年沉錮，……」，《全集》，頁 280。

16　譬如後來〈答中村玄貞問〉說中國治喪，「浮屠不與」，所謂超度升天堂、不超度則沉淪地獄，皆愚弄子弟之迷信。另外如〈答橘達問〉也認為超度亡魂、早升極樂是愚弄無知。分別參見《全集》，頁 200、209。而〈答釋斷崖元初書〉也說到儒、佛之爭，「不知儒教不明，佛不可攻；儒教既明，佛不必攻，何為徒爾紛紛哉」，頁 18-19。

17　〈陽九述略〉，引自《全集》，頁 294-302。篇末自署「辛丑年六月望日明孤臣朱之瑜泣血稽顙拜述」。

18　梁啟超繫舜水與小宅生順答問書札於甲辰年（永曆 18 年，1664），見《朱舜水先生年譜》，頁 39。

19　以上分別引自《全集》，頁 204、202。

> 不佞於重門高堂，居之而無愧色，華門斗室，安焉而無戚
> 容。……灌園之舉，須江戶事成之後。[20]

「抱甕」、「灌園」皆隱居田畝、躬耕自給之意，[21] 這應是激切憤慨之後，自我調息的療傷止痛；但長崎居留不久又說灌園之舉須在「江戶事成之後」，可見舜水遺民心境的再度轉折，東行之事已然確定。

梁啟超說：「江戶禮聘，實先生（舜水）全生涯之一轉捩」，[22] 當然，會有這轉捩點與源光國本身的人品作為、對待舜水的態度都有關係。德川光國是德川家康之孫，與第三代大將軍德川家光是堂兄弟，繼承父親德川賴房之藩位，為第二代水戶侯。當時以本家親藩位居宰府，好學勤政，希望以文德治平天下。[23] 對於源光國的知遇，舜水如此說到：

> 不佞蒲柳之姿，迂拙之性，誠哉齊門之瑟也。不知何以辱水戶
> 上公知遇，事事出於純誠，雖累牘不能盡，獨愧無以報稱耳。
> 上公負特達之資，而恭儉禮下，使得為所欲為，豈惟一變至
> 魯，雖至於大道之行，亦自無難。……東土雖云荒瘠，雅不及
> 於舊邦，若果能真心為之，世無不可教化之地。[24]

源光國禮賢之純誠，由不敢稱其字「魯璵」，而再三詢問是否有庵齋之號，最後朱之瑜只好以家鄉舜水為號以方便稱呼，這件小事即可得

20　皆引自〈答安東守約書〉，《全集》，頁78、81。
21　如《莊子‧天地篇》子貢過漢陰「見一丈人，方將為圃畦，鑿隧而入井，抱甕而
　　出灌」（引自郭慶藩《莊子集釋》〔臺北：華正，1980〕，頁433）；《史記‧商君列
　　傳》趙良語商君曰：「君之危若朝露，尚將欲延年益壽乎，則何不歸十五都，灌園
　　於鄙」（引司馬遷《史記》卷68〔臺北：洪氏，1974〕，頁2235）。
22　《朱舜水先生年譜》，頁39。
23　以上關於源光國的簡介參考梁啟超《朱舜水先生年譜》「甲辰」下所述（頁39），
　　及王進祥《朱舜水評傳》第二章弟友記「七、德川光國」（臺北：臺灣商務，
　　1976），頁79。
24　引自〈答奧村庸禮〉，《全集》，頁88。

知。[25]地異俗殊而又與親友生別，源光國的敬重體己，深深感動了朱舜水；[26]到江戶第二年，寫給摯友陳遵之信中，[27]又描述了源光國如何令人信服的盛德：

> 上公乃為當今之至親尊屬，封建大國，列為三家，聖德仁武，聰明博雅，從諫弗咈，古今罕有。……上公讓國一事，為之而泯然無跡，真大手段。舊稱太伯夷齊為至德，然為之而有其跡，尚未是敵手。世人必曰古人高於今人，中國勝於外國，此是眼界逼窄，做此三家村語。若如此人君，而生於中國，而佐之以名賢碩輔，何難立致雍熙之理。……弟於如許大功名大權勢，棄之如敝屣，逃之如沒溺，豈今墓木已拱，乃思立功異域？但遭遇如此，雖分在遠人，亦樂觀其德化之成也。

在這裡朱舜水用一個非常具體的事例——如同伯夷、叔齊的讓國來說明光國卿的德行。夷齊原為孤竹君二子，因兄弟相讓不肯嗣位而相繼去國，[28]這大概是用來譬擬源光國身為幕府親藩，位居宰輔，但絲毫沒有權門專柄的非分之圖；尤其因朱舜水認為史書最能體現義理人情，[29]光國於是集合學官編修《大日本史》，貫串全編最重要的觀念就是尊王斥霸以正君臣名分。[30]但是自己就是幕府本家，不能明白倡言，因此藉

25　見〈與安東守約書〉，《全集》，頁72。

26　〈答吉弘元常〉「國變以來，倏忽分地，人情難割，……地異俗殊，唯有上公推赤心，置人腹中」，《全集》，頁66。

27　到江戶第二年（1666），源光國以舜水老病須人服事，勸其喚孫兒前來，故舜水寄書二封，其中一封即〈與陳遵之書〉，其中有「去年六月，應宰相源上公之招，來至江戶」，見《全集》，頁12-13。

28　參見《史記・伯夷列傳》卷1，頁2123。

29　〈答奧村庸禮〉「中年尚學，經義簡奧難明，讀之必生厭倦，不若讀史之為愈也。資治通鑑文義膚淺，讀之易曉，而於事情又近，日讀一卷半卷，他日於事理吻合，事情通透，必喜而好之。愈好愈有味，繇此而國語而左傳，皆史也，則義理漸通矣」，《全集》，頁87。

30　參考《朱舜水評傳》第二章「七、德川光國」，頁81。

助史書編撰體例，在《大日本史》立〈將軍傳〉，模仿世家或藩鎮列傳之例，傳播尊王思想。[31] 朱舜水認為源光國這番不露痕跡的作為，甚至比夷齊高明，換作生於中國必然成就和樂治世，足以打破今不如古、外國不如中國的世俗陋見。末尾他表明，早年三番兩次逃避明朝徵詔，棄功名如敝屣，如今為光國卿所用，其實不是垂暮之年反而專意「立功異域」，而是「樂觀其德化之成」。不願追求功名是一直以來未變的個人心志，但是，舜水在這裡明顯將文德教化置於轉化個人心志與超越國族[32]界域的地位；江戶之行的重要性也正在此，它提供一個新的相對於中國的觀看視野，足以擺脫亡國遺民後無可顧、前無可望的流亡狀態，而發現自己正參與一個連續不絕、無限擴展的文化流脈。

　　這個時候，明朝、異域或中國、日本，與朱舜水的關係有了微妙的變化。這並不是刻意選擇或放棄任何一方，而是時間在無形的關係版圖上自然琢磨出皺褶層次。對於六十歲才出奔流亡的朱舜水而言，家園故舊是憶念深處難以承受的痛處，他曾經自述這種苦痛：「今日捨置故園妻子，漂泊異鄉，古人所為舉目言笑，無與為歡者。」在獲准居留長崎至於江戶之行以前，朱舜水所以會有閉門掃跡、抱甕灌園之思，其實正是一種自苦繼而自絕於人間世的蒼涼心境。[33] 漸漸地，這種痛楚稀薄了現實質量成為心頭一抹微暈，沒有忘記但是回不去了，就像〈與陳遵之〉書最後所說：

　　此書與兄作永訣，故縷縷。至此閒暇之時，每飯心未嘗不在兄

31　此處參考黃遵憲《日本雜事詩》（廣注）「七三、愛國志士」下所引《日本國志‧國統志》及《人境廬詩草》卷三，以及黃遵憲之按語。見《日本雜事詩》（長沙：岳麓，1985），頁 669-670。

32　「國族」一詞出自舜水〈安南供役紀事〉所謂「虜氣未滅，國族難歸」，《全集》，頁 303。

33　引文出自〈答某書〉，又曰「食蔬衣敝，伶仃憔悴，廿年於外，百折不撓，自苦者何，心所為者何事？更未嘗高自標持，口舌動人，即使終留貴國，止求數畝之地，抱甕灌園，纔自給足即止，初無意於人間世」，《全集》，頁 39。梁啟超繫此書於「癸卯」（永曆 17 年〔1663〕），見《朱舜水先生年譜》，頁 38。

　　所，然今生豈能有再見之期，徒虛想耳。

再見是「虛想」，「永訣」倒成了事實，這種自覺無疑是流亡者重新看待
自己與家國之間關係的轉捩點，一路出奔到了這裡，終於要面對改朝換
代已成的定局，正式告別。

江戶後樂園：告別與轉身的出口

　　告別是一種兼具回顧與前瞻的姿態，可以平靜回望過去，正因為有
了指向未來的相對立足點；換言之，此番告別對於朱舜水的流亡而言，
彷彿是由糾纏著憂憤、蒼涼的自我陷溺中醒豁了一個出口，開始通往江
戶的另一段旅途。到己酉（1669）年以七十歲向源光國告老（雖然光
國沒有答應）、次年（庚戌）自做棺木安排後事為止的五年間，可以說
是舜水流亡路上由絕望重燃起希望、由亡國遺民至於異國重臣、由致力
傳道至於告老歸田的心境變化時期，而其中作於己酉三月的〈遊後樂園
賦〉毋寧就體現這五年間從江戶向前踏出，而逐步清晰繁盛的生命風
景。

　　現位於東京小石川的「後樂園」，[34]是從源光國父親德川賴房時代開
始興建，「當時園池既模仿清水、音羽等地的景致，並依賴房卿要求，
命名為小廬山」；賴房卿逝世後，源光國繼續修建工作，並常常在園內
舉辦詩文雅宴，又依據朱舜水的指導，加入了許多中國風味的園景，
「建築從前沒有的唐門、圓月橋、文昌堂、得仁堂」等。[35]在日本古典
園林史上，後樂園是江戶初期「大池泉、大迴遊」式諸侯庭園中建築年

34　根據《日本庭園史圖鑑》所述，後樂園歷經江戶大地震、關東大地震燒毀部分建
　　築物與樹林，加上明治年間於園內設造兵司，後又改成東京砲兵工廠，失去本園
　　東部及北部，因此今日後樂園建築是整修重建後的新貌，見《日本庭園史圖鑑》，
　　頁 21-22。
35　同前註所引書，頁 18-19。

代最早的代表典型。[36] 所謂「池泉」、「迴遊」型式是指結合舟行與步行
雙重遊賞趣味的庭園；池泉部分早從 6 世紀末（飛鳥時代）開始就受中
國秦漢神仙傳說的影響，建築蓬萊仙島作為觀賞中心，池泉周圍廣大園
林則設置許多模仿自名勝（尤其是中國名勝，如後樂園的廬山、西湖）
的縮景或亭樹，然後用許多複雜的迴遊道聯繫起這些景點。[37] 這樣一座
園林，可以近觀、遠眺，可以移步換景、可以端坐遠想，來來回回仔細
遊賞，彷彿隨時變換節奏的音樂宴饗。

　　己酉年三月十九日，〈遊後樂園賦〉在櫻花盛開的芳苑中拉開序
曲，眼前盡是麗色蔥青，一片春意喧鬧。東南入口處唐門上懸掛的匾
額，是朱舜水自己命名與題字的「後樂園」，[38] 進門之後，沿著園的南邊
蜿蜒狹長的迴廊曲徑前進，時而接上浮臥川流的長橋，時而瞥見花樹外
的田野風光，一路上枝蔓穿織，芬芳斑斕。漫步來到隱於花間水際的團
瓢亭，[39] 其中安置了平安時代末期詩人—西行的塑像，[40] 賦文這樣描述：

> 中置古騷人西行，無冬無夏，露月雲風。倚杖戴笠，端居深
> 念。沉思自得，未見推敲。一丘一壑，此子宜置是中。[41]

36　同前註，頁 22。

37　參考前註，頁 23-24，以及程里堯〈日本古典園林藝術〉，收入明文書局編輯部編
　　《中國建築史論文選輯》（臺北：明文，1973），頁 641-647。

38　根據重森三玲的考察，朱舜水的題字是由御用工人太田久藏以手工方式用金屬將
　　文字表現出來，見《日本庭園史圖鑑》，頁 24。

39　〈遊後樂園賦〉曰「卉木之叢，淵澄之際，有瓢如掌」，此句下有註文（未知是何
　　人所加）「一亭兀然，名曰團瓢」。引自《全集》，頁 4。重森三玲也談到園的南邊
　　古時有團瓢亭，《日本庭園史圖鑑》，頁 23。

40　此人原名佐藤義清（1118-1190），出家後法號西行，有《山家集》傳世，參見窪
　　田敏夫《和歌‧歌人物語》（東京：ポプラ社，昭和 41 年〔1966〕），頁 107-115。
　　另外在重森三玲對後樂園的描述中，分別談到園中有團瓢亭及西行堂（頁 18）。後
　　樂園古圖中有團瓢亭（頁 23）。相近地點則有西行堂而沒有標示團瓢亭，文末所附
　　後樂園平面圖則在西行堂下括號標示（團瓢亭）；〈遊後樂園賦〉說團瓢亭「中置
　　古騷人西行，無冬無夏」，或許說明了由於團瓢亭置西行像，導致後人改稱「西行
　　堂」。

41　引自《全集》，頁 4。馬浮本首句讀為「中置古騷人，西行無冬無夏」，顯然未知

西行原名佐藤義清，出身武士家族，二十三歲出家後雲遊四海，留下許多詩歌作品。此處舜水正是從西行既是武士又成為詩人、行僧的身分轉換，點染出神遊物我、超越世俗的人格形象；塑像置於丘壑間的簡樸小亭，正足與廟堂相遠，體現逍遙山林的姿態。[42]

　　接著順時針式的從南往西邊走，西湖、小廬山的縮景分別在左右兩邊，湖上有西湖堤，而小廬山北方有得仁堂。得仁堂祭祀太伯、夷、齊，朱舜水特別提到「龍門以冠世家列傳，元侯（光國）之志也」。《史記》以太伯與夷、齊事分為世家、列傳之首，三人皆有讓位出奔，不私天下之至德，太伯的義行甚至感動荊蠻夷族，從之來歸而立吳國。[43] 前文引舜水〈與陳遵之〉信中，讚美源光國讓國之舉較諸夷齊更為泯然無跡，所謂元侯之「志」，因此可以解釋為藉讓國之舉成就尊王一統的心願。固然關於夷齊典事，歷來還有一個更為大家熟知的後半段，是拒食周粟而餓死於首陽山；像朱舜水蹈海東渡，安東守約就以夷齊比其節義。[44] 但是針對寫作〈遊後樂園賦〉這個時期，或說是知遇於源光國以後，夷齊事典中的讓國成分就顯然比采薇或餓死來得重要。這誠然與光國卿個人德業有關，但同時對於朱舜水自己而言，是否也意味著更細膩地思索了亡國遺民的立場—在選擇為明朝殉死或倡明王道於異域（如太伯入荊蠻）之間，有了不同於世俗成見的體會。

　　遊賞活動因此在利用步履身經構畫出方向、區位之外，必然也引發神思遠想，眼與心的交遇讓外在的景觀都有了內在的寓意。在西湖邊上

「西行」乃日本古詩人法號。

42 「一丘一壑」句出自《世說新語・巧藝篇》第 12 則「顧長康畫謝幼輿在巖石裡。人問其所以，顧曰：謝云『一丘一壑，自謂過之』此子宜置丘壑中」，謝鯤語出〈品藻篇〉第 17 則，以上二則分別引自楊勇《世說新語校箋》（臺北：宏業，1976），頁 543、386。

43 《史記・太史公自序》卷 130 記「遷生龍門」（頁 3293），「龍門」指司馬遷。〈吳太伯世家〉卷 31、〈伯夷列傳〉卷 61，分見頁 1445、2123。

44 朱舜水〈答安東守約〉「忠孝事大，不佞才劣計庸，自揆初心，實多內疚。……賢契乃獨上推夷齊，下逮魯連，謂為義士，……不佞冒昧承此，罪戾轉深」，《全集》，頁 161。

聽泉弄流，一方面由西湖堤實景想到蘇公陂、召伯堂，借以期勉光國卿勤治愛民；[45] 一方面潔淨昭澈的清流，又不禁令人吟詠起「滄浪之水清兮，可以濯我纓」的孺子之歌；[46] 後來放眼整個湖面波動蕩漾的景象，前水後水滔滔滾滾，「逝者如斯夫，不捨晝夜」，舜水不禁也有「子在川上」的感歎，[47] 而所謂「汨英雄於逝波」，應該是將屆七十的舜水所以直切比諸仲尼的憂憤不平。

或許正為了解脫人世的憂愁，往北的遊賞經過「通天橋」及舜水指導下完成的「圓月橋」，[48] 陡然一意地向上攀升，高度落差所形成的豁然開朗，甚至彷彿登仙遠遊、笑傲乾坤的姿態；[49] 當園邸的千門萬戶盡收眼底，這種軒昂意氣不但一掃前文老大傷逝之感，更重要的是烘托出源光國水戶侯國的興盛規模。所謂「下瞰千門」之樂，《史記・孝武本紀》說漢武起建章宮，「度為千門萬戶」，[50] 後來在京都賦裡就成為描繪繁華宮苑的重要徵象，譬如：

> 張千門而立萬戶，順陰陽以開闔（班固〈西都賦〉）。[51]
> 閒庭詭異，門千戶萬（張衡〈西京賦〉）。[52]

都是表現重門疊戶，廣拓連綿。從現存後樂園古圖看來，舜水沿著蹬道攀登應該會連接到北邊的「愛宕阪」，[53] 從愛宕阪頂端可以俯瞰適才一路

45　召伯事出《詩經・甘棠》，蘇堤事見《宋史・蘇軾傳》，卷 338。
46　《孟子・離婁》上「有孺子之歌曰：滄浪之水清兮，可以濯我纓；滄浪之水濁兮，可以濯我足。」引自朱熹《四書集注・孟子》卷七（臺北：藝文，1980），頁 7。
47　出自《論語・子罕》，引自《四書集注・論語》卷 5，頁 5-6。
48　參考《日本庭園史圖鑑》，頁 27 的首段文字敘述及頁 26、27 附圖。
49　賦文曰：「飛雙黃鳧於木末，寄笑傲兮乾坤。重霄響答，下瞰千門，其為樂也融融，豈復有加於此者哉」，其中黃鳧雙飛或許典出王喬化物飛行的神術（參見《後漢書・方術傳》卷 82〔臺北：鼎文，1979〕，頁 2712）。
50　《史記・孝武本紀》卷 12，頁 482。
51　引自李善注《昭明文選》卷 1（臺北：河洛，1975），頁 10。
52　同前註，頁 32。
53　《日本庭園史圖鑑》，頁 23。

走過來的後樂園西南方的風光，順著阪坡下來映入眼簾的則是散布在北邊的廣大水田，前文有「縈迴鳥道，瞥見平田」，正是從南邊曲徑向北遠望阡陌。江戶時期諸侯為了讓藩士體會農家苦辛而在庭園內設置耕地的很多，後樂園的水田景象應該也有這個用意。[54] 不過，從〈遊後樂園賦〉看來，對於攀高與低降的移步換景，舜水還賦予另外一層意義：

> 既而俯憑檐際，幡爾驚疑。吾聞君子不欲多，上人跬步之不謹，不其折而難存乎？乃瞻衡宇，越郊圻，歷町畽，啟柴扉，出沒樵風之徑，長蟠釣月之磯，彷彿田家之樂矣。

此處引用《大戴禮記‧勸學》篇所謂「不積跬步，無以致千里」，[55] 強調君子必須言行謹慎，不可貪多騖遠，其實是為了調節上文意氣昂揚、笑傲天下的姿態，輔之以踏實穩妥的節度。就如蘇軾〈靈壁張氏園亭記〉所說：

> 開門而出仕，則跬步市朝之上；閉門而歸隱，則俯仰山林之下。[56]

換言之，地勢的高低方位牽動眼界意圖，同時也隱喻人世進退朝隱的分際；從得意廟堂之上，轉而自我戒慎，甚至是嚮往山林之趣，兩種不同的人生情境也體現在園林景致的規畫上。

有一點當然必須辨明，後樂園中的田野風光是諸侯庭苑的觀賞景致之一，並不同於一般絕意仕途的隱逸居所。這可以由底下的描繪與評論文字見出：

> 登其堂，磩砆尋常，互道玹珉，陸離鋪茵。五色成文而不亂，小大品第以均勻，則闞賓氍毹，璀璨奪目矣。

54　參考《日本庭園史圖鑑》，頁 27。
55　引自王聘珍《大戴禮記解詁》卷 7（臺北：漢京文化，1987），頁 133。
56　引自《蘇東坡全集》前集卷 32（臺北：河洛，1975），頁 394。

> 余覽天下名園多矣，兩都帝王之居，今姑舍是。其他多傷於
> 富貴，富貴則易俗。不者病於寒儉，寒儉則易枯。其有不肥不
> 瘠，亦精亦雅，遠近合宜，天然高下，耕稼知勤，雜作田野，
> 水流山峙，茅店瀟灑，小橋尺徑，迂迴容冶，則未有若斯之盛
> 者也。就吾遊覽之所至，斯園殆甲於天下矣。

首段文字，是描寫水田附近亭堂及通道的地面鋪砌，運用五彩繽紛、大
小均勻的玉石拼嵌而成，一眼望去就如同鋪上西域罽賓國特產的毛氈，
那樣文采亮麗。明末計成《園冶》書中曾提到砌地鋪街必須達到如同織
錦一般的效果，所謂「吟花席地，醉月鋪氈」，[57] 舜水從鋪地一事的精巧
來凸顯後樂園建造手法的細緻，另一方面似乎也透露了舜水在這個時候
具有如同名士一般講求風雅的閒逸情致，這又可以再次說明，流亡的心
情並不能以憂憤一概化約。再從所謂「罽賓氈毹」來看，《漢書·西域
傳》敘述漢代武帝時始通罽賓，其民巧，善於「織罽、刺文繡」，[58] 由此
襯托出這裡的田家風光不只是精巧，還是權貴之家才有的格局。底下的
評論因此講究在不誇炫富貴、也不刻意寒儉中求取精巧雅緻的平衡表
現；後樂園北邊的田野茅店，在舜水眼中，正是精工卻猶如天成的園林
造景。

　　從水田附近可以順著迴遊道路通往原入口處唐門的方向，這時候東
邊以池泉仙島為主體的景色成為遊賞重點。舟遊之前，先是一場山珍海
味、桂液瓊漿的豐盛宴饗，觥籌交錯漸入惝怳之境；於是登舟溯洄，繞
行蓬萊，竟彷彿有仙遊的假想。舜水這裡用「睇望丹丘」[59] 比擬池中的蓬
萊島，根據考證，此島以石為景，堆建成大龜背島的形狀，且有瀑布高

57　引自計成《園冶》卷 3「鋪地」（臺北：金楓，1987），頁 180。
58　引自《漢書·西域傳》卷 96（臺北：鼎文，1981），頁 3885。
59　《楚辭·遠遊》曰「仍羽人於丹丘兮，留不死之舊鄉」，王逸註「丹丘，晝夜常明
　　也」。引自洪興祖《楚辭補注》（臺北：大安，1995），頁 253-254。

掛，奇石險瀑令人歎為觀止。[60] 舟遊途中，舜水乘興歌詠，「戲唱吳歈以相謔」，「吳歈」出自《楚辭・招魂》「吳歈蔡謳」，[61] 左思〈吳都賦〉也提到「荊艷楚舞，吳愉越吟」，[62] 蓋指吳地歌謠。這裡朱舜水特別在吟唱之前曰「余，吳人也」，與賦文開頭謙稱自己是「異邦樗朽」，為通篇兩處表明身分之語，但都沒有標誌亡國遺民的用意；換言之，吳地對比於異邦所可能牽引的諸如孤臣之悲、流亡之痛、望鄉之情，賦文中並沒有明顯觸及。也就因此，雖然是遊賞異國庭園，但不是用以對照故國之思，甚至應該說，〈遊後樂園賦〉圓融交錯櫻花、西湖、夷齊、西行、丹丘等中、日人事風物，正顯示這時候朱舜水心中並不像初抵長崎那般「暫借一枝」的過客心態，而是可以彼此無別地融入與欣賞了。

從亡國遺民到盛世新民

如果說朱舜水作〈遊後樂園賦〉並沒有一種針對國族的價值對比的心態，也就是說他是在春日三月自然而然地流連於櫻花盛開的日本風景，在溯洄池泉絕景時自然而然地唱起家鄉吳地的歌謠；賞愛櫻花並不因故國之思而減卻興致，吟詠吳歈亦不因身處異國而扭捏變調。就是這樣一種隨興而放曠的態度，他引吭歡唱，以下是兩首中的第一首：

> 因為棹歌行曰：泉源潊潊，桂楫松桴。水安流分，橈櫂輕揉。
> 天生民而立之君，天生水而作之舟。堯與禹，憂勞天下到於
> 今，到於今，載明德也悠悠。

整首以散行又帶有「分」字句的南方風謠，運用操舟水上、君立民治的親切類比，來稱頌光國卿以天下為心的憂勞。值得注意的是，君臣宴樂

60　參考《日本庭園史圖鑑》，頁 24。

61　《楚辭補注》，頁 334。

62　引自《昭明文選》卷 5，頁 111。

中流而棹歌助興，在中國歷史上有一個很著名的例子，出現在漢武帝
〈秋風辭〉，其中抒發行幸河東，祭祀后土，與群臣泛舟汾河的歡會感
觸：63

> 秋風起兮白雲飛，草木黃落兮雁南歸。蘭有秀兮菊有芳，懷佳
> 人兮不能忘。泛樓船兮濟汾河，橫中流兮揚素波。簫鼓鳴兮發
> 櫂（同「棹」）歌，歡樂極兮哀情多。少壯幾時兮奈老何。

〈秋風辭〉最後以流水年華寄託傷逝哀情，但其實與憂生畏死相牽引的
是求才若渴的焦慮與背後建立永世帝業的雄圖。〈遊後樂園賦〉不是由
主人源光國自我抒發，而是舜水由下而上的諷頌，櫂歌的內容因此明白
直接地以盛德治績相期許。由〈秋風辭〉的「發櫂歌」來聯想〈遊後樂
園賦〉的「棹歌行」，同樣在一場君臣歡會中，舜水直接用中國文化傳
統中的盛主明君來看待水戶侯源光國。

這樣一體無別的文化視角，不但舜水即興的櫂歌可以有〈秋風辭〉
的聯想，甚至遊賞後樂園在舜水感覺中就彷如是走進漢武帝的上林苑；
兩首棹歌之後，賦文末尾說到：

> 已而日在高春，上林丞尉嗇夫，倉皇前導，欲窮一園之概，甚
> 者欲秉燭夜遊。余酒力不勝，舉足蹣跚，雅欲盡園林而一覽，
> 特慮夫進退之迤邐。

漢武帝的上林苑有丞尉、嗇夫掌理園中禽獸，64舜水這裡用以比擬後樂園
中的管事官屬，除了證明上文由「棹歌行」聯想到漢武帝〈秋風辭〉，
絕非平白無端；更重要的是，〈遊後樂園賦〉因此有了〈上林賦〉所表

63　參考郭茂倩《樂府詩集》「雜歌謠辭」所引《漢武帝故事》。《樂府詩集》卷84（臺
　　北：里仁，1980），頁1180。
64　《史記·張釋之傳》「（登虎圈）上問上林尉，諸禽獸簿，十餘問，尉左右視，盡
　　不能對。虎圈嗇夫，從旁代尉對上所問禽獸簿甚悉。……乃召釋之拜嗇夫為上林
　　令」，見《史記》卷102，頁2751。

徵的無論文體、政治或文化上的種種可能寓意。司馬相如作〈上林賦〉本為鋪陳天子遊獵之事，以區辨〈子虛賦〉所述諸侯苑囿，[65] 因此極盡連類聚物之能事，〈遊後樂園賦〉除了遍歷四方，在鋪張飾麗上尤可以看到宮廷大賦的影子，例如：

> 櫻花燦發，繁麗偏反。萬卉咸奮，敷紺綠以乘暄。……轉落英之曲逕，經臥波之長橋。爭妍競豔，目眩心招。輯群英以作迴廊，踝躞芬芳聯數里；結蟠藤而成廈屋，旖旎組訓列三千。少焉羅珍饌錯，水陸畢陳，桂液瓊漿，愈出愈醇，既溫溫以有禮，復命戒以諄諄。

所謂「群英」、「萬卉」、「水陸畢陳」，就如同〈上林賦〉所描繪的「眾香」、「群浮」、「萬端鱗萃」，[66] 展現了體物瀏亮的賦體特色。而宮廷大賦連類聚物的目的當然在於體現君王坐擁天下的華奢尊貴，四方風物之外，還有就是苑囿中精雕細琢、巍峨矗立的宮館臺閣，最能表現這種氣勢。〈上林賦〉說到：

> 於是乎離宮別館，彌山跨谷，高廊四注，重坐曲閣，……俯杳眇而無見，仰攀橑而捫天，奔星更於閨闥，宛虹拖於楯軒。[67]

〈遊後樂園賦〉也有一段描寫是：

> 盤蹬道，臨幽壑，度鵲橋，登飛閣。攀拂帽之垂條，躡微苔而履錯。豁然改觀，意氣軒軒，飛雙黃鳧歟木末，寄笑傲兮乾

---

65 《史記‧司馬相如列傳》「上讀〈子虛〉而善之，……乃召問相如。相如曰：……然此乃諸侯之事，未足觀也，請為天子遊獵賦，賦成奏之」，見《史記》卷 117，頁 3002。

66 〈上林賦〉「若乃俶儻瑰瑋，異方殊類，珍怪鳥獸，萬端鱗萃，……□□驢騲鵁鸕，群浮乎其上。……吐芳揚烈，郁郁烈烈，眾香發越……」，引自《史記‧司馬相如列傳》卷 117，頁 3015、3017、3022。

67 同前註，頁 3026。

坤。重霄響答，下瞰千門，其為樂也融融。

朱舜水用「千門」典事，如前所言也出現在描述漢武帝興築的建章宮，
於是從後樂園嚮慕上林苑，在這裡又得到一個證明。《史記・孝武本紀》
記載漢武於柏梁燒毀後，做建章宮，「度為千門萬戶」以勝過柏梁原有
規模：

> 前殿度高未央。其東則鳳闕，高二十餘丈。……其北治大池，
> 漸臺高二十餘丈，名曰泰液池，中有蓬萊、方丈、瀛洲、壺
> 梁，象海中神山龜魚之屬。[68]

西漢至於武帝時期，國家無事，倉廩盡滿，富足繁榮無以過之，[69] 加上信
奉術士仙道，大造臺閣宮觀因此除了是太平盛世的表徵，還有企望招來
神靈，以求長生久視的目的。[70] 宮館高入雲霄，池苑擬造仙島，人間君
王的欲望雄圖表現在具體建築上；〈上林賦〉說星辰虹霓穿門入闥，〈遊
後樂園賦〉說如同高飛重霄，可以笑傲乾坤，都是以漢武苑囿為摹本的
文學筆法。

　　然而除了由建築高偉隱喻盛世太平，就像〈上林賦〉末尾，以戒除
奢侈、與民為利而「興道遷義」作為諷諭，[71]〈遊後樂園賦〉也談到主政
治民必須「踕步」謹然，流惠成德，換言之，存在大賦體式中的苑囿風
物都不只是物質性或政治性指涉，更進一步負載道德寓意──必須由奢
華反悟節儉，必須由權位反求明德，這對於鋪張揚厲的大賦而言，因此

68　《史記》卷 12，頁 482。
69　《漢書・食貨志》「至武帝之初七十年間，國家無事，非遇水旱，則民人給家足，
　　都鄙廩庾盡滿，而府庫餘財。京師之錢累百鉅萬，貫朽而不可校。太倉之粟陳陳
　　相因，充溢露積於外，腐敗不可食」，見《漢書》卷 24，頁 1135。
70　《史記・孝武本紀》記載公孫卿上武帝曰：「今陛下可為觀，……神人宜可致。且
　　仙人好樓居」，「於是上令長安則作蜚廉桂觀，……乃作通天臺，置祠具其下，將
　　招來神仙之屬」，見《史記》卷 12，頁 478-479。
71　《史記・司馬相如列傳》卷 117，頁 3041-3042。

是很難達成的閱讀效果。但是，就整個文體的書寫成規來說，並不能否認它藉由財富聲威的描摹意圖轉進道德仁義的訴求。朱舜水顯然也是依循這個體式慣例，這並不是說朱舜水的〈遊後樂園賦〉就是模擬〈上林賦〉，而是挪借了以〈上林賦〉為代表的體國經野的盛世氣象；〈遊後樂園賦〉因此不只是紀遊、讚頌，更重要的是，他自自然然地進入（或說參與）這個文體的書寫歷史，將日本水戶侯國放置在中國第一個典型的帝國盛世之背景中來考量，將源光國的功業勛績納入中國傳統道德文化中來期許。

　　因此當朱舜水選擇用鋪聚性的大賦來書寫宴遊，是他必然從後樂園風物「看見」了他所認定的太平盛世，必然在源光國的身上「看見」了可能成就的德業政績。但是，源光國與漢武帝有什麼相似之處？或者說朱舜水選擇了什麼面向的漢武帝來譬擬源光國？《朱舜水全集·答小宅生順問》有兩處具體談到他對於漢武帝的看法：

> 若云君相起於武職，漢高祖亦起於卒伍，而今日聖教之不墜地者，皆漢武帝表章之功，所以文章之盛，亦惟西漢為最。

> 漢武帝內多慾，而外施仁義，其表章六經，實為萬代之功。若非漢武，則聖人之學久矣滅絕矣。豈宋儒所能開闢也？[72]

這兩則大抵都是小宅生順憂心日人文章不及中國，而舜水根據中國歷史經驗加以寬慰。在中國歷史上，舜水認為文章之盛莫如西漢；而西漢的文字論述最主要是宗經載道的「聖人之學」，這必須歸功於漢武帝的獨尊儒術，表彰六經。舜水並沒有否認漢武帝作為一般政治帝王的欲望圖謀，但是他特別從文化上的聖教德化來肯定漢武帝的萬世功業。進一步可以說，當他將後樂園視如上林苑，以漢武帝的歷史地位期許源光國，其實也等於是呈現了當前他自己在日本的處境，是一種文德昌明的大有

72　分別引自《全集》，頁 203、205。

為盛世。

　　一種「文化的」盛世，而不是「政治的」盛世，因此得以實現於任何地域，讓疆界性的家國限制消弭無形。尤其在〈答安東守約〉書信中，不但稱許安東守約是「聖賢真種子」，[73] 也說到自己於「中夏四國，本來一體為親。凡遇英才，樂於講進」，既已「道合心孚」，豈有彼此門牆之間別。[74] 日人如果是傳播聖賢之道的種子，日本也就得以成就聖賢之道實現的盛世。朱舜水對於朝代、家國興亡因此有以下看法：

> 聞貴國京江戶，有設學校之舉。甚為喜之。貴國諸事俱好，只欠此耳。然此事是古今天下國家第一義，如何可以欠得。今貴國有聖學興隆之兆，是乃貴國興隆之兆也。自古以來，未有聖教興隆，而國家不昌明平治者，近者中國之所亡，亡於聖教之隳廢。聖教隳廢，則奔競功利之路開，而禮義廉恥之風息，欲不亡得乎？知中國之所以亡，則知聖教之所以興矣。[75]

留居日本以後回顧明朝的覆亡，朱舜水直指「聖教隳廢」這國家成立的「第一義」的失守，如同〈陽九述略〉由士大夫之喪廉恥、競功利談明朝如何自取滅亡，[76] 因此他對於江戶興學之舉非常期待，也認定這將是日本興盛之兆。從這個角度探究興衰，於是可以擺脫固有的族群、疆界或國號帶來的價值迷思，而定位在一個「非政治性」的人文道德層面。

　　從乙巳年（1665）源光國迎舜水至江戶開始，倡行聖教或聖人之學就彷彿是種子落了地，重新尋得生根萌芽的契機，朱舜水一個亡國遺民成為另一個盛世的新民：

> 伏願好善好士，興讓興仁，捨己以從人，居尊而忘勢。……纘

73　〈答安東守約〉，《全集》，頁 84。
74　〈與安東守約〉，《全集》，頁 161。
75　〈答安東守約〉，《全集》，頁 82。
76　〈陽九述略〉首段「致虜之繇」，《全集》，頁 294。

舊邦而作新民，與斯人而入聖域。之瑜臨啟，可勝歡欣踴躍之至。[77]

這裡除了表現對於源光國的期待，其實那「歡欣踴躍」之情無寧也即是對於自己即將輔佐聖教的實行，即將參與一個舊邦的興革關鍵而無限欣喜。到江戶第二年（1666）元旦，舜水在賀源光國啟中，勉勵源光國實踐孔子念茲在茲的「大同」思想，藉「大道之行」致「雍熙之盛」，並且以一種誠摯而急切的語氣說到：

> 瑜居恆讀此書（大同篇），慨然興歎曰：吾安得身親見之哉？然而不能也。茲幸際知遇之隆，思計近世中國不能行之，而日本為易；在日本他人或不能行之，而上公為易。惟在勃然奮勵，實實舉而措之耳。以今正當有為之時，萬一玩日愒月，謙讓不惶，以至於耄耋期頤，庸有及乎？不幾虛此大美之業，聖賢之姿耶？[78]

中國不能行之，而日本不但可行，而且在源光國治下親見大道之行將是輕而易舉的事；朱舜水在這當中發揮的影響力當然是最主要的原因。一方面朱舜水於儒學中重實功實用，將中國經世濟民的禮儀、制度、文物等介紹到日本，一掃當時日本知識界崇佛說理的空疏之弊；另一方面由源光國領軍的水戶學派，追隨朱舜水倡議春秋史學精神，編修《大日本史》宣傳尊皇思想，為日後廢藩置縣、一統國家而實施維新體制奠定了基礎。[79]

77　〈與源光國啟〉，《全集》，頁 128-129。
78　〈元旦賀源光國〉，《全集》，頁 41。
79　關於朱舜水的學術思想及其對日本文化的影響，請參考錢穆〈讀朱舜水集〉（《華岡文科學報》第 12 期〔1980 年 3 月〕，頁 1-5），盧守耕〈鄉賢朱舜水先生及其對於日本學術思想及建國之影響〉（《餘姚史料》第 3 期〔1978 年 1 月〕，頁 30-34），賴橋本〈朱舜水與日本文化〉（《國文學報》第 7 期〔1978 年 6 月〕，頁 57-64），戴瑞坤〈一代儒宗朱舜水先生〉（《逢甲學報》第 20 期〔1987 年 11 月〕，頁

　　朱舜水曾經形容他自己所倡行的「道」的功用是「如布帛菽粟，衣
之即不寒，食之即不飢」，充分說明他的學說是普遍於日用人倫之間，
「明明現前，人人皆具」，不論男女尊卑賢愚，皆可實踐。[80] 到江戶後第
三年（1667），舜水間或至水戶，對於水戶學風的興盛，有如此傳神的
描述：

> 不佞承宰相上公厚愛，無與為比。水戶學者大興，雖老者白鬚
> 白髮，亦扶杖聽講，且贊儒道大美，頗有朝聞夕死而可之意。
> 此或是一好機括，且云以前皆做昏夢，今日始知耳。[81]

白髮老者尚且扶杖聽講，而感歎過往昏昧如夢，如今聞道夕死可以；舜
水推動的水戶學說之深入人心，儒道實行於異邦的情況於此可見。次一
年（1668）〈源光國四十壽序〉中因此說到源光國立德行道，「今者小
試之，而民風已變」，歡欣鼓舞、家絃戶誦的昇平景象，「可彈指而冀
矣」。[82] 對於朱舜水而言，身在中國時期既以世亂而拒絕出仕，初至日本
又充滿憂憤而閉門掃跡，直到六十六歲以後，知遇於源光國而竟至於可
以面對這樣「趨近」文化盛世的處境，可說是絕望的一生中原來沒有預
料的轉機，作於七十歲（1669）的〈遊後樂園賦〉於是歡欣快意地模擬
宮廷大賦的頌美文體，援引漢武上林的歷史典事，應該就是這逐步朗現
的人生出路非常貼切自然的寫真。

　　於是朱舜水為源光國這座邸苑題名為「後樂」園，明顯出自范仲淹
「先天下之憂而憂，後天下之樂而樂」（〈岳陽樓記〉）名句，表露一種先
憂後樂、苦盡甘來的實踐過程。中國歷史上，南宋賈似道早就擁有取名
為「後樂」的園林，並且做這樣的解釋：

　　1-25），及李甦平《朱舜水》。
80　〈答小宅生順問〉，《全集》，頁 202。
81　〈與安東守約〉，《全集》，頁 160。本文依梁啟超《朱舜水先生年譜》繫於永曆 21
　　年（1667），並據按語「似是先生第二次至水戶時所寄」，頁 46。
82　〈源光國四十壽序〉，引自《全集》，頁 225。

　　園囿一也,有藏歌貯舞,流連光景者;有曠志怡神,浮遊塵外
　　者;有澄想邈觀,運量宇宙,而遊特其寄焉者。噫,使園囿常
　　興而無廢,天下常治而無亂,非後天下之樂而樂者其誰能?[83]

賈似道奸佞專恣,所謂「後天下之樂而樂」是大言不慚;[84]但是這番針
對「後樂」的說辭,卻很切合朱舜水寄託在這座日本主題園的深層心
境。後樂園中山光水色,花樹華美,的確適於遊觀遠想,但朱舜水認為
這必須是有前提的。〈遊後樂園賦〉在「斯園殆甲於天下」後,加入一
段對答:有人說擁有了這座天下名園,那麼源光國大可以悠哉游哉,逍
遙山林,「樂其樂而忘其憂焉」,但是舜水回應說,當朝臣勞悴從公,君
侯又如何能有閒情逸樂?並且輯錄前人詩句而詠之曰:

　　園欲涉以成趣,門雖設而常關。奏南風乎几席,來爽氣於西
　　山。慮萬幾之叢脞,爭得效十畝之閒閒?

雖然以南風之歌、西山朝氣來襯托如同陶淵明歸去來的卓犖放曠,[85]但是
舜水最後反問:日理萬機的君侯,何時得以真正歸於農圃,不干世事?
這個問題早在兩年前(1667)的〈高枕亭記〉[86]中,就已經有過思索。水
戶侯源光國於都城近郊興築別館,題其亭曰「高枕」,舜水對於這個主
題有非常嚴苛的標準,他認為只要邦國之內有「一德之未孚」、「一事之
失理」,君侯就無法偃然高枕;所以必須等到「治定功成,慮周理得」,

83　引自周密《齊東野語》卷19(臺北:廣文,1969),頁298-299。
84　參考脫脫《宋史・姦臣傳》卷474(臺北:鼎文,1980),頁13779-13786。
85　陶潛〈歸去來辭〉「園日涉以成趣,門雖設而常關」(引自楊勇《陶淵明集校箋》
　　〔臺北:正文,1987〕,頁267);而「南風」傳為虞舜之歌,《史記・樂書》卷24
　　「故舜彈五弦之琴,歌南風之詩而天下治」,頁1235;《世說新語・簡傲篇》第13
　　則記載王子猷任職卻不治事,桓沖相詢,答以「西山朝來,致有爽氣」,表現卓犖
　　不羈之性(引自楊勇《世說新語校箋》,頁583);「十畝之閒閒」出自《詩經・十
　　畝之閒》「十畝之閒兮,桑者閒閒兮」,描寫退隱歸田的自得之貌。
86　據安積覺〈舜水先生行實〉丁未年(永曆21年,1667)「上公構高枕亭於綠岡,
　　又使(舜水)志其亭」,見《全集》附錄,頁320-321。

也就是確實達到「後樂」的真義—「天下常治而無亂」，這時候才能真正高枕無憂。[87]

　　從到達江戶第二年勉勵源光國實踐孔子「大同」理想，第三年定義「高枕」是治定功成，第四年說戶戶絃歌的景象「彈指可冀」，第五年認為最終的園林隱逸唯有「後天下之樂而樂」；這五年來朱舜水一心所繫顯然不再是個人出處進退或是遺民復明反清的問題，甚至也不只是關於某個君侯、特定邦國的問題，而應當是聖人之學或儒道聖教不分疆域、族群如何普遍傳布的更深層文化議題了。

〈遊後樂園賦〉：另一種自我詮釋

　　人生中所關注議題的轉向，當然不會只是議題本身的重要性，這同時也是身分認同與生存領域的轉換。尤其朱舜水處在兵荒馬亂、風雨飄搖的明清之際，再加上先前乞師海外，或日後流亡異邦，外在環境的更迭變換必然有具體或無形的力量逼迫他要表白身分，要面對不同質疑，要做出不同的抉擇。因此，朱舜水的一生其實很難僅用一種角度就呈現完整，同樣地，即使只是一篇〈遊後樂園賦〉，也必須放回去曲折起伏的一生，才能看出深層的文脈情境。

　　同樣身為明末知識分子，面對家國興亡，朱舜水從來也沒有迴避生與死或者殉國與否的問題。而且他的問題還不只是中國境內的抗清或降清，甲申難後（1644 年，崇禎帝死，清兵入關）舜水一方面因兩次徵詔不就，而帶罪逃亡；一方面奔走海外，來往安南、日本，尋求外援以復明抗清，這當中至少有仕／不仕、死／不死兩大問題要面對，而且是每到一個異國就必須再次面臨。關於仕進，為什麼不應南明徵詔？既而可以不受安南王威脅利誘，後來為什麼又接受日本宰相源光國的邀請？關於殉國，為什麼沒有像知友王翊力盡而亡？為什麼留居長崎後，眼見

87　〈高枕亭記〉，引自《全集》，頁 228-229。

明室已無可振復，卻未能與國共亡？出處與生死是如此交纏錯雜的行路迷圖，對於明末知識分子而言，這種壓力隨時出現在大大小小的歧路岔口：生命的樣態（如何）與終結（為什麼）都需要一種說服自己也說服他人的解釋。

　　朱舜水留居日本後，安東守約曾經問他在明末為何「徵辟不就」，舜水表白自己亦是功名之士，哪裡不知道這是入朝拜官的機會，但是奸相馬士英當國，既不肯同流合汙，又恐有背恩負義之譏，如此「見得天下事不可為，而後辭之」，並不是「洗耳飲牛」、「閉門養高」，以徼清譽。[88] 所謂「天下事不可為」，朱舜水曾經這樣比喻：

> 但一木之微，支人既傾之廈，近則為他人認過，遠則使後之君子，執筆而譏笑之，無為也。故忍死不為耳。[89]

> 然顛廈非一木所支，大川豈一人攸濟。且救焚當預籌於曲突之先，枝柱必無補於棟撓之後，不得不忍情辭遜，原非沽名養高。[90]

朱舜水早在「弱冠」之齡，就因「世道日壞，國是日非」而「絕志於上進」，[91] 並不是甲申或弘光年間的徵詔下來，才故意顯示高蹈之志。因此前引資料裡，朱舜水一再強調天下事所以不可為，是因為萬曆、崇禎以來江河日下的時局，讓他看清獨力難挽頹勢，卻又不免代人認過受誣詆，末世亂局裡並無法抱持知識分子傳統的用世之心，發揮不了作用的仕進是他前半生寧可違命逃亡也不接受的出路。

　　換言之，認清情勢、判斷時機的可為或不可為，是比盲目仕進求用更形重要。同樣的原則也表現在困於安南時期的生死抉擇。當時安

88　參見〈答安東守約雜問〉，《全集》，頁 182。
89　〈答小宅生順〉，《全集》，頁 59。
90　〈答源英光國問先世緣繇履歷〉，《全集》，頁 171。
91　參見安積覺〈舜水先生行實〉，《全集》附錄，頁 317。

南王檄取識字中原人，舜水被迫面試作詩寫字，舜水既不作詩，後又因不下拜而觸怒國王，面臨死亡的威脅，舜水曾經這樣考慮，死亡固然難以避，[92] 因此雖然自裁可以免受汙辱，「又念愚人無知，謂是驚懼而死」。[93] 所以他一方面在安南朝廷之上，安南王之前，往復辯折，以明其心跡；[94] 另一方面則密草奏疏上魯王，「惟恐身名埋沒於外夷，而無達於天朝」，[95] 疏文中說到：

> 所恨者，臣之幡然去國，跡似潔身，今謀之十年，方喜得當。意欲恢弘祖業，以酬君父，以佐勞臣。一旦迺為意外之事而死，不能上報太祖高皇帝，以及主上，臣死有餘責耳。……臣拜疏後靜聽一死，別無他說，昔蘇武尚有一李陵為知己，臣之孤苦，何可勝言。[96]

在這裡舜水說明的其實不只是受困安南的情況，而是崇禎帝死後所以不就徵詔，而遠走海外的緣由。深知在朝不可為，所以經營海外，乞師求援，顯然他也並不認為清兵入關後只有消極殉死一途，反而是積極地投入復興事業。但是，意外困於安南，眼見多年經營徒勞無功，又受辱夷廷，「靜聽一死」終於無法避免。對於這個時期的朱舜水來說，沒有官職身分卻一樣表現對於家國興亡的責任承擔，沒有蒙恩受祿卻一樣以中華之臣抗禮於夷廷；因此單單問一個遺民最後有沒有殉死是不夠的，顯然還應該進一步從死亡構成的意義與價值去論斷。[97]

92　〈安南供役紀事〉自敘，《全集》，頁 303。
93　〈安南供役紀事〉，《全集》，頁 303。
94　見前註 92、93。
95　〈舜水先生行實〉，引自《全集》，頁 319。
96　〈安南供役紀事〉，引自《全集》，頁 315。
97　何冠彪《生與死：明季士大夫的抉擇》談到明季士大夫總要先抉擇生或死，之後才是殉國、起義、歸隱或仕敵的取向，而像是如果起義失敗又會再次面臨生死抉擇。〈第八章：結論〉則分別出兩種殉國類型：消極殉國是指為顧全個人名節的自殺行為；積極殉國則是承擔復興重任而持續反抗至於失敗被殺。其中並且引用朱舜水〈答安東守約〉（按：《全集》，頁 75）評論文天祥不若張世傑「日夜裏創力

　　朱舜水逃過安南這一劫難後二年（1659）隨鄭成功北伐失敗，又開始了另一段流亡日本的旅途。亡國之民身居他鄉，為什麼沒有殉國，以及可不可以效力異邦的問題再次接踵而至。至江戶第一年，源光國曾因世子謂舜水為翰林學士，而疑其為明朝顯宦，舜水答以自己「乃明室一書生耳」，並說到：

> 若使僕二十年身受皇恩，不能與國存亡，而輾轉貴國以偷生旦夕，則與犬豕何異？尚敢靦顏於上公之廷，而視息於人世？即使僕受明朝守令微官，食明朝儋石微祿數日乎，亦不得至此矣。[98]

這段說辭辨明自己不但不是顯宦，即使只是微官小吏，只要曾受朝廷點滴之恩，也絕對不會偷安苟活；換言之，是否曾在朝任職為殉國的基準，舜水兩度不就徵詔，從未領受明朝俸祿。這個標準顯然切合於舜水面對清兵入關並未立即自盡，而逃遁至安南的抉擇。〈安南供役紀事〉中更清楚說到：

> 若夫天下無道，則卷而懷之，或耕或陶，或釣或築，無往不可。……近以中國喪亂，天崩地裂，逆虜干常，率土腥穢，遠人義不當死，欲隱無所聞之丘。文莊公云，安南朝鮮，知禮之國，是以逃遁至此。[99]

這裡有兩點值得注意：其一，所謂「遠人義不當死」，正與他答覆源光國若身受皇恩則須與國共存亡的說法前後一致；其次，因為「義不當死」，所以隱逸逃遁成為接下來可行的出路。這也可以解釋後來北伐失

戰」，說明明代士大夫對於積極殉國的高標準連文天祥也無法企及，見《生與死：明季士大夫的抉擇》（臺北：聯經，1997），頁216-217。

98 〈答源光國雜問〉，《全集》，頁167-168。梁啟超《朱舜水先生年譜》繫於乙巳年（永曆19年，1665），頁42。

99 〈安南供役紀事〉，引自《全集》，頁311。

敗後，沒有如同知交王翊力戰殉國，而東渡日本的原由。

朱舜水在〈祭王侍郎文〉之二、之三，[100] 盛讚王翊盡忠全節，並認為「臣之所以事君，忠為上而功為次」，王翊雖身死，然忠義之氣磅礡天地，昭回古今，歷萬載而不朽。[101] 而朱舜水既然因「義不當死」的書生身分而流亡海外，顯然不是從「忠臣」這唯一角度——殉國（包括立即自盡或失敗被殺）與否來省視自己。舜水於是在解釋自己為何沒有與明室俱亡之後，向源光國這樣剖白心跡：

> 僕以上公為能尊德樂道，故不揣而遠涉至此。上公儻能更治善俗，經邦弘化，謹庠序之教，申孝弟之義，而為萬古之光，以僕之所聞於師者，庶或可以贊襄萬一，如以其狀元學士也，則視僕為非人矣。[102]

很明顯朱舜水為自己的江戶之行，提出襄贊教化這個理想；而實踐這個理想可以說是他在明末絕意仕進，在安南堅拒官位之後，感念源光國的知遇，相信水戶侯的德操勤治，第一次願意應聘任事。對於這個決定，他毫不保留地說是「人生之大願」：

> 孔子歷聘七十二君，求一日王道之行，而不可得。以僕之荒陋，而得行其志，豈非人生之大願？[103]

從這個行王道於天下的願望來說，舜水自己執守的是一個有別於「忠臣」的「志士」身分，近似孔子標舉的「士志於道」的君子典型。[104]

---

100 朱舜水〈祭王侍郎文〉共三篇，後兩篇作於受困安南（丁酉，1657）及北伐前一年（戊戌，1658）。見《全集》，頁 244-246。

101 同前註，頁 246。

102 同註 98，頁 168。

103 〈答小宅生順問〉，引自《全集》，頁 202。此處文字用以解釋自己對於光國卿之請並非有意推托，而是日本惑於邪教，若君相無整頓之決心，恐怕非一、二儒生所能挽回。

104 《論語・里仁篇》「士志於道，而恥惡衣惡食者，未足與議也」，又下一則曰「君

當然，不用於中國而行道海隅，令人油然記起孔子「道不行，乘桴浮於海」[105]的感歎；國無賢君，邦則無道，孔子浮海之歎原有何去何從的茫然失落，兩千多年後，在朱舜水身上卻體現為亡國遺民的人生新路。

正是從一個「行道志士」的立場出發，到江戶第五年，朱舜水以一種歡欣自得的語調寫下〈遊後樂園賦〉，挪借〈上林賦〉的盛世氣象，象徵自己所輔佐的光國卿與所指導的水戶學派在日本文化及政治上已經造成的影響與貢獻，而在此年步入七十歲的朱舜水其實也藉著〈遊後樂園賦〉表現出某種功成身退的告老心境。但是告老之後，如何還鄉？同年〈答奧村庸禮〉書中，舜水有極為通透的認識：

> 不佞今年七十，擬於舊冬告老。……上公不允，……謂不佞客也，與他仕者禮異。而上公日夕親近之人，到寓備言上公禮意之厚，且云任憑先生如何說，上公如何肯放先生去。……不佞思歸亦無家，與中原人居中原者不同。且上公意思勤勤懇懇，而必欲辭歸，近於要君徼名矣。明年會當辭祿，惟留少許以養生耳。目下擬作身後之事……。[106]

對於終身堅持著明朝衣冠的朱舜水而言，[107] 清虜盤據的中國早已不成為家；中原雖是故鄉，自己卻早與毀冕薙髮的中原人大不相同。七十歲開始準備身後事，次年（庚戌，1670）以檜木製妥棺槨，曾自誓「非中國恢復不歸也」，然而一旦老病不起，「骸骨無所歸，必當葬於茲土」。[108]因為具有如此體認，〈遊後樂園賦〉透過大賦體式所展布的格局，明顯

子之於天下也，無適也，無莫也，義之與比」，引自《四書集注・論語》卷2，頁12。
[105]《論語・公冶篇》，引自《四書集注・論語》卷3，頁2。
[106]〈答奧村庸禮〉，引自《全集》，頁93。
[107] 朱舜水不但自己奉行（自製明室衣冠，見〈舜水先生行實〉，頁322），甚至要求來探視他的孫兒一到長崎，「便須蓄髮，如大明童子舊式，另作明朝衣服，不須華美。其頭帽衣裳，一件不許攜入江戶」，見〈答王師吉〉，《全集》，頁20。
[108] 安積覺〈舜水先生行實〉，引自《全集》，頁321。

有別於一般遺民書寫總是「黍離之悲」、「新亭對泣」等「危苦之詞」[109]
的單一形態；除了流離逃遁、懷歸望鄉，[110]〈遊後樂園賦〉為本來已經
無路可出的流亡生涯，朗現一片柳暗花明的喧鬧春意——那是朱舜水
歷經生死、仕不仕的抉擇關隘，甚至走上不歸路後，終於看見的華美風
景。

本文原發表於《漢學研究》20 卷 2 期（2002 年 12 月），頁 1-28。

---

109 《詩經‧黍離》：「彼黍離離，彼稷之苗，行邁靡靡，中心搖搖。知我者謂我心憂，
　　不知我者謂我何求，悠悠蒼天，此何人哉？」《毛序》以為詩人過西周舊都，見宮
　　室荒蕪，無限悲憫之作（見《十三經注疏》之《毛詩注疏》卷 4〔臺北：藝文，
　　1979〕，頁 147）。《世說新語‧言語篇》第 31 則「過江諸人，每至暇日，輒相要
　　出新亭，藉卉飲宴。周侯中坐而歎曰：『風景不殊，舉目有江河之異』。皆相視流
　　淚。唯王丞相愀然變色曰：『當共戮力王室，克復神州，何至作楚囚相對泣耶？』」
　　（楊勇《世說新語校箋》，頁 71）。庾信〈哀江南賦〉序曰：「追為此賦，聊以記
　　言。不無危苦之辭，惟以悲哀為主」（倪璠註《庾子山集注》卷 2〔臺北：中華，
　　1968〕，頁 3 上）。
110 朱舜水留居長崎初期就反映這種心境，除了本文第一節所述，安積覺〈舜水先生
　　行實〉亦記載「先生雖客寓於茲，莫不日向鄉而泣血」，見《全集》，頁 320。

單元三　自然中的氣氛

這是時物節氣與人身體氣交響的話語，
以身體為核心的情緒震顫，
也被如同漣漪的大氣波動反過來層層環繞與
籠罩

〈詩大序〉的詮釋界域：
「抒情傳統」與類應世界觀

　　陳世驤先生首先標舉中國文學是「抒情傳統」，有別於西方以戲劇、史詩為主的文學傳統；並認為這傳統始於《詩經》，而《詩經》是一種唱文，瀰漫著個人內心自白，這種隨著音質的自我傾吐、情感流露，正與（西方）抒情詩的要義相吻合。[1] 而陳先生的兩篇論著：〈中國詩字之原始觀念試論〉與〈原興——兼論中國文學特質〉，[2] 從字源學角度探討「詩」與「志」的密切相通、「興」字字形上傳達的上舉歡舞，正是針對抒情傳統的自白性與音樂性做進一步探討。明顯可見，陳世驤先生最著力在「推原」的工作上，所以比方雖然提出《詩經》初現三個「詩」字可以顯示語言藝術的獨立性之萌芽，但是很快將詩人志意的停蓄又嚮往，追溯至遠古「投足」節奏之既動又止，[3] 正如「興」之為合力舉物所發出的聲音，都證明《詩經》的作品是帶著更古老的舞誦精神與自然流露的情緒，這種抒情詩的原始典型出現在禮樂教化、美刺寓言之前。[4] 爾後的研究者，在認同「抒情」的前提下，尤其關注於抒情傳統的本體意識（現象背後的根源）的發掘，例如高友工先生所說彼此「心境」相互感知的創作理想；蔡英俊先生提出迫於人生無常而醒覺的「自

1　見陳世驤〈中國的抒情傳統〉，收入氏著《陳世驤文存》（臺北：志文，1972），頁31-37。
2　見前註，〈中國詩字之原始觀念試論〉，頁39-61；〈原興——兼論中國文學特質〉，頁219-266。
3　〈中國詩字之原始觀念試論〉，頁59。
4　〈原興〉，頁228。

我」意識；呂正惠先生由緣情「歎逝」的主題提出「感情本體的世界觀」，而張淑香先生則透過〈蘭亭集序〉，呈現抒情傳統的理論「演出」（現身說法），正是「直接從人類集體共存交感的本體意識來肯定唯情的自本自根性意義」。[5] 其中除了高先生舉唐代律詩為例，其餘三位學者的研究則都以漢末、魏晉的詩文作為抒情傳統的典型建構或是理論完成的主要依據。

　　從這一系列的研究可以發現，抒情傳統可以上溯遠古，可以自六朝往下發展，中間這一大段時期相形之下就受到忽略。當然漢儒針對詩三百極盡「法度」性的解釋，過度急切地讓三百篇成為維持社會秩序的教條，難免令人不耐；[6] 但是一併歸諸為表現「本於政治倫常的社會群體的共同意念」，根本無法彰顯「詩三百篇中『原有』的情感性質以及借助自然景物以起情的表現手法」，[7] 似乎又預先設定了抒情傳統本來就「應該」是個體自我的發展過程，同時也間接認定在群體的共同意志下，容易忽略自我與外物的交感興會。而這樣的先見是否又可能連帶影響了資料的解讀與詮釋的取向？譬如漢〈詩大序〉，[8] 其中出現所謂「詩者，志之所之也，⋯⋯情動於衷而形於言⋯⋯」等幾段文字，是研究抒情傳統必須參考的一篇重要文獻，然而徵引者或是用來顯現詩歌創作的

5　張淑香〈抒情傳統的本體意識──從理論的「演出」解讀「蘭亭集序」〉一文中對於自陳世驤先生提出「中國的抒情傳統」以相對於西方的史詩戲劇傳統，所引發學術界針對「抒情傳統」的系列研究，有精要評論，詳見氏著《抒情傳統的省思與探索》（臺北：大安，1992），頁 41-62。

6　詳參施淑女〈漢代社會與漢代詩學〉，《中外文學》10 卷 10 期（1982 年 3 月），頁 70-107。

7　詳見蔡英俊《比興、物色與情景交融》（臺北：大安，1986），頁 23-27。

8　關於〈詩大序〉的作者眾說紛紜，可參見《欽定四庫全書總目》卷 15（臺北：臺灣商務，1983），「經」部 15，「詩」類 1，「詩序二卷」底下所錄各家說法，頁 321-322；但至少可以肯定是代表漢代或漢以前對《詩》的看法。本文重點不在考證作者或確切寫作時代，而是透過文字資料的比對，尋索出〈詩大序〉所以如此論述的存在環境。

原動力在於「個人情感的激發」,[9] 或是用來解釋詩人的「個性」如何與
天下人之性情相感通而同時具有「社會性」,[10] 或是認為〈詩大序〉已把
「志之所之」解釋為「情動於中」,正可以證明「詩言志」的命題根本
就是強調以「情」為主的精神活動等等；[11] 這些說法,一方面太急於擺
脫〈詩大序〉中明顯強調的政教效應,往往利用所謂尚未糾纏政治寓意
的原始字形或是乾脆將「志」當作一個抽象的心理術語,進行普遍性的
分析,以至於就抽離了每一次出現的「志」其實都應該有其前後文脈或
文獻出現時代的詮釋範圍,更何況單單出現「志」與「言」的資料與同
時出現「詩」、「志」、「言」的資料更不可一併混同,因為「詩」還必須
與禮、樂等觀念相繫聯。因此,另一方面,也正是哪些觀念要一起拉引
進來,或者哪些並不合適,該如何架構比較完備的詮釋體系。譬如〈詩
大序〉中除了「言志」必須配合詩、禮、樂一體來談,像是「六義」在
《周禮》稱「六詩」或「六詩之歌」,而「言之不足,故嗟歎之」或「情
發於聲,聲成文謂之音」等段落又明顯取自《禮記‧樂記》,這個音樂
性的背景自然值得注意,但是如陳世驤先生推至遠古的初民勞動所呼喊
之「興」,似乎與出自《周禮》的「六詩」之間相隔太遠；而如果很快
地往下採取東漢鄭玄或唐代孔穎達的說法,將「賦比興」與「風雅頌」
分裂開來,不但忽失了〈詩大序〉保存的詩、舞、樂融合的悠遠傳統,
同時一旦直接將「比」、「興」作為解詩原則,甚至後來成為創作技法來
解釋,而忽略「用詩」的實際目的,或者就不理會〈詩大序〉原意為
何,或者就會賦予〈詩大序〉「六義」中的「比興」過多以今視古的聯

9　《比興、物色與情景交融》,頁 24。
10　徐復觀〈傳統文學思想中詩的個性與社會性問題〉,收入氏著《中國文學論集》
　　（臺北：臺灣學生,1980）,頁 84-90。
11　如王文生〈詩言志——中國文學思想的最早綱領〉,《中國文哲研究集刊》第 3
　　期（1993 年 3 月）,頁 209-304。尤其是（三）之（一）這小節歷數由「言志」到
　　「緣情」觀念的發展,卻明顯將「志」當作一個普遍性的術語加以解析（如可分為
　　知、情、意三方面）,抽離了每一次出現的「志」其實都應該有其前後文脈或文獻
　　出現時代的詮釋界限。

想，[12] 反而無法清晰呈現從「六詩」到「六義」這個轉折之重要性。

　　本文的目的是希望以〈詩大序〉為主，針對其中牽涉「言志」、「比興」這些議題的文字段落，提出相關的背景資料，並探討彼此歧異，而尋索合宜的解釋範圍，也就是希望呈現出〈詩大序〉得以如此論述的存在空間。這所謂相關背景或存在空間，必然糾結著資料原本所在的文本環境，與〈詩大序〉編著者在引錄、截取時的期待視野，同時還包括前後時代針對如何認知事物或建構合理（合於道）的生活世界所形成的觀點演進。尤其是〈詩大序〉似乎正呈現出由「以聲為用」到「以義為用」的轉換階段，[13] 而這兩個論述界域的轉換，對於「抒情傳統」的建構，可能產生的影響，自然是本文關注重點。

樂教語境中的「詩言志」

　　〈詩大序〉開頭關於「詩」之大綱，專論如下：

12　一般論「賦比興」或「比興」的研究大抵著重其作為詩歌解說或創作的譬喻技巧，而在假借物象以寓託情意上的種種表現來談，如葉嘉瑩〈中國古典詩歌中形象與情意之關係例說——從形象與情意之關係看「賦、比、興」之說〉，即明言從「賦、比、興」這三字最簡單、基本的意義來加以解釋，就是「詩歌中情意與形象之間互相引發、互相結合的幾種最基本的關係和作用」；而如徐復觀〈釋詩的比興——重新奠定中國詩的欣賞基礎〉則從「詩的本質」談比興，二者在情、物關係上，「比」可稱為「反省的抒情詩」，情與物是並列地位，「興」則如同冰山偶然被觸發，「完全是情感的直接流注，而沒有參入理智的照射」。分別收入《迦陵談詩二集》（臺北：東大，1985），頁 115-148；《中國文學論集》，頁 91-117。而歷代關於「比興」論述面向的發展，請參考蔡英俊《比興、物色與情景交融》第二章〈情景交融的理論基礎（上）：「比」、「興」〉，頁 109-165。

13　朱自清曾引〈詩大序〉出自〈樂記〉的「情動於中而形於言……其民困」一段，證明詩教不能離樂而談，同時「以聲為用的詩的傳統——也就是樂的傳統——比以義為用的詩的傳統古久得多」，見〈詩教〉（三），《詩言志辨》（臺北：開明，1975），頁 127-133；不過這篇文章認為樂教、禮教、詩教都可以用「溫柔敦厚」串聯一起，與本文企圖分辨「以聲為用的詩的傳統」與「以義為用的詩的傳統」的差異，顯然有所不同。

> 詩者，志之所之也，在心為志，發言為詩。情動於中而形於
> 言，言之不足故嗟歎之，嗟歎之不足故永歌之，永歌之不足，
> 不知手之舞之、足之蹈之也。[14]

如果單獨將這段文字視為是一個意念完整的段落來看，就像孔穎達所
說，「詩」是「作詩者所以舒心志憤懣而卒成於歌詠，故虞書謂之『詩
言志』也」，若嫌其言未申志，則「咨嗟歎息以和續之，嗟歎之猶嫌不
足，故長引聲而歌之，長歌之猶嫌不足，忽然不知手之舞之、足之蹈
之」。[15] 但是〈詩大序〉這段文字之前有「風以動之，教以化之」，之後
有「故正得失、動天地、感鬼神，莫近於詩」，這樣的注疏似乎不切合
前後文脈，反而易將「詩」字定義為個別詩人發憤舒懣的創作，所以
「志」是個人哀樂之志，「言」是心志出口而形見於言，底下的「嗟歎
永歌」至於「手舞足蹈」也同樣都沒有考慮關於《詩》已經累積的前理
解，尤其在樂、舞方面的關聯性，以及詩、樂、舞所共同造就的教化成
效。

　　如果根據孔穎達自己的提示，〈詩大序〉所謂「詩者，志之所之
也，在心為志，發言為詩」可以藉〈虞書〉「詩言志」相印證，那麼這
段話同樣也有它的前後文：

> 帝曰：夔，命汝典樂，教胄子。直而溫，寬而栗，剛而無虐，
> 簡而無傲。詩言志，歌永言，聲依永，律和聲；八音克諧，無
> 相奪倫，神人以和。[16]

整段話明顯是關於樂教，「直而溫」以下四句是總提樂教的目的，[17]「詩

14　本文所徵引〈詩大序〉皆出自《毛詩注疏》卷 1-1（臺北：藝文，十三經注疏本，
　　1979），頁 12-19。又下文所有注疏本皆同此出處。
15　同前註，頁 13。
16　引自《尚書注疏》卷 3，頁 46。
17　〈皋陶謨〉談到「行有九德」部分與此相應，見《尚書注疏》卷 4，頁 60-61。王
　　文生〈詩言志〉一文中並藉此說明「詩言志」所提到的樂教，不同於禮教，因為

言志」以下則是描述樂教的方式；其中「詩言志」完全沒有提到作詩的
問題，更不用說是否為個別詩人自舒憤懣而形於言說歌詠，其次，「詩
言志」也無法單獨截取出來，而是必須與「歌永言，聲依永，律和聲」
連言，才能共同完成「八音克諧，無相奪倫，神人以和」的功效。換言
之，「詩、歌、聲、律」一體才能保證彼此在教導上的有效性。這樣看
來，〈詩大序〉「在心為志，發言為詩」所傳達的作詩意圖，似乎並不直
接出於〈虞書〉「詩言志」這段話，而《左傳》曾有所謂：

> 志以發言，言以出信，信以立志，參以定之。[18]
> 味以行氣，氣以實志，志以定言，言以出令。[19]

這兩句話不論是「志以發言」或「志以定言」，都是說明個人志意發而
為言論，但是明顯都不及於「詩」。《左傳》中另一則資料是：

> 詩以言志，志誣其上而公怨之，以為賓榮，其能久乎？[20]

這裡的「詩以言志」是指伯有賦詩〈鶉之賁賁〉，表達對於國君的誣蔑
怨忿，而「賦詩」固然出之以歌詠，[21] 但並非「（自）作詩」。如果既要

此處德行的培養是為了自我完善，並無預設處理人際關係的仁義禮學，參頁 238-
242。又蔡瑜〈從「興於詩」論李白詩詮釋的一個問題〉亦提及《尚書》的「詩言
志」是「用詩」，她認為自〈詩大序〉可見漢代以降「志」便與詩人結合，才使
「以群體之詩言志」轉換為「詩人自作詩以言志」，見《臺大中文學報》第 12 期
（2000 年 5 月），頁 12-13；但是本文認為〈詩大序〉中仍存在著雙方面糾結的痕
跡，並未明白即是「詩人自作詩以言志」，詳參下文討論。

18　引自楊伯峻《春秋左傳注》（臺北：源流，1982）襄公 27 年，頁 1131。
19　同前註，昭公 9 年，頁 1312。
20　《春秋左傳注》襄公 27 年，頁 1135。
21　何定生分辨「賦詩」之不同於「引詩」，在於「賦詩」必須行之於正式場合且是
以聲節之的吟詠，「引詩」相較於「賦詩」則更屬於言教，這可以顯示一個從樂
章到言語直接表達的自然趨向，見氏著《詩經新論》（臺北：臺灣商務，1968），
頁 26；又張素卿《左傳稱詩研究》第三章第一節亦針對《左傳》中「賦詩」是歌
詠的禮樂活動做出考察，見氏著《左傳稱詩研究》（臺北：國立臺灣大學出版委員
會，國立臺灣大學文史叢刊〔八九〕，1991），頁 51-78。

表達志意,又要及於「作詩」,同時與音樂歌詠相互關涉,那麼底下兩則資料也許更為合適:

> 聖人也者,道之管也。天下之道管是矣,百王之道一是矣,故詩書禮樂之歸是矣。詩言是其志也,書言是其事也,禮言是其行也,樂言是其和也,春秋言是其微也。故風之所以為不逐者,取是以節之也;小雅之所以為小雅者,取是而文之也;大雅之所以為大雅者,取是而光之也;頌之所以為至者,取是而通之者。天下之道畢是矣(《荀子‧儒效篇》)。22

> 故曰:樂者,樂也。君子樂得其道,小人樂得其欲。以道制欲,則樂而不亂;以欲忘道,則惑而不樂。是故君子反情以和其志,廣樂以成其教,樂行,則民鄉方,可以觀德矣。德者,性之端也;樂者,德之華也;金石絲竹,樂之器也。詩言其志也,歌詠其聲也,舞動其容也;三者本於心,然後樂器從之。是故情深而文明,氣盛而化神。和順積中而英華發外,唯樂不可以為偽(《禮記‧樂記》)。23

這兩則資料都明言「詩言是其志也」、「詩言其志也」,但是並非個別詩人的創作,「其」字特別指「聖人」24或樂道之「君子」,換言之,這些資料即使結合了「詩」、「言」、「志」三個元素,但也都不是一般普遍性的表情言志。其次,「詩」或者與其他經籍連言,或涵括在樂教之中(「反情以和其志,廣樂以成其教」),並未單獨談「詩」。至於〈儒效篇〉中區分「風」、「(大、小)雅」、「頌」來談《詩》,若與《左傳》所載季

22　引自梁啟雄《荀子柬釋‧儒效篇》(臺北:臺灣商務,1974),頁 86。
23　引自《禮記注疏‧樂記》卷 38,頁 682。
24　《荀子‧儒效篇》所謂「詩言是其志也」,承上文意,包括「天下之道管是矣」等三個「是」字,皆應指「聖人」。參李滌生《荀子集釋》(臺北:臺灣學生,1986),頁 143。

札觀樂一段相對照，像是季札以「廣哉，熙熙乎」評「大雅」之樂，如
同荀子所謂「光（廣也）之也」，以「至矣哉，直而不倨……」評「頌」
樂即荀子所言「頌之所以為至者……」，兩者明顯有相通之處，這也許
正可以說明〈儒效篇〉所談的《詩》仍然著重與「樂」相互為用。

　　針對上引〈樂記〉所謂「詩言其志也，歌詠其聲也，舞動其容
也」，孔穎達疏文中特別與〈詩大序〉加以對照，認為：

> 此云詩言其志，則詩序云詩者志之所之也；歌詠其聲，則詩序
> 云言之不足故嗟歎之，嗟歎之不足故詠歌之是也；舞動其容，
> 則詩序云詠歌之不足，則不知手之舞之足之蹈之是也。25

如果孔穎達是這樣聯繫起這兩段文字，除了說明〈詩大序〉意旨出自
〈樂記〉，同時也就可以避免孤立看待〈詩大序〉及其疏文所可能造成
的個別詩人自言其志的誤解；因為透過〈樂記〉來理解〈詩大序〉，則
詩、歌、舞皆必須在「樂得其道」的君子之志意中展開，而〈詩大序〉
「嗟歎永歌」至於「手舞足蹈」一段當然也必須還原到〈樂記〉中來看
待。〈樂記〉最末尾記載子貢問樂師乙，以自己的個性適合什麼樣的歌
曲，樂師乙並未直接回答這問題，反倒是提供「風」、「雅」、「頌」及
「商」（五帝之遺聲）、「齊」（三代之遺聲）讓子貢自己選擇，顯然這段
文字還是在樂教上著墨，於是最後總論聲歌所以能表現諸如「寬而靜、
柔而正」乃至於「有勇有義」的德行，是因為：

> 故歌之為言也，長言之也。說（悅）之，故言之；言之不足，
> 故長言之；長言不足，故嗟歎之；嗟歎之不足，故不知手之
> 舞之，足之蹈之也。26

〈樂記〉這裡明白論「長言之歌」及其透過嗟歎、舞蹈所一體形成的觀

25　引自《禮記注疏・樂記》卷 38，頁 683。
26　引自《禮記注疏・樂記》卷 39，頁 701-702。

樂知德的效應。而〈詩大序〉在截取時,遽以「情動於中而形於言」領頭,不但失去原本〈樂記〉強調的特定聲歌(如風、雅、頌)及其效應,讓詠歌、舞蹈不過成為一般語言表達的輔助,同時也與底下「治世之音安以樂」一段產生無法銜接的矛盾。〈詩大序〉在手舞足蹈後,接著這麼說:

> 情發於聲,聲成文謂之音。治世之音安以樂,其政和;亂世之
> 音怨以怒,其政乖;亡國之音哀以思,其民困。故正得失,動
> 天地,感鬼神,莫近於詩。

這段文字同樣出自〈樂記〉,而〈樂記〉這段文字後接著列舉五音錯亂所產生的鄭衛(亂世)之音、桑間濮上(亡國)之音為例,說明「聲音之道,與政通矣」;而這顯然與〈樂記〉原有「長歌舞蹈」一段所提引的風、雅、商、齊等五帝三代之遺音是可以相互對照的。〈詩大序〉的作者似乎既要維持屬於聖人、君子(或在上位之人君)制樂歌詩的精神,卻又在編著材料之間混雜另一個關於個別「言志」(如《左傳》所謂「志以發言」或「志以定言」)的不同系統,自然容易讓人覺得矛盾,而認為「對於個人感情的自然表現如何以及為何一定反映政治情況」,「並沒有給予邏輯的解釋」。[27]

　　就像〈樂記〉中樂師乙所說的,他只能提供五帝、三代之遺聲或風、雅之樂加以導引,樂教傳承的重點顯然不在各人個性的彰顯,或如何能在聲樂的美感元素中牽涉政教功能等邏輯推導,而在於就現存已有的音聲現象加以歸納,並建立合理(合「道」)的可供參照實踐之具體形式。〈樂記〉中大量載錄荀子〈樂論〉,而荀子對音樂的基本看法就是「夫民有好惡之情,而無喜怒之應,則亂。先王惡其亂也,故脩其行,

---

27　引自劉若愚(James J. Y. Liu)著,杜國清譯《中國文學理論》(*Chinese Theories of Literature*)(臺北:聯經,1981),第七章「大序的矛盾」一節,頁257。

正其樂，而天下順焉」；[28] 因此論樂不必遠溯原始，就從先王如何利用音樂來表達中和有節的喜怒開始，所謂「且樂者，先王之所以飾喜也；軍旅鈇鉞者，先王之所以飾怒也。先王喜怒皆得其齊焉。是故喜而天下和之，怒而暴亂畏之。先王之道，禮樂正其盛者也」。[29] 這裡「禮樂」連言，顯然將樂教落實在講究秩序的禮教中，所以荀子認為聽先王所制的雅頌之聲：

> （故聽其雅頌之聲）而志意得廣焉；執其干戚，習其俯仰屈伸，而容貌得莊焉；行其綴兆，要其節奏，而行列得正焉，進退得齊焉。[30]

〈樂記〉同樣引錄這段話，鄭玄註認為「行其綴兆」以下是談「舞者進退」，而孔穎達疏認為「執其干戚」是學習進退動止「必以禮」，[31] 換言之，禮樂舞一體的教化成效，是對於人從內（心志）到外（儀行）的完整教導。強調這種身心整體教導的資料，還有如：

> （子游曰）禮，有微情者，有以故興物者。……人喜則斯陶，陶斯詠，詠斯猶，猶斯舞，舞斯慍，慍斯戚，戚斯歎，歎斯辟，辟斯誦矣；品斯節，斯謂之禮（《禮記・檀公》下）。[32]

> 夫聲色五味，遠國珍怪，異奇物，足以變心易志，搖蕩精神，感動血氣者，不可勝計也。……凡人之性，心和欲得則樂，樂斯動，動斯蹈，蹈斯荡，荡斯歌，歌斯舞，舞則禽獸跳矣。[33]

28　引自《荀子東釋・樂論篇》，頁 285。
29　同前註，頁 283。
30　引自《荀子東釋・樂論篇》，頁 282-283。
31　參見《禮記注疏・樂記》卷 39，頁 701。
32　引自《禮記注疏・檀公》下，卷 9，頁 175。
33　本作「歌舞節則禽獸跳矣」，依據俞樾說法「歌字、節字皆衍文也」，參見《淮南鴻烈集解・本經訓》卷八（臺北：臺灣商務，1974），「歌舞節則禽獸跳矣」句下所引，頁 14b。

人之性，心有憂喪則悲，悲則哀，哀斯憤，憤斯怒，怒斯動，
動則手足不靜。人之性，有侵犯則怒，怒則血充，血充則氣
激，氣激則發怒，發怒則有所釋憾矣。故鐘鼓管簫，干鍼羽
旄，所以飾喜也；衰絰苴杖，哭誦有節，所以飾哀也；兵革
羽旄，金鼓斧鉞，所以飾怒也。必有其質，乃為之文（《淮南
子・本經訓》）。[34]

這兩則資料有一個共同點，就是對於人的心、性或情、志的變化應感，
採取身心內外全副的觀察，所以不論是憂（戚）、喜循環（如第一則資
料）或是細分樂、悲與怒（如第二則資料）等不同情緒反應，都同樣
引發血氣手足彼此牽動的具體反應。其次，正因為建立了關於「心」與
「身」細密牽動的反應模式，如「喜－陶－詠－舞」、「慍－戚－歎－
辟－誦」的交互對應與樂往哀來的變化，因此聖人的禮樂教化當然也
就必須針對這全副表現為施用範圍；而這顯然與上文所論，自〈虞書〉
「詩（言志）、歌（永言）、聲（依永）、律（和聲）」，至於〈樂記〉「詩
（言其志也）、歌（詠其聲也）、舞（動其容也）」等等一體為言的背景相
互應和。

　　於是，如果再回到本節一開頭所引〈詩大序〉「詩者，志之所之
也，……動於中而形於言，……不知手之舞之、足之蹈之也」這段話，
真正該提出的質疑，也許就不在於劉若愚先生所說的「對於個人感情
的自然表現如何以及為何一定反映政治情況」，「並沒有給予邏輯的解
釋」，反而應該懷疑〈詩大序〉作者在截取、編排如〈樂記〉、荀子〈樂
論〉或甚至〈虞書〉等資料時，為什麼完全沒有反映資料語境中禮樂歌
舞一體的教化意義，僅獨出「詩（言）」的地位；同時又為什麼〈詩大
序〉會將嗟歎詠歌、手舞足蹈編派為詩語的輔助，而明顯落失了在禮樂
教化下自然而然的中和有節之文質相和的身心樣態。

34　引自《淮南鴻烈集解・本經訓》卷 8，頁 14a-14b。

「六義」的用詩立場

楊儒賓在《儒家身體觀》系列研究中，從西周春秋時期「君子」的兩種修身法談起，一是「導血氣」，或稱「氣化身體觀」，一是「攝威儀」，或稱「社會化的身體觀」；前者可以孟子養氣盡心之術為代表，強調本心的自我提攜，後者以荀子「體知合一」的說法為代表，知識學問以禮義為主，因此強調四體動靜皆為禮義規範之顯現。[35] 如果對照前引《荀子・樂論》、《禮記・樂記》、〈檀弓〉乃至於《淮南子・本經訓》等資料對於容色姿儀的全副關注，可以說在樂教或禮樂教化背景下，強調詩歌舞容一體展現的身心樣態，其實也是強調群體性多過於自主性，而其中樂歌或詩語符合社會秩序規範，是這個背景下必然的要求。於是，〈詩大序〉在編排資料上的用心，也許可以這樣來揣測：其一，〈詩大序〉是否企圖在必須含帶的社會性之中（如「治世之音安以樂，其政和……」），加強某種個人的自主性，所以特別綰合《左傳》中「志以發言」的說法，擺脫聖人言志的《詩》及其與禮樂相成的儀典關係，使「在心為志，發言為詩」成為個人性表達的描述。其二，正因為是透過「言志」來凸顯自主性，因此禮（樂）教化下強調群體秩序感的身容威儀，相對之下退居輔佐語言表達、接受語言引領的位置。

換言之，從〈詩大序〉對於資料的刻意剪接或錯接，明顯可見所謂「自我（表達）」的產生，其實與資料出處原本充滿社會性的語境，有著某種程度的拉鋸或歧異，這既不是透過「個性」去同情體會「社會性」這麼順勢自然可以解決的事，[36] 似乎也不是單純呈現個人與社會公眾意志兩種發展可能而已，因為個人志意在「詩言志」這種「整體的社會公眾意志」的表達體系中，並不是這麼簡單可以產生的事。[37] 這個情況在

---

35 詳參《儒家身體觀》（臺北：中央研究院中國文哲研究所籌備處，1996）第一章〈儒家身體觀的原型──以孟子踐形觀及荀子的禮義身體觀為核心〉，頁 27-83。

36 見前註 10，徐復觀〈傳統文學思想中詩的個性與社會性問題〉一文。

37 蔡英俊認為透過〈詩大序〉所談的「詩言志」意指「簡單的以語言表現個人情思

〈詩大序〉接著處理「六義」問題時又再次發生。先看〈詩大序〉這段
話：

> 故詩有六義焉：一曰風，二曰賦，三曰比，四曰興，五曰雅，
> 六曰頌。上以風化下，下以風刺上，主文而譎諫，言之者無
> 罪，聞之者足以戒，故曰風。至於王道衰，禮義廢，政教失，
> 國異政，家殊俗，而變風、變雅作矣。國史明乎得失之跡，傷
> 人倫之廢，哀刑政之苛，吟詠情性，以風其上，達於事變而懷
> 其舊俗者也。

孔穎達疏引《周禮》〈春官・大師〉之「六詩」，認為與此之「六義」
是「各自為文，其實一也」；並以鄭玄註「六詩」之內容來解釋「六
義」。[38] 暫且先不談鄭玄「六詩」註，只是若二者為一，為何或稱「六
詩」或稱「六義」？〈春官・大師〉原文曰：

> 大師掌六律六同以合陰陽之聲，……教六詩：曰風，曰賦，曰
> 比，曰興，曰雅，曰頌。以六德為之本，以六律為之音。大祭
> 祀，帥瞽登歌，令奏擊拊。[39]

而後文〈春官・小師〉部分，還提到「掌九德、六詩之歌，以役大
師」。[40] 大師、小師及其所率領的瞽者們皆周王朝之樂官，[41]〈大師〉這
段文字描述重要祭典時由大師率領瞽者歌詩奏樂的情況。而「六詩」既

或複雜的以藝術媒介表達整體的社會公眾意志」，見《比興、物色與情景交融》，
頁二四；但針對資料考察結果，個人情思如何從當時語境中認定的「表達整體的
社會公眾意志」的詩歌舞樂中凸顯出來才是複雜而後起的問題。

38　參見《毛詩注疏》卷 1-1，頁 15。

39　《周禮注疏》卷 23，頁 354-356。

40　同前註，頁 358。

41　《周禮注疏》卷 17〈春官・宗伯第三〉敘及各種官職，其中「大師，下大夫二
人，小師，上士四人，瞽矇，上瞽四人，中瞽百人，下瞽百有六十人……，頁
262。

然又稱「六詩之歌」，顯然在《周禮》的資料語境中，詩的音樂性重於
語言性，因此「風」至於「頌」的個別解釋也應該不離音樂性的基本
要求。其中「風」、「雅」、「頌」，如前引《左傳》「季札觀樂」至於《荀
子・儒效篇》皆可見以樂歌形態出現的長遠背景，而「賦」早有歌以詠
之的「賦詩」行為，至於此處之「比」暫無相關的涉及音樂性的資料，
但既從屬於「六詩之歌」，想必原亦為樂歌形式之一，[42] 而「興」，《周禮》
〈春官・大司樂〉曾談到：

> 以樂德教國子，中、和、祇、庸、孝、友；以樂語教國子，
> 興、道、諷、誦、言、語；以樂舞教國子，舞雲門、大卷、大
> 咸、⋯⋯。[43]

這裡以「興」為六種樂語之首，陳世驤先生認為「興」應是指「有音樂
伴奏的朗誦技巧，有時帶著祭祀情調，意味著舞誦的起步」。[44]

　　陳世驤先生更因此認為「興」與抒情入樂的詩歌之萌現，有重要關
係；他從字源上追溯，採用商承祚、郭沫若先生的說法，認為「興」字
像四手合托一物，或群眾合舉一物尚能遊旋，而「興」音因此是擬聲，
為合力勞動者發出的邪許之聲。後來合群的勞動漸化為聯繫的遊樂，配
合集體的音樂和舞蹈，「領唱者」不斷順著原有主題加以擴大，發出更
多相關恰當的語言，「此即原始民歌的根本」。[45] 陳世驤先生「原興」的
研究，可以說不但補充了「六詩」原有的音樂性，同時對於詩、舞、樂
一體的背景提供了更遠古的可以經驗的想像。然而，這由「興」音擬聲
所推出的勞動邪許之聲是否一定就是詩歌（尤其是抒情入樂之詩）產生
的源頭，《淮南子・道應訓》記載戰國翟煎與魏惠王的一段對話，也許
可以提供另外的想法。當時惠施為惠王制定好國家法制，惠王拿給翟煎

42　《詩言志辨・比興》：「『比』原來大概也是樂歌名」，頁 83。
43　《周禮注疏》卷 22，頁 337。
44　〈原興〉，頁 233-234。
45　同前註，頁 235-241。

看，翟煎說很好，但是不可行，惠王不解，翟煎回答說：

> 今夫舉大木者，前呼邪許，後亦應之，此舉重勸力之歌也。豈
> 無鄭衛激楚之音哉？然而不用者，不若此其宜也。[46]

邪許之聲與鄭衛之音在此並比而論，顯然沒有產生時間的先後之分，
亦即，縱使「興」之字源即此舉重勸力之歌，也只能說是聲歌之一種，
卻無法證明即是抒情詩遠古之源頭。其次，這段話之後，有論曰「治國
在禮，[47]不在文辯」，翟煎引歌為喻，重點因此在於文飾繁簡之別，認為
法度以合宜適用為上，繁複的法令規章看似完善反而不切實用，而〈道
應訓〉將兩種聲歌都放到「禮」的基準點考量，若用以解釋《周禮》中
「六詩」之「興」，反而比較切合當時禮樂教化的背景。

　　誠如陳世驤先生自己所言，「興」字從邪許之聲到抒情歌詩，這中
間的過程「也許連高度文明的周人都不容易想像其間種種的變遷」，[48]
更何況面對已經形成由大師帶領詠唱於祭祀典禮中的「六詩之歌」，又
如何能透過勞動呼喊加以完全體會？而除了一方面是能否呼應《周禮》
「六詩」的資料語境，另一方面，陳世驤先生似乎也不去處理「六詩」
改稱為「六義」的語境，僅視之為經學家們解經的專門術語。[49]關於
這稱名上的轉變，朱自清先生倒認為有更重大的意義：「風、賦、比、
興、雅、頌似乎原來都是樂歌的名稱，合言六詩，正是以聲為用，詩大
序改為六義，便是以義為用了。」[50]而重聲、重義即相應於詩、樂分家，
朱自清先生認為從孔子時代便開始偏重詩義，到孟子時，詩、樂已完全
分家，從荀子直到漢人引詩，都是繼承這個「以義為用」的傳統。[51]這

46　引自《淮南鴻烈集解・道應訓》卷 12，頁 2b-3a。
47　原作「有禮」，王念孫認為與「不在文辯」相對，應作「在禮」，見集解所引，頁
　　3a。
48　〈原興〉，頁 241。
49　同前註，頁 230-231。
50　《詩言志辨・比興》，頁 81。
51　同前註，頁 22、129。

說法自然同時提示了樂教與詩教必有不同之處。前文從「詩言志」以下
的樂教（或如荀子稱禮樂）背景，強調聲歌舞容對於身心全副的符合社
會目的之塑造規範，至於「六義」所在的〈詩大序〉若重在語義之用，
究竟該如何「用詩」，又是否會達成什麼不一樣的效果？朱自清先生在
此引錄《禮記・經解篇》開頭孔穎達關於「六經之教」的一段疏文來加
以分辨：

> 然詩為樂章，詩樂是一，而教別者：若以聲音干戚以教人，
> 是樂教也；若以詩辭美刺諷諭以教人，是詩教也。此為政以教
> 民，故有六經。[52]

朱自清先生引用〈詩大序〉「下以風刺上，主文而譎諫，言之者無罪，
聞之者足以戒」來解釋所謂「詩辭美刺諷諭」。[53] 如果進一步說明，「以
義為用」的詩教，明顯強調詩作的語義設計多過於語言的音聲節奏，這
連帶也就不僅是現成取用詩作，而是指向詩作被提出時的策略運作。關
於這個面向，在〈詩大序〉的注疏中都有提及，但是也都明顯出現與樂
教拉鋸的痕跡。例如：

> 風化、風刺，皆謂譬喻不斥言也。主文，主與樂之宮商相應
> 也。譎諫，詠歌依違不直諫。（注）……詩皆人臣作之以諫
> 君，然後人君用之以化下。……聲既成形，須依聲而作詩，故
> 後之作詩者，皆主應於樂文也。（疏）[54]

> 國史傷此人倫之廢棄，哀此刑政之苛虐，哀傷之志，鬱積於
> 內，乃吟詠己之情性，以風刺其上。……然則凡是臣民皆得風
> 刺，不必要其國史所為，此文特言國史者，鄭（玄）答張逸云

52　引自《禮記注疏・經解篇》卷 50，頁 845。
53　《詩言志辨・詩教》，頁 128、133。
54　《毛詩注疏》卷 1-1，頁 16。

「國史采眾詩時，明其好惡，令瞽矇歌之。其無作主，皆國史
主之，令可歌」。……言明其好惡令瞽矇歌之，是國史選取善
者，始付樂官也。（疏）55

前一段注疏是針對「上以風化下，下以風刺上，主文而譎諫，言之者
無罪，聞之者足以戒」，孔疏指出諫君作詩者為「人臣」，但鄭註未明
言「譬喻不斥言」是否即自作詩；不過，針對「主文而譎諫」的解釋卻
都又從語義設計上的譬喻轉回到語音表現上的「與樂之宮商相應」。朱
自清先生不同意鄭註，而採用朱子「主於文辭」的說法，56 當是極力要
拉回詩教上頭，但也因此沒有看到〈詩大序〉在樂教、詩教間的徘徊。
鄭玄、孔穎達在用聲、用義上的反覆，正反映出〈詩大序〉文本糾纏著
樂教、詩教不同的背景環境，譬如第二則疏文針對「國史」的討論，孔
穎達一方面認為〈詩大序〉所謂「吟詠情性，以風其上」不必為國史所
為，所有臣民皆可吟詠一己之情性，但是一方面又徵引鄭玄說法，認為
國史才可以采眾詩、辨善惡，最後並交由瞽矇詠歌，達成樂教效應，這
明顯就又回到《周禮》中由大師率瞽者登歌奏樂的「六詩」背景。

　　而從孔疏一再極力指明透過「六義」的諷諫應該可以是臣民自作
詩，似乎認為〈詩大序〉將「六詩」改稱「六義」，不只是希望呈現自
孔子以來「以義為用」的詩教背景，同時也在論詩上企圖強化吟詠情
性的個人自主性。這連帶牽涉的問題是，在樂教的施行上如果必須由國
史選擇詩篇、由大師率領詠歌，那麼，在詩教這方面，個人的自主性展
現在何處？如果從〈詩大序〉「在心為志，發言為詩。情動於中而形於
言……」或者「吟詠情性，以風其上」等字面描述來看，很自然可以
推出「個人情感的激發是決定詩歌創作的根本動力」，57 或者進一步如高

55　同前註，頁 17。
56　《詩言志辨・詩教》，頁 142，註 2。
57　引號內為蔡英俊根據〈詩大序〉「在心為志，發言為詩。情動於中而形於言」的解
　　釋，見《比興、物色與情景交融》，頁二四。

友工先生將「詩言志」置入中國「抒情傳統」精神中來解釋，認為是從「以語言表達個人願望」的簡單觀念發展為「以藝術媒介整體地表現個人的心志與人格」，並認為「言志」傳統的核心意義是在個人心境中實現他的理想，這種理想就「抒情」一義來看，「顯然是一個自然、自足、自得、自在精神的實現」。[58] 不論認為「詩言志」是以「個人情感的激發」決定詩歌創作，或是「以藝術媒介整體地表現個人的心志與人格」，這些說法由初始的感發到最後表現完成，都極力強調創作是作詩者的一種自我滿足，一種沒有實利性目的的自我實現（甚至只要在個人內心實現）。但是若回到〈詩大序〉原文，前面雖然說「情動於中而形於言」，但是後面又說到「吟詠情性」是為了「以風其上」；雖然強調在語言運作上的自主性，但是「主文」的目的就是「譎諫」，而「言之者」希望可以「無罪」，並促使「聞之者足以戒」，顯然語言運作是充滿對現實的關注，甚至是企圖具有社會實踐性，而不必是「一個自然、自足、自得、自在精神的實現」而已。於是再回頭看看孔穎達所以引鄭玄註「六詩」來解釋〈詩大序〉的「六義」，其實就正因為鄭玄的說法最能呼應改稱為「六義」的用心。鄭註如下：

> 風，言聖賢治道之遺化也；賦之言鋪，直鋪陳今之政教善惡；比，見今之失，不敢斥言，取比類以言之；興，見今之美，嫌於媚諛，取善事以喻勸之；雅，正也，言今之正者，以為後世法；頌之言誦也、容也，誦今之德，廣以美之。[59]

這裡無論是說古道今或加上褒貶美刺，都已經是站在「以義為用」的詩教立場，而刻意捨離了「六詩」原有的樂教背景；同時，由關注政教善惡出發的美刺比喻，進而希望建立歷史性鑑戒的法式，也明顯將詩教引

58　詳見高友工〈文學研究的美學問題〉，收入李正治主編《政府遷臺以來文學研究理論及方法之探索》（臺北：臺灣學生，1988），括號內文字見頁 213-214。

59　引自《周禮注疏》卷 23〈春官・大師〉，頁 356。又見《毛詩注疏》卷 1-1，頁 15。

向目的性、策略性的語言運用。鄭註針對「六詩」的說解,卻如此合於〈詩大序〉文本編錄當時所企圖彰顯的實效性「用義」的言說方式,鄭註也許可能在某種程度上就受到了〈詩大序〉的影響。[60]

而〈詩大序〉既列於《毛傳‧關雎》題下,於分論各篇之前,總說「詩之綱領」[61](後文會細說這應該是指「詩用」之綱領),當可代序《毛傳》論詩的立場;當然,針對這種具實用目的之「用義」方式,最為後代爭論不已的就是鄭箋及其所根據的《毛傳》在解詩時的種種穿鑿附會。本文不在於辨析這些個別說解的是非,反倒想藉由《毛傳》的實際操作,去追溯〈詩大序〉提出這「六義」──尤其是比、興的用言方式,可能從何而來,進而為所謂「言志」(或高友工先生所說更廣義的「抒情精神」)找到一種同時具有實際目的與運作自主性的語言操作模式。朱自清先生曾援引《左傳》中賦詩、引詩之取義與《毛傳》相合的五篇(〈湛露〉、〈鴻雁〉、〈黍苗〉、〈葛藟〉、〈桑柔〉)加以證明,《毛傳》說詩明顯受到《左傳》的影響,並因此為毛、鄭解詩的支離附和找出原因:

> 春秋時賦詩引詩,是即景生情的;在彼此晤對的背景之下,儘
> 管斷章取義,還是親切易曉。但毛詩一律用賦詩引詩的方法,
> 卻沒了那背景,所以有時便令人覺得無中生有了。[62]

朱自清先生認為是失去了晤對的背景,所以無法讓人身歷其境的領會,也就是說賦詩引詩牽涉了說話當時的事件形勢與對話情境,詩語置放在那樣的時空人事之下,才有它該有的意義。[63] 但是朱先生並未進一步探

60　朱自清曾針對鄭註言「比」:「比,見今之失,不敢斥言,取比類以言之」,認為是演述〈詩大序〉「主文而譎諫」之意,見《詩言志辨‧比興》,頁84;但本文則從「六詩」鄭註與〈詩大序〉在論詩立場上的相一致來討論。

61　孔疏「(分篇)諸序皆一篇之義,但詩理深廣,此為篇端,故以詩之大綱並舉於此」,見《毛詩注疏》卷1-1,頁12。

62　引自《詩言志辨‧比興》,頁70。

63　張素卿《左傳稱詩研究》曾經分別賦詩斷章以合於「事境」為主,引詩取義則是

討《毛傳》既不處在賦詩引詩的背景中，採取如出一轍的「斷章取義」之方式，究竟在論詩上呈現出什麼樣的立場？如果從「斷章取義」這個共同點來看，《毛傳》出自賦詩引詩的解詩手法，第一個便利是同樣都不必考慮詩篇在未被引用或解說前，是否有「原意」的問題；其次，當然也都不必定要確切考證出作者本意或引詩、解詩時是否合於作者本意的問題。這其實等於明白宣告，就是「用詩」而不是「作詩」的立場，讓「斷章取義」變得合法，也因此保證了「用詩者」運用詩語以構顯新義的自主性。

於是〈詩大序〉既然可以視為《毛傳》解詩的總綱，從《毛傳》與《左傳》賦、引詩相同的立場，重看所謂「情動於中而形於言」、「吟詠情性，以風其上」，就應該與「主文而譎諫，言之者無罪，聞之者足以戒」，相互照應，譎諫的發言者也可以是「用詩者」，感動發詠就不必然一定要「自作詩」，也可能是如同賦詩引詩一樣，發言者的志意情感就透過斷章借用，轉化出符合諷諫對象的新義與實際用途。《詩》三百裡固然也出現極少數作者自道的現象，[64] 但是〈詩大序〉所反映的其實是自春秋以來即已開啟的更為廣遠、普遍的用詩實況。[65] 換言之，不必是

配合「語境」，對於賦詩引詩時詩句的意義乃直接與事件情勢、雙方言辭有關，提出具體說明；不過她認為解詩以合於「詩境」為主，要求章、句解釋統合成完整之「志」的表達，似乎認為一首詩該有它「原有」的詩旨、詩境（所以賦詩引詩是暫時脫離原有的詩旨、詩境），若從朱自清先生的說法，《毛傳》解詩根本採取《左傳》賦詩引詩的斷章取義，那麼解詩與賦詩、引詩之間是否適合以依違「原有詩旨、詩境」作分別，應該可以再討論。詳見頁106-109、158-159。

64　如〈小雅・節南山〉「家父作誦」、〈小雅・巷伯〉「寺人孟子，作為此詩」、〈大雅・崧高〉「吉甫作誦」、〈大雅・烝民〉亦出現「吉甫作誦」等。

65　以《左傳》為例，張素卿《左傳稱詩研究》附錄1、2共檢索出賦詩36例、引詩139例，頁261-288；而如本文之前所辨析，《左傳》中看似由個人志意發而為言論的「志以發言」或「志以定言」，根本都不是指作詩。而關於「用詩」，顏崑陽先生有「中國詩用學」系列專論，認為中國自先秦至於兩漢種種詩歌活動，都不是詩人自我抒情或批評家個人純學術研究，而是社會上某一階層「普遍地反覆在操作而又自覺其價值的模式化行為」，「詩」是這種社會行為的特殊媒介，詩文本雖已寫定，但從形式到內涵都可以做開放性的解釋運用，而透過這集體建構，形

「自作詩」,「用詩」就可以擁有語言運作的自主性。這個「用詩」的面
向,會讓人重新思考〈詩大序〉的定位問題。歷來因為區分大、小序,
而沿用〈詩大序〉的稱呼,似乎讓人誤以為這單純是探求「詩」(尤其
不將它當作是針對《詩》)的本質或美典的一篇詩論,卻忘了它與分論
各篇的小序不同,它作為《毛(詩)傳》的總綱,固然無法不談「詩」
之所以為「詩」,但作為〈毛詩序〉,更使這篇文字成為解詩的立場說明
(不論作者為誰,都不能否認它置於《毛傳》之前的作用),更進一步,
也許其中所謂「六義」可以說是為「用詩」(而不是如何作詩)提出一
套法則。其實出現在《左傳》文公七年關於「比」的一段記載,最可以
支持這種看法:

> 昭公將去群公子,樂豫曰:「不可。公族,公室枝葉也;若去
> 之,則本根無所庇蔭矣。葛藟猶能庇其本根,故君子以為比,
> 況國君手?此諺所謂『庇焉而縱尋斧焉』者也」[66]

樂豫這裡引《詩》〈王風・葛藟〉篇以勸諫宋昭公勿殺公族;《毛傳》就
直接採用這個喻意來作(小)序、傳:

> 葛藟,王族刺平王也。周室道衰,棄其九族焉。(序)

成了一套以「情境連類」為規則的符號體系;本文也認為要詮釋〈詩大序〉的論
述所以存在的空間,透過「用詩」的角度方才合宜,而針對賦詩引詩以「情境連
類」為規則的符號體系,本文則希望從作為一種宇宙觀或認知世界的常識常理這
角度,重新將〈詩大序〉安放在更廣遠的中國人固有的思維形態中加以考察。顏
先生相關論文包括〈論詩歌文化中的託喻觀念〉(《第三屆魏晉南北朝文學與思想
學術研討會論文集》〔臺北:文津,1997〕,頁211-253),以及「中國詩用學」三
論:〈論唐代「集體意識詩用」的社會文化行為現象〉(《第四屆唐代文化學術研討
會論文集》〔臺南:國立成功大學教務處出版組,1999〕,頁27-68)、〈論先秦「詩
社會文化行為」所展現的「詮釋範型」意義〉(《儒道學術國際研討會:先秦論文
集》〔臺北:國立臺灣師範大學國文系,2002〕,頁171-191)、〈從詩大序論儒系詩
學的體用觀〉(宣讀於國立政治大學中文系主辦「第四屆漢代文學與思想學術討論
會」,2002年5月)等。
66　引自《春秋左傳注》,頁556-557。

（詩句「綿綿葛藟，在河之滸」）興也，綿綿，長不絕之貌，水

崖曰滸。（「終遠兄弟，謂他人父」）兄弟知道已相遠矣。[67]

前文曾提及「六詩」中之「比」尚未找到關於音樂性的資料，而《左傳》這則記載卻顯然是轉換為「詩教」（「以義為用」）之「六義」後，最直接、首見的關於「比」的資料；同時在相同取義下，《毛傳》標葛藟為「興」詩，似乎《左傳》所稱之「比」（作為譬喻），在《毛傳》則稱為「興」，也為「興」如何由「六詩」（樂語之一）流向「六義」（美刺之用，「王族刺平王也」）提供一個與「比」合流的可能性。[68] 而用相同詩例，卻可以諷刺不同事件（或宋昭公或周平王），可見「用詩」不在追究原詩意指、原作者初衷，而重在提出切合「詩」與「事」之間的一種關聯性。從《左傳》文公七年這則例證看來，這關聯性還必須是可以被理解的（即使不必然被接受），所以樂豫說「葛藟猶能庇其本根，故君子以為比」，《左傳》中常託名「君子」引詩以評論人物或史事，[69] 可見當時或之前早有對於〈葛藟〉藉植物喻庇蔭的說法出現；而樂豫接著又補上一句俗諺「庇焉而縱尋斧焉」來加強喻意，這同時也顯示，「用詩」的方法中可以有「比」這一項，但其實不必然僅僅屬於「用詩」，還可以包含運用其他為人熟悉、容易理解的世俗成說。

前段提及從「引詩為比」這角度看春秋以來「用詩」的狀況，可以

---

67 《毛詩注疏》卷 4-1，頁 152。

68 朱自清先生僅是用以對照《左傳》、《毛傳》的相似之處，並分辨《左傳》的「比」是譬喻，《毛傳》的「興」應兼有發端之意，見《詩言志辨·比興》，頁 69。而徐復觀先生引證《左傳》此則資料後，卻以春秋時代未曾將賦比興連言，又因為《毛傳》以葛藟為「興」（而非「比」），而認為「毛公這一系統之所謂比，乃直接由三百篇中所用的廣泛譬喻中歸納而得，並非先秦言詩者的通說」；其未能針對《毛傳》取用《左傳》引詩之「比」的重要性，聯繫出「比」、「興」轉向「以義為用」的詩教過程，殊為可惜。徐說見〈西漢文學論略〉，《中國文學論集》，頁 357。

69 張素卿《左傳稱詩研究》談到《左傳》中託名「君子」評論史事、人物的情況，引詩部分就有三六則、五十句之多，參見頁 143-149。

發現「興」轉換為「六義」(而非「六詩」)之一,在一開始與「比」似無分別。其實不只是《毛傳》當中將《左傳》之「比」稱為「興」,針對孔子所謂「詩可以興」,西漢的孔安國就直接釋為「引譬連類」,而邢昺疏曰:

> 詩可以興者也,……詩可以令人能引譬連類,以為比興也。[70]

「引譬連類」,其實就是比類、比譬,邢昺直接將「比興」連言,正解釋了孔安國所謂「引譬連類」也是視「興」如「比」。而孔穎達釋〈詩大序〉「六義」之「興」,就融合了孔安國的說法:

> 興者,起也,取譬引類,起發己心,詩文諸舉草木鳥獸以見意者,皆興辭也。[71]

這裡他用的「取譬引類」,是指「作詩」時藉草木鳥獸來譬類,但是之前他解釋「比」為「諸言如者皆比辭也」,卻是針對解詩、用詩的方法,如其進一步用「比顯而興隱,……毛傳特言興也,為其理隱故也」,來強加區分;但按照朱自清先生曾做的考察,《毛傳》標「興」詩,註文根本就用「如」、「若」、「猶」、「喻」等字眼,換言之,《毛傳》明明以「興」就是譬喻。[72]〈詩大序〉雖未針對「比興」作解釋,但是從《毛傳》的具體實踐來看,這由「引譬連類」所籠罩的「解詩」、「用詩」乃至於如孔穎達一再強調的臣民「自作詩」的方式,似乎自春秋「引詩為比」以來,下至於漢、唐注疏,幾乎已經形成了一種論詩(不管是論作詩或用詩)的核心,這不禁讓人重新思考:與其糾纏在後來人言言殊的比、興如何分別的論述中,不如認真探索譬類法則為何如此共通普遍(甚至如《左傳》文公七年之例,還擴及可引以為喻的俗諺成

70　引自《論語注疏》卷17,頁156。
71　見《毛詩注疏》卷1-1,頁15。
72　見《詩言志辨・比興》,頁54-55。

說），而這會不會讓人發現〈詩大序〉牽涉在另一個更深廣的詩學背景中？

「引譬連類」的世界觀

葉舒憲在〈詩可以興──神話思維與詩國文化〉中就認為「引譬連類」普遍表現在先秦時代的引詩、用詩（如《論語》、《左傳》、《國語》中所載），其實已經不只是一種關於解釋或寫作詩歌的技巧，而成為一種論證推理的方式，孔子所謂「不學詩，無以言」結合「詩可以興」的意思，是指「不從詩歌學習引譬連類的聯想方式，就不能具備在正式場合中論說發言的權力」；換言之，「詩可以興」並非文學批評的命題，而是為了實用，「希望人們能夠從中學到主觀聯想式的推理方式和表達方式」，從這角度看來，《詩》不是後來所認為的藝術品，而是當作「類比思維」的符號典範。[73] 而自先秦至於兩漢，引譬連類作為認識、推理的方法已廣為流行，同時不限於引詩，葉舒憲先生特別舉《淮南子》為例，認為這部百科全書式的著作，正是依賴類比認知法，將宇宙事物統合成一個有機體。[74] 而葉先生這篇文章的重心其實是藉由《淮南子》中無所不至的譬類推理法，與神話思維中的變形類比串聯一氣，再加上中國古代有盲詩人傳統，如前文引及《周禮》中歌「六詩」的瞽矇樂官，他認為這些樂官在樂教中的作用相似於可以直接體驗神祕經驗的巫師，兩者分別在神話時代及後神話時代都擔任行使法典的工作。而後來知識分子傳承這熟悉的類比推理的方式，出現引詩、用詩乃至於引用成語俗諺、故事傳說等等，其實都是在利用這些「勿須求證的公理性質的往古遺產」，希望達成像是傳布智慧法典的功能。[75]

73　〈詩可以興──神話思維與詩國文化〉，收入氏著《詩經的文化闡釋：中國詩歌的發生研究》（武漢：湖北人民，1994），頁 391-438；括號內文字引自頁 413。
74　同前註，頁 414-415。
75　此處乃濃縮葉先生看法，見〈詩可以興〉，頁 417-424；又詳見同書另篇〈瞽誦詩

　　葉先生的興趣明顯在於呈現譬類推理法與神話思維如何一脈共生，又從而流傳為秦漢以來知識分子認識世界的方式。然而，本文的思考重點是在於，如果〈詩大序〉就在這個譬類成風的世界觀之中，而作為「抒情傳統」的源頭之一，譬類方式究竟會在什麼切點上參與了「抒情傳統」的建構？《毛傳》〈豳風・七月〉中「春日遲遲，採蘩祁祁。女心傷悲，殆及公子同歸」句下所註，也許可以提供線索：

> 遲遲，舒緩也。蘩，白蒿也，所以生蠶。祁祁，眾多也。傷悲，感事苦也。「春女悲，秋士悲」，感其物化也。殆，始；及，與也。豳公子躬率其民，同時出同時歸也。[76]

其中最值得注意的就是錄自《淮南子・謬稱訓》這段引文，原文如下：

> 春女思，秋士悲，而知物化矣；號而哭，嘰而哀，而知聲動矣；容貌顏色，詘伸俛仰，知情偽矣。故聖人栗栗乎其內而至乎至極矣。[77]

漢末高誘註「春女思，秋士悲」為「春女感陽則思，秋士見陰而悲」，與鄭箋所謂「春女感陽氣而思男，秋士感陰氣而思女」又何其相似。當然貫穿其中的是兩漢盛行的陰陽氣化論，〈謬稱訓〉這幾句話，正是藉諸時節與人情的「憑氣感應」，來類比人（尤其聖人）必須謹慎於個人情變與聲容的內外呼應。當《毛傳》乃至《鄭箋》借「春女思，秋士悲」來解釋採蘩女之傷春，固然是將自然與人情相類比；但從這是出自像百科全書一般輯錄起來的《淮南子》，《毛傳》的說法未嘗不能說是在類比一種已經像俗諺成說、常情常理般的普遍知識。[78]

　　——聲曚文化與中國詩的產生〉，頁 244-349。
76　引自《毛詩注疏》卷 8-1，頁 281。
77　引自《淮南鴻烈集解》卷 10，頁 9b。
78　龔鵬程〈從呂氏春秋到文心雕龍——自然氣感與抒情自我〉一文可以說是首先提出漢人的「氣類感應」已經正視「情」，而早就推出了「感性主體」，由於有這樣

　　換言之，「傷春悲秋」會不會就是用詩或作詩時熟悉上手的知識成說？這個假設可能牽涉的是「抒情傳統」中因著「比興」討論而來的「情—景」議題。歷來「抒情傳統」的研究者不論從《詩經》的「比興」來推演「情景交融」的理論發展，或是從〈古詩十九首〉至於陸機〈文賦〉描繪出漢末以來「歎逝」的抒情主題；或是透過暮春修禊的〈蘭亭集序〉敷演貫穿時空的共存意識，[79] 其實都不出「斯四候之感諸詩者也」[80] 的根本論題，同時，這些研究也都從作詩角度出發，探討創作者在自然萬象中是如何體切地興感詠懷。但是，如果自春秋至於兩漢是如此盛行著「引譬連類」的認識世界的方式，早先關於這「情－景」或說是人（物）與四時的類應層面的累積共識，是否也影響後來「感物」、「歎逝」的書寫？在《淮南子》總論全書各篇要旨的〈要略〉中有句話說：「言天地四時而不引譬援類，則不知精微」，這是針對〈覽冥訓〉而言，所以另一段文字更仔細說到：

　　的抒情感受，「才可能出現古詩十九首這個我國抒情傳統的歷史起點」，收入中國古典文學研究會主編《文心雕龍綜論》（臺北：臺灣學生，1988），頁 313-345。不過從「氣類感應」到人與自然萬物的交接，就傾向個人情意的表現，吐露濃厚激情與感傷，則似乎是站在漢末以降（個我）抒情主體的立場去規範之前漢人的看法，譬如《淮南子・謬稱訓》「春女思，秋士悲」，龔文認為「四季氣化流行的自然，本來就提供了一個人情思抒發感興的場域」（頁 326），但本文則認為，若從輯錄俗諺民風的角度而言，傷春悲秋很可能是由一種自然常識而不必是由個我感興去把握的，因此，下文從援引《淮南子》的角度來談毛、鄭註詩如何根據常識加以類比。而王靖獻（楊牧）〈國風的草木詩學〉中則直接從〈七月〉文本談到「在這首詩裡，草木五穀的出現與月份季節共推移，而且每種植物的出現並不為了襯托那首詩，更由於草木五穀必須按季候準確地提出，詩人甚至要犧牲詩章聲韻的完整來遷就」，而這就是「賦」不同於藉助草木來襯托點綴的「比」、「興」詩之處；這論點中強調「賦」的特色是為了呈現植物存在的事實，而不是為了詩藝的需要，其實與本文企圖說明抒情詩的源頭應當也包含知識名物系統有相合之處，不過是否僅有「賦」詩如此，「比」、「興」詩的創作是否也須藉助常識類比，而一樣有必須配合事實的描述，則可以再討論，引自《失去的樂土》（臺北：洪範，2002），頁 210-212。

79　分別為蔡英俊、呂正惠、張淑香的說法，詳見註五。

80　語出鍾嶸〈詩品〉序「若乃春風春鳥，秋月秋蟬，夏雲暑雨，冬月祁寒，斯四候之感諸詩者也」，引自曹旭《詩品集注》（上海：上海古籍，1996），頁 47。

覽冥者,所以言至精之通九天也;至微之淪無形也;純粹之入
至清也;昭昭之通冥冥也。乃始攬物引類,⋯⋯物之可以喻意
象形者,乃以穿通窒滯,決瀆壅塞,引人之意繫之無極;乃以
明物類之感,同氣之應,陰陽之合,形埒之朕,所以令人遠觀
博見者也。[81]

所謂「引譬援類」或「喻意象形」的構想或書寫方式,其實不只是〈覽
冥訓〉如此,其他諸如〈謬稱訓〉「假象取耦,以相譬喻」、〈詮言訓〉
「譬類人事之旨,解喻治亂之體」、〈說林訓〉「假譬取象,異類殊形,以
領理人之意⋯⋯」等亦採取「假譬取象」的推論方式;[82] 而這些在後代
文學修辭論視為作者隨變適應的引喻、譬類的手法,在這部代表漢初思
想之大結集的《淮南子》[83] 書中,卻原是用以和合陰陽變化、貫通天地
萬物乃至於被視為得以掌握宇宙精微的方式。如果這表示用在文學書寫
中的引喻、譬類,其根本實涵括於一個固有的世界觀、宇宙觀,那麼,
不論是「天-人」、「時-事(物)」、「物-我」之間必然早就有相互繫
聯、建構好的檔案紀錄。

　　徐復觀先生曾經分別引錄「正月(孟春)」一段,比較自《夏小
正》、《周書・時訓》、《呂氏春秋・孟春紀首》至於《淮南子・時則訓》
等書在節候萬物描寫上的差異,並標示其間的發展是由單純的紀錄轉
至於政治用途,即逐漸由關涉農業活動轉到與政治災異的關聯;同時也
因為發展了鄒衍的陰陽五德說,原本僅僅與時令、農業相關的事物被記
錄,後來則是納入生存世界中出現的種種事物,且編入陰陽五行所支配
的世界,徐先生曾批評這樣的宇宙觀、世界觀是:「憑藉聯想,而牽強

81　引自《淮南鴻烈集解・要略》卷 21,頁 2b。
82　同前註,分見頁 3b、4a、4b。
83　徐復觀的看法,見〈淮南子與劉安的時代〉,收入氏著《兩漢思想史》(臺北:臺
　　灣學生,1976),頁 175。

附會上去的。」[84] 不過他終也讚歎像《呂氏春秋》「十二紀」作為承先啟後的時物體系的代表，算是「呂氏門客的一大傑構，而為以前所沒有的具體、完整而統一的宇宙觀、世界觀」。[85] 其實，徐先生主要針對將四時萬物納入五行之下所出現的矛盾來批評（譬如，以四時配五行，中央土難以安頓），但是，《呂氏春秋》「十二紀」並不只是依憑鄒衍說法，而是累積了之前有如《夏小正》、《周書》等歷史資料而成；換言之，記錄乃至於聯結這些節候、事物，而「使萬物萬象，成為一個大有機體」，[86] 倒是其來有自，是一種逐步傳承、拓展的感知世界之方式。

綜觀自《夏小正》以來關於正月的描述，有一段大同小異的文字反覆被抄錄，而且愈來愈固定，例如在《呂氏春秋》、《淮南子》中幾乎如出一轍：

> 東風解凍，蟄蟲始振蘇，魚上負冰，獺祭魚，候鴈北。[87]

而《夏小正》、《周書·時訓》中的寫法是：

> 正月，啟蟄，鴈北向，雉震呴，魚陟負冰，……時有俊風，寒日滌凍塗，……獺獸祭魚，鷹則為鳩，……《夏小正》)。[88]

> 立春之日，東風解凍；又五日，蟄蟲始振；又五日，魚上冰。風不解凍，號令不行；蟄蟲不振，陰氣姦陽，魚不上冰，甲冑私藏。驚蟄之日，獺祭魚；又五日，鴻雁來；又五日，草木萌動。獺不祭魚，國多盜賊；鴻雁不來，遠人不服；草木不萌

84　參見〈呂氏春秋及其對漢代學術與政治的影響〉，頁 17-22。
85　括號內文字出自〈呂氏春秋及其對漢代學術與政治的影響〉，頁 22。
86　同前註。
87　引自《淮南鴻烈集解·時則訓》卷 5，頁 1b。《呂氏春秋·孟春紀首》僅少去「（振）蘇」、「負（冰）」兩字，見陳奇猷《呂氏春秋校釋》（臺北：華正，1985），頁 1。
88　引自顧鳳藻《夏小正經傳集解》卷 1（臺北：藝文，百部叢書集成本，1966），頁 1a-b。

動，果蔬不熟。雨水之日，桃始華；又五日，倉庚鳴……《周
書・時訓》）。[89]

徐復觀先生認為《夏小正》「只是記錄，而未把記錄者的觀念加到裡面
去」，相對而言，《周書・時訓》則可以推想「是出於一位知識分子把
自己的觀念應用到純樸的記錄中去，並把重點轉到政治方面，而加以重
新組織的」。[90] 然而，所謂「記錄」若是指將事項整理成一個可理解的形
式，這當中即便不是個人觀念，也必然是某種共識。從《周書・時訓》
依據《夏小正》這段描述，進行反面性論述來看，《夏小正》的「記
錄」並不止於單純的現象記錄，而成為一種定型或典型的已知常識，可
以作為推論的準則。首先，是個別物類的屬性認知，譬如獺祭魚，候鴈
北，明確以陳列獵物與棲地遷移來貞定水獺、候鴈這物類，其次是將立
春時節出現的物類排比起來，所以像是蟄蟲、魚、獺、候鴈就與東風一
起成為「立春」的基本元素，亦即，東風是否吹來，是否會出現魚躍、
蟲飛，以及侯鴈北向、水獺捕魚的景象，就成為「正月（孟春）」的必
要驗證。這顯然也是這段描述反覆被傳抄的原因，這些景象已經成為一
種彷彿定義好的時空組合。而《周書・時訓》的反面論述，正好提供另
外一種相對的組合，然而，這兩種組合之間又似乎並沒有非常必然的關
聯。除了「蟄蟲不振，陰氣奸陽」、「草木不萌動，果蔬不熟」比較能理
解之外，其餘如「風不解凍，號令不行」或「魚不上冰，甲冑私藏」、
「獺不祭魚，國多盜賊」等尤其無法在兩者之間尋找出必然的關聯。而
〈時訓〉作者的重點似乎也不在於將「號令不行」往上歸因於「風不解
凍」；重點反而是強調「風不解凍」違反了「東風解凍」這標準狀態，
於是由時物變異拉引出人事失常。換言之，這不是因果的探求，而是變
異狀況的聯結。

89　引自黃懷信等〈時訓解〉第 52，《逸周書彙校集注》卷 6（上海：上海古籍，
　　1995），頁 623-625。
90　括號內文字出自〈呂氏春秋及其對漢代學術與政治的影響〉，頁 16-17。

　　既然不是著重因果探求，相互連結之間因此不必然經過縝密合理的分析判斷，最明顯的情況就是累積前人論述，沒有質疑的將被說過的都當作已知的定論。就像《周書‧時訓》篇明顯以《夏小正》為前提，《呂氏春秋》明顯也接受了〈時訓〉篇的災異說法，[91] 並聯繫出更龐大的常與不常、宜與不宜的事物體系；當然，陰陽五行與四時的配合，也助長了這個連結網的無限擴張。比方，〈孟春紀首〉由春季之盛德在木，至於崇尚一切青色，於是推定天子之衣裳、佩玉、旗幟、乘駕都必須是青色系，這讓《淮南子‧時則訓》又進一步發揮，東宮侍女也必須穿戴青色系，衣服上有青色花紋，同時還要彈奏「木」做的琴瑟。[92] 然而，陰陽二氣為何要藉諸「五行」這些原本屬於經驗界的具體材料來分化散布，為何春季與「木德」最相合，又為什麼充滿神祕意味的「木德」一定要表現在具體的「青」色上，《呂氏春秋》與《淮南子》的編撰者並不發問，而是理所當然的接受並記錄下來。徐復觀先生認為這些既具象又抽象的糾纏現象，正說明了中國思想不能僅僅做形而上的把握，在由具體升往抽象的途中，那物類的具體屬性並未全然捨離。[93] 換句話說，陰陽分化、五德終始與四時的配合，並沒有為這個經驗界的事物連結提出根源性的解釋，反倒是合理化了這些物類及其具體屬性間更迂迴錯雜的交接引生。

　　《呂氏春秋》的〈應同〉、〈召類〉篇就列舉許多自然與人事現象，證成這個「同類相應」的合理性，其中〈應同〉篇有一段文字與〈召類〉篇雷同：

> 類固相召，氣同則合，聲比則應，鼓宮而宮動，鼓角而角動。
> 平地注水，水流溼；均薪施火，火就燥。山雲草莽，水雲角，

91　這是徐復觀先生的看法，見前註，頁 17。
92　〈時則訓〉「東宮御女青色，衣青采，鼓琴瑟」，高誘註「琴瑟，木也，春木王，故鼓之也」，見《淮南鴻烈集解》卷 5，頁 1b。
93　見〈呂氏春秋及其對漢代學術與政治的影響〉，頁 20-21。

旱雲煙火,雨雲水波,無不皆類其所生以示人。故以龍致雨,以形逐影,師之所處,必生荊棘。禍福之所自來,眾人以為命,安知其所。[94]

而同樣意旨的文字又出現在《淮南子・覽冥訓》,如:

夫物類之相應,玄妙深微,知不能論,辯不能解。故東風至而酒湛溢,蠶呀絲而商弦絕,或感之也。畫隨灰而月運闕,鯨魚死而彗星出,或動之也。故聖人在位,懷道而不言,澤及萬民,君臣乖心,則背譎見於天,神氣相應徵矣。故山雲草莽,水雲魚鱗,旱雲煙火,涔雲波水,各象其形類所以感之。[95]

其實這些論述是反映(或說綜合)了秦漢間累積的看法,譬如《莊子》「同類相從,同聲相應,固天之理也」、「鼓宮宮動,鼓角角動,音律同矣」,[96]《荀子》有「君子潔其身,而同焉者合矣,善其言而類焉者應矣。故馬鳴而馬應之,牛鳴而牛應之,非知也,其埶(勢)然也」。[97]然而,在所舉的類應事例上,明顯突破單一物種的限制,例如「鼓宮宮動,鼓角角動」、「馬鳴而馬應之,牛鳴而牛應之」是同一種屬,可是,《呂氏春秋》或《淮南子》所談的「類固相召」或「物類之相應」,卻擴大了「類」的意指,譬如,描寫四種雲氣變幻,是將雲氣本身的屬性與產生雲氣的地點、氣候加以連結,於是理解「雲」可以聯繫上「山」、「水」的處所形態,以及「旱」、「涔(雨)」的大氣性質;所謂「各象其形類所以感之」,正說明物類相召,已經不單純是種類問題,即便是外在形象的相似,也可以彼此招引。〈覽冥訓〉提及「畫隨灰而月運闕」,

---

94 引自陳奇猷《呂氏春秋校釋》,頁 678。
95 《淮南鴻烈集解》卷 6,頁 3a-4a。
96 分別引自〈漁父〉篇、〈徐無鬼〉篇,郭慶藩《莊子集釋》(臺北:華正,1980),頁 1027、839。
97 引自《荀子東釋・不苟篇》,頁 26。

也是利用蘆草灰所畫的圈形，相像於天上的月暈，所以若是圈畫有缺口，月暈亦會出現缺口；這是個不具實質的模擬圖形，卻可以觸發月暈的實質反應。就像前引〈覽冥訓〉所謂「物之可以喻意象形者，……乃以明物類之感」，顯然萬物萬象之間的相互感動在當時開放出更多可能性。

前文提及，〈要略〉以〈覽冥訓〉述作之因由是「言天地四時而不引譬援類，則不知精微」，那麼從〈覽冥訓〉當即發揮「應同」、「召類」的主旨看來，所謂「引譬援類」也許就是總說自先秦逐步發展而來的這些跨越個別物種、由內質到外形可以拓展無數連類可能性的說解宇宙、建構世界的方式。[98]「引譬援類」像是四通八達的導引線，迅速地串聯起透過經驗、文獻所累積的各種時物事件；前代的傳抄被視為知識性的前提，理所當然地接受並作為據點，繼續進行各種或顯或隱的關係延伸。如此，透過「引譬援類」所知之「精微」，就不重在體會天地四時創生的原理，而重在學習到一種看待宇宙世界的龐大知識體系；掌握引譬援類的原則及所累積的知識體系，一切現象似乎都可以由小及大、見微知著，找到自然合理的比擬，而可以去面對、承受或推測、批評。從這角度再重新檢視〈詩大序〉總領下的《毛傳》乃至於《鄭箋》，尤其後來被用作觸物興感的創作典型的「興」詩，[99] 在漢代的箋注家眼中卻往往是出之於知識性的類推與比喻，先從〈關雎〉的箋注說起：

98　李約瑟（Joseph Needham）曾引錄《春秋繁露・同類相動》篇文字，稱此種事物之間的感應為一種「關聯式的思考」（correlative thinking），並認為在關聯式思考中，事物是藉感應而相互影響，並非由於外在的因果推求；而透過類應所形成的系統，萬物密切結合在一起而構成自然有機的和諧世界。見陳立夫主譯《中國古代科學思想史》（南昌：江西人民，1993），頁 372-378。

99　譬如葉嘉瑩先生針對〈關雎〉之為「興」詩，就認為是「此詩中感發之層次既是由物及心，物在先，心在後，而且感發之性質也是以感性的直接感受為主，而非出於理性的安排思索，因此我們對於關雎這首詩，便一定要將之歸入於興的作品，而不得歸入於比的作品」，見《迦陵談詩二集》，頁 120-121。但是若如本文之前所述，在「以義為用」的初始階段，兩者都是譬喻，也就因此至少在漢代人的眼中，「興」詩不必然就沒有理性（引證知識）的「比」的成分。

「關關雎鳩，在河之洲」，興也。關關，和聲也。雎鳩，王雎
也，鳥摯而有別。水中可居者曰洲。后妃說樂君子之德無不和
諧，又不淫其色，慎固幽深若關雎之有別焉，然後可以風化天
下，夫婦有別則父子親，父子親則君臣敬，君臣敬則朝廷正，
朝廷正則王化成。箋云，摯之言至也，謂王雎之鳥雌雄情意至
然而有別。[100]

由鄭箋可見，傳注中「鳥摯而有別」一句顯然是詮釋關鍵，不過這是
根據名物知識而來，是在「關關」、「雎鳩」及「洲」的註釋訓詁中獲得
成立。孔疏為傳文分註出處為《爾雅》的〈釋詁〉（關關）、〈釋鳥〉（雎
鳩）、〈釋水〉（洲），並曾為所以稱《毛詩詁訓傳》加以解釋：

詁訓傳者，注解之別名。毛以爾雅之作，多為釋詩，而篇有釋
詁、釋訓，故依爾雅訓而為詩立傳。[101]

顯然《爾雅》是《毛傳》詮釋體系的建立基礎。當然不只是名物訓解，
固有的禮法制度也是解詩時憑依的知識，例如下引〈東門之楊〉：

「東門之楊，其葉牂牂」，興也。牂牂然，盛貌。言男女失時，
不待秋冬。箋云，楊葉牂牂，三月中也，興者，喻時晚也，失
仲春之月〈陳風・東門之楊〉。[102]

依小序所言，此詩藉楊葉已盛，諷刺男女婚姻失時。不過，毛、鄭顯然
所據不一，因此「昏（婚）之正時」出現秋冬與仲春兩種不同說法。
孔穎達疏文指出《毛傳》是依據荀子所謂「霜降逆女，冰泮則止」，[103]
則九月至於正月皆可行親迎之禮，楊葉已盛自然是晚於「正時」；至於

---

100 引自《毛詩注疏》卷 1-1，頁 20。
101 引自《毛詩注疏》卷 1-1，頁 11。
102 引自《毛詩注疏》卷 7-1，頁 253。
103 此乃《荀子・大略篇》之言，見梁啟雄《荀子柬釋》，頁 372。

鄭箋則是誤解了《周禮》的〈地官‧媒氏〉所謂「中春之月，令會男女」，[104]以為婚姻之月唯在仲春，其實《周禮》此言特指三十之男與二十之女，其餘男未三十、女未二十者，仍適用秋冬為親迎之時。其實姑不論二說之是非，東門楊葉與親迎之禮兩者遠如胡越，本是難以聯想一氣，毛、鄭的類比是將第三句詩「昏以為期」之「昏」意指為迎親的黃昏之時，而下句「明星煌煌」顯然已經不得其時，於是以「時」光流轉為焦點，回頭解釋首二句，似乎才恍然楊葉茂盛的三月，並非理想婚月，喻示男女無法依時行禮，不得圓滿完婚。這樣的註解看似曲折，不過卻含藏一套熟悉上手的時物知識，那是以時序為軸心（陰陽、春秋、日夜），物象消長（日月星辰、草木鳥獸）成座標系，而附麗其中的就是錯綜紛繁的人情事件。

　　顯然，名物訓解是類推的基礎，累積的禮法知識可以成為聯想的根源；當然這裡的聯想類推還是在一個由樂教轉換為詩教，著重「用詩」（以義為用）的時代，著重時物與政治、倫理的類應關係；但是也正因為解詩、用詩對於時物與人事進行了如此多重的聯繫類應，未嘗不能說是為作詩最基本的譬比關係，早進行了細密反覆的習練。換句話說，即使最後是為了實用性目的，針對春去秋來、萬物消長都可以根據已有的知識，拓展無所不至的「引譬連類」，如〈小雅‧鴛鴦〉之箋注：

　　「鴛鴦于飛，畢之羅之」，興也。鴛鴦，匹鳥。太平之時，交于萬物有道，取之以時，於其飛乃畢掩而羅之。箋云……而言興者，廣其義也，獺祭魚而後漁，豺祭獸而後田，此亦皆其將縱散時也。[105]

根據〈鴛鴦〉小序，此詩藉古明王交接天下之鳥獸蟲魚皆取之以時，諷刺幽王殘害萬物，奉養過度；而「鴛鴦于飛」首二句正表示待其長大而

104　原文見《周禮注疏》卷 14，頁 217。
105　引自《毛詩注疏》卷 14-2，頁 482。

能飛,乃羅取之。而鄭箋所謂「獺祭魚而後漁,豺祭獸而後田」其實就出自前引《夏小正》、《周書‧時訓》所謂「獺(獸)祭魚」,是指「獺將食魚先置之水邊四面陳之,有似於祭」,[106] 而前提是「立春之日,東風解凍;⋯⋯又五日,魚上冰。驚蟄之日,獺祭魚;又五日,鴻雁來;又五日,草木萌動⋯⋯雨水之日,桃始華;又五日,倉庚鳴⋯⋯」(《周書‧時訓》),亦言之,立春以後,才可能冰解魚多,所以鄭箋藉此強調取之以「時」。這種奠基於已知的「時物」體系(立春-東風雨水-魚上冰-獺祭魚-鴻雁來-桃始華)而進行詩句詮釋,其實不盡然止於「用詩」,如果想到東晉以來逐漸增多的景物詩,如「暮春濯清汜,游鱗泳一壑。⋯⋯輕舟沉飛觴,鼓枻觀魚躍」,[107] 或是「司冥卷陰旗,句芒舒陽旌。靈液被九區,光風扇鮮榮。⋯⋯翔禽撫翰游,騰鱗躍清泠」,[108] 詩中交織著東風、春雨、翔禽、魚躍等鋪設暮春三月的時物,很難說這些作者是個別地親歷三春風物再加以寫記,而完全沒有先秦以來所建立的這套已經存在的時物知識;或許,考慮魏晉以來五言詩的創作是如何在已經被認可或經反覆詮釋、引證過的知識體系上,再加以發展,是另一個值得推敲的新論題。而這當然不僅是創作方面,魏晉以降文學批評中與自然時物相關者,如「物色」之論述,也可以重新探討。如〈豳風‧七月〉「春日遲遲,採蘩祁祁。女心傷悲,殆及公子同歸」句下孔疏,也許可以作為一個線索:

> 遲遲者,日長而暄之意,故為舒緩。計春秋漏刻多少正等,而
> 秋言淒淒、春言遲遲者,陰陽之氣感人不同。張衡〈西京賦〉

---

106 參見黃懷信等《逸周書彙校集注》引陳逢衡所云,頁 625。而《淮南子‧主術訓》也說到「(故先王之法)獺未祭魚,網罟不得入於水;鷹隼未摯,羅網不得張於溪谷」(引自《淮南鴻烈集解》卷 9,頁 28a),可見鄭玄解詩的確是在這個已知而熟悉的世界觀中。

107 引自逯欽立輯校《先秦漢魏晉南北朝詩》(臺北:木鐸,1988)《晉詩》卷 12,庾闡〈三月三日臨曲水詩〉,頁 873。

108 同前註,《晉詩》卷 13,謝萬〈蘭亭詩〉二首之二,頁 907。

云「人在陽則舒，在陰則慘」，[109]然則人遇春暄則四體舒泰，春
覺晝景之稍長，謂日行遲緩，故以遲遲言之；及遇秋景，四體
褊躁，不見日行急促，唯覺寒氣襲人，故以淒淒言之。[110]

本節一開頭提到毛註〈七月〉引用《淮南子》像俗諺一般的「春女悲，
秋士悲」來解釋詩中採蘩女之傷春，似乎「傷春悲秋」成為一種類比化
的尋常事理，解詩者或用詩者只要引證這句俗諺，就達成了理解共識；
可是孔穎達的解釋一向偏於「作詩」立場，這段疏文相較於毛註，也許
可以呈現「引譬連類」如何轉換到實際作詩領域。在毛、鄭已引證的
「傷春悲秋」的舊有成說之外，疏文又引錄張衡〈西京賦〉「夫人在陽時
則舒，在陰時則慘」來描述應感於春（陽）、秋（陰）的四體「慘舒」，
其實這段話出現在憑虛公子的話頭裡，「牽乎天」的「陰陽慘舒」與
「繫乎地」的「瘠沃勞逸」相對為言，仍是為了引起下文頌讚西京如何
順應天時地利，而當作已知的道理來談。但是孔穎達明顯並不把「陰陽
慘舒」僅看作常識性的概念，他努力描繪日行緩急、晝景長短、氣候寒
暖與人之四體如何形成舒泰、褊躁的不同感應，這是在認知、理解外，
進一步去仔細體會「物化」的況味。其次，更讓人聯想到的是，孔穎達
雖未提及，但明顯是介於漢（張衡）唐（孔穎達）間而同樣參與這個
「傷春悲秋」論述體系的劉勰，在談論「詩人感物，聯類不窮」的〈物
色〉篇[111]採用的依然是這個一脈相承的時物常識。開宗名義的「春秋代
序，陰陽慘舒」明顯就出自張衡所言；「陽氣蒙而玄駒步，陰律凝而丹
鳥羞」更出自《夏小正》所謂「玄駒賁」（十二月）、「丹鳥羞白鳥」（八
月），[112]是透過蟲物與月令的繫聯組合，技巧地傳達陰陽氣象的變化；更

---

109 張衡〈西京賦〉原文作「（憑虛公子）言於安處先生曰：夫人在陽時則舒，在陰
　　時則慘，此牽乎天者也；處沃土則逸，處瘠土則勞，此繫乎地者也」，引自李善注
　　《昭明文選》卷 2（臺北：河洛，1975），頁 25。
110 引自《毛詩注疏》卷 8-1，頁 281。
111 以下〈物色〉篇文字引自周振甫《文心雕龍註釋》（臺北：里仁，1984），頁 845。
112 分見顧鳳藻《夏小正經傳集解》卷 4，頁 2a 及卷 3，頁 2a。

不用說「灼灼狀桃花之鮮」以下,隨手拈來就是《詩》的時物體系。這些都很難說只是劉勰的引用典事、成詞而已,因為串聯起先後出現的這些資料,隱然呈現的是「引譬連類」這認識與推衍的體系,如何由「用詩」交錯融會至於「作詩」、「論詩」的領域了。[113]

　　透過「引譬援類」的方式去串聯萬物萬象,看起來好像漫無章法,其實必須奠基於不斷累積的名物訓解與觸引摹衍上。首先是界定物類屬性,如獺祭魚、候鴈北、水流溼、火就燥或如雎鳩摯而有別等;接著是在各種物類上進行意義或形象各方面的引申串聯,或者是時、空環境的聯繫,所以雲會以草莽或魚鱗應和山、水環境,東風、蟄蟲等會繫屬於孟春,桃花開、楊葉盛於三月等;再加上自然與人事相比擬,譬如藉草木榮枯、鳥獸長幼比擬國君施政、君子行事是否合於時宜、謹守禮法等。這種分類界定並繫屬連結的方式,相似於日本學者中村元在《中國人之思維方法》中提出的「內屬判斷」與「存在判斷」,[114] 前者例舉如佛學議論中以「溼」定義「水」,中村元認為這是以屬性當作實體,沒有自覺到二者的區別;而這就像〈應同〉篇所說的水流溼、火就燥,是將屬性與實體看作同一個東西。關於後者,中村元例舉《孟子》(〈梁惠王〉上)「庖有肥肉」來說明,認為「庖」原只是「肥肉」的存放場所,可是在中國人心中,「肉」是隸屬於「庖」的;而這隸屬關係若加以擴大,就自然兼含時、空環境,就像《夏小正》的記載,將東風、蟄蟲、獺等隸屬於孟春時節是一樣的。而進一步,中村元指出,中國人喜歡靜止把握事象,在理由與結論之間往往沒有理論的必然關係,多是確定性陳述,[115] 這明顯與前述重視現象經驗的累積,含有強烈稽古傾向,而不在於深究根源或邏輯分析的「引譬援(連)類」,有某種程度契合。那麼,或許可以說,「引譬援(連)類」的認識或推論模式,並

---

113 本文以〈詩大序〉為討論範圍,因此魏晉以下詩歌創作或本質論與譬類系統的關係將另文討論。
114 參見徐復觀中譯本(臺北:臺灣學生,1991),頁 29-35。
115 見前註,頁 43-45。

不僅僅流行於先秦至於兩漢，而是中國人思維的一種根本形態。如此一來，當我們重新反思「抒情傳統」於先秦兩漢間的建構過程，從樂教至於詩教的轉變，從歌詠「六詩」到以義為用的「六義」，其間自「引詩為比」以來所觸連起的世界關係網，無論如何都應該是「抒情傳統」最具體深廣的存在背景。

　　自陳世驤先生之後，接續的研究者其實為「抒情傳統」建立了一個屬於創作層面的「感興」論述，強調創作者與自然萬物、人物事件彼此的適然相遭、同情交感；而本文從引用者（詮釋者）的角度出發，或許正可以補充魏晉「緣情感物」說正式興起之前，早已存在一套觸物連類的認知體系，這經過反覆習練、熟悉上手的時物系統，在如何讀、如何用當中累積了可以表達與被理解的感發方式，適足以成為後來創作時自然發詠的基礎，或甚至可能重新理解所謂「抒情」創作其實有無法完全發諸個我意向的部分，同時也為「抒情傳統」鋪設出兼具智識性與情感性的發展脈絡。116

本文原題〈詮釋的界域──從「詩大序」再探「抒情傳統」的建構〉，發表於《中國文哲研究集刊》第 23 期（2003 年 9 月），頁 1-32。

───────
116 此處所謂「智識性」是強調有一種熟悉、習慣性感知的生存模式，可以擴大原來偏向個人、主觀的「抒情性」的內涵；而如果「抒情自我」並不單單是內向性的主體，在感物興情的過程中個人並不占有全然先發的優位性，由外而來的影響可能打破原來訴諸心志意向的創作觀等等，這當然也可能提供一個重新看待或界定「抒情傳統」的方式。

身體時氣感與漢魏「抒情」詩：
漢魏文學與楚辭、月令的關係

　　宗白華先生曾經談到，中國人與西洋人雖然都愛無盡空間，但是中國人的空間意識並非定點透視或一望無邊，而是縈迴委曲、綢繆往復，尤其「我們的宇宙是時間率領著空間，因而成就了節奏化音樂化了的『時空合一體』」，「我們的宇宙既是一陰一陽一虛一實的生命節奏，所以它根本上是虛靈的時空合一體，是流蕩著的氣韻生動」。[1] 這樣的時空意識表現在秦漢哲學思想（如《呂氏春秋》）裡，如春夏秋冬配合著東南西北，「時間節奏（一歲十二月二十四節）率領著空間方位（東南西北等）以構成我們的宇宙」，所以空間感會隨著時間感而節奏化，「（畫家在畫面）所欲表現的不只是一個建築意味的空間『宇』，而須同時具有時間意味的時間節奏『宙』」。[2] 換言之，時間在中國人的意識中可以說是感知空間的重要維度，陳世驤先生在〈論時──屈賦發微〉一文中，就特別稱揚屈原，認為在屈原之前的古代典籍中，「時間」的覺察是模糊、不穩定的，直到屈原詩篇出現「時」字才意指現代所謂的時間的階段；而屈原則是將「對時間敏銳的主觀意識投射於人間、自然界、超自然界以作為宇宙性的傷感的基調」。[3] 陳世驤先生強調屈原面對時間突出了強烈主觀，即便惶惑失望卻也顯出激動英勇的態度，後來呂正惠

1　引自宗白華〈中國詩畫中所表現的空間意識〉，收入氏著《美學的散步》（臺北：洪範，1981），括號內文字分見頁 46、47。

2　參前註，頁 31、39。

3　參見陳世驤著，古添洪譯〈論時──屈賦發微〉，分見《幼獅月刊》45 卷 2、3 期（1977 年 2、3 月），分見頁 51-62、13-21。括號內文字見 45 卷 3 期，頁 20。

先生在日本學者吉川幸次郎所謂「推移的悲哀」的基礎上，則認為中國抒情傳統在漢、魏、晉的發展，是趨向以「歎逝」的角度去觀察大自然，「從而賦予大自然以一種變動不居、淒涼、蕭索而感傷的色澤」。吉川幸次郎以《古詩十九首》為「悲觀主義之祖」，成為後來魏晉詩的基調，呂正惠先生進一步指出悲哀的詩人所看到的悲哀的自然，就是中國抒情傳統的主流。[4]

　　關於悲哀的自然，日本學者小尾郊一於〈魏晉文學所表現的自然及自然觀〉一文中，[5]特別注意到將「秋」與「悲」相結合，秋天成為悲哀表現的主要題材，是在魏晉之際定型的。他一方面將這種悲秋的表現方式溯源至《楚辭》，另一方面又說魏晉文學裡所表現的秋天景物，「雖然與楚辭相接近，但是與它更接近的是月令」。[6]小尾郊一認為自《夏小正》、《周書‧時訓》、《呂氏春秋》至於《禮記‧月令》，代表秋天的景物已經深印在當時文人腦海中，這些文人描寫秋天是一種觀念上的發揮，而非就地取材，「亦即不去追求秋天美好的描寫，而是借用秋天的描寫投訴其他的感情。所以寫出來的作品，就看不見秋的美景，看到的只是月令中代表秋的景物」。[7]小尾博士的這種說法明顯基於兩種頗為普遍的認定，第一，大自然本身並沒有情感，是借用以表現人情，所以像曹丕〈雜詩〉「漫漫秋夜長」，小尾郊一就解釋為「魏文帝先是抱著悲思的心情來欣賞秋夜的自然景物，……自然的描述不過是引發情感的渡橋」，[8]這就像顧彬（Wolfgang Kubin）談到魏晉文人的自然觀亦溯及

4　吉川幸次郎著，鄭清茂譯〈推移的悲哀〉，分見《中外文學》6 卷 4、5 期（1977 年 9、10 月），分見頁 24-55、113-131。呂正惠〈物色論與緣情說──中國抒情美學在六朝的開展〉，收入中國古典文學研究會主編《文心雕龍綜論》（臺北：臺灣學生，1988），頁 285-312。

5　此處所引見〈魏晉文學所表現的自然及自然觀〉（一），由高輝陽中譯，國立藝術專科學校《藝術學報》42 期（1988 年 6 月），頁 77-135。

6　括號內文字見〈魏晉文學所表現的自然及自然觀〉（一），頁 118。

7　括號內文字見〈魏晉文學所表現的自然及自然觀〉（一），頁 122。

8　括號內文字見〈魏晉文學所表現的自然及自然觀〉（一），頁 84。

《楚辭》的悲秋，而說詩人是將憂傷「轉嫁」給自然，並強調作者事先有自我意識，才有了「自然感受」。9 如此將人與自然二分的結果，才會推出第二點，自然如果沒有人情干擾，才具有自身的價值，小尾郊一與顧彬同時都將魏文帝〈雜詩〉「漫漫秋夜長」對比於謝靈運山水詩，而認為後者的自然描寫本身是客觀獨立的，亦即不是為了寄情目的之媒介物。10

　　如果將「歎逝」、「悲秋」視為中國文學在兩漢魏晉間發展的主流，那麼很明顯地，不論是溯源至《楚辭》或者〈月令〉，上文所舉這些「抒情」論述都著重在詩人主觀與個我情感的發抒；《楚辭》是否只表現個人主觀情思，或者《楚辭》在什麼關係狀態下表現個人情思，尤其《楚辭》與〈月令〉系統可能有什麼樣的關聯性，以至於可以共同成為古詩的源頭，這些都是本文希望討論的問題。至於〈月令〉系統的「自然」是否為完全不涉及人情的觀念性資料，所以只能作為媒介引子，另一方面也不是有獨立價值的山水自然，以至於中國真正具有獨立價值的「自然」文學必須遲至晉末宋初才出現？這當然牽涉該如何看待〈月令〉時物（時節景物）系統（包括自《夏小正》以來）的問題。本文開頭，宗白華先生曾引《呂氏春秋》中四時與四方的相配合，說明中國人的宇宙是流蕩著的氣韻生動，顯然他並不認為〈月令〉時物體系沒有動人的性質；其次，龔鵬程先生也從《呂氏春秋》所呈現漢人氣類感應的觀念，談到人與四時萬物的相應相感，適足以推出表現個人情意、感傷的「感性主體」。11 雖然龔文仍不脫「抒情傳統」論述的一貫走向，將這感性主體上溯《楚辭》，而強調自先秦至於兩漢逐步建立的「一個激情

9　參見顧彬（Wolfgang Kubin）著，馬樹德譯《中國文人的自然觀》（*Der durchsichtige berg: Die entwicklung der naturanschauung in der chinesischen literatur*）（上海：上海人民，1990），頁 63-73。
10　分見〈魏晉文學所表現的自然及自然觀〉（一），頁 84-85，《中國文人的自然觀》，頁 78。
11　龔鵬程，〈從呂氏春秋到文心雕龍──自然氣感與抒情自我〉，收入《文心雕龍綜論》，頁 313-345。

的個我世界」；不過，他的說法提供了一個思考角度：〈月令〉的時物體系其實也是「一個人情思抒發感興的場域」，[12] 這個時物體系所在的「自然」並不與「人」劃界二分，而是相磨相蕩、相感相應。

「興感」或「感物」（「感物興情」）本來就是「抒情傳統」建構的主軸，但是一直以來著重「抒情自我」的發現，強調內在、主觀的優位性；如果是從相感相應的角度看待〈月令〉的時物系統，「自然」並不絕對是客觀而外在於人，同時也不再是隨任人情轉嫁的媒介，那麼個人自我在「感物」這件事情上就不必具有絕對主動或先發性。這對於詮釋漢末以來的詩文（通常被視為抒情傳統的定型作品）顯然是有影響的。因為，當「感興」或「應感」不必為個人內在情志所發動或主導，情志所牽涉的人事經歷、所指向的實際目的，就理當不能作為詮釋創作感興的唯一面向。譬如歷來論《古詩十九首》，不論認為是產生於東漢或西漢，都是從漢代文人士子的（離亂）經歷、（享樂）意識或（名祿）目標來進行解讀，[13] 這樣的解讀方式所獲得的可能僅是與主體相關的人事背景或社會思潮，但是離四時「感興」或「應感」發生當下的「主體（存在）狀態」卻愈形遙遠。換言之，如果承認「感興」是物、我之間毋分先後、主從的相應感，那麼，呈現一種「感（時）物」的狀態或現象，將會比專注於內向性主體（精神、心靈、意志）的描述更趨整全；這同時當然就相對影響了「自然風物」在詩學或「抒情傳統」中的重新定位，四時景物的描寫既然不只是觀念性的資料排列，又不是作為主

---

12 以上兩處括號內文字，皆見前註頁 326。

13 例如馬茂元〈前言〉，《古詩十九首探索》就標明「遊子」、「思婦」為《古詩十九首》的基本內容，而正是因為東漢末年混亂黑暗的社會，讓懷著求取功名這共同目標的知識分子離鄉背井至於洛陽，卻落得失意挫折的下場，見氏著《古詩十九首探索》（高雄：復文，1991），參見頁 26-36。又如趙敏俐雖然認為《古詩十九首》中的享樂意識和人生觀念應該是自漢初起即有的社會思潮，不必遲至漢末，但也仍然與馬茂元一樣，強調詩中一切描寫都是為表現詩人的世俗情懷、心靈世界。這幾乎已形成共識的解讀角度，明顯沒有自然時物與人相應相感的考量存在。見氏著〈論漢代文人五言詩與漢代社會思潮〉，《中國古代‧近代文學研究》，1994 年第 10 期（1994 年 10 月），頁 91-98。

體情志的替代品，在「應感（感興）狀態」中，顯然應該有它實質的存在，這是詩人可以具體感知到，同時也在與詩人相互依存、彼此互涉的關係中形構出一個具實的空間場域。

本文的討論將牽涉三個層面，一是針對〈月令〉系統在「類應」原則下如何形成一組組的時物體系，與其所形成的天人一體的氣態感知加以探討；其次，由相應於時氣推移所形成的身體感，明顯與《楚辭》有所關聯，討論「身體節（時）氣感」如何由〈月令〉系統及屈原、宋玉的作品得到進一步發展；第三個層面則是由漢魏詩文與〈月令〉、《楚辭》的交互詮釋，希望為中國抒情傳統定型初期的「自然環境」，提出一種奠基於「氣氛狀態」的論述面向。

類應與氣態感知

小尾郊一認為魏晉文學在描寫秋天景物時，都是襲用〈月令〉系統，於是列舉其中孟秋至於季秋的景物以為對照；[14] 這個對照只是用以說明，代表秋天的景物已經像是固定的觀念，詩人們不過是把這些代表景物編入詩中而已。小尾博士的說法的確指出自《夏小正》、《呂氏春秋》、《淮南子》以來已經建立的一套時物知識，這些大同小異的文字反覆被抄錄，而且愈來愈固定，譬如《禮記‧月令》中，秋節時物從涼風至、白露降、寒蟬鳴，到鴻雁來、玄鳥歸乃至於霜始降、草木黃落等，已經不止於單純的現象紀錄，而是成為一種定型或典型的已知常識，可以作為推論的準則。首先，是個別物類的屬性認知，譬如鴻雁來、玄鳥歸，明確以棲地遷移來貞定鴻雁、玄鳥這些物類，其次是將秋節出現的物類排比起來，所以像是寒蟬、鴻雁、玄鳥就與涼風一起成為「秋」的基本元素，亦即，涼風是否吹來，是否會出現蟬鳴，以及鴻雁、玄鳥來去的景象，就成為「秋」的必要驗證。這顯然也是這些時物描述反覆被

14　見〈魏晉文學所表現的自然及自然觀〉（一），頁 119-120。

傳抄的原因，這些景象已經成為一種彷彿定義好的時空組合。

　　但是小尾博士其實僅僅指出作為已知常識的這一面，而忽略了在建構過程中一個動態、充滿聯想力的基本原則，那就是「引譬援類」。在《淮南子》總論全書各篇要旨的〈要略〉中有句話說：「言天地四時而不引譬援類，則不知精微」，這是針對〈覽冥訓〉而言，所以另一段文字更仔細說到：

> 覽冥者，所以言至精之通九天也；至微之淪無形也；純粹之入至清也；昭昭之通冥冥也。乃始攬物引類，……物之可以喻意象形者，乃以穿通窘滯，決瀆壅塞，引人之意繫之無極；乃以明物類之感，同氣之應，陰陽之合，形埒之朕，所以令人遠觀博見者也。[15]

所謂「引譬援類」或「喻意象形」的構想或書寫方式，其實不只是〈覽冥訓〉如此，其他諸如〈謬稱訓〉「假象取耦，以相譬喻」、〈詮言訓〉「譬類人事之旨，解喻治亂之體」、〈說林訓〉「假譬取象，異類殊形，以領理人之意……」等亦採取「假譬取象」的推論方式；[16] 而如果再注意到譬類方式其實與陰陽之和、形氣之應互為表裡，於是可以明白，這些在後代文學修辭論視為「詩文作者」隨變適應的引喻、譬類的手法，在這部代表漢初思想之大結集的《淮南子》[17] 書中，卻原是用以和合陰陽變化、貫通天地萬物乃至於被視為得以掌握宇宙精微的方式。如果這表示後來被認為用在文學書寫中的「引喻」、「譬類」或「應感」、「感興」，其根本實涵括於一個共識性的世界觀、宇宙觀，那麼，不論是「天－人」、「時－事（物）」、「物－我」之間必然存在於早經認可熟悉，同時更是時時處於「類應」（類固相召，氣同則合）以「穿通」的互聯狀態

15　引自《淮南鴻烈集解‧要略》篇，卷 21（臺北：臺灣商務，1974），頁 2b。
16　同前註〈要略〉篇，分見頁 3b、4a、4b。
17　徐復觀的看法，見〈淮南子與劉安的時代〉，收入氏著《兩漢思想史》（臺北：臺灣學生，1976），頁 175。

中。

　　葉舒憲先生在〈詩可以興──神話思維與詩國文化〉中認為先秦時代的引詩、用詩（如《論語》、《左傳》、《國語》中所載）就普遍應用了「引譬連類」的方式，而自先秦至於兩漢，引譬連類作為認識、推理的方法已廣為流行，同時不限於引詩，葉舒憲先生特別舉《淮南子》為例，認為這部百科全書式的著作，正是依賴類比認知法，將宇宙事物統合成一個有機體。[18] 換言之，「類應」成為秦漢以來知識分子認識世界的方式，由解說人事至於設想宇宙，知識分子或詮釋者、書寫者都生存在這個萬物萬象之間的相互感動正欲開放出更多可能性的活潑世界中。徐復觀先生曾批評這套宇宙觀、世界觀是：「憑藉聯想，而牽強附會上去的」，[19] 不過他終也讚歎像《呂氏春秋》「十二紀」作為承先啟後的時物體系的代表，算是「呂氏門客的一大傑構，而為以前所沒有的具體、完整而統一的宇宙觀、世界觀」。[20] 其實，徐先生主要針對將四時萬物納入五行之下所出現的矛盾來批評（譬如，以四時配五行，中央土難以安頓），而並沒有否定透過「類應」方式所連結的世界是如何地聯想豐富。

　　以《呂氏春秋》中的〈應同〉、〈召類〉篇為例，〈應同〉篇有一段與〈召類〉篇雷同的文字，就列舉許多自然與人事現象及其間更迁迴錯雜的交接引生：

> 類固相召，氣同則合，聲比則應，鼓宮而宮動，鼓角而角動。
> 平地注水，水流溼；均薪施火，火就燥。山雲草莽，水雲角，
> 旱雲煙火，雨雲水波，無不皆類其所生以示人。故以龍致雨，
> 以形逐影，師之所處，必生荊棘。禍福之所自來，眾人以為

18　〈詩可以興──神話思維與詩國文化〉，收入氏著《詩經的文化闡釋：中國詩歌的發生研究》（武漢：湖北人民，1994），此處意見參考頁 414-415。
19　參見〈呂氏春秋及其對漢代學術與政治的影響〉，《兩漢思想史》，頁 17-22。
20　括號內文字出自〈呂氏春秋及其對漢代學術與政治的影響〉，頁 22。

命，安知其所。[21]

而同樣意旨的文字又出現在《淮南子・覽冥訓》，如：

> 夫物類之相應，玄妙深微，知不能論，辯不能解。故東風至而
> 酒湛溢，蠶咡絲而商弦絕，或感之也。畫隨灰而月運闕，鯨魚
> 死而彗星出，或動之也。故聖人在位，懷道而不言，澤及萬
> 民，君臣乖心，則背譎見於天，神氣相應微矣。故山雲草莽，
> 水雲魚鱗，旱雲煙火，涔雲波水，各象其形類所以感之。[22]

　　其實這些論述是反映（或說綜合）了秦漢間累積的看法，譬如《莊
子》「同類相從，同聲相應，固天之理也」、「鼓宮宮動，鼓角角動，音
律同矣」，[23]《荀子》有「君子潔其身，而同焉者合矣，善其言而類焉者
應矣。故馬鳴而馬應之，牛鳴而牛應之，非知也，其埶（勢）然也」。[24]
然而，在所舉的類應事例上，明顯突破單一物種的限制，例如「鼓宮宮
動，鼓角角動」、「馬鳴而馬應之，牛鳴而牛應之」是同一種屬，可是，
《呂氏春秋》或《淮南子》所談的「類固相召」或「物類之相應」，卻擴
大了「類」的意指，譬如，描寫四種雲氣變幻，是將雲氣本身的屬性與
產生雲氣的地點、氣候加以連結，於是理解「雲」可以聯繫上「山」、
「水」的處所形態，以及「旱」、「涔（雨）」的大氣性質；所謂「各象
其形類所以感之」，正說明物類相召，已經不單純是種類問題，即便是
外在形象的相似，也可以彼此招引。〈覽冥訓〉提及「畫隨灰而月運
闕」也是利用蘆草灰所畫的圈形，相像於天上的月暈，所以若是圈畫有
缺口，月暈亦會出現缺口；這是個不具實質的模擬圖形，卻可以觸發月

21　引自陳奇猷，《呂氏春秋校釋》（臺北：華正，1985），頁 678。
22　《淮南鴻烈集解》卷 6，頁 3a-4a。
23　分別引自郭慶藩輯〈漁父〉篇、〈徐無鬼〉篇，《莊子集釋》（臺北：華正，
　　1980），頁 1027、839。
24　《荀子・不苟篇》，引自梁啟雄《荀子柬釋》（臺北：臺灣商務，1974），頁 26。

暈的實質反應。從這個跨類而係屬多方的角度出發，前述如秋節「涼風至－寒蟬鳴－鴻雁來－玄鳥歸－霜始降－草木黃落」的組合，自然也應該視為聯類而得的具體生活經驗。當然，〈應同〉篇「師之所處，必生荊棘」上承「以龍致雨，以形逐影」，〈覽冥訓〉將「聖人在位」、「君臣乖心」與其他山水風雲的相「感」「動」合而觀之，並提點人事背謫與天象相應，這就像描寫黃帝治天下時，「青龍進駕」、「鳳凰翔於庭」一樣，[25]這些將治亂興衰與降災布祥連結起來的類比應用，後來成為兩漢災異思想的根源。[26]

如果不先對於後來政治性的過度應用感到厭煩，「類應」所提供跨越物類、物我的係屬連結，其實等於張設下等待觸引照見的各種或顯或隱之關係據點；掌握引譬援類的原則，一切現象都可以由小及大、見微知著，進行整體性的推測、評斷。譬如《淮南子・說山訓》就提到：

> 嘗一臠肉，知一鑊之味，懸羽與炭，而知燥溼之氣，以小明大。見一葉落，而知歲之將暮，賭瓶中之冰，而知天下之寒，以近論遠。……文公棄荏席，後黴黑，咎犯辭歸，故桑葉落而長年悲也。[27]

就其中歲暮而悲的部分來說，「一葉落」或「桑（或當作木）[28]葉落」並非即是「歲暮」，也就是說在「葉落」與「歲暮」之間其實有眼前、未來或微物與大氣的差異，要彌縫這差異正是藉助「類應」。參照《淮南

25　如〈覽冥訓〉先是利用赤螭、青龍與鳳凰之遨遊四海、感動天地與蛇、崔做大小對比；進而描寫黃帝治天下時，「青龍進駕」、「鳳凰翔於庭」，自然而然地表徵天下太平的景況，《淮南鴻烈集解》卷6，頁7a-10a。

26　本節所引用如《呂氏春秋》、《淮南子》等書中關於類應的資料，以及類應觀念與中國文學「抒情傳統」的關係，更詳細的說解參見本書〈〈詩大序〉的詮釋界域──「抒情傳統」與類應世界觀〉之「『引譬連類』的世界觀」，頁180-194。

27　《淮南鴻烈集解》卷16，頁20a-b。相似的文字又見〈說林訓〉，卷17，頁7b。

28　集解引王念孫云「桑葉當為木葉，長年見木落而悲，不當專指桑葉言之」，同前註頁碼。

子・時則訓》（卷五）的載錄，「草木黃落」在季秋之月，但這並非就是「歲暮之知」，而必須是將草木黃落置回所在的關係網，從涼風至，白露降，寒蟬鳴（孟秋）到候鴈來，玄鳥歸，群鳥翔（仲秋），最後至於草木黃落、螢蟲咸俛（季秋），才逐次顯明了由盛而衰的歲暮景況。從「見（一葉落）」到「知（歲之將暮）」，看似毫無距離的立即反應，是因為秋節的風物系列自知識記憶中被拉引來，補足了判斷所必要的背景聯想。顯然，僅僅鎖定一片落葉的眼見，並不足以為歲暮之評斷；而僅僅將「知」視同概念性知識，也無法具體展現那彷彿由「一見」而啟引的風物流轉（當然「落」字是變動的關鍵）的全副視域。必須是知識記憶加上聯想觸引，見一（木）葉落才可以從當下望向未來，而不止於風物組合的比對檢證，進而才可以將歲暮就看作暮年，相對於盛年往昔，[29]而在同樣的淒寒寥落中觸景傷情。

　　從「葉落」、「歲暮」至於「長（暮）年」，是從「見」到「知」至於「悲（感）」，如同無法拘限於眼見的官能，也無法拘限於知識的檢證，所謂「桑葉落而長年悲」之「悲」，自然也不能就視作個我主觀而內在的心情反應；葉落指向歲暮，歲暮（年）迴映盛年，悲感與眼見、認知是彼此應和、相互召喚的整體。關於人情與四時相應感，在這套時物系統裡，並不著意於分判心與物或身與心（內外、主客），乃至於人與自然（如天地四時）的差別，而是透過氣化流行，試圖完整地加以統合。首先最值得注意的是，「人」或一般被視為拘限在身體範圍內的「人」，如何與無限瀰漫的「氣」相互關聯？《淮南子・本經訓》說到：

　　天地之合和，陰陽之陶化萬物，皆乘人氣也。是故上下離心，
　　氣乃上蒸，君臣不和，五穀不為。距日冬至四十六日，天含和
　　而未降，地懷氣而未揚，陰陽儲與，呼吸浸潭，包裹風俗，
　　斟酌萬殊，旁薄眾宜，以相嘔咐醞釀而成育群生。是故春肅秋

29　此處以晉文公返國渡河時扔掉舊席，與其周旋各國的子犯認為他不念舊情，類推年長者見葉落而悲，正因為懷往傷今，時不可再得。

榮，冬雷夏霜，皆賊氣之所生。由此觀之，天地宇宙，一人之
身也；六合之內，一人之制也。[30]

從天人之間以氣相感談起，人與天地四時應該可以相互理解，即使是化
育群生的陰陽，其聚散離合、浸潤蔓衍就如同人的呼吸吐納；因此說天
地六合的變化是人可以制理的範圍，而人的身體和天地宇宙並沒有不能
溝通的界線。所以〈精神訓〉將人的四肢五臟九竅三百六十節，類比天
之四時五行九解三百六十六日，而「天有風雨寒暑，人亦有取與喜怒，
故膽為雲，肺為氣，肝為風……以與天地相參也」。[31] 相似的說法又見
於著書年代接近的《春秋繁露》（如〈人副天數〉第五六），[32] 徐復觀先
生推測應是當時流行的說法。[33] 在這個天人相參與的流行說法中，天地
之風雨寒暑與人的四肢形骸、同時也與取與喜怒相互關聯，顯然，所謂
「天地宇宙，一人之身」的「人身」，一方面不是身、心分立，另一方面
人身明顯也不是一個封閉的對象，而可以是延展至於宇宙的巨大視野。

　　所以，喜怒不但是身體（不專屬於心靈）也有的感覺，甚至天地也
可以有喜怒，而人當然也可以有四時之氣象，《春秋繁露・天辨人在》
就提到：

　　喜怒之禍，哀樂之義，不獨在人，亦在於天，而春夏之陽，秋
　　冬之陰，不獨在天，亦在於人。人無春氣，何以博愛而容眾？
　　人無秋氣，何以立嚴而成功？……天無樂氣，亦何以疏陽而夏
　　養長？天無哀氣，亦何以激陰而冬閉藏？故曰：天乃有喜怒哀
　　樂之行，人亦有春秋冬夏之氣者，合類之謂也。[34]

30　《淮南鴻烈集解》卷8，頁4a。
31　引自《淮南鴻烈集解》卷7，頁2a-3a。
32　本文引用《春秋繁露》部分，皆出自蘇與《春秋繁露義證》（北京：中華，1996，
　　再版），〈人副天數〉見頁354-357。
33　參見〈淮南子與劉安的時代〉，頁219。
34　《春秋繁露義證・天辨人在》第46，頁335-336。

顯然，構造這套時物系統的類應原則，除了連類比合，更重要的是應和通感；在氣化感通的宇宙間，天地物我因此是相互開放，人身的感知即是天地的感知，氣之聚散滿虛形成節候的變化，同時也就形成人身存在的狀態。《淮南子・本經訓》有另一段文字說到：

> 陰陽者，承天地之和，形萬殊之體。含氣化物，以成埒類。
> 嬴縮卷舒，淪於不測。終始虛滿，轉於無原。四時者，春生夏
> 長，秋收冬藏。取予有節，出入有時。開闔張歙，不失其敘，
> 喜怒剛柔，不離其理。[35]

這段文字是用以說明王霸之道在取法陰陽四時，於變化莫測之中又能平治天下。最值得注意的是春夏秋冬與喜怒剛柔不必分屬天、人，喜怒即通於四時節氣；而歸本於氣化流行，自然是特別著重陰陽的開闔、舒張，這天地之氣的虛滿、長短、卷舒的屬性狀態，就體現了節候萬物的存在樣態。

　　如果天地物我的相互開放、彼此參與，正是體現在流動漫衍的「氣態」之中，關於這「氣態」或「氣象」的感知，其實並不全然是概念的抽象推理，或突發奇想的比附而已。徐復觀先生曾經在針對陰陽五行的研究中指出，即使後來陰陽、五行抽象化為萬物的元素或形而上的神祕力量，仍然沒有捨離陰陽五行原有的具體屬性，換言之，仍然是透過經驗界的具體材料加以聯想。[36] 就陰陽而言，原是指有無日光的兩種天氣，所以包括陰晴、明暗，引申至於入春則溫暖或晴朗則舒展，都是以日光為基礎而有的氣候變化，以及氣候在人身上所形成的感覺。而《左傳》昭公元年，秦醫和勸晉侯節制女色，說到：

> 天有六氣，降生五味，發為五色，徵為五聲，淫生六疾。六氣
> 曰陰陽風雨晦明也，……陰淫寒疾，陽淫熱疾，風淫末疾，雨

35　引自《淮南鴻烈集解》卷 8，頁 10a-b。
36　參見〈呂氏春秋及其對漢代學術與政治的影響〉，頁 20-21。

淫腹疾，晦淫惑疾，明淫心疾。女，陽物而晦時，淫則生內熱
蠱惑之疾。[37]

徐復觀先生指出這裡的陰陽更從寒暖的氣候現象具體成為實物性的兩種
氣，從它發而為「色」、「聲」、「味」可見是與人生活經驗有關的物質屬
性，都是「人的耳目肌膚等感官可以接觸得到的具體地存在」。[38] 至於
「六氣」過度致生的「六疾」，包括心、腹、末（四肢）與寒、熱，也明
顯將「淫氣」應發在可感知的身體內外；即使迷亂意志、一味沉溺的蠱
「惑」，根據秦醫和向趙孟的解釋，長女迷惑少男就像大風吹落山木，是
類同的蠱惑，[39] 將「女惑男」、「風落山」連類成譬，顯然所謂「惑」也並
不離日常生活經驗。即便到了氣化宇宙觀盛行的漢代，《春秋繁露》中
言及天人之氣的相索相求，也仍然從日光有無的陰晴氣象談起：

天將陰雨，人之病故為之先動，是陰相應而起也。天將欲陰
雨，又使人欲睡臥者，陰氣也。有憂亦使人臥者，是陰相求
也；有喜者，使人不欲臥者，是陽相索也。[40]

如果天人同處在一個交感的氣態中，人的病痛、睡臥、憂慮其實都和陰
雨一樣具體可感，而且相互應發；更重要的是，人身的種種狀態，不但
不分內外，而且應該推拓到一個更大的、甚而就是大氣所在的場域，才
能完整的理解或看待。

　　如此，以憂慮而言，並不是個我獨有的內在情緒，而是一個流動在
人與天地間的氣的場域的質性或狀態，空氣中有著山雨欲來的潮濕，瀰
漫著令人昏然欲睡的氣息。推而言之，後來被視為抒情傳統主流的「傷

37　引自楊伯峻《春秋左傳注》（臺北：源流，1982，再版），頁1223。
38　參見〈陰陽五行及其有關文獻的研究〉附錄二，收入氏著《中國人性論史》（臺
　　北：臺灣商務，1979，五版），頁509-587，括號內文字，引自頁515。
39　秦醫和向趙孟解釋為何晉侯「疾如蠱」，「淫溺惑亂之所生也。……在周易，女惑
　　男、風落山，謂之蠱，皆同物也」，引自《春秋左傳注》，頁1223。
40　蘇輿《春秋繁露義證・同類相動》第57，頁359。

春悲秋」，也應該在這套時物類應系統下，早有一種被理解的方式。《詩經》中的〈豳風・七月〉「春日遲遲，采蘩祁祁。女心傷悲，殆及公子同歸」句之注疏，也許可以提供線索。《毛傳》曰：

> 遲遲，舒緩也。蘩，白蒿也，所以生蠶。祁祁，眾多也。傷悲，感事苦也。「春女思，秋士悲」，感其物化也。殆，始；及，與也。豳公子躬率其民，同時出同時歸也。[41]

其中毛註特別引錄《淮南子・謬稱訓》所謂：「春女思，秋士悲，而知物化矣」來詮釋詩句，漢末高誘註曰「春女感陽則思，秋士見陰而悲」，[42] 如果按照前文所述，天地會有喜怒，人也有四時氣象，那麼所以會「感陽（春）則思」或「見陰（秋）而悲」，就應該如同《春秋繁露》所言：

> 春之為言，猶偆偆也；秋之為言，猶湫湫也。偆偆者喜樂之貌也，湫湫者憂悲之狀也。是故春喜夏樂，秋憂冬悲，悲死而樂生。[43]

這是說節氣本身就表現一種情感狀態，也即是說情感狀態根本就體現在節候氣象所在的具體可感的時空之中，孔穎達在疏文中針對「春日遲遲」解釋得更清楚：

> 遲遲者，日長而暄之意，故為舒緩。計春秋漏刻多少正等，而秋言淒淒、春言遲遲者，陰陽之氣感人不同。張衡〈西京賦〉云「人在陽則舒，在陰則慘」，[44] 然則人遇春暄則四體舒泰，春

41　引自《毛詩注疏》卷 8-1（臺北：藝文，十三經注疏本，1979），頁 281。

42　引自《淮南鴻烈集解》卷 10，頁 9b。

43　引自蘇輿《春秋繁露義證・王道通三》第 44，頁 331-332。

44　張衡〈西京賦〉，原文作「（憑虛公子）言於安處先生曰：夫人在陽時則舒，在陰時則慘，此牽乎天者也；處沃土則逸，處瘠土則勞，此繫乎地者也」，引自李善注《昭明文選》卷 2（臺北：河洛，1975），頁 25。

覺畫景之稍長，謂日行遲緩，故以遲遲言之；及遇秋景，四體
褊躁，不見日行急促，唯覺寒氣襲人，故以淒淒言之。45

從張衡的「陰陽慘舒」講起，孔穎達解釋「春思秋悲」是何等仔細的描
繪日行緩急、畫景長短、氣候寒暖與人之四體如何形成舒泰、褊躁的不
同感應，這與前文所述天地與人相交感正存在於一個可具體經驗的流動
的氣的場域，根本如出一轍，可以說極完整的呈現了自《夏小正》以來
類應時物系統所開展的「氣態（象）」（或「氣感」）說；尤其從春思秋
悲而知「物化」（物象變化），進一步強調人身四體也同步參與這空間化
的節氣變動，這「時（節）氣感」即「身體感」的提出，顯然也已經成
為詮釋詩作時熟悉上手的模式。

　　而如果重看魏晉以來文論，會發現與這個詮釋角度相應的創作觀
點，如陸機所謂「悲落葉於勁秋，喜柔條於芳春」，就出自《淮南子》
「桑（木）葉落而長年悲」的觸景傷情，46劉勰在談論「詩人感物，聯類
不窮」的〈物色〉篇47也是採用這個一脈相承的時物體系，開宗名義的
「春秋代序，陰陽慘舒」明顯就出自張衡所言；「陽氣蒙而玄駒步，陰律
凝而丹鳥羞」更出自《夏小正》所謂「玄駒賁」（十二月）、「丹鳥羞白
鳥」（八月），48是透過蟲物與月令的連類組合，傳達陰陽氣象的變化；而
「獻歲發春，悅豫之情暢；滔滔孟夏，鬱陶之心凝；天高氣清，陰沉之
志遠；霰雪無垠，矜肅之慮深」，更直接強調具體的節氣風物對於人情
感興所具有的從外而內的形塑作用（如悅豫或鬱陶）。顯然，的確是存
在著一個依循時物類應體系所開展的文學詮釋與創作觀點，而即使如呂
正惠先生所指出陸機的「感物」特別延續《古詩十九首》以來「歎逝」

45　引自《毛詩注疏》卷8-1，頁281。
46　陸機〈文賦〉，引自《昭明文選》卷17，頁350，「悲落葉於勁秋，喜柔條於芳春」
　　句下，李善即引《淮南子·說山訓》「木葉落，長年悲」為註。
47　以下〈物色〉篇文字引自周振甫《文心雕龍註釋》（臺北：里仁，1984），頁845。
48　分見顧鳳藻，《夏小正經傳集解》卷四（臺北：藝文，百部叢書集成本，1966），
　　頁2a，及卷3，頁2a。

的悲慨，並不同於劉勰已經將四時感物「一般化」，[49] 但是似乎也不能據此論定漢魏詩人都是悲觀主義者，所以是詩人賦予大自然以一種變動不居、淒涼、蕭索而感傷的色澤等等偏重由內而外的個我抒情的說法，而忽略了時物環境主動外射、侵擾人身所形成的生存空間。

推移的身體感

劉文英在《中國古代的時空觀念》一書中，曾將中國關於時空本質的論述劃分為三個面向，分別是從「道」、「心」與「物」來看待時空，[50] 前二者或是追究時空變化背後根本的道理，或是認為天地萬物都是人的主觀心性的創設，與「從『物』觀時空」，將「氣（或元氣、精氣）」這種物質作為天地萬物之本原，明顯有很大不同；後者並不以空間的存在或時間的流逝全然按照人的意志，另一方面，時空的存在不僅是因為可能有的客觀原理，同時不可忽視與物質世界的依賴關係。書中特別舉《管子‧乘馬》篇這段文字為例：

> 春秋冬夏，陰陽之推移也；時之短長，陰陽之利用也；日夜之
> 易，陰陽之化也。[51]

劉文英認為這段話由陰陽消長談晝夜交替，再由晝夜長短比例、溫度冷熱推出四時變化，這其實就是古代天文曆學的傳統看法，譬如《呂氏春秋》十二紀、《禮記‧月令》、《淮南子》中的〈天文訓〉、〈時則訓〉等都屬於這個講究具體經驗的體系，甚至到了明清之際如方以智在《物理小識》中強調的「推移之宙」和「規矩之宇」，也就是將四時、五方相結合（如春配東方），認為人們「可以觀測四時推移中事物運動變的

49　參見呂正惠〈物色論與緣情說〉，頁 290-296。
50　見劉文英《中國古代的時空觀念》（修訂本）（天津：南開大學，2000），頁 48-67。
51　見劉文英《中國古代的時空觀念》，頁六一所引，原出自《管子‧乘馬》，參見李勉《管子今註今譯》（臺北：臺灣商務，1988），頁 76。

細微動向（幾），如地氣上升、動物驚蟄、河流解凍、草木發芽、穀物
成熟、動物冬眠之類，並採取相應的措施（類應）。[52] 這種從「物」去
觀察時空的角度，既強調「宇中有宙，宙中有宇」，更明顯是將「大氣」
物質化為具體生存的宇宙，將「時節」空間化為人們可以用身體去觀測
感知並順應依存的世界。換句話說，〈月令〉代表的時物體系很可能就
透過物質化、空間化，而提供了人身與時氣之間既具體又無限寬廣的連
類關係。

　　如果留意到從《管子》到《物理小識》都用「推移」來描述時節變
換，而且這個「推移」並不僅僅是得出時間意識，根本包含著環繞身體
所在的日月陰陽、山川動植物與人的相互關係的種種變化而來，那麼，
前引如吉川幸次郎所謂「推移的悲哀」，只是意識到人自己生存於時間
之上的不幸（如離別、衰老等），似乎有些窄化了原來中國人對於「推
移」的更廣大的意識範圍。比方說自《古詩十九首》至於魏晉定型的
「悲秋」主題，如果很快歸諸是悲哀的詩人選擇了「歎逝」的角度去看
待大自然，也就是先有了對於生命無常的自覺或悲劇性的人生態度，
才「發現」這樣淒涼的景物，[53] 其實沒有辦法解釋為什麼已經悲觀的詩
人不是觸物皆悲，還會傾向選擇「悲秋」，這是否說明「秋」的季候徵
象的出現會特別讓人悲哀，而且就是外在環境給定的感知？以《古詩
十九首》中的〈明月皎夜光〉[54] 為例，在歷來的詮解中，或以為是「貧賤
失志，慨友人之不援」，或以為乃「臣不得於君」之作，[55] 大抵站在詩人

52　引自劉文英《中國古代的時空觀念》，頁 46，而方以智的看法見，〈占候類・智藏
　　於物〉「則宇中有宙，宙中有宇，春夏秋冬之旋輪，即列於五方之旁，羅盤而析幾
　　類應，孰能逃哉」，見氏著《物理小識》卷 2（北京：北京圖書館，《續百子全書》
　　第 21 冊，1998），頁 784-785。
53　參見呂正惠〈物色論與緣情說〉，頁 295-296、309。
54　此處及下文引及《古詩十九首》皆出自《昭明文選》卷 29，頁 631-636。
55　參考隋樹森《古詩十九首集釋》所引陳祚明與吳淇的說法，見氏著《古詩十九首
　　集釋》（臺北：樂天，1971），分見卷 2，頁 11，卷 3，頁 15。原出於陳祚明《采
　　菽堂古詩選》卷 3，《續修四庫全書》集部 1590 冊，卷之 3、漢三（上海：上海古
　　籍，2002），頁 644；吳淇《六朝選詩定論》卷之 4，《四庫全書存目叢書補編》第

主觀的立場，不但將詩作輕易截為「景」、「情」上下兩大段，而且寫景的前段也概括以「蕭條滿目」而視為寓託情志之用，這不但忽失了占全詩一半篇幅的秋景的重要性，同時也明顯平板化了情志的內涵。秋景的重要性當然就在於「時節忽復易」這個提點句，朱自清先生說「時節忽復易」兼指白露、秋蟬、玄鳥三語，「白露同時是個節氣的名稱」，是就「秋夜的見聞」談起；[56] 當然，「忽」字也許可以說是詩人在面對死亡的惶恐不安中，對於時間推移的一種形容，[57] 但是節氣變易在這首詩中卻明顯不全是詩人主觀設想出來，而是由在環境中的身體耳目去俯仰聞見（促織鳴、星月夜、白露降）所形成的經驗。這個經驗的判定既來自於已有的引譬連類之時物知識，可以說是由這套現實的物質組合來定位詩人的此時此刻。

　　此時此刻的定位無疑是這首詩情志抒發的關鍵，「時節忽復易」下文是：

　　秋蟬鳴樹間，玄鳥逝安適。昔我同門友，高舉振六翮，不念攜
　　手好，棄我如遺跡。

吉川幸次郎認為「昔我同門友，高舉振六翮」與「玄鳥」的意象相連，使得寫景轉至於抒情顯得自然順暢，[58] 也有人認為之前的促織、白露都已經點明季節的變易，「秋蟬鳴樹間，玄鳥逝安適」應該不再是寫景，否則即成蛇足。[59] 究竟「秋蟬、玄鳥」是否為寫景句，要看景物在此與情志相互依賴的程度。吉川說「玄鳥」是「藉著輕快飛逝的燕子強調了時

<hr/>

　　11 冊（濟南：齊魯，2001），頁 87。

56　參見朱自清〈明月皎夜光〉，《古詩十九首釋》，收入氏著《古詩歌箋釋三種》（臺北：宏業，1983），頁 248。

57　吉川幸次郎〈推移的悲哀〉，談到《古詩十九首》中出現「忽」、「奄忽」，是因為死亡的恐懼經常在意識中，所以將人的一生的時間形容得如此急速匆促，頁 114。

58　吉川幸次郎〈推移的悲哀〉，頁 41。

59　參考隋樹森《古詩十九首集釋》所引朱筠說法，卷 3，頁 55。原出於朱筠《古詩十九首說》，《叢書集成續編》集部第 147 冊（上海：上海書店，1994），頁 495。

間推移的速度」，[60] 秋蟬鳴、玄鳥逝，大抵如李善注所引《禮記‧月令》的說法「孟秋之月，……寒蟬鳴」、「仲秋之月，……玄鳥歸」都是時序入秋的徵象；[61] 但是，如果再進一步追查，會發現與蟬鳴、玄鳥出沒的相關記載還包括：

> 仲夏之月，……蟬鳴始，半夏生，木菫榮。
> 是月（仲春）也，玄鳥至。[62]

蟬鳴從孟夏就開始，到孟秋出現「寒蟬（秋蟬）鳴」，而玄鳥的到來與歸去則從仲春至於仲秋，在這個時間歷程中，人其實是從已經習慣如此（蟬鳴、有玄鳥）到被迫面對已經改變（換成寒蟬）或是被剝奪（無玄鳥）了習慣性經驗的物質世界；也可以說是從暖到寒、從有到無的身體空間感具現了其中「春去秋來」的節氣變改。換言之，這首詩並不只是感歎這麼快就到了秋天，此時此刻的感知在一個充滿疑惑、無奈的流轉經驗中，應該還包括溫暖的春天為何這麼快就消逝，原來所擁有的為什麼轉眼不知去向；而這個身體感的不能一如往昔，同時也就直接體驗了同樣在時間歷程中的故交去就與人情冷暖。「昔我同門友，……棄我如遺跡」並不需要任何多餘的引申，因為節氣也就是人情的變化在身體的感受都是冷暖，而在身邊倏忽來去的是難以釋懷的故舊也是春秋。

　　人情與時物既是如此相應於人身一體（都是冷暖與來去）的感知中，時物不但不必是為主體服務的間接設想，甚至可能就先對於人身形成侵擾，彷彿是由節候風物來派分身體的感知狀態。譬如《古詩十九首》的〈明月何皎皎〉一首：

60　吉川幸次郎〈推移的悲哀〉，頁 41。
61　分別參見《禮記注疏‧月令》卷 16（臺北：藝文，十三經注疏本，1979），頁 323、324。
62　「蟬始鳴」句，引自《禮記注疏‧月令》卷 16，頁 318；「玄鳥至」句引自《禮記注疏‧月令》卷 15，頁 299。

> 明月何皎皎，照我羅床幃。憂愁不能寐，攬衣起徘徊。客行雖
> 云樂，不如早旋歸。出戶獨徬徨，愁思當告誰。引領還入房，
> 淚下沾裳衣。

吉川先生從陸機擬作中如「涼風繞曲房，寒蟬鳴高柳。踟躕感節物，我行永以久」，看出十九首的原詩隱含有推移的悲哀，[63] 也就是說仍然屬於悲秋的情懷；但是同樣沒有針對節氣感或即身體感進一步分析。如果注意到陸機特別說是「踟躕感節物」，節物即時物，這個物質性的節氣感知，是以「踟躕」來形容，就如同原詩所謂「徘徊」、「徬徨」，都是猶豫不前的意思；一方面是「我行永以久」的經年累月，對照原詩「不如早旋歸」，有一種將做而未做的逆反轉身之打算，一方面是這個試圖逆反的轉身，即使表現在當下「出戶」、「入房」的動作中，卻仍然無法跨邁時空的推移，只能原地打轉，空自惆悵。如果「徘徊」、「徬徨」、「出入」、「踟躕」就是具體相應於節物的身體感，原詩一開頭的「明月何皎皎」，其實扮演了關鍵性的角色。「憂愁不能寐」究竟是不是因為有明月來「照我羅床幃」，在原詩中並不明確，但是參照陸機擬作，以「安寢北堂上，明月入我牖」開頭，則表達某種被射入（照進）的月光侵擾而不得安眠的狀態。吳淇認為原詩就有這層用意：

> 無限徘徊，雖主憂愁，實是明月逼來；若無明月，只是捶床搗
> 枕而已，那得出戶入房許多態？ [64]

「明月逼來」不但生動點出外在景物對於人的影響力，同時也呈現月出以後的夜晚時分，常無端落入憂愁的身心狀態。憂愁所以惶惶不安，入夜而不安這其實是不合乎晝夜的作息規律，也就是不合「時」宜的，如前引《左傳》昭公元年，秦醫和勸晉侯節制女色而提出「六氣」說，其

63　吉川幸次郎〈推移的悲哀〉，頁 37。
64　參考《古詩十九首集釋》卷 3，頁 24。原出於吳淇，《六朝選詩定論》卷之 4，頁95。

中「晦淫惑疾，明淫心疾」就是透支晝夜之氣而有的疾病，孔穎達解釋說：

> 晦是夜也，夜當安身，女以宣氣，近女過度，則心散亂也。明是晝也，晝以營務，營務當用心，思慮繁多，則心勞敝也。[65]

其實「夜當安身」不是孔穎達個人意見，而是一種順應時氣的普遍認定，當時同樣針對晉侯的病，子產就是根據這個原則來說明：

> 君子有四時，朝以聽政，晝以訪問，夕以脩令，夜以安身。於是乎節宣其氣，勿使有所壅閉湫底以露（羸也）其體，茲心不爽，而昏亂百度。今無乃壹之，則生疾矣。[66]

這裡明顯將一日細分為朝、晝、夕、夜四個時段，每個時段，體氣[67]的宣散都必須有節度，譬如長夜逸樂當然就使體氣聚塞於一處，容易使身體衰弱而昏亂（孔疏所謂肌瘦骨露，形弱則神弱）。如果配合秦醫和的「六氣」說來看，晝夜（晦明）作為六氣之二，與此處「節宣其氣」所談的人身體氣顯然必須相因相應，亦言之，「時氣」與「體氣」相互為用，身體（早包括心神）在生活作息中強弱昏覺的表現與時間早晚的推移息息相關；雖然春秋時期的陰陽四時說與《呂氏春秋》十二紀等已經建立的完整體系還有差距，[68]但是一脈相承的順時應氣的身體感知，或說是從時氣的觀點來劃定、連類身體的行止狀態顯然前後一致。

　　而從子產針對宣散體氣所提出的告誡——「勿使有所壅閉湫底以露其體」，「壅閉湫底」都是描述壅塞聚滯的氣態，這很容易讓人想起《楚

65　引自《春秋左傳正義》卷 41（臺北：藝文，十三經注疏本，1979），頁 709。

66　引自《春秋左傳正義》卷 41，頁 707。

67　沈玉成《左傳譯文》即譯作「體氣」，與下文「以露（羸也）其體」相應，較諸「血氣」為佳，見氏著《左傳譯文》（臺北：木鐸，1982），頁 384。

68　參見徐復觀〈陰陽五行及其有關文獻的研究〉，頁 513-518，又〈董仲舒春秋繁露的研究〉，收入氏著《兩漢思想史》，也對比出董仲舒如何在《呂氏春秋》十二紀首的基礎上，將陰陽與四時、五行進一步完密的配合，參見頁 381-382。

辭》中於邑鬱結的屈原，譬如〈九章・悲回風〉這段文字：

> 悲回風之搖蕙兮，心冤結而內傷。……惟佳人之獨懷兮，折
> 芳椒以自處。增歔欷之啫啫兮，獨隱伏而思慮。涕泣交而凄凄
> 兮，思不眠以至曙。終長夜之曼曼兮，掩此哀而不去。……傷
> 太息之愍憐兮，氣於邑而不可止。御思心以為纕兮，編愁苦以
> 為膺。……歲忽忽其若頹兮，時亦冉冉而將至。……登石巒以
> 遠望兮，路眇眇之默默，入景響之無應兮，聞省想而不可得。
> 愁鬱鬱之無快兮，居戚戚而不解。心鞿羈而不開兮，氣繚轉而
> 自締。[69]

同樣是夜中不寐，屈原以漫漫長夜編織愁緒，不論隱伏或遠望，天地間
都寂寞無應，彷彿全被這股纏結鬱悶的氣息所拘囚包圍，而無法開解釋
放，到了最後，其實已經分不清是因為愁緒不止還是因為夜太漫長了。
再加上篇首「悲回風之搖蕙兮，心冤結而內傷」，可見這不去、不止的
鬱結之氣不但與長夜相始終，而且明顯與秋風落蕙同步牽連。[70]〈抽思〉
篇有幾句話更為簡潔：

> 思蹇產之不釋兮，曼遭夜之方長。悲夫秋風之動容兮，何回極
> 之浮浮。[71]

關於「悲夫秋風之動容」，王逸解釋「風為政令，動，搖也，言風
起而草木之類搖動，君令下而百姓之化行也」，「風為政令」這種看法
在漢代很普遍，對《楚辭》有如此的解釋，對《詩經》也出現過這樣的
說解，[72] 其實這就出自〈月令〉系統的源頭之一——《周書・時訓》，如

69　引自王逸《楚辭章句》卷 4（臺北：藝文，1967），頁 200-205。
70　朱熹認為「悲回風之搖蕙」亦「悲秋風動容」之意，見朱熹《楚辭集注》卷 4
　　（臺北：藝文，1974），頁 187。
71　引自《楚辭章句》卷 4，頁 174。
72　如東方朔〈七諫・自悲〉「徐風至而徘徊兮，疾風過之湯湯」，王逸註仍是以「風

「立春之日，東風解凍；……風不解凍，號令不行；……」，[73] 透過東風解凍的實際效應，聯想教化施行的可能性。但是如果特別注意〈抽思〉談的是「秋風」，而不是「東風」，尤其是秋風之悲，那麼「秋風動容」除了一併比喻為政令化行，也許還有其他可能的解釋。洪興祖補註就認為「悲夫秋風之動容」，與宋玉〈九辯〉「悲哉，秋之為氣也。蕭瑟兮，草木搖落而變衰」意旨相同，換言之，是從秋風吹襲的強勁凜烈上來形成「悲秋」的具體經驗；而蔣驥的註解更直接說是：

秋風動容，言寒風襲人，而體慄色變也。[74]

這裡的「寒風襲人」與前引吳淇解說《古詩》的「明月逼來」何其相似，都強調時物節氣對於人身如何形成由外而入的擺弄（如輾轉難眠、出入房戶）與侵襲（如身體寒顫、容色轉變），而《楚辭》中作為悲秋代表的〈九辯〉，對於順隨時氣流轉的身體感知，當然有更形重要的描述。

　　劉永濟曾綜合各家意見，以〈九辯〉並無哀師之言，又〈九章〉諸篇的時序物色與〈九辯〉相同，認為〈九辯〉或亦為屈原所作，實千古感時傷事之祖。[75] 茲不論其作者為誰，這一方面可見屈、宋之悲秋乃一脈相承，另一方面說明屈、宋都對秋節時物有具體掌握。〈九辯〉首章除了中間穿插人事上的羈旅懷遠、失職不平，算是相應於「悲」秋的「傷事」，前後都著重以節候風物點染秋天空曠虛寂的氣息，如開頭是草木搖落、天高氣清、川流靜默，末尾則說是：

　　為號令」，而比為君令之緩急，見《楚辭章句》卷13，頁356；而針對《詩經》的〈鄭風・蘀兮〉「蘀兮蘀兮，風其吹女」，鄭箋曰「風喻號令也，喻君有政教，臣乃行之」，見《毛詩注疏》卷4-3，頁172。
73　引自黃懷信等《逸周書彙校集注・時訓解》第52，卷6（上海：上海古籍，1995），頁623-624。
74　引自蔣驥《山帶閣註楚辭》卷四（臺北：長安，1984），頁122。
75　劉永濟《屈賦通箋》卷2（臺北：臺灣學生，1972），頁46-47。

　　燕翩翩其辭歸兮，蟬寂寞而無聲。鴈廱廱而南游兮，鶤雞啁哳
　　而悲鳴。獨申旦而不寐兮，哀蟋蟀之宵征。時亹亹而過中兮，
　　蹇淹留而無成。[76]

除鶤雞之外，其餘燕、蟬、鴈、蟋蟀都是〈月令〉體系中標明由夏入秋
的連類時物，譬如仲夏蟬開始鳴叫，季夏蟋蟀就從野外躲入牆壁中，孟
秋寒蟬鳴，仲秋時鴻鴈南、玄鳥歸，[77]這就如同後來《古詩十九首》中
的〈明月皎夜光〉之「秋蟬鳴樹間，玄鳥逝安適」一樣，是在時物變換
間清楚體驗節候的流轉，所謂「時亹亹而過中」因此具體化為如同開卷
歷覽般的景物圖解。〈九辯〉作者不論是屈原或宋玉，都明顯也應用了
如同〈月令〉的時物共識，甚且也將人、物間的氣應關係，進行更細密
的描繪。譬如〈明月皎夜光〉中，來去、有無既是時物變換也是人情冷
暖，而早在〈九辯〉第三章，悲哀的秋氣也已經層層籠罩並且在草木、
也在人身銘刻繁華憔悴的印記：

　　皇天平分四時兮，竊獨悲此廩秋。白露既下百草兮，奄離披此
　　梧楸。去白日之昭昭兮，襲長夜之悠悠。離芳藹之方壯兮，余
　　萎約而悲愁。……葉菸邑而無色兮，枝煩挐而交橫。顏淫溢而
　　將罷兮，柯彷彿而萎黃。萷櫹槮之可哀兮，形銷鑠而瘀傷。[78]

這段文字由秋氣凜烈而草木搖落談起，細數節候流轉如何由長日至於長
夜、如何由盛壯至於萎黃，這些去入、離合是節氣的空間化表現，當然
也形塑了人處身其中的狀態。所以「余萎約而悲愁」的「余」，可以是
宋玉假代屈原自稱，也可以就是秋節草木自稱，[79]因為四時也可以有悲愁

76　引自王逸《楚辭章句》卷8，頁247-248。
77　分別參見《禮記注疏・月令》卷15、16，頁299、318、323、324。
78　引自《楚辭章句》卷8，頁250-251。
79　朱熹認為是「宋玉為屈原之自余也」，《楚辭集注》卷6，頁225；王夫之則認為
　　是「草木自余也」，《楚辭通釋》卷8，收入氏著《船山全書》第14冊（長沙：岳
　　麓，1998），頁378。

之態，而草木萎約表現在人就是「身體疲病」；[80] 因此，宋玉接著雖然是針對秋天的樹容加以描述，但是從王逸的註解裡，譬如「形貌羸瘦無潤澤」、「肌肉空虛皮乾臘」、「身體焦枯疲病久」等等，[81] 顯然認為蕭殺秋氣同時在物與人身上都刻畫下難以逃躲的乾枯瘦病。

〈九辯〉第三章末尾，由物容至於身容的疲病，接下來所謂「歲忽忽而遒盡兮，恐余壽之弗將」就如同《淮南子》說「桑葉落而長年悲」，是歲暮與暮年的氣類感應，至於這份「恐」或「悲」，宋玉如此具體形容：

> 悼余生之不時兮，逢此世之俇攘。澹容與而獨倚兮，蟋蟀鳴此西堂。心怵惕而震盪兮，何所憂之多方？仰明月而太息兮，步列星而極明。[82]

前文有「惟其紛糅而將落兮，恨其失時而無當」，與此處「余生之不時」相呼應，人事上「生不逢時」的比喻，因此先是基於具體的節氣體驗，不論是「蟋蟀之宵征」至於「鳴此西堂」，或是「去白日之昭昭」至於星月炯炯，空間中的時物推遷與視聽思慮的人身處在一個同頻共鳴的動盪狀態中。關於「心怵惕而震盪」，王逸註曰：「思慮惕動，沸若湯也」，這其實是援用屈原〈悲回風〉的意指：

> 折若木以蔽光兮，隨飄風之所仍。存髣髴而不見兮，心踊躍其若湯。歲忽忽其若頹兮，時亦冉冉而將至。[83]

所謂「心踊躍其若湯」，前有「終長夜之曼曼兮，……氣於邑而不可

80　「余萎約而悲愁」句，王逸註曰「身體疲病而憂窮也」，見《楚辭章句》卷 8，頁 250。

81　《楚辭章句》卷 8，頁 251。

82　引自《楚辭章句》卷 8，頁 252。

83　引自《楚辭章句》卷 4，頁 203-204。

止」，所以嚴忌〈哀時命〉作「愁修夜而宛轉兮，氣涫沸其若波」，[84] 將「踴躍若湯」以纏結宛轉又如水波沸動的體氣狀態加以描摹，而並非個人內在思慮而已。從「悲回風之搖蕙」到「隨飄風之所仍」，這體氣的波動其實與秋風同其飄忽搖落的頻率。所以忽忽歲暮即冉冉暮年，[85] 春秋與少長的流轉，都是恍惚若失的一體震顫。

阮籍〈詠懷詩〉第二十四明顯模擬屈、宋這怵惕動盪的生存狀態，說到：

> 殷憂令志結，怵惕常若驚。逍遙未終宴，朱陽忽西傾。蟋蟀在
> 戶牖，蟪蛄號中庭。……三芝延瀛洲，遠遊可長生。[86]

「朱陽」或作「朱明」，指夏季，[87]「蟋蟀在戶牖」，如〈月令〉季夏「蟋蟀居壁」，而夏蟬蟪蛄「夏生秋死」是春秋更迭的指標性時物，[88] 與「逍遙未終宴」合力扣緊《莊子‧逍遙遊》「朝菌不知晦朔，蟪蛄不知春秋」的短促之意，也使得「朱陽忽西傾」（如「歲忽忽其若頹」）的「倏忽」，具體表露在實物的有無、在不在之間。從時物轉換回頭看篇首的憂慮，並未說明憂慮的人事因由，而「驚」與「忽」相互呼應，倒是將憂懼落實在憂「時」（或「憂生」）之上，彷彿是全身（而不只是肉體或心靈）在時氣流轉（由夏入秋）中浮沉動盪，被推移而無以自主，被迫面對而無法預期。這由外而內的一體傳響，在〈詠懷〉第十四更藉由蟋蟀或晨雞的鳴啼，牽動身心離返、悲喜的反應：

84　引自《楚辭章句》卷 14，頁 378。
85　「歲忽忽其若頹兮，時亦冉冉而將至」句下，王逸註曰「年歲轉去而流沒也，春秋更到與老會也」，《楚辭章句》卷 4，頁 204。
86　引自黃節注《阮步兵詠懷詩注》（臺北：藝文，1975），頁 54。
87　《爾雅注疏‧釋天》第 8，卷 6（臺北：藝文，十三經注疏本，1979），「春為青陽，夏為朱明」，頁 95。
88　《莊子‧逍遙遊》「朝菌不知晦朔，蟪蛄不知春秋，此小年也」，郭註曰「蟪蛄，夏蟬也。……夏生秋死，故不知春秋也」，引自郭慶藩輯《莊子集釋》，頁 11-12。又《藝文類聚》卷九七〈蟲豸〉部「蟬」條下曰「楚謂之蟪蛄」，並引《禮記‧月令》「仲夏之月蟬始鳴」，見《藝文類聚》（京都：中文出版社，1980），頁 1677。

開秋兆涼氣，蟋蟀鳴床帷。感物懷殷憂，悄悄令心悲。多言焉
所告，繁辭將訴誰。微風吹羅袂，明月耀清暉。晨雞鳴高樹，
命駕起旋歸。89

這裡明白提出「感物殷憂」，並且由「開秋兆涼氣」起始，正可以補充
前一例「怵惕殷憂」的憂「時」性；而，雞或知時而晨鳴，「蟋蟀感時
而鳴」，90 所謂「感物」其實也就是「感（時）物」或「感（節）物」。
兩首詩的意旨如此相近，末尾的抉擇似乎也可以相互詮釋，「命駕起旋
歸」若是「將返山林以避世」，91 與「遠遊可長生」，都仍然是始於「憂
時」進而「憂生」之意；進一步來說，「憂生」在此並非抽象思考的結
果，與避世或遠遊想望最直接的關聯，不是是非區判、仙俗分別，而是
秋氣與體氣就這樣同步反應，在聽聲（蟋蟀鳴）、照月（明月耀）與風
吹（微風吹）當中，召喚起身體如波惕動的憂慮（枯槁）與渴望（長
生）。

「感物」與氣氛狀態 92

　　如果從這個角度重新理解阮籍的〈詠懷〉第一首，或許夜色禽鳥不

89　引自《阮步兵詠懷詩注》，頁 39。
90　吳淇曰「蟋蟀感時而鳴，人又感蟋蟀之鳴而悲」，引自吳淇《六朝選詩定論》卷之
　　7，頁 136。
91　曾國藩說法，引自《阮步兵詠懷詩注》，頁 40。
92　此處所謂「氣氛」，受到伯梅（G Bohme）氣氛美學的啟發，根據何乏筆的研究，
　　伯梅論「氣氛」這個向來模糊的概念，是以海爾曼・施密次（Hermann Schmitz）
　　的身體現象學為基礎，「連接身體與氣氛兩者，將之視為具有空間性格的間現象，
　　氣氛與身體在情感空間中會合」，這樣的說法當然挑戰內外、主客二分的傳統觀
　　點，使氣氛不僅超出精神主體的主觀局限，同時也打破西方原本封閉式的物本體
　　論，認為物的形式不只是往內包圍出容積而向外劃界，其實也向外發生作用，「形
　　式好像向周圍環境輻射著，使物周圍的空間充滿種種張力和動態」。由此界定「氣
　　氛」的意涵，「氣氛不是獨立飄動在空中，反而是從物或人及兩者的各種組合生
　　發開來而形成的」，「氣氛是一種空間，也就是受物和人的在場及其外射作用所薰

必再成為盛衰賢愚的喻象，而是即物即身如此存在的狀態：

> 夜中不能寐，起坐彈鳴琴。薄帷鑒明月，清風吹我襟。孤鴻號
> 外野，翔鳥鳴北林。徘徊將何見，憂思獨傷心。[93]

歷來膠著於借物喻情的解釋角度，也往往單獨看待這首詩，其實詩中牽
連的風月琴鳥及其鋪設的不寐狀態，早有長遠的書寫背景。除了前文提
過屈、宋作品中關於「秋風動容」、「申旦不寐」的描述，到《古詩十九
首》如「明月何皎皎，照我羅床幃。憂愁不能寐，攬衣起徘徊」等，漢
詩中如下所引錄的詩句，可以更清楚看出這個共識性的存在狀態之形
成：

> 曖曖白日，引曜西傾。啾啾雞雀，群飛赴楹。皎皎明月，煌煌
> 列星。嚴霜悽愴，飛雪覆庭。寂寂獨居，寥寥空室。飄飄帷
> 帳，熒熒華燭。爾不是居，帷帳焉施。爾不是照，華燭何為
> （秦嘉〈贈婦詩〉）。[94]

> 為樂未幾時，遭時嶮巇，逢此百離。零丁荼毒，愁苦難為。遙
> 望極辰。天曉月移。憂來填心，誰當我知。戚戚多思慮，耿耿
> 殊不寧。禍福無形，惟念古人，遜位躬耕。遂我所願，以茲自
> 寧。自鄙棲棲，守此末榮。暮秋烈風，昔蹈滄海，心不能安。
> 攬衣瞻夜，北斗闌干。星漢照我，去自無他。奉事二親，勞心

染的空間」。本文希望藉助這氣氛觀點的啟發，重新詮釋受氣化宇宙觀的時物系
統與《楚辭》悲秋主題所影響下的漢魏文學，究竟在何種「感物」狀態下體現其
「抒情」性。關於伯梅氣氛美學，請參考伯梅著，谷心鵬、翟江月、何乏筆譯〈氣
氛作為新美學的基本概念〉，《當代》第 188 期（2003 年 4 月），頁 10-33，此文英
譯 "Atmosphere as the Fundamental Concept of a New Aesthetics."，見 *Thesis Eleven*
36 (1993): 113-126。又何乏筆相關研究有〈精微之身體──從批判理論到身體現
象學〉，《哲學雜誌》第 29 期（1999 年夏季號），頁 162-175；〈氣氛美學的新視
野〉，《當代》第 188 期（2003 年 4 月），頁 34-43。
93 引自《阮步兵詠懷詩注》，頁 14。
94 引自吳兆宜《玉臺新詠箋注》卷 9（臺北：明文，1988），頁 396。

可言……（〈滿歌行〉本辭）。[95]

前一首敘寫夫婦間的相思懸念，後一首則關乎士人的出處進退，但是都在暮秋後的風月中，望夜對燭，耿耿不寧；不同的事緒情由，卻選擇一樣的時節環境來表現，這很難用譬喻或寄託而可以一一分別情物的對應關係，反而就普遍性來說，更可能是時人的牽掛焦慮都會形成這根本性的身體震顫，並同時被包圍在這樣的宇宙世界中。譬如應璩說「秋日苦短促，遙夜邈綿綿。貧士感此時，慷慨不能眠」，[96] 這是漫漫秋夜觸動了沒有出路的貧窘；而曹丕〈寡婦詩〉透過霜露落葉、白日西頹召喚出「妾心感兮惆悵」、「守長夜兮思君」這種孤棲獨守、黯然向晚的處境。於是，可以寫相思、寫隱退，也可以就是貧士或寡婦的處境，雖然難以確指這些詩作必作於秋日，但是秋節風物顯然已經成為時人看待生活波動的一種典型的環境視野。

　　根據已有的分析，中國古典詩中關於春秋季節的描寫多過於冬夏，同時，「秋」的系列詩作在早期多過於「春」的系列，在魏晉「惜春」還屬於附屬地位，到南朝宋、齊以後，才出現大量描寫「春」季的作品。[97] 這個現象自是不能僅僅放置在四季的題材分類與數量多寡來談，因為如果由春秋到四時的明確劃分早在西周末期就已完成，[98] 自《楚辭》到漢魏間蔚為風潮的「秋」詩，就不能不說是有意地採取「秋」的角度來看待年歲四時。但是這個刻意採取的態度，並不見得只能透過悲觀的人生態度來解釋，日人松浦友久曾經用「終結」來說明「秋」的時間意識，並認為秋（或由春至秋）所以特別令人感到一去不返，並不全是主觀設想，一方面，中國的自然風土（包括長安洛陽到荊楚等地）本就是

95　引自郭茂倩《樂府詩集》卷 43（臺北：里仁，1980），頁 636-637。
96　引自《太平御覽》卷 25（臺北：臺灣商務，1968）「時序」部「秋」下，頁 247。
97　參見松浦友久著，孫昌武、鄭天剛譯《中國詩歌原理》（臺北：紅葉文化，1993），頁 5、29 及頁 40 註 2 所述。
98　參見《中國古代的時空觀念》，頁 11-15。

春秋短而夏冬長，一方面，較為短暫的春秋在物象上又比持續著一片繁榮或枯竭的冬夏，更富變化與流動性質。[99] 結合言之，短暫又富變化的春秋是更容易深化節候印象，也更容易細膩化風物感知；而自屈、宋形成「悲秋」主題以來，對於秋節風物的敏銳感受，顯然就比其他三節更順當地成為歲時遷易的代表，甚至將人生歲月中的流蕩起伏也透過這熟利地秋節體受感來標記。譬如建安七子之一的王粲，在投曹前後分別作的〈七哀〉詩與〈從軍〉詩，就都鋪設了近似的秋天薄暮：

> 荊蠻非我鄉，何為久滯淫。方舟溯大江，日暮愁我心。山岡有餘映，巖阿增重陰。狐狸馳赴穴，飛鳥翔故林。流波激清響，猿猴臨岸吟。迅風拂裳袂，白露沾衣襟。獨夜不能寐，攝衣起撫琴。絲桐感人情，為我發悲音。羈旅無終極，憂思壯難忍（〈七哀〉之二）。[100]

> 從軍征遐路，討彼東南夷。方舟順廣川，薄暮未安坻。白日半西山，桑梓有餘暉。蟋蟀夾岸鳴，孤鳥翩翩飛。征夫心多懷，惻愴令吾悲。下船登高防，草露沾我衣。迴身赴床寢，此愁當告誰。身服干戈事，豈得念所私。即戎有授命，茲理不可違（〈從軍〉之三）。[101]

從「荊蠻非我鄉」與「從軍征遐路」明白可知這兩首詩作於不同的事件關係中，但是都從秋天薄暮說起，顯然作者並不只是要敘述事件始末，秋景當然也就不是為了烘托事件；這寫景的一致性超越了事件的個別脈絡，秋節風物反倒成為生命中重複出現的主題旋律，羈旅、干戈等相關事件退居模糊的背景，前場是飄風吹拂，霜露沾濕，落日餘照，鳥獸鳴啼。這時候不論是「迴身赴床寢，此愁當告誰」或「獨夜不能寐，攝

99　參見《中國詩歌原理》，頁 12、14、37。
100　引自《昭明文選》卷 23，頁 498。
101　引自《昭明文選》卷 27，頁 594。

衣起撫琴」，憂思不寐都不再僅僅針對單一事件，而是瀰漫在身體被吹拂、沾濕、照見或聽聞的空間場域中；也就因此，除去追索單一事件與秋節風物——一對應的比喻關係，其實另外一種詮釋這首詩的方式，是利用連類感應做整片式的感受。換言之，征戰在外或羈旅不歸並無法提供王粲所以如此憂愁的全部意義，而是這個被擾動了的身體狀態，才是所有情緒的直接傾訴。

　　如果不只是透過主觀、內在的口吻，而是被包圍在整個大氣狀態裡的同步動盪，琴瑟絲桐固然表現了人情，猿吟鳥飛、風飄露降、日落月出也無不都含融在這種同頻共振中。於是，這些「感物」的悲秋詩作，所欲傳達的也許就是時氣與體氣交響的話語，以身體為核心的情緒震顫，同樣被如同漣漪的傳響反過來層層環繞與籠罩。前文分析過的《古詩十九首》之〈明月何皎皎〉，自「照我羅床帷」以下，先是「憂愁不能寐，攬衣起徘徊」，繼而「出戶獨徬徨」，又是「引領還入房」，這些出戶入房的動作擾動也擴散了「客行雖云樂，不如早旋歸」的情緒，讓不安不寧具體化為空間性的徘徊徬徨。這讓情感成為身體可以展現，同時也是可以具體感受到的空間性的力量。這也許就可以解釋為什麼漢末以來的「秋」詩有那麼多的動作姿態，前引吳淇認為〈明月何皎皎〉所以「無限徘徊」，「實是明月逼來」；除了強調外在景物的影響力，進一步來說，「明月逼來——無限徘徊」這當中充滿著無距離、方位與寬窄限制的相互牽引，正是這牽引關係構成了無限擴散的情緒張力網，起坐、俯仰、出還的姿態是內在的發動，同時也是風物外力侵進、圍裹的承受與抵拒。漢末以來詩例如下所舉：

　　……連翩遊客子，于冬服涼衣。去家千里餘，一身常渴飢。寒夜立清庭，仰瞻天漢湄。寒風吹我骨，嚴霜切我肌。憂心常慘戚，晨風為我悲。……仰視雲間星，忽若割長帷。低頭還自憐，盛年行已衰……（列〈李陵錄別詩〉二十一首中）。[102]

---

[102] 引自逯欽立輯校《先秦漢魏晉南北朝詩》《漢詩》卷12，頁340-341。逯欽立「曾

與君結新婚，宿昔當別離。涼風動秋草，蟋蟀鳴相隨。列列寒
蟬吟，蟬吟抱枯枝。枯枝時飛揚，身體忽遷移。不悲身遷移，
但惜歲月馳。歲月無窮極，會合安可知。願為雙黃鵠，比翼戲
清池（魏文帝〈於清河見挽船士新婚與妻別〉）。[103]

　　首例寫到寒風吹骨、嚴霜切肌，但是風霜在人身上的作用，卻不僅
僅是肉體的肌骨定點，前有「一身當渴飢」，將去家千里的客遊心情化
為此身如飢若渴的虛乏匱缺：[104] 後有「憂心常慘戚」，則是仰觀天漢所
俯映的整體身影，那是對應星月移換而不由自主的催迫衰弛。外在催逼
致使身體無以恆常定著的憂戚，尤其表現在第二首的新婚離別；在風
吹草動的秋日，一切屬於當前的依依眷戀與會合難期的心境，瞬息間顯
得輕飄渺茫，蟋蟀隨風鳴、寒蟬抱枯枝，秋節像龐大的氣流漩渦，人身
與萬物共此席捲流馳，而「願為雙黃鵠，比翼戲清池」成為這大氣氛圍
中，微弱卻也奮力扭轉的身心去向。

　　從一個被擾動也去回應的角度重新閱讀，情緒感知不再是內心或肉
體的問題，反而比較像是以震動中的氣態出現。譬如底下幾首建安詩：

臨川多悲風，秋日苦清涼。客子易為戚，感此用哀傷。攬衣起
躑躅，上觀心與房。三星守故次，明月未收光。雞鳴當何時，
朝晨尚未央。還坐長歎息，憂憂安可忘（阮瑀〈七哀詩〉）。[105]

就此組詩之題旨內容用語修辭等，證明其為後漢末年文士之作。依據古今同姓名
錄，後漢亦有李陵其人，固不只西京之少卿也。以少卿最為知名，故後人以此組
詩附之耳」，見氏著《先秦漢魏晉南北朝詩》（臺北：木鐸，1988），見頁 337。
103 引自《玉臺新詠箋注》卷 2，作者為「魏文帝」，頁 55。逯欽立則列為徐幹作品，
　　見《先秦漢魏晉南北朝詩》《漢詩》卷 3，頁 378。
104 同樣這組詩中，還有如「願得萱草枝，以解飢渴情」、「思得瓊樹枝，以解長渴飢」
　　等，都近似已經將情思具體化為人身經驗的套語，分見《先秦漢魏晉南北朝詩》，
　　頁 339、340。
105 阮瑀此詩分別見引於《藝文類聚》卷 27，頁 484，及卷 34，頁 596，卷 34 三四此
　　詩前錄有阮〈七哀〉詩「丁年難再遇」一首，則承前題亦應為〈七哀〉之一。說
　　見韓格平《建安七子詩文集校注譯析》（長春：吉林文史，1991），頁 370，註 1。

> 漫漫秋夜長，烈烈北風涼。輾轉不能寐，披衣起徬徨。徬徨忽
> 已久，白露沾我裳。俯視清水波，仰看明月光。天漢迴西流，
> 三五正縱橫。草蟲鳴何悲，孤鴈獨南翔。鬱鬱多悲思，綿綿思
> 故鄉。願飛安得翼，欲濟河無梁。向風長歎息，斷絕我中腸
> （魏文帝〈雜詩〉二首之一）。106

> 昭昭素月明，暉光燭我床。憂人不能寐，耿耿夜何長。微風吹
> 閨闥，羅帷自飄颺。攬衣曳長帶，屣履下高堂。東西安所之，
> 徘徊以徬徨。春鳥翻南飛，翩翩獨翱翔。悲聲命儔匹，哀鳴傷
> 我腸。感物懷所思，泣涕忽沾裳。佇立吐高吟，舒憤訴穹蒼
> （樂府古辭〈傷歌行〉）。107

首先，最容易感到空氣流動的當然是風，不論從飄揚的羅帷，川面夾雜水氣的波動，或是長夜襲來的陣陣寒涼；無所不入的風，顯然不必等待人情去牽繫，而是向前進到人身所在，是那氣流讓人感到被迫近而至緊縮或寒顫。底下「攬衣」、「披衣」的動作因此是人身對應大氣極為自然的反應，而「躑躅」、「徬徨」也就不只是個體的動作，還含帶身體因為東西徘徊所陷入或擠壓而出的氣氛狀態。就像不只看到星、月，聽到雞鳴，更多是讓人不必透過眼視耳聽，卻無以抽拔的沉黯重力；同樣地，此身所在的秋節環境，也不只是鳴蟲翔鴈，而是被劃破的寂寞迎面而來，被搧動的孤獨翻倒流瀉。最後的「還坐長歎息」或「向風長歎息」，也因此不宜僅僅作為悲思憂心的代詞，「歎息」成為人身與大氣相互侵進後的一種吐露；那的確是具體氣息的交涉、回應，像是原本被壓抑的鼓脹所做的一種舒放，而所謂「佇立吐高吟，舒憤訴穹蒼」更說明了透過氣息吐露，整個蒼穹大氣都成為了有意義（如憂憤）的情緒場

---

106 引自《昭明文選》卷29，頁641。
107 引自《昭明文選》卷27，頁597。逯欽立則列入魏明帝曹叡作品中，見《先秦漢魏晉南北朝詩》之《魏詩》卷5，頁418-419。

域。

如果回頭對照阮籍（〈詠懷〉）第一首，一開頭的「夜中不能寐，起坐彈鳴琴」，就像前引如「獨夜不能寐，攝衣起撫琴」、「攬衣起躑躅」、「披衣起徬徨」一樣，是直接切入不安不寧這已經被擾動的身體狀態；接著「薄帷鑒明月，清風吹我襟。孤鴻號外野，翔鳥鳴北林」，就如同時人反覆體驗的「暉光燭我床」、「迅風拂裳袂」、「微風吹閨闥，羅帷自飄颺」或是「孤鴈獨南翔」、「孤鳥翩翩飛」、「飛鳥翔故林」等，一切吹拂、燭照、翻飛、鳴啼的主被動收發都是整個大氣中各方氣息的對應與流動；最後「徘徊將何見，憂思獨傷心」的逼問，表面上答案可能是「不見」的孤鴻、翔鳥，[108] 但是「憂思傷心」卻明明就是無以逃躲的「見」，也就是說除了鴻鳥這個別可見物之外，人身尤其是存在或被圍裹在無界線的整片情緒空間中，孤獨就是阻絕在前，落寞就是障蔽在後，無路可出是包含見與不見最具體整全的生存環境。

從超越尋常能見度來談生存狀態，其實在《春秋繁露》中有一則資料值得參照，〈天地陰陽〉篇說到：

> 人，下長萬物，上參天地。故其治亂之故，動靜順逆之氣，乃損益陰陽之化，而搖蕩四海之內。……今投地死傷而不騰相助，投淖相動而近，投水相動而愈遠。由此觀之，夫物愈淖而愈易變動搖蕩也。今氣化之淖，非直水也，而人主以眾動之無已時，是故常以治亂之氣，與天地之化相殽而不治也。……天地之間，有陰陽之氣，常漸人者，若水常漸魚也。所以異於水者，可見與不可見耳，其澹澹也。然則人之居天地之間，其猶魚之離水，一也。其無間若氣而淖於水。水之比於氣也，若泥之比於水也。是天地之間，若虛而實，人常漸是澹澹之中，而

---

108 黃節認為此詩末二句蓋用曹植〈雜詩〉「形影忽不見，翩翩傷我心」，意指上「孤鴻」、「翔鳥」言之，見《阮步兵詠懷詩注》，頁14。

以治亂之氣，與之流通相殽也。[109]

　　這段資料透過天人相應的道理，陳說君王治理天下如何參與陰陽變化；其中將人在天地陰陽氣化之間，比擬為魚在水中，[110]一方面就存在其中的包含狀態而言，另一方面這種包含性又透過浸潤（「漸」）與動盪感（「澹澹」）來說明。而董仲舒進一步分辨人在氣中的「相（互）動（蕩）」是比魚在水中更容易產生變化，因為「氣化之淖，非直水也」，以更為潮濕的泥淖來比擬處身於「氣」的狀態，似乎除了水的流動、擴散性之外，更增添了一種人在淖中必須相對付出的抵拒或掙扎的力量，所以君王千萬不要隨便擾動這氣態，必須更為謹慎施政，才能參贊天地化育。從如在水中到如在淖中，董仲舒反覆陳述一般認為「不可見」之「氣」，根本「若虛而實」地將人包圍在其中，而提到的浸潤或動盪的具體感知，如前文所引，在漢魏「悲秋」文學作品裡已經擴展到風月的吹照、霜露沁濕、禽鳥的飛越鳴啼，與人身起坐、出還、俯仰所觸動牽引的氣息，如何相互侵進、彼此交涉，而形成猶如大氣狀態的生存空間；顯然本節所談漢魏時人透過文學表現出的「被擾動而不安寧的身體」，以及「風物間氣息流動與對應所形成的氣氛關係場」，與自《夏小正》以來所形成的時氣物候系統或所謂氣化宇宙觀有著如此密切的相依相成之發展關係。

　　從前文對於「類應」與「推移」感的討論，乃至於提出圍裹人身的氣氛空間，可以發現歲時物候系統的宗教神聖性逐漸轉向社會世俗性，而政治宗國目的之外，其實物質屬性並未完全捨離，也不斷強調在時物變化中的具體之處身經驗。[111]換言之，漢末以來所謂「感時（節）

109 引自蘇與《春秋繁露義證・天地陰陽》第 81，頁 466-467。
110「人之居天地之間，其猶魚之離水」，其中「離」字，蘇與認為「離，附也」，頁 467。
111 關於秦漢以後歲時信仰中社會世俗性的增強，詳見蕭放〈秦至漢魏民眾歲時觀念初探〉，《北京師範大學學報》（人文社會科學版）2001 年第 6 期（2001 年 12 月），頁 43-51。

物」的抒情作品，從這個角度來說，也應該算是歲時物候曆下所表現的一種「（大）自然觀」或「（生活）世界觀」。雖然，直到南朝，才出現運用「自然」這個詞語來指稱整個人類環境，[112] 但這並不代表漢魏時人沒有意識到包圍著人身的種種物質構成的關係環境。這環境感知當然屬於熟悉自《夏小正》至於〈月令〉這套時物知識的生活者與創作者，而所謂「宇宙世界」或現代慣用的「大自然」，也是透過如此認定的時空變化，才會被「看到」，以及「處身（其中）」而形成意義。如此，「感（時、節）物」的同時就必然體現「（大）自然」感知，那麼以漢魏詩文中出現的悲秋現象來說，已有的研究大都認為是抒情自我的顯現，傾向是一個作者主觀、個人性的表現；但是，有沒有可能，這也是為了呈現一個秋氣節候中的身體存在感，或說是透過人身巨大的體受幅度去「圖解（如忧惕驚動的頻率）」時人所感知到的在自然節物變化中的生存環境樣態？

如果說〈月令〉體系的時節知識，使魏晉文人可以透過已經連類的相關節物中被提醒到時空的轉換，同時自然而然處身在一個人、物一體流轉、陰陽相應的氣場之中；而《楚辭》則是特別在「悲秋」系列細密化人身與時氣的應和互動，強調受到節氣風物的擺弄侵擾乃至於隨著各方氣息流轉而於邑纏結、惕動震盪的身體，兩者可以說一起開展也深化了漢魏的「感（時、節）物」文學，同時這樣結合時（秋）節與體氣的觀感，也的確形塑了當時一種超越物我內外、見不見的物質能見度的整體環境「氣氛」，可以視為中國物候曆下發展出的一種獨特之（大）自然觀。

本文原發表於《漢學研究》22 卷 2 期（2004 年 12 月），頁 1-34。

---

112 顧彬認為「到南朝時，景物當作『自然』且游離於人類社會之外的觀點才過度到自然當作人類環境的觀點」，參見《中國文人的自然觀》，頁 5-7。

單元四 身體行動與地理種類

身體如何參與山水的高遠，
從而體現一個前所未見的新天地，
與新出的自己？

謝靈運〈山居賦〉與晉宋時期的「山川」、「山水」論述

文類與名物

　　一般論及中國文學史中所謂的「山水詩」，大抵都有一個確切的指涉範圍，就時代來說，是特指東晉以降至於南朝宋齊年間描寫自然風物的詩作；就寫作技巧來說，由於自然景物不再僅是比喻寄託的材料，因此出現描摹具體感知以符應耳目觀覽的「形似」手法；至於此種詩作所呈現的美感經驗，尤其被認為受到老莊玄理的影響，而還給大自然不受人情干擾的本來面目。[1] 在這些針對「山水詩」的討論中，明顯先排除了其他有可能進入「山水」文學領域的作品，完全聚焦在「詩」這個文類，以致於一方面在論及山水詩的書寫源流時，似乎有意與魏晉之前包括《詩經》、《離騷》，尤其也「巧為形似之言」[2] 的漢賦之景物書寫強力區分畫界；另一方面，由於僅局限在山水詩所反映或所影響的晉宋文學或社會文化的發展，因此像是兩漢以後其實也同時存在的山水賦，或是

1　此處關於晉宋以來山水詩或巧構形似現象的研究摘要，詳見如林文月〈中國山水詩的特質〉，收入氏著《山水與古典》（臺北：純文學，1981），頁 23-61；廖蔚卿〈從文學現象與文學思想的關係談六朝「巧構形似之言」的詩〉，收入氏著《漢魏六朝文學論集》（臺北：大安，1997），頁 537-578；王國瓔《中國山水詩研究》（臺北：聯經，1986）第二部分〈中國山水詩的特色〉中第二節〈中國山水詩的物我關係〉，頁 391-441。

2　沈約《宋書‧謝靈運傳》卷 67（臺北：鼎文，1984）臣曰：「自漢至魏，四百餘年，辭人才子，文體三變。相如巧為形似之言，班固長於情理之說，子建、仲宣以氣質為體，並標能擅美，獨映當時」，頁 1778。

《宜都記》等地志書寫中所透露的面對山水的態度與跨越文類界限的書
寫模式，很容易就在「山水」文學的討論中失去該有的地位。

　　或者應該說，在現有中國文學史的論著中，已經有一套閱讀「山水
詩」的方法，但是尚未有一種更全面的看待「山水文學（或山水書寫）」
的方法。最明顯的例子莫過於謝靈運研究了。一般認為謝靈運是中國山
水詩最重要的代表作家，但是被顧紹柏認為「稱得上是一篇山水賦」[3]的
〈山居賦〉就沒有獲得研究者同樣的重視。顧紹柏說到「在靈運以前，
還不曾有過這種以山水為主要表現對象的洋洋大賦」，並且認為它比較
真實，提供許多當時地形、出產的資料，尤其配合謝靈運的《遊名山
志》來看，這些類似地理方志的作品，為後代的地理學家、動植物學家
提供了珍貴的資料。[4]另外有一種看待〈山居賦〉的方式，是認為這種
「居」（相對於「公的世界」的「私的場域」）的主題，是山水、隱逸文
學的核心，如日本學者齋藤希史在〈「居」の文學──六朝山水／隱逸
文學への一視座〉文中，就提到謝靈運的〈山居賦〉，「描述規模壯大
的、被山水圍繞的『居』，可說是與『國家的秩序』相對的、歌頌『私
的秩序』之文學宣言」，而包括歌詠家族生活經營或與友人的宴遊之
樂，皆是「私的秩序」的重要組成元素。[5]

　　這兩種對於〈山居賦〉的看法，明顯都有助於開闊現有圈限於山水
詩所提出的形似技巧或美感經驗的討論，比如可以從詩歌句式、對偶的
研究也注意到散體大賦的引證、描述功能，甚至是謝靈運自注的作用；
而不論山川方物或居處經營，若成為討論山水文學時不應被排除的相關
類項，那麼當然也可以擴大美感經驗的詮釋基礎，而不必然只是玄遠的
老莊之道。更進一步來說，顧紹柏與齋藤希史也都注意到〈山居賦〉雖

3　參見顧紹柏《謝靈運集校注》（臺北：里仁，2004）〈前言〉，頁 16。

4　同前註。

5　參見齋藤希史在〈「居」の文學──六朝山水／隱逸文學への一視座〉，《中國文
　　學報》（日本：京都大學文學部中國語學中國文學研究室，1990 年 10 月）42 卷，
　　頁 61-92，此處關於〈山居賦〉的說法，見頁 86-87。

然承襲漢大賦壯盛廣包的風格，但是已不能視作為「國家秩序」的宣言，[6]如同〈山居賦〉序所言：

> 今所賦既非京都宮觀遊獵聲色之盛，而敍山野草木水石穀稼之事，才乏昔人，心放俗外，詠於文則可勉而就之，求麗，邈以遠矣。[7]

顯然這其中牽涉的不只是文類格式的問題，還是因為聯繫了哪些經過選擇的相關事物的類別，以致於顯現不同狀態的「山水」、或（〈山居賦〉中常用的）「山川」，而產生不同的連類效應的問題。所以匯聚「京都、宮觀、遊獵、聲色」與聚合「山野、草木、水石、穀稼」兩組事物，一旦經過相應和的連結或組合模式，就構成了兩種不同的處身場域；像謝靈運在賦文開頭就分辨的「徒形域之薈蔚，惜事異於栖盤」、「雖千乘之珍苑，孰嘉遁之所由」，亦即所謂在「朝」與否的情境表現，可能就出乎一個適切的類聚場合中。

　　換言之，從「觀覽」山水到「書寫」山水，這當中存在一套歷經風物的分類、連繫乃至於產生意義或趣味的過程，如果要更全面的理解中國在東晉以降對於自然風物的新體驗，可能必須探察其中原有的與新出的連類方式，以及不同時期的文人對於某些類別的偏好，及其所設想的連類意趣。以謝靈運來說，被後人認為是「山水」詩大家，但〈山居賦〉中卻明顯好用「山川」一詞，因此本文的討論將首先針對魏晉的史傳資料在「山川」與「山水」這兩個詞語的用法上，作初步釐析；其次，分析〈山居賦〉如何挪借漢代以來的「山川」名物說解，卻同時能交織東晉以降「山水」經處的趣味，並提出一個基於身體行動所建構

6　所謂「國家秩序」乃齋藤希史之言，同前註。本文希望藉助地理論述的根本——名物類聚的書寫模式，對於齋藤希史所謂呼應國家或私人秩序的居處規模能有更深層的分析。

7　謝靈運〈山居賦〉全文，引自顧紹柏《謝靈運集校注》，頁449-465。下文不再加註。

的新的山川關係；最後，更透過對於晉宋間私人地記書寫的考察，嘗試將〈山居賦〉放在當時這一個建構新「種類」地理（地方）的潮流中看待，希望藉此透露「山水」文學的發展其實是有效地轉化了「山川」類聚的模式。

本文從名物類聚的角度進行討論，希望可以開放山水書寫比較廣闊的研究視野，在形似技巧、玄遠美感之外，也從名物知識與連類方式上，提出更多補充；那麼也許可以發現，從「山川」到「山水」這看起來不同的關係場域，其實在整個中國地理論述傳統中一直有著不曾間斷的傳移與轉化。

「山川」與「山水」：帝國與世族的地理論述

從文學史所得到的印象，謝靈運被定位為「山水」詩人，但如果翻查謝靈運所有詩文，就會發現其中被使用的最多的反倒是「山川」一詞，[8] 尤其〈山居賦〉裡，除了出現一次「山水」之外，其餘是十三次「山川」（另有一次「山林」）。這不禁令人好奇謝靈運鍾情「山川」一詞的意圖，同時也有必要從魏晉史籍的記載，來考察當時這兩個詞語的用法。

（一）「山川」論述：識別名物與地理政治

從《三國志》的記載（包含附注）來說，屬於「山川」含意的用法最常出現，「山水」則往往用如「山川」。比如，這樣談到「山川」：

> （臧）旻有幹事才，達於從政，……見太尉袁逢，逢問其西域
> 諸國土地、風俗、人物、種數。旻具答言西域本三十六國，

8　在謝靈運詩文中，「山水」出現四次，「山川」十六次，「山林」二次，顯然以「山川」用法為主。

後分為五十五，稍散至百餘國；其國大小，道里近遠，人數多少，風俗燥濕，山川、草木、鳥獸、異物名種，不與中國同者，悉口陳其狀，手畫地形。逢奇其才，歎息言：「雖班固作西域傳，何以加此」？ 9

（鮮卑）檀石槐既立，……盡據匈奴故地，東西萬二千餘里，南北七千餘里，罔羅山川、水澤、鹽池甚廣。漢患之，桓帝時使匈奴中郎將張奐征之，不克。10

（劉）備前見張松，後得法正，皆厚以恩意接納，盡其殷勤之歡。因問蜀中闊狹，兵器府庫人馬眾寡，及諸要害道里遠近。松等具言之，又畫地圖山川處所，由是盡知益州虛實也。11

這裡的「山川」如同「草木」、「鳥獸」、「鹽池」，都是指稱土地上的所有物，同時與其他伴隨土地而來的人口、風俗等，共同構成地域上的差異（西域、鮮卑、益州），進而成為不同國族所據有的資源或國力指標。所以會出現像「割據山川」，12「憑恃山川」，13 或者具有「山川之險」、「山川之固」14 這等易守難攻、甚而可以與天下爭衡的形勢。而從描

9　出自陳壽《三國志・魏書・臧洪傳》卷七（臺北：鼎文，1979）述及「父旻，歷匈奴中郎將，中山、太原太守，所在有名」，裴松之引謝承《後漢書》，頁231。

10　出自《三國志・魏書・烏丸鮮卑東夷傳》卷30，裴注所引王沈《魏書》，頁837。

11　出自《三國志・蜀書・先主傳》卷32，裴注所引韋昭《吳書》，頁881。

12　出自《三國志・吳書・三嗣主傳》卷48，裴注引陸機〈辨亡論〉所云：「故遂割據山川，跨制荊、吳，而與天下爭衡矣」，頁1180。

13　出自《三國志・魏書・華歆傳》卷13，記載太和中帝遣曹真伐蜀，華歆上書諫「先留心於治道，以征伐為後事」，帝報曰：「賊憑恃山川，二祖勞於前世，……」，頁405。

14　如《三國志・魏書・董二袁劉傳》卷六末尾述及劉琮降操，受封列侯，裴注引《魏武故事》載令曰：「楚有江漢山川之險，後服先彊，與秦爭衡，荊州則其故地」，頁215；《三國志・吳書・三嗣主傳》卷48，裴注引陸機〈辨亡論〉所云：「山川之險易守也」，頁1182；《三國志・吳書・程黃韓蔣……等傳》卷55，董襲答孫權曰：「江東地勢，有山川之固」，頁1291。

述吳、蜀兩國常用到「依阻山水」或「憑阻山水」[15]來看，此處之「山水」，其實義同「山川」。如此，「山川」是地理實物，同時也被割據或佔有而成為政治權限的象徵；乃至於軍政災異也必須祭祀山川，祝告山川之神靈。比如：

> （孫權與蜀結盟）造為盟曰：「……自今日漢、吳既盟之後，戮力一心，同討魏賊，……有逾此盟，……明神上帝是討是督，山川百神是糾是殛，……」[16]

> 青龍元年……閏（五）月庚寅朔，日有蝕之。丁酉，改封宗室女非諸王女皆為邑主。詔諸郡國山川不在祠典者勿祠。[17]

祝告山川神靈在傳統政治體制中，其實早有一套講究身分、場合、獻祭、時節的規矩，如《尚書》中記載舜繼位之後，祭祀了上帝、天地四時，並「望于山川，徧于群神」，孔傳認為這「山川」是指「九州名山大川五岳四瀆之屬」；[18]又禹治理九州之土，且「奠高山大川」，孔傳說這是訂定高山五岳、大川四瀆之差等次序，以為祀禮之依據。[19]就如同《禮記》〈王制〉篇所謂「天子祭天下名山大川，五嶽視三公，四瀆視諸侯。諸侯祭名山大川之在其地者」，[20]而〈月令〉篇也記載孟春時「命祀山林川澤」，[21]季冬之月「乃畢山川之祀」。[22]如此看來，「山川」論述顯

15　如《三國志・魏書・荀彧荀攸賈詡傳》卷 10，記載賈詡之言：「吳、蜀雖蕞爾小國，依阻山水……」，頁 331；又《三國志・魏書・崔毛徐何等傳》卷 12，鮑勛諫止文帝征吳，曰：「蓋以吳、蜀脣齒相依，憑阻山水，有難拔之勢故也」，頁 385。
16　引自《三國志・吳書・吳主傳》卷 47，頁 1135。
17　引自《三國志・魏書・明帝紀》卷 3，頁 99。
18　引自孔穎達《尚書正義・舜典》卷 3（臺北：藝文，十三經注疏本，1955），頁 36。
19　引自孔穎達《尚書正義・禹貢》卷 6，頁 77。
20　引自孔穎達《禮記正義・王制》卷 12（臺北：藝文，十三經注疏本，1955），頁 242。
21　引自《禮記正義・月令》卷 14，頁 289。
22　引自《禮記正義・月令》卷 14，頁 347。

然有其理地治國的背景，是中國傳統政治文化中地理論述的一部分。

　　這種地理政治學，使「山川」如同原隰、丘陵、池澤等，都必須經過準確地勘查、區辨、定秩，而成為國族版圖上分疆畫界、品物教民的一個重要環節。《晉書》記載裴秀製作〈禹貢地域圖〉可以說就是這個傳統下的產物。裴秀一方面認為古來圖籍必須重新考注，如「禹貢山川地名，從來久遠，多有變易」，早已不合事實，一方面強調圖籍精準的重要，如司馬昭曾命人撰訪吳蜀地圖，平蜀之後，「六軍所經，地域遠近，山川險易，征路迂直，較驗圖記，罔或有差」。所以他提出製圖六體：包括「分率（廣輪之度）」（即面積）、「準望」（即方位）、「道里」（遠近）、「高下（逢高取下）」、「方邪（方則取斜）」、「迂直（迂則取直）」（後三種為求取水平直線距離的方式），[23] 透過這些製圖法，讓山川土地成為可以「依據」的、「精審」之「事實」。[24] 當然，擁有精準的輿圖，就等於掌握天下虛實，進而擁有治理天下的關鍵。這早在《周禮》〈地官‧大司徒〉中敘述大司徒的執掌就說得很清楚：

> 以天下土地之圖，周知九州之地域、廣輪之數，辨其山、林、川、澤、丘、陵、墳、衍、原、隰之名物。……以土會之法，辨五地之物生，一曰山林，其動物宜毛物，其植物宜早（阜也）物，其民毛而方；二曰川澤，其動物宜鱗物，其植物宜膏物，其民黑而津；……。[25]

辨其「名物」，是指分辨十等土地之「形狀名號及所出之物」，[26] 如果大

23　關於後三種製圖方式的解說可參陳曉中《中國古代的科技》（臺北：明文，1981），頁 293。

24　見房玄齡等《晉書‧裴秀傳》卷 35（臺北：鼎文，1980），關於作〈禹貢地域圖〉的描述，出自頁 1039-1040，其序文談到當時所見地圖「雖有粗形，皆不精審，不可依據。或荒外迂誕之言，不合事實，於義無取」。

25　引自賈公彥《周禮注疏‧地官‧大司徒》卷 10（臺北：藝文，十三經注疏本，1955），頁 149-150。

26　見《周禮注疏‧地官‧大司徒》「辨其……名物」下之賈公彥疏，同前註，頁

別為五類，並依照「地名－動植物類－人民」的聯繫，很容易就能分判差異同時也完整串連起不同類別地域的土俗貢賦；甚而進一步依據這五地的民俗差別，而施行十二種教民之道，比如教民禮敬、謙讓，或教以節制，施以刑罰或頒與爵祿等。顯然，這一套山川的「名物」分辨，不僅僅在於呈現有無、區判彼此，就在「識別（名物）」的同時，也蘊藏了對於土物經濟、人民行動的種種認定與掌控。

　　如果識別與掌控根本就是一體的兩面，對於強調實證的山川品物之論述，也就有必要仔細檢驗。比如西晉左思作〈三都賦〉，先批評司馬相如、揚雄、班固、張衡等託假果樹珍怪以為誇飾，而自序所作〈三都賦〉則：

> 其山川城邑，則稽之地圖；其鳥獸草木，則驗之方志；風謠歌舞，各附其俗；魁梧長者，莫非其舊。……匪本匪實，覽者奚信？且夫任土作貢，虞書所著，辨物居方，周易所慎，聊舉其一隅，攝其體統，歸諸詁訓焉。[27]

左思自己其實也不乏虛誇，[28]因此所謂考較地圖、方志或舊俗，毋寧可以視作是一種刻意的宣告──大賦的書寫本來就應該屬於如同〈禹貢〉以來的山川名物論述。所以虛誇與否，顯然是程度或熟練度的問題，但是都沒有離開這個名物辨識的傳統。像皇甫謐的〈三都賦序〉，雖然也從名物虛實的角度批評漢大賦，認為「土有常產，俗有舊風，方以類聚，物以群分」，不應引他方之物，為中原所有；但是也推崇司馬相如、揚雄、班固、張衡等人的賦作，「初極宏侈之辭，終以約簡之制」，能夠適

<hr>

149。
27 引自李善注《昭明文選》卷4（臺北：河洛，1975），頁82。
28 如錢鍾書曾引李治《敬齋古今黈》的說法，舉出如〈吳都〉「巨鰲」、「大鵬」、〈蜀都〉之「感醴魚，動陽侯」等，亦莫不詭激誇大，見《管錐編》（北京：三聯，2001）第3冊，頁511-512。

當地調節宏侈與約簡，仍然是辭賦之偉作。[29] 換言之，大賦不但可以視作是挪借了山川名物模式，甚而就如同這套論述，妥貼而平衡的書寫就直接具有理地治國的效力。

皇甫謐提到〈三都賦〉裡，以吳、蜀為客，以魏為主，並且就在各自的地域描述中，呈現出魏國承襲唐虞的合法性，因為：

> 考分次之多少，計殖物之眾寡，比風俗之清濁，課士人之優劣，亦不可同年而語矣。[30]

正（政）統如果從所據州國、物產、土俗、人物來加以校量，顯然掌握愈豐富的山川名物知識，就愈能掌握住權力；君王權力的合法性因此不必然訴諸道德規範或法令制度，而是直接存在一套名物說解系統中。這因此可以解釋「巨麗」的漢大賦如此迎合帝王心意的原由。當司馬相如透過子虛、烏有先生以及亡是公三人對於齊、楚藩國與帝王苑囿進行描述，不但順勢批評了齊、楚的誇炫土物、越界行獵，乃是忽失君臣之間上下有別、施受有分（天下本為君王所有）的禮義；更直接以類似知識百科的手法，類聚了上林苑中的山川、草木、禽魚、宮觀、遊獵種種，巧妙展示出坐擁天下萬物的帝王威望。[31] 這說明了一旦進入這套名物知識系統，理解或描述的不只是有憑據、可校驗的土地人物，還是無形中擁有了一種定名萬有、宣示世界秩序的權力。而枚乘在〈七發〉中所謂：

> 使博辯之士，原本山川，極命草木，比物屬事，離辭連類，浮

29　皇甫謐〈三都賦序〉，見《昭明文選》卷 45，頁 1002-1003。

30　同上註。

31　關於司馬相如〈天子遊獵賦〉如何在地理論述中發揮權力宰制的效應，請詳見鄭毓瑜〈歸反的回音──地理論述與家國想像〉第二節「體國經野：苑囿與行旅的交叉變奏」，收入氏著《性別與家國──漢晉辭賦的楚騷論述》（臺北：里仁，2000），尤見頁 85-90。

游覽觀。[32]

更揭示了大賦作者諷誦山川名物，如何令君王滿足臥遊寰宇的欲望；就在考訂山川的源流至到，包羅草木鳥獸且類分定名的過程中，這種極端知識性、實證性的大賦論述模式，有效地保證了無可質疑的、甚至獲得尊崇的權力地位。

（二）「山水」論述：窮究歷覽與山澤經營

如果比較《三國志》與《晉書》中關於「山川」、「山水」這兩個詞語的使用次數，會發現《晉書》傳記中突然大量增加「山水」的使用，而且不像《三國志》中的「山水」往往用如「山川」（如「依阻山水」），反倒是「山川」可以用如「山水」，像「山川之美」即「山水之美」。首先，是關於「登臨山水」的例子，如史傳載阮籍「登臨山水，經日忘歸」，[33] 或如羊祜「樂山水，每風景，必造峴山，置酒言詠，終日不倦」，[34] 這裡雖然提到「山水」，但往往是借山水詠懷，如羊祜登臨遠望後，慨歎峴山久遠，而登臨者卻湮沒無聞，重點並非在山水本身。如果相較於孫統的例子，這差異會更清楚：

> （統字承公）幼與綽及從弟盛過江。誕任不羈，……褚裒聞其名，命為參軍，辭不就，家于會稽。性好山水，乃求為鄞令，轉在吳寧。居職不留心碎務，縱意游肆，名山勝川，靡不窮究。後為餘姚令，卒。[35]

所謂「靡不窮究」，顯然有不同於登臨感懷的周遊歷覽、探勘驗證的意味，尤其孫統求為「鄞」令，後為餘姚令，「鄞」與「餘姚」即便是到

32 此段〈七發〉文字引自《昭明文選》卷 34，頁 751。
33 見《晉書‧阮籍傳》卷 49，頁 1359。
34 見《晉書‧羊祜傳》卷 34，頁 1020。
35 《晉書‧孫統傳》卷 56，頁 1543。

了劉宋時期，都仍然是朝中建議徙民以開墾的荒僻之地，[36] 因此孫統的「窮究」山水是否如劉尹所稱只是「賞翫」而已，[37] 值得推敲。

在「山水」一詞的相關用法中，偏重游賞山水的記載的確可以說是最為常見的，如以下孫綽、王羲之、謝安等事例：

> 綽字興公。博學善屬文，少與高陽許詢俱有高尚之志，居于會稽，游放山水，十有餘年，乃作遂初賦以致其意。[38]

> 羲之雅好服食養性，不樂在京師，初渡浙江，便有終焉之志。會稽有佳山水，名士多居之，謝安未仕時亦居焉。孫綽、李充、許詢、支遁等皆以文義冠世，並築室東土，與羲之同好。……羲之既去官，與東土人士盡山水之游，弋釣為娛。又與道士許邁共修服食，採藥石不遠千里，遍游東中諸郡，窮諸名山，泛滄海，歎曰：「我卒當以樂死」。[39]

> （謝安）初辟司徒府，除佐著作郎，並以疾辭。寓居會稽，與王羲之及高陽許詢、桑門支遁遊處，出則漁弋山水，入則言詠屬文，無處世意。……有司奏安被召，歷年不至，禁錮終身，遂棲遲東土。嘗往臨安山中，坐石室，臨濬谷，悠然歎曰：「此去伯夷何遠！」嘗與孫綽等汎海，風起浪湧，諸人並懼，

36　沈約《宋書・孔季恭附弟靈符傳》卷54（臺北：鼎文，1984），記載靈符為丹陽尹，以「山陰縣土境褊狹，民多田少」，因此「表徙無貲之家於餘姚、鄞、鄮三縣界，墾起湖田」，朝中公卿雖然多持保留態度，但世祖最後「從其徙民，並成良業」，頁1533。唐長孺曾引此則史料以說明當時同屬會稽的濱海諸縣仍有空荒的未墾湖田，見〈南朝的屯、邸、別墅及山澤佔領〉，《歷史研究》1954年第3期，頁95-113。

37　劉義慶《世說新語・任誕篇》第36則記載劉尹云：「孫承公狂士，每至一處，賞翫累日，或回至半路卻返」，引自余嘉錫《世說新語箋疏》（臺北：華正，1984），頁750。

38　引自《晉書・孫綽傳》卷56，頁1544。

39　引自《晉書・王羲之傳》卷80，頁2098-2101。

安吟嘯自若。舟人以安為悅，猶去不止。風轉急，安徐曰：
「如此將何歸邪？」舟人承言即迴。眾咸服其雅量。[40]

以上資料，似乎就是呈現謝安、王羲之、孫綽三人遊山玩水的生活狀
況，弋釣、採藥、泛海、吟嘯、言詠屬文等活動共同聯繫成所謂「山水
之遊」的型態，顯然與前一小節治領九州的「山川」論述大異其趣。
不過，如果注意到他們都寓居於會稽，那麼，這個「山水之遊」似乎就
不能單單視為一般的棲遲隱逸，而非關於地利資產。孫綽曾作〈遂初
賦〉，自言「慕老莊之道」，因此：

（乃）經始東山，建五畝之宅，帶長阜，倚茂林，孰與坐華幕
擊鐘鼓者同年而語其樂哉！ [41]

孫綽所築雖然簡約，不過，在會稽經營居處，卻是當時北來的世家大族
極力爭取與關注的目標。如前所引，王羲之、謝安等窮名山、泛滄海，
看似時興的山水之游，但是王羲之曾經與謝萬書曰：

比當與安石東游山海，并行田視地利，頤養閑暇。[42]

所謂「行田視地利」就如同「行鄉里視宮室」或「入山行木」，[43] 這些原
本屬於朝廷政務，在這裡顯然轉而成為世族經營山野的基本事務。根據
唐長孺的研究，東晉南遷的大族到江南以後，當時三吳地區的耕地已大
部分集中在南方大族手中，於是只好往未開墾或較貧瘠的地區去尋求土
地，比如姑熟、吳興或會稽；而會稽郡城山陰已被當地豪族所佔領，所

40　引自《晉書・謝安傳》卷 79，頁 2072。
41　見《世說新語・言語篇》第 84 則劉孝標注所引〈遂初賦〉序文，引自《世說新語
　　箋疏》，頁 140。
42　引自《晉書・王羲之傳》卷 80，頁 2102。
43　分別參見《管子・立政》第 4，引自黎翔鳳《管子校注》（北京：中華，2004），
　　頁 73，以及《呂氏春秋・季夏紀》，引自陳奇猷《呂氏春秋校釋》（臺北：華正，
　　1988），頁 312。

以只好往會稽沿海諸縣去尋求。王羲之這封書信中所提及的「東游」即指游會稽，而「游山海」結合起「行田、視地利」，可見絕不只是頤養閒暇或無事優游。[44]

「山水之游」既然有可能基於封佔山澤的現實慾望，顯然就無法完全由所謂「高尚之志」、「無處世意」來詮釋這些「棲遲東土」、「弋釣為娛」的行為；換言之，愛好山水並不必全等於絕俗隱逸。前述王羲之與謝萬書說到，東游山海其實結合視察地利，同時也提到：「頃東游還，修植桑果，今盛敷榮，率諸子，抱弱孫，游觀其間，有一味之甘，割而分之，以娛目前」，[45]據考察，王羲之至少在烏澤、吳興與會稽三處都有田產，其間如何努力爭取乃至於巡視、經營，而致可以衣食無虞、游觀歡讌，這恐怕不是單純游賞可以比擬。[46]同樣的，謝安也曾在京城附近的土山營建別墅，「樓館竹林甚盛，每攜中外子姪往來游集，肴饌亦屢費百金」，[47]這也許可以說明類似謝安這等世家子弟的游賞宴集，往往不能忽略作為基礎的經濟因素。謝安的孫子謝混，很少與人交接，「唯與族子靈運、瞻、曜、弘微並以文義賞會」，也就是所謂「烏衣之遊」，據史書記載，謝安與其子謝琰所累積的資產極為可觀，到了謝混時，已經是「田業十餘處，僮僕千人」，即便是謝混死後，在謝弘微經營下，田疇墾闢，更甚於前。謝混的妻子東鄉君死的時候：

> 資財鉅萬，園宅十餘所，又會稽、吳興、琅邪諸處，太傅、司
> 空琰時事業，奴僮猶有數百人。[48]

44　詳見唐長孺〈南朝的屯、邸、別墅及山澤佔領〉，尤見頁 108-110。

45　引自《晉書・王羲之傳》卷 80，頁 2012。

46　唐長孺曾引《法書要錄》卷 10 所輯王羲之與王恬（王導之子）書所謂「一頃烏澤田，二頃吳興，想弟可還以與吾」，並與謝萬書所謂「東游山海，并行田視地利」，認為王羲之至少在烏澤、吳興、會稽三處有田，參見《三至六世紀江南大土地所有制的發展》（臺北：帛書，未著出版年）〈四、東晉南朝的豪門地主〉，頁 59。

47　引自《晉書・謝安傳》卷 79，頁 2075-2076。

48　以上關於謝混、謝弘微事，見《宋書・謝弘微傳》卷 58，頁 1591-1593。

由此當然可見謝弘微的謹慎無私，但同時也可見世家子弟並不必然只是泛遊山水、弋釣言詠而已，經營家族產業，也是非常重要的一項才能。

　　謝氏家族除了謝安這一支系饒富資產之外，謝靈運這支系自祖父謝玄以來，也在會稽始寧有故宅及別墅。在《宋書》謝靈運本傳中，最為人所注意的記載，往往是關於謝靈運如何愛好山水，肆意游娛的描述，如出為永嘉太守，「郡有名山水，靈運素所愛好，出守既不得志，遂肆意游遨，遍歷諸縣」，或稱疾去職回到始寧墅後，「與隱士王弘之、孔淳之等縱放為娛，有終焉之志」。[49] 但是有一段記載也許應該比合而觀：

> 靈運因父祖之資，生業甚厚。奴僮既眾，義故門生數百，鑿山浚湖，功役無已。尋山陟嶺，必造幽峻，巖嶂千重，莫不備盡。……嘗自始寧南山伐木開徑，直至臨海，從者數百人。臨海太守王琇驚駭，以為山賊，……在會稽亦多徒眾，驚動縣邑。[50]

如果注意到「尋山陟嶺，必造幽峻」是上承「鑿山浚湖，功役無已」，下啟「自始寧南山伐木開徑，直至臨海」，就清楚知道謝靈運的登陟活動所以從者眾多，正是為了山澤的開發，而如此的尋幽訪勝當然也不能輕易排除經濟目的的考量。因此像是謝靈運兩次請求開決會稽的回踵湖與始寧的岯嵎湖，以做為耕田，唐長孺先生就認為這足以說明謝靈運在遊山玩水時也不會放過尚未開墾的山野湖泊。[51] 換言之，探尋山水之美與封佔山澤之利，很可能是出自同一種慾望，賞翫宴集、弋釣泛遊是可以與經營山野園宅的舉動不相衝突的聯繫起來，山野園宅可以透過經營開發而具有栖逸的品味。那麼，一套現成的考究「地方－物類」的「山

49　《宋書·謝靈運傳》卷 67，頁 1753、1754。

50　引自《宋書·謝靈運傳》卷 67，頁 1775。

51　關於謝靈運求決回踵湖與岯嵎湖，見《宋書·謝靈運傳》卷 67，頁 1776；唐長孺針對這則史料的說法，見《三至六世紀江南大土地所有制的發展》〈四、東晉南朝的豪門地主〉，頁 65。

川」論述，當然很可能就隱伏成為這些世族在遊賞山水時最熟悉而初步的辨識模式；同時，與遊賞相結合的考察、經營當然也很可能反過來作用於原有的名物訓解模式，而改造名物類聚所構成的山川（或山水）風貌。

〈山居賦〉：身體行動與山川關係

透過以上關於「山川」與「山水」兩個詞語在魏晉以來的用法分析，可見，山川名物不能僅僅視作實證知識，而忽略背後所隱含的權力、慾望；而山水游賞也不必全然就是絕俗隱逸，很可能與世族的政治經濟勢力有關。從這樣的用詞背景，也許可以重新考察謝靈運〈山居賦〉所以偏愛使用「山川」一詞來建構家族「山水」體驗的原由：可以說是挪借了「辨其名物」的知識權威轉注為南朝世家大族佔領山澤名物的合法性；當然，觀覽窮究所獲得的實地體驗，也可能轉化名物辨識或聯繫的模式，而推究出新的「山川」關係。〈山居賦〉這個合法性的形成，與謝靈運選取大賦體式有絕對關係。因為選擇了體式，也就選擇了這個體式所規範的意義，所以謝靈運一開始對於構成大賦的核心因素——名物類別就非常講究，可以說是反覆地分辨與彰明自己這篇〈山居賦〉會因為名物體系的差別，而造就不同於以往的聯繫效應。

（一）「經始山川」——八方殊異的山川關係

在〈山居賦〉序文中首先標明，將以「山野、草木、水石、穀稼」取代「京都、宮觀、遊獵、聲色」，這是基於所取材的方域（山野相對於京都），判分出兩個不同的名物體系；並且在這兩個端點之間又細分出四個不同的居處地點：岩栖、山居、丘園、城傍，而在賦文起始，先是排除有風露之患的巢居穴處，接著按次第列舉如二家山居（仲長統、應璩）、二地珍麗（卓王孫與石崇相應於丘園的山川製作）以及諸王侯

宮苑以為例。謝靈運針對後三者的看法分別是：

> 昔仲長願言，流水高山；應璩作書，邙阜洛川。勢有偏側，地
> 闕周員。

> 銅陵之奧，⋯⋯金谷之麗，⋯⋯徒形域之薈蔚，惜事異於栖
> 盤。

> 至若鳳、叢二臺，雲夢、青丘、⋯⋯雖千乘之珍苑，孰嘉遁之
> 所遊。且山川之未備，亦何議於兼求。[52]

在這些看法中，可以歸納出謝靈運對於所謂「山居」的兩個要求：其
一，山居必須適於栖盤嘉遁，為「幽人憩止之鄉」（謝靈運自注），尤
其批評銅陵、金谷二地雖珍麗，「然製作非栖盤之意也」（自注），顯然
如何的「製作（者）」是決定關鍵，而不只是懷抱莊老思想；其二，雖
然有別於「形域之薈蔚」、「千乘之珍苑」，但是地勢周員、「山川兼茂」
（自注），仍是謝靈運對於居處的基本要求，所以仲長統、應璩二家雖然
也提出山居的理想，卻「不得周員之美」（自注）。這兩點，其實也正照
應了〈山居賦〉中「山川」一詞最主要的兩個用意，前者如：

> 故選神麗之所，以申高棲之意。經始山川，實基於此。（自注）
> 謝平生於知遊，棲清曠於山川。（自注：日與知遊別，故曰謝
> 平生；就山川，故曰棲清曠。）

後者則有如：

> 且山川之未備，亦何議於兼求。（自注：且山川亦不能兼茂，
> 隨地勢所遇耳。）
> 植物既載，動類亦繁，飛泳騁透，胡可根源，觀貌相音，備列

山川。（自注：謂種類既繁，不可根源，但觀其貌狀，相其音
聲，則知山川之好）

卓王孫採山鑄銅，故《漢書・貨殖》傳云：「卓氏之臨邛，公
擅山川」（自注）

金谷，石季倫之別廬，在河南界，有山川林木池沼水碓。（自
注）

上田在下湖之水口，名為田口。下湖在田之下下處，並有名山
川。（自注）

近南則會以雙流，縈以三洲。表裡回游，離合山川。

山川澗石，洲岸草木，既標異於前章，亦列同於後牘。（自
注：此章謂山川眾美，亦不必有，故總敘其最。）

在後一部分的資料裡，山川不但與林木、池沼、澗石等，成為可以計
數、觀察、齊備、擁有的「山川眾美」、「山川之好」，同時也呈現與不
同地點相結合的多樣山形水勢與特殊物產，這無疑暗示了謝靈運希企
也擁有足與宮苑聲色相比擬的山野名物組合。而賦文中唯一一次出現的
「山水」，在「因以小湖」一段，以「別有山水，路邈緬歸」，描述眾山
泉流聚小湖，各有形勢，此一「山水」或用指山泉形勢，亦可屬於「山
川」用法。前一部分的資料則特別標出「清曠」作為「經始」山川的
標的，一方面這是出自於仲長統「欲卜居清曠，以樂其志」的說法，[53]
另一方面也正是謝靈運在〈過始寧墅〉中所謂「淄磷謝清曠」的愧悔，
或是〈遊名山志〉序文所謂「豈以名利之場，賢於清曠之域耶」[54] 的認
定，並與其他如「山水含清暉」、「懷抱既昭曠」、「江山共開曠」等「清
暉」、「昭曠」、「開曠」的用法相呼應，都是強調一己懷抱與山川方域共
此清朗曠遠。[55]「備列山川」的要求，促使〈山居賦〉採用如漢大賦一般

53　參《後漢書・仲長統傳》卷 49（臺北：鼎文，1979），頁 1644。

54　引自《謝靈運集校注》，頁 390。

55　〈過始寧墅〉參見《謝靈運集校注》，頁 63；另外如〈石壁精舍還湖中作〉「山水

完備的名物類聚作為論述的基礎，而「山川清曠」，則要求透過實際的創建經營（不是絕俗棄世），讓山野名物流露相對於廟堂的清曠意味。顯然，若欲談論謝家的「漁弋山水」（謝安傳）、「肆意游遨」（謝靈運傳），根本不能忽略〈山居賦〉裡這一套結合名物辨識與經營視野的新論述。

〈山居賦〉「覽明達之撫運，乘機緘而理默」一段，提及謝玄功成身退，高棲自然，「經始山川，實基於此」（自注），換言之，「高棲之意得」，是因為選擇了「神麗」之所，如何由「備列」名物到棲止「清曠」，必須由實地的所見、所居談起，這也是一般由玄思佛道談論謝靈運的隱居始寧最容易忽略的部分。[56] 本文因此不在於討論謝靈運到底擁有佛家或道家思想，而重在呈現構顯這些思想意趣的一套風物觀看與論述模式。如果與漢大賦的「體國經野」相比較，謝玄家族的「經始山川」就特別強調探勘選擇所經驗的八方殊異，而不是奄有四海的普遍性的陳述；這其中，實際關連於這地點的山川關係變得特別重要。司馬相如〈上林賦〉開頭描寫上林苑所在是：

> 左蒼梧，右西極，丹水更其南，紫淵徑其北。終始灞滻，出入涇渭；酆鎬潦潏，紆餘委蛇，經營乎其內。[57]

早有學者指出上林苑的四方界限並非實指，蒼梧其實在上林之南，不得言左（東方），西極若指周太王所居之邠，與流經京畿或上林苑北邊的

含清暉」，頁 165；〈富春渚〉「懷抱既昭曠」，頁 69；「江山共開曠」出自〈初往新安至桐廬口〉，頁 73；〈山居賦〉亦有「山野昭曠」的用法，頁 458。

56 比如蕭馳在《佛法與詩境》（北京：中華，2005）第一章〈大乘佛教的受容與晉宋山水文學〉中認為〈山居賦〉所謂「清曠」即「清靜和恢廓曠蕩，正是大乘佛經所描寫諸佛國土不同凡塵的特徵」，並認為謝靈運因此偏愛描寫窅冥迴深的山林，就是「《山居賦》所推崇的『巖栖』者的蠻荒世界」，分見頁 20、57-59。但是若注意到〈山居賦〉中反覆提及的「經始」、「開創卜居」、「經略」等，再加上「山水之遊」在當時與巡視地利的相互結合，似乎很難僅僅由佛道思想來解釋〈山居賦〉或當時的山水文學。

57 此處〈上林賦〉引自金國永《司馬相如集校注》（上海：上海古籍，1993），頁 32。

丹水、紫淵顯然又相去太遠；[58] 那麼蒼梧、西極等既非實指的地點，與
瀁滻涇渭等八川所以紆餘周旋的樣態就沒有必然關係。換言之，地點與
其山川形勢缺乏緊密的聯繫，於是以下所鋪敘之川流聲勢、山陵形勢乃
至於鳥獸、草木等，就彷如匯聚了關於山、川、鳥、獸、草、木的稱名
的所有解釋，並不是特定地點的所有物。這種統括性的解釋，最適於證
驗有無，卻顯然弱於勾聯彼此的關係。對照〈山居賦〉在「其居也」以
下，總說山居的所在是：

> 左湖右江，往渚還汀。面山背阜，東阻西傾。抱含吸吐，欵跨
> 紆縈。綿聯邪互，側直齊平。

謝靈運在自注中這樣分析自己的寫法，「往渚還汀，謂四面有水；面山
背阜，亦謂東西有山；……抱含吸吐，謂中央復有川」，其中「四面有
水」、「東西有山」、「中央復有川」就像是覆按有無，但是謝靈運的賦文
並不止於如此解釋，所以，往還、面背與吸吐，是進一步呈現了由外圍
的諸水交錯，到山阜相對的地形起伏（傾、阻），以致於所居中央又懷
抱川流的逐層關係狀態。

　　這樣的山川關係，尤其相應於各個不同的地點，所以〈山居賦〉中
細分為八方（缺「遠西」）來描述。這當然不能排除是受到漢大賦巡行
四方的遊觀方式的影響，但是像〈上林賦〉所描寫的四方是：「日出
東沼，入乎西陂。其南則隆冬生長，涌水躍波……其北則盛夏寒凍裂
地……」，這可能包含神話中日出的湯谷（東沼），以及極北的永凍土與
極南的不凋之地，充滿神祕誇誕的色彩。〈山居賦〉則力求親身經歷，
完全不同於虛設泛論。首先如「近東」部分，描述其景色為：

> 決飛泉於百仞，森高薄於千麓。寫長源於遠江，派身悆於近
> 瀆。

---

58 參見金國永針對「左蒼梧，右西極，丹水更其南，紫淵徑其北」數句的註釋，《司
　馬相如集校注》，頁 33，註 8。

前兩句寫其高，依據自注，是因為「石塔」縣境與西溪交會處，連綿九
里皆是峻崖峭壁，溪水自上而下，故言「飛泉百仞」，另外到外溪十數
里，左右岩壁皆綠竹，所以說綠意「高薄千麓」。後兩句敘其遠，則因
為西溪水出自始寧附近最高的西谷障，流涇「石塔」到「閩硎」、「黃
竹」，一路逶迤，下注良田，所以說有此「長源遠江」。其餘如近南有雙
流三洲相互離合，近西有高四十丈之赤壁，照潤映紅，近北以大小巫湖
著稱，遠東有彷如神仙所居的重山奇地，遠南則洲浦深沉，遠北與大海
相接，曠遠遼闊。以上正是掌握各不相同的土地形貌，因而能呈現足以
充分辨識的景觀，而不止於知識百科式的引證陳述；連帶地，針對物
產，如所謂「此境出藥甚多」、「東南會稽之竹箭，唯此地最富焉」（皆
注文），也都是當地的特色。

　　於是，這裡的名物辨識不但不同於漢大賦的虛想誇誕，同時也不全
同於左思的「稽之地圖、驗之方志」，在圖籍資料之外，謝靈運是用親
身歷覽，來建構自己的地理辨識與山川書寫。比如近北、近西兩處注文
說到：

　　常石低而水曲，[59] 故曰山下而回澤。 漫石數里，水從上過，故
　　曰瀨石上而開道。

　　山高月隱，便謂為陰；鳥集柯鳴，便謂為風也。

首則資料是解說賦文中「山下而回澤，瀨石上而開道」兩句，包括常石
山旁的岩塊（巇）入水所形成的曲折回流；以及里溪中布滿砂石，所以
水從石上漫流數里的景象。這山回澤、瀨石開道並非歷史故跡或普遍
地理知識，而是常石山、里溪特有的景觀，也只有親臨的謝靈運才能作
如此的觀察記錄。第二則資料是關於近西部分的景觀，賦文所謂：「竹
緣浦以被綠，石照潤而映紅。月隱山而成陰，木鳴柯以起風」，其中高

59　此句原作「常石巇□□□□」，見《謝靈運集校注》，頁 453，然顧註 53（頁 471-
　　472）列有詳細考證，一本作「常石巇低而水曲」。

四十丈的赤色石壁於澗中所形成的紅色倒影，與沿著江岸綿延的綠色竹蔭相互映發，而後兩句又利用月影為山所掩遮、鳥集枝條而鳴聲四起，來傳達觀覽當下無可翻查覆按的視聽感知。如果比較一般關於「陰」、「陽」的訓解，如王逸所謂「陰，暗也；陽，明也」，[60] 就可以看出謝靈運在這裡所謂「山高月隱，便謂為陰」，是藉助山的形勢與月的移動之間的相互關係，來傳達陰暗的體驗，而並非解釋一般明暗的概念而已。

　　換言之，必須透過親身接觸的經驗，才能完成這種不僅止於所有權宣示的山川名物體系，才能讓平行陳列的山川風物因為接觸而拉引出生動的關係意味。比如賦文近南一段提到「崿崩飛於東峭」，自注曰：

　　崿者謂回江岑，在其山居之南界，有石跳出，將崩江中，行者
　　莫不駭栗。

回江岑一處的山、川關係，因此是透過行者經處（跳出之石傾壓而下，如將崩落江中）的駭栗經驗，才具體勾聯出來。就像遠東部分，談到諸山奇峻，自注曰：「往來要徑石橋，過栖溪，人跡之艱不復過此也」，並不是如〈上林賦〉藉助所謂「巃嵸」、「崔嵬」、「參差」、「崛崎」等高峻的形容詞彙，[61] 而是由經處的艱難直接體現高峻的程度。至於如遠南部分所說：

　　入極浦而邅回，迷不知所適。上嶔崎而蒙籠，下深沉而澆激。

上、下是縱向俯仰，迷茫不知所往，則是窈窕深入，每一句的首字都強調了人身動作所構劃或體現的空間環境。很明顯，在〈山居賦〉裡，「地名－物類」之間的連繫，是由「接觸」取代了「引證」，進一步可以說，這套新的名物辨識，是身體「實踐」著分類、定名，並組合甚至是

60　引自王逸《楚辭章句・九歌・大司命》卷 2（臺北：藝文，1967）「壹陰兮壹陽，眾莫知兮余所為」句下註釋，頁 96。

61　參見〈上林賦〉「於是乎崇山矗矗……」一段針對山勢高峻的形容，《司馬相如集校注》，頁 44。

開發出新的「山川」風貌。

（二）寓目美觀：身體行動與地理種類

〈山居賦〉裡針對經略苦辛與成果的描述，最適合說明謝靈運如何透過身體行動來界定山居的空間特色。如同漢大賦，〈山居賦〉亦類聚居地之物產，但是以「山作水役」一段看來，這些物產的類分、定位與實際採集、製作、應用等密不可分，不只是廣包眾夥地名物訓解。從開頭的「資待各徒，隨節競逐」，就已經說明了各項物資必須依隨季節、日用所需而尋求或開發，比方說「六月採蜜，八月撲栗」，而秋冬就要收藏可以耐饑的草；白天拔茅草，晚上搓繩索，這些物資的出現有其次第、目的而並非只是為了鋪陳。同時，尋求所得也與地點、採製手法、生活安排息息相關。比如：

> 陟嶺刊木，除榛伐竹。抽筍自篁，摘篛於谷。
> 野有蔓草，獵涉蔞莫。
> 慕椹高林，剝芰巖椒。掘蕍陽崖，擷陰摽。
> 苦以沭成，甘以熟。
> 芰菰翦蒲，以薦以茭。既坭既埏，品收不一。其灰其炭，咸各
> 有律。

以第一條資料為例，與〈山居賦〉前文先是套用大賦體式，鋪陳「南術」舊宅如何「備列」山川動植，顯然有所不同，比如說到舊居附近所產之竹，先是總說至少有八種類別──「其竹則二箭殊葉，四苦齊味。水石別谷，巨細各彙」，其次，將描述重點放在所有竹類共有的姿態，所謂「既修竦而便娟，亦蕭森而蓊蔚。……捎玄雲以拂杪，臨碧潭而挺翠」；但是此處謝靈運進一步談到的則是獲取竹筍的過程，如何登上山嶺，砍伐大樹、去除灌木叢，才能找到竹林，剝取鮮嫩的竹筍。這不但是透過身體尋索定出地點，也讓這地點的出產因為需求而有了個別意

義;換言之,這是由搜尋者的判斷、採集或製作來決定這名物的出現與存在。就如第二則資料以下,不但拉引出荒野與蔓藬、高林與野楂、巖頂與芰草以及蒨與向陽處、與陰溼地的關連,同時這些關連是因為可食可飲、可製紙、做染料而被呈現出來。所以最後兩則資料,就特別強調關乎製作的材料與成品的關係,包括如何塗泥作器、如何找草料、作草墊,如何製作石灰、木炭等;而如朮、可以作酒,不論甘、苦,「並至美,兼以療病。治癲核,朮治痰冷」(自注),這幾乎涵蓋了生活大小面向所需的知識技能。

當「穀稼」也納入「山川」論述中的一環,「山作水役」這一段正可以說明,所有果、木的類聚就不再只是為了引證或聯想而已,於是〈上林賦〉中明顯以描述物態為主的形容手法,在此被大量描述人身動作的動詞所取代。〈上林賦〉曰:

> 於是乎盧橘夏熟,黃甘橙楱,枇杷橪柿,樝柰厚朴,樗棗楊梅,櫻桃蒲萄,……羅乎後宮,列乎北園,……煌煌扈扈,照曜鉅野。

> 沙棠櫟櫧,華楓枰櫨,留落胥邪,仁頻并閭,……長千仞,大連抱,……垂條扶猗,落英幡纚。紛溶箾蔘,猗柅從風,瀏蒞芔歙,蓋象金石之聲,管籥之音,……雜襲纍輯,被山緣谷,循阪下隰,視之無端,究之無窮。[62]

許多果、木的名稱在這裡被列敘出來,同時輔以如「煌煌扈扈,照耀鉅野」、「紛溶箾蔘,猗柅從風」等形容,以建構這些果、木類聚的狀態。這當中所羅列的果、木其實也可食用(如橘、棗、枇杷等)、可造酒(如葡萄),或是可染色(如櫟)、可製繩索(如并閭),但是〈上林賦〉明顯不從這角度來定位這些物類,而是以狀態描述作為訓解這些物

---

62 引自《司馬相如集校注》,頁 56-57。

類的方式。其中如疊字「煌煌」、「扈扈」或雙聲、疊韻字如「猗柅」、「灑葰」，這些透過語音重疊現象發展而來的形容詞，與一般規約高、低、巨、細的形容詞有不同作用，葉舒憲先生即曾以疊字為例，認為重言並不「直接說明事物的性質或狀態」，「而只是以重疊的音節來朦朧地烘托出事物的態貌」。[63] 換言之，這些形容並不著意在劃出範圍、標示方位、精準度量或固定形態，那些散放的耀眼光彩、款擺從風的聲姿，似乎只是擁有權的模糊象徵，對於劃定身體所在的關係維度並無確實幫助。[64] 但是〈山居賦〉「山作水役」這一段，明顯以大量動詞的應用取代了形容詞，換言之，是透過身體動作來詮釋這一段名物類聚的意義。地方與物類所構成的關係圖是因為人身的登、臨、經、見或其他拔取、摘除、砍伐等動作而顯豁出來。比如，「刊」木、「伐」竹、「除」榛，是砍伐剪除的動作讓竹、木、榛呈現在眼前，而以「陟」嶺統括伐除等動作，才讓動作所在呈現出「高」度；又如「擿」、「掘」蒨，更以挑取與挖掘這兩種尋覓動作，所透露的遠近不同的物我間距，映襯出所在地的明暗、溼燥與高低（陰摽與陽崖）。

　　而人身動作所及、所能夠拉引出的空間體驗其實極為細密豐富，並不僅止於方位或距離，如前引「苦以尤成，甘以熟」，不論甘、苦，「並至美」，以及野樌的「味似菰菜而勝」，都是在「地─物」的關係間醞釀了氣味體驗的空間，亦即在上下四方的座標中增生了無法用尺度計算卻可以用身體測度的新維度。而〈山居賦〉中關於「南山」的開創，也許可以視為透過身體行動的輔助所營造的一個新地標：

　　　　南山則夾渠二田，周嶺三苑。九泉別潤，五谷異巘。⋯⋯眾流

63　詳見葉舒憲《詩經的文化闡釋──中國詩歌的發生研究》（武漢：湖北人民，1994）第五章〈摹聲、重言、嬰兒語──漢語的詩歌功能與中國詩的發生〉，頁356。

64　關於漢代大賦中連綿詞與狀態描摹的關係，請參見鄭毓瑜〈連類、諷誦與嗜欲體驗的傳譯──從七發的療疾效能談起〉，《清華學報》36卷2期（2006年12月），頁399-425。

溉灌以環近，諸堤擁抑以接遠。……凌阜泛波，水往步還。還
回往匝，枉渚員巒。呈美表趣，胡可勝單。

抗北頂以葺館，瞰南峰以起軒。羅曾崖於戶 ，列鏡瀾於窗
前。因丹霞以楣，附碧雲以翠椽。……沆泉傍出，潺湲於東
檐；桀壁對峙，碎礲於西霤。

在自注中，謝靈運首先對於南山這「開創卜居之處」與臨江舊宅的距
離遠近提出估算——「從江樓步路，……當三里許」，並說明「塗路所
經見也，則喬木茂竹，緣畛彌阜，橫波疏石，側道飛流，以為寓目之美
觀」，這是沿途豐富的地景總說；而賦文中則特別由水道蜿蜒、州渚婉
轉來呈現這粗估三里的路程，「環近」、「接遠」既是視線牽引，「還回
往匝」亦是步履往復，顯然「呈美表趣」所勾勒出的不止於這三里，而
是身目與水岸、渠流交接周旋的新路線。同樣地，說到南山葺築之高，
在注文中也指出：「西巖帶林，去潭可二十丈許，葺基構宇，在巖林之
中」，這個「二十丈」的上下差距，當然是為了營造俯仰的視野，所以
特地「開窗對山」（自注），召喚窗外的「曾崖」、「鏡瀾」，在視窗前交
融羅列如掛軸，而繚繞四周的丹霞、碧雲，更是登堂入室，讓人彷彿飛
升於霞際雲端，更使這高度的體驗超越了可以估量的界限。

　　如果藉助《世說新語》所錄，會發現這種人身與山川交接的體驗，
自東晉以來就出現不少相關記載。比如：

荀中郎在京口，登北固望海云：「雖未三山，便自使人有凌雲
意。若秦、漢之君，必當褰裳濡足」。[65]

王司州至吳興印渚中看。歎曰：「非唯使人情開滌，亦覺日月
清朗」。[66]

65 《世說新語・言語篇》第 74 則，引自《世說新語箋疏》，頁 135。
66 《世說新語・言語篇》第 81 則，引自《世說新語箋疏》，頁 138-139。

表面上看起來這兩則記載的重點在於荀羨與王胡之的清言雋語。但若是參考劉孝標注所引《南徐州記》曰：「（京口）城西北有別嶺入江，三面臨水，高數十丈，號曰北固」，如果荀羨沒有「登」上突出江面、居高臨水的北固地形，便無法顧「望」滄茫，而有飄然凌雲之想；換言之，「三面臨水，高數十丈」的地形，正是通過這登高四「望」的動作被具體驗證。難怪宋人劉損在《京口記》中提及北固山，認為是「北望海口」，得此「壯觀」，因此北「固」宜改為「顧望之『顧』」，[67] 正凸顯了顧望這一個親身觀覽對於山川關係「命名」的重要性。劉注又引《吳興記》所談印渚曰：「於潛縣東七十里，有印渚，渚旁有白石山，峻壁四十丈。印渚蓋眾溪之下流也。印渚以上至縣，悉石瀨惡道，不可行船；印渚以下，水道無險，故行旅集焉」，從這個描述重看王胡之所謂「清朗」、「開滌」，很難不與印渚所界分的水道狀況相聯繫，似乎正是設身處地的為所有糾纏盤結的陡然會通所作的經驗詮釋。而關於會稽的山川之美，更不能不提顧愷之、王子敬的親身經歷，〈言語〉篇記載：

> 顧長康從會稽還，人問山川之美，顧云：「千巖競秀，萬壑爭流，草木蒙籠其上，若雲興霞蔚」。

> 王子敬云：「從山陰道上行，山川自相映發，使人應接不暇。若秋冬之際，尤難為懷」。[68]

依據劉注所引《會稽郡記》，以會稽境內多名山水：「峰崿隆峻，吐納雲霧，松栝楓柏，擢幹竦條，潭壑鏡徹，清流瀉注。王子敬見之，曰：

67　劉損《京口記》曰：「（北固山）回嶺入江，懸水峻壁，舊北固作『固』字，……然北望海口，實為壯觀。以理而推，宜改為顧望之『顧』」，收錄於劉緯毅《漢唐方志輯佚》（北京：北京圖書館，1997），頁 169。原出自李昉等撰《太平御覽》（臺北：臺灣商務，1968）卷 46「北固山」項下所引，頁 351。「回」字《御覽》作「廻」。

68　分見《世說新語‧語言篇》第 88 與 91 則，引自《世說新語箋疏》，頁 143、145。

『山水之美，使人應接不暇』」，顯然劉宋孔靈符作此會稽記時，[69] 不但徵引王子敬的說法，似乎也隱括了顧愷之的體驗。這讓人注意到，即便是地志的書寫，在晉宋時期也已經將親歷經驗視為地理辨識、名物定位的一個基礎，似乎也暗示了「山川（之美）」（《世說新語》所載）與「山水（之美）」（《會稽郡記》所錄）一詞通用的原由，正在於從名士清言、地志書寫到文學創作，以身體行動聯繫方物的趨向，的確共同推促了一個新「種類」地理的產生。

　　討論地理或地方的不同「種類」（kind），而不只是討論不同的「地方」（place），正為了凸顯從「山川」到「山水」論述的發展，其中最大差異不單單在於指證不同的地方（如九州、上林或京口、會稽），更根本的是為了體現這時期由寓目身觀、經處親歷所營造出的新的地理類別。[70] 在東漢以後，記載單一地方而由私人撰寫的地志大量出現，胡寶國先生在〈魏晉南北朝時期的州郡地志〉一文中，曾大略將東漢至於南朝這些私人所作的地志書寫，依據時代發展區分出不同的特色：東漢魏晉時期主要是異物志，可以說是一種「博物」地理；晉宋以後增添了對於山水本身的介紹，「山水」地志大量出現；[71] 並認為其中晉宋至於南朝的山水地志「往往更接近於文學作品而不是地理書」。[72] 接近文學作品是

69　劉緯毅《漢唐方志輯佚》所收《會稽記》下註明撰者為「宋孔靈符」，考證詳見頁182。

70　關於營造不同「種類」的地方，而不只是注意「地方」差異，參考了 Neil Smith 的說法。在 "Homeless/global: scaling place" 一文中，Smith 認為「營造彼此有別的地方，便意謂著地理尺度的產生，而尺度與其說是地方之間的差異判準，還不如說是不同『種類』地方的差異判準」，原文見 J. Bird, B. Curtis, T. Putnam, G. Robertson, L. Tickned (eds). *Mapping the Futures: Local Cultures, Global Change*. London: Routledge. pp. 87-119. 中譯參考 Linda Mcdowell 著，徐苔玲、王志弘合譯《性別、認同與地方》（*Gender, Identy and Place: understanding Feminist Geographies*）（臺北：群學，2006）所引用 Smith 此文的說法，〈導論〉頁 5。

71　詳見胡寶國〈魏晉南北朝時期的州郡地志〉一文，《中國史研究》2001 年 4 期，頁13-25。

72　同前註，頁 20-21。

否就不是地理書，其實值得推敲；也許可以反過來說，這時期大量如同文學的地志的出現，正宣告了某一新「種類」的地理論述的產生。

從最簡單的「高、遠」體驗來說，在這些山水地志中往往如此描繪：

> 夷陵縣陝口山，非日夜半不見日月，多猿鳴，至清遠。[73]

> 自黃牛灘東入西陵界，至峽口一百許里，山水紆曲，而兩岸高山重嶂，非日中夜半，不見日月。猿鳴至清，山谷傳響，泠泠不絕。所謂三峽，此其一也。[74]

> 自西城涉黃金峭、寒泉嶺、陽都鉾，峻崿百重，絕壁萬尋。……言陟羊腸，超煙雲之際，顧看向塗，杳然有不測之險。[75]

> （雲南）縣西高山相連，……縣西北百數十里有山，眾山之中特高大，狀如扶風太一，鬱然高峻，與雲氣相連結，因視之不見。[76]

前兩則資料中都提到猿鳴，尤其鳴聲出自重巖疊嶂間，在迂曲的山谷間迴盪傳響，這當然不是徑直式的遠近估量，而是在「應其聲響（響應）」的聽聞效果中，讓「遠」迴旋地體現。後兩則資料涉及山勢的「高峻」或「高險」，都使用煙雲的掩蔽的效果，強調其升霄入雲而不見端際；換言之，高聳的山「勢」其實與視覺中的雲煙聚散密切相關。如果高聳

73　引自范汪《荊州記》，收錄於《漢唐方志輯佚》，頁111。原出自《太平御覽》卷910「猨」項下所錄，頁4164。

74　引自袁山松《宜都記》，見酈道元註，楊守敬、熊會貞疏《水經注疏》（南京：江蘇古籍，1999）卷34「江水注」，頁2844-2845。

75　引自《漢中記》，見《水經注疏》卷27「沔水注」，頁2327。

76　引自魏完《南中記》，收錄於《漢唐方志輯佚》，頁148。原出自《後漢書‧郡國志》卷23（臺北：鼎文，1979），頁3514。

的形勢不僅僅關乎山巖的本身，渺遠的距離也不全然只是水陸的界線，所謂「高、遠」的體驗其實是山水與雲煙或鳴聲相互作用後的整片式感知，那麼，可以說，雲煙與高聳、鳴聲與迂遠在當時根本是早已聯繫成類的體驗模式。而底下二例，顯然是更擴大了山水體驗中的連類關係：

> 臨賀謝休縣，東山有大竹，數十圍，長數丈。有小竹生旁，皆四五圍。下有磐石，徑四五丈，極高，……兩竹屈垂，拂掃其上，……未至數十里，聞風吹此竹，如簫管之音。[77]

> 大溪南岸有西山，名為城門。壁立，水流從門中出，高百餘丈，西流瀑布，日映風動，則灑散生雲虹，水激鏗響，清泠若絲竹。[78]

前述是猿鳴在山谷間傳響，但這裡是先有風吹來，所以兩竹拂動而傳響數十里遠，顯然迴響的生發，不只是猿鳴或竹拂，也拉引出氣流所形成的風動；同樣的，與「高度」相關的體驗，也不只是來自雲霧，第二則資料由高處流下的瀑布寫起，既透過懸墜而下的鏗鏘水聲補充了視覺上的「高百餘丈」，又加上「日映風動」的聲光雙重效果，在水花中揮灑出雲霓虹影。顯然，高山、日月、煙雲、虹彩這一系列比較偏向視覺或高聳的體驗，與水谷、竹風、猿鳴、飛瀑這一類偏屬於聽覺或迂遠的體驗，在類與類之間已經有了非常細膩的交涉迎應，所以我們還可以看到如「風泉傳響於清林之下，巖猿流聲於白雲之上」[79]的描述，「風」與「泉」複合成語詞，同時因為傳響而顯豁出山林系列的背景，「巖」與

77　引自盛弘之的《荊州記》，收錄於《漢唐方志輯佚》，頁 215-216。原文可見歐陽詢《藝文類聚》（京都：中文，1980）卷 89「竹」項下所錄，頁 1552，與此處引文略有不同，如「臨賀謝休縣」，作「臨賀冬山中」，「極高」作「極方正」等。

78　引自鄭緝之《永嘉記》，收錄於《漢唐方志輯佚》，頁 192。原出自樂史《太平寰宇記》（臺北：文海，1963）卷 99「白龍縣」項下所錄，頁 745。

79　引自盛弘之的《荊州記》，收錄於《漢唐方志輯佚》，頁 214。原出自《水經注疏》卷 32「沮水注」，頁 2698。

「猿」也複合成詞，當然也不忘透過流聲迴盪雲霄，而照會曠遠的穹蒼。

　　當如此不同於訓解徵引、朦朧烘托或丈量計數、精審校驗的敘記方式，大量出現在晉宋時期的地志書寫中，當山野、林木、水石、猿鳴、竹風這些不同於九州、京都、苑囿、貢賦等的名物類項，以交錯跨類（包括視、聽覺或高、遠度等等）的模式重構地景，這無疑是被認為在東晉興起的「山水詩」或「山水文學」與先秦以來所謂「山川」論述最重要的發展分界，也可以說是「山川」論述轉化為「山水」論述最重要的核心關鍵—就在於這套新的名物連類方式的形成。

在持續建構中的「名物連類」

　　東晉袁山松作《宜都記》，其中有一段關於西陵峽的親身體驗，這樣說到：

> 常聞峽中水疾，書記及口傳，悉以臨懼相戒，曾無稱有山水之
> 美也。及余來踐躋此境，既至欣然，始信耳聞之不如親見矣。
> 其疊崿秀峰，奇構異形，固難以辭敘。林木蕭森，離離蔚蔚，
> 乃在霞氣之表。仰矚俯映，彌習彌佳。流連信宿，不覺忘返，
> 目所履歷，未嘗有也。既自欣得此奇觀，山水有靈，亦當驚知
> 己于千古矣！[80]

如果僅是將這則資料視為江南景觀對於時人山水美感的發引，似乎會忽略資料中所透露的三個向度，其一，這則資料出現在地志書寫中，魏晉宋齊間這類地記之書蔚然興盛，如晉摯虞作《畿服經》一百七十卷，齊時陸澄匯聚一百六十家之說作《地理書》，任昉於陸澄所輯又增八十四家，為兩百五十二卷的《地記》，其餘沒有著錄在陸、任二書中而為《隋書》所錄者，猶有數十種，〈經籍志〉總說這類書寫是上承

80　引自《水經注疏》卷 34 所引，頁 2844-2845。

《尚書》〈禹貢〉、《周禮》〈地官〉乃至於史籍中的〈河渠書〉〈地理志〉的系列，[81] 顯然這類地記的書寫有一個比所謂「文學」更大的背景，必須放回「地理」論述的傳統中才能看出發展的軌跡。其二，袁山松特別說到他的書寫不同於「書記及口傳」，這讓人想起尤其為漢晉大賦所模擬的那種引證圖籍、訓解名物或考校舊俗的敘記方式，袁山松的「踐躋此境」、「目所履歷」顯然有所不同。其三，《宜都記》的書寫雖異於訓解引證，卻不即等同於如裴秀考校面積、方位、遠近、高下、曲直，所圖畫出來的可以「依據」的、「精審」的山川土地。上引資料中，像是猿鳴至清，泠泠傳響，或是蕭森林木，彷彿出於雲霞之表，這些高遠的體驗，顯然不是為了佐證丈量計數的精準，而是本身就成為地理高、遠度的「體現」，更不用說親見欣然、俯仰流連，似乎一個前所未見的新天地就在身所躋踐、目所履歷間具體綿延開來。

　　如果對照〈山居賦〉中所說的「此焉卜寢，翫水弄石。邇即回眺，終歲罔斁」、「仰眺曾峰，俯鏡濬壑，……北倚近峰，南眺遠嶺，……水石林竹之美，岩岫隈曲之好，備盡之矣」（自注），或者出現在〈登江中孤嶼〉詩中的「表靈物莫賞，蘊真誰為傳」，這些與袁山松口吻一致的稱賞或歎美，很難不讓人聯想到，同樣奠基於名物類聚系統的〈山居賦〉，其實也是這個地理書寫轉向下的代表作品。選擇這個地理書寫的角度重看〈山居賦〉，首先，因此可以理解謝靈運偏愛使用「山川」一詞的原由，正在於「山居」的書寫是奠基於山川名物的類聚模式，方便地挪借了擁有權的象徵性；進一步也可以說謝靈運同時正是在定位自己的書寫並不只是「居處」所有版圖的宣示，而是將〈山居〉納入地理書寫系統的發展中。於是，當謝靈運參與東晉以來興盛的一種透過身體行動的地理發現（窮究歷覽），他同時也改造了原有的名物訓解系統，不論是強調八方殊異的山川形勢，以及由物與物之間的動態關係，來取代原有普遍物性的展示；或是以親歷身觀的體驗空間，取代可以精審估

81　詳見魏徵等《隋書・經籍志》卷 33（臺北：鼎文，1980），頁 982-988。

算的數據圖譜，在中國文學史上被目為「山水詩」大家的謝靈運，其實更是「新地理」論述的營造者之一。最後，從名物連類的角度進行山水文學的研究，也許更能在謝靈運的個人才分、玄學思潮與江南環境這些分散的因素之外，提出一個同時可以整合傳統與當代地理論述的核心模式；並且具體呈現，所謂「山川」或「山水」風貌在不同時代的提出，根本從來沒有離開過這套名物連類系統，舉凡政治權力（出處朝野）的象徵、思想觀念（莊老或佛道）的隱喻或是文學美感（巧構形似）的發引，都可以說是在這套已經被熟悉、認可的名物詮解中反覆被敷演與重新建構出來。

本文原以英文稿 "Bodily Movement and Geographic Categories: Xie Lingyun's 'Rhapsody on Mountain Dwelling' and the Jin-Song Discourse on Mountains and Rivers" 登載於 The American Journal of Semiotics vol. 23, 1-4 (2007), pp. 193-219。後經增補部分內容，發表於《淡江中文學報》第 18 期（2008年 6 月），頁 37-70。

由修褉事論〈蘭亭詩〉、〈蘭亭序〉「達」與「未達」的意義

　　談到王羲之的〈蘭亭序〉，後人對它書法藝術的注意，遠遠超過其文章本身的表現。即使在六朝時期，《昭明文選》中亦未見選錄。歷來對此有不同解釋，大致可分為兩類：一類是由詞句上的重複或語病來談，如「絲竹」即「管弦」，「天朗氣清」本是秋景；一類是以羲之序中有悲悼之意，未能達道，故深於內學的蕭統即棄而不收。[1]針對前者，已有許多人加以反駁，或以「絲竹管弦」乃班孟堅東漢時語，或謂季春乃清明之節，故云「天朗氣清」等，大致以語病之說乃吹毛求疵莫須有爾。倒是後者——達與不達的問題，一直議論紛紛，難有定案。有舉羲之〈蘭亭詩〉「大矣造化工，萬殊莫不均。群籟雖參差，適我無非親」，來反證羲之何曾未達，又有由詩三百亦感思憂傷，論羲之嗟悼之合於禮義，聖人不廢，……。[2]近人錢鍾書先生則在或儒或道的辨論中，別出新解，認為王氏一門世事五斗米教，故「羲之薄老、莊道德之玄言，而崇張、許方術之秘法；其詆『一死生』、『齊彭殤』為虛妄，乃出於修神仙、求長壽之妄念虛想，以真貪痴而譏偽清淨。」[3]並據此評斷：「倘貌取皮相，羲之此序低徊慨歎，情溢於辭，殊有悱惻纏綿之致；究其心蘊，

1　關於語病之說，可參見如《山樵夜話》、王得臣《麈史》、范李隨《陵陽室中語》等；至於悲逝未達之說，如葛立方、陳謙、晁氏等所言，皆引自桑世昌《蘭亭考》卷 7、8（臺北：臺灣商務，1965），頁 59-75。

2　前者如葛立方，後者如陳謙，見前註。

3　見錢鍾書《管錐篇》卷 3，第 106 則（北京：中華，1979），頁 1115。

析以義理，反殺風景。」[4] 我們由這些看法，其實可以發現，不論是由求仙之熱望來承認或性情之正來美化序文中嗟悼歡逝這「未達」的事實，卻只是將〈蘭亭序〉單獨抽出、孤立起來討論，因此力圖圓說的同時，往往對羲之〈蘭亭詩〉中達觀齊物之旨，視而不見。其實〈蘭亭序〉既為眾詩完成後之總序，由詩到序會產生如許心情上的對反轉折，毋寧正是羲之最想表達、也是〈蘭亭序〉一篇最值得推敲之處；前人雖已注意到詩、序彼此矛盾的現象，卻未進一步說明羲之何由「達」反致「不達」，故猶需深究。其次，既結合詩、序雙方來談，就又不能忽略這些詩文都是產生於蘭亭集會，亦即從事修禊活動時的創作；然則修禊與這些詩文作品的表現是否有所關連？這種祓除儀式是否提供一種什麼樣的背景氛圍，而引發文人名士相應的情思意念？那麼由〈蘭亭序〉及於〈蘭亭詩〉，再關涉到修禊，我們會發現其實六朝文學中，以上巳祓禊為題的作品為數頗豐，共計一百十九篇（首），而這些同題的詩文，又是否與〈蘭亭詩〉、〈蘭亭序〉的意旨相同，興發同樣的感慨？如若不然，則蘭亭詩、序與一般修禊詩文的違異，又突顯出什麼樣的意義？透過以上這雙重比較——〈蘭亭詩〉與一般修禊作品、〈蘭亭詩〉與〈蘭亭序〉，或許能尋索出〈蘭亭詩〉之所以「達」、〈蘭亭序〉之所以「未達」的根本緣由與內在關連，同時也為〈蘭亭序〉的價值定位提供一種較新而周備的考察路徑。

修禊禮俗與六朝禊遊文學主流

《周禮‧春官》曰：「女巫掌歲時祓除釁浴。」鄭玄注：「歲時祓除如人三月上巳水上之類。釁浴，謂以香熏草藥沐浴。」在這有關上巳禊禮最早的記載中，很簡單地提到儀式行為——釁浴與實際目的——祓除。而司馬彪《後漢書》在〈禮儀志〉中，則有了更進一步的論述：

4　同前註，頁 1116。

> 是月上巳，官民皆絜於東流水上。曰洗濯祓除，去宿垢痰為大
> 絜。絜者，言陽氣布暢，萬物訖出，始絜之矣。[5]

「官民皆絜於東流水上」是指儀式活動；「去宿垢痰」則具體說明了濯潔
祓除的現實用意，乃在去疾求福、除舊布新。另外更重要的是「陽氣布
暢，萬物訖出，始絜之矣」一段話，交代了三月上巳所以祓除修禊的緣
由，亦即儀式行為得以達成目的的契機；換言之，三月陽春所具有的調
暢和泰的節氣特質，就正成為整個禊禮祈祝內在的根本意蘊。而在早期
的民間信仰中，也可以發現環繞這一鮮活的生機象徵，而流衍出的許多
有關上巳之風俗、傳奇。比如《後漢書‧禮儀志》劉昭注云：

> 一說云後漢有郭虞者，三日上巳產二女，二日中並不育，俗以
> 為大忌，至此月日諱止家，皆於東流水上為祈禳，自潔濯，謂
> 之禊祠，引流行觴，遂成曲水。韓詩曰：「鄭國之俗，三月上
> 巳之溱洧兩水之上，招魂續魄，秉蘭草祓除不祥。」[6]

又《文選》顏延年〈三月三日曲水詩序〉李善注引《續齊諧記》曰：

> 晉武帝問尚書摯虞曰：「三月曲水，其義何？」答曰：「漢章帝
> 時，平原徐肇以三月初生三女，至三日而俱亡，一村以為怪，
> 乃招攜至水濱盥洗，遂因水以泛觴，曲水之義起於此。」帝
> 曰：「若所談非好事。」尚書郎束曰：「仲治小生，不足以知，
> 臣請說其始。昔周公成洛邑，因流水以泛酒，故逸詩曰：『羽
> 觴隨流波』。又秦昭王三日置酒河曲，見有金人出，奉水心劍
> 曰：『令君制有西夏』，乃因其處，立為曲水。二漢相沿，皆為
> 盛集。」帝曰：「善。」賜金五十斤。左遷仲治為陽城令。[7]

5　范曄《後漢書‧禮儀志》（臺北：鼎文，1981），頁 3110-3111。
6　范曄《後漢書‧禮儀志》，頁 3111。
7　蕭統編，李善註《文選》（臺北：文津，1987），頁 2049。

摯虞所言徐肇事與後漢郭虞的傳說近似，都是因生女不育，致臨水祈禳以除厄避邪。而「秉蘭招魂」的鄭國之俗，其實也是人們恐懼、逃遁死亡之餘，反過來期求招回靈魂，重續生命的一種相對的反應。由避死乃至祈生，像勞榦先生就認為上巳風俗甚至可推溯到〈大雅・生民〉篇姜嫄求子的故事，詩云：

> 厥初生民，時維姜嫄。生民如何？克禋克祀，以弗無子。履帝
> 武敏歆，攸介攸止；載震載夙，載生載育，時維后稷。[8]

所謂「以弗無子」，毛傳曰：「弗，去也。去無子，求有子。古者必立郊禖焉，玄鳥至之日，以太牢祠於郊禖。」「玄鳥至之日」據《禮記・月令》篇是仲春二月。而鄭箋以「弗之言祓也。姜嫄之生后稷如何乎？乃煙祀上帝於郊禖，以祓除其無子之疾而得其福也。」勞榦先生說：

> 鄭玄認為姜嫄生子以前是曾去祓除，這一點是可以和同類型的
> 傳說，商代祖先簡狄的故事及清代祖先佛庫倫的故事來做比較
> 的。簡狄及佛庫倫的故事均言是在浴時吞鳥卵，那就姜嫄的故
> 事，照鄭玄說認為是由於祓禊，當然可通。……而相傳東漢時
> 候兩女俱亡或三女俱亡才有祓除一事，也正是求子之說的反
> 面，也未見得全無根據了。[9]

於是這幾則看似各異的習俗傳奇，不論是求子、祈禳或招魂，其實都不外乎人類面對存亡所採取的態度與反應——忌死與求嗣原是一體兩面的事；換言之，修禊儀式從根源、基本意義上說，就用以清除死亡的現象，解決人類最本能的恐懼，而對生命綿延作出強烈、有力的期企。[10]

8　孔穎達《毛詩注疏》（臺北：藝文，1955），頁587。
9　勞榦〈上巳考〉，《中研院民族學研究所集刊》第29期（1970年春季），頁258。
10　卡西勒《論人》中說：「對死亡的恐懼，無疑是一個最普遍也最根深的人類本能。人對死體的第一個反應必定是任它委之於自己的命運，並且恐懼地由之逃遁。……它很快地為相反的另一種態度所代替了，而期求留下或者召回死者的神靈。」

　　至於像束皙所言，流水泛酒乃源於周公或秦王之治績功業，明白顯露承應上意、奉迎君心之圖，已非民間信仰素樸的原貌。另外，《後漢書・禮儀志》在談上巳風俗的同時，也提及「是月（三月）皇后率公卿諸侯夫人蠶，祠先蠶，禮以少牢。」勞榦先生認為這與古代農業發展前期，婦女掌採集，故於春天進行蠶桑工作有關。[11] 不過，司馬彪在此只是將祠先蠶的古禮與同月份的上巳禮連言並載，並沒有證據能確指祓除原就具有經濟實用性。而《南齊書・禮志》史臣曰：「一說三月三日清明之節，將修事於水側，禱祀以祈豐年」，據勞榦先生說法，清明在華北農業活動上是一個非常重要的節日，因此三月三日被合併到清明；[12] 那麼禱祀豐年就是上巳擴增的意義了。除了被附加上政治或經濟目的，暮春修禊的活動，還間接促成了社交上的功效。據韓詩所載鄭國之俗，三月上巳於溱洧兩水秉蘭招魂，而《詩經・溱洧》篇曰：「溱與洧，方渙渙兮，士與女方秉蘭兮。」即寫記男女藉祓除交接相會。[13] 由漢至魏晉，據史書所載，利用修禊，上自帝王公卿，下至士民百姓，莫不會聚江畔池堂，流杯飲酒或戲弄百技，[14]可見三月上巳已逐漸演變為一種非常普遍、流行的歡讌節慶了。

　　總結以上概述，修禊禮儀所植基、蘊涵的三春氣機，應照於人事，最主要是直接放在決定人的生死壽夭，成為人生命活力的表徵，於是落實化為具體祈祝目的，就有如求子或招魂；至於祝豐年、頌功德等，應該都是分衍、附屬的目的。配合著這多重的目的，自然也隨之應生種種儀式活動，如釁浴、秉蘭、祠蠶乃至流杯弄技等。於是，所謂「修禊」

　　見卡西勒（Ernst Cassirer）著，劉述先譯《論人》（臺北：文星，1959）第7章〈神話與宗教〉，頁99。
11　見註5，頁258-259。
12　同上，頁248。
13　同上，頁254-255。
14　參見《晉書・禮志》卷21（臺北：鼎文，1976），頁671；《宋書・禮志》卷15（臺北：鼎文，1976），頁385-386，及《南齊書・禮志》卷9（臺北：鼎文，1975），頁149-150。

已不再是原初單純的風貌，就像滾雪球一樣，重疊圍裹了豐富多樣的禮俗儀節，不同時代或不同地方的人，期冀透過自己所認定的有意義的方式，來蒙受那陽氣的布暢，獲致元春的生機，進而以一種堅信的態度持續心中的想望。

　　那麼，六朝時期，除了著名的曲水流觴，是否還有與前代不同的活動內容？而這些活動又是如何與三春陽氣發生關連，深入地說就是用一種什麼樣的情態來看待修禊，賦予它什麼樣的意義？根據嚴可均《全文》、丁福保《全詩》所錄，現今所見最早以祓禊、上巳、三月三日為題的作品是杜篤〈祓禊賦〉與蔡邕〈禊文〉五句，其後，兩晉南朝的此類作品則有一百十九篇，今依篇旨（包括創作緣由、目的）內容（素材及布局等），大致可分成以下數類：

（一）春遊燕集，悅目娛情

　　這類詩文包括張協〈洛禊賦〉、阮瞻〈上巳會賦〉、夏候湛〈禊賦〉、成公綏〈洛禊賦〉、蕭子範〈家園三日賦〉及陸機〈三月三日詩〉、潘尼〈三月三日洛水作〉、庾闡〈三月三日臨曲水〉及〈三月三日詩〉、孫綽〈三月三日〉、謝惠連〈三月三日曲水集〉、梁簡文帝〈三月三日率爾成章〉等，共計文六篇，詩九首。這些詩文最大的特色是並不只是寫會集盛筵（如後漢杜篤），而是以暮春點題，同時以春景為全詩的基調、底色，來開啟遊讌的活動，再以宴集的熱鬧喧騰、遊賞的歡好悅樂，將全篇帶引到最高潮，茲舉例說明：

> 晷運無窮已，時逝焉可追。斗酒足為歡，臨川胡獨悲？暮春春服成，百草敷英蕤。聊為三日遊，方駕結龍旂。廊廟多豪俊，都邑有豔姿。朱軒蔭蘭甄，翠幕映洛湄。臨崖濯素手，步水寒輕衣。沉鉤出比目，舉戈落雙飛。羽觴乘波進，素組隨流歸。

（潘尼〈三月三日洛水作〉）[15]

暮春濯清汜，游鱗泳一壑。高泉吐東岑，迴瀾自淨潀。臨川疊曲流，豐林映綠薄。輕舟沉飛觴，鼓枻觀魚躍。（庾闡〈三月三日臨曲水〉）[16]

夫何三春之令月，嘉天氣之氤氳。惠風穆以布暢，百卉煜而敷芬。川流清冷以汪濊，原隰蔥翠以龍鱗。遊魚濺瀺於綠波，元鳥鼓翼於高雲。美節慶之動物，悅群生之樂欣。故新服之既成，將禊除於水濱。於是搢紳先生，嘯儔命友，……臨涯詠吟，濯足揮手。乃至都人士女，奕奕祁祁，……振袖生風，接袿成幃。若夫權戚之家，豪侈之族，采騎齊鑣，華輪方轂，……集乎長洲之浦，曜乎洛川之曲。遂乃停輿惠渚，稅駕蘭田。……羅尊列爵，周以長筵。於是布椒醑，薦柔嘉，祈休吉，蠲百痾。漱清源以滌穢兮，攬綠藻之纖柯。浮素粔以蔽水，灑元醪於中河。（張協〈洛禊賦〉）[17]

臨清川而嘉讌，聊暇日以避娛。蔭朝雲而為蓋，托茂樹以為廬。好修林之蓊鬱，樂草莽之扶疏。列肆筵而設席，祈吉祥于斯塗。酌羽觴而交酬，獻遐壽之無疆。同歡情而悅豫，欣斯樂之慨慷。……（阮瞻〈上巳會賦〉）[18]

第一則潘尼詩以暮春英蕤、及時為歡起始，接著以豪俊、艷姿之臨水戲遊為重點，分寫車、幔、濯涉及戈釣，其中「朱軒」、「翠幕」與「洛湄」、「蘭皋」的美景相映，「濯素手」、「搴輕衣」是士女「臨崖」、「步水」之曼姿，而「沈鉤」、「舉戈」乃因春日之鳶飛魚躍，因此，鋪寫戲

---

15 潘尼〈三月三日洛水作〉，逯欽立輯校《先秦漢魏晉南北朝詩》（北京：中華，1983），頁 767。

16 庾闡〈三月三日臨曲水〉，《先秦漢魏晉南北朝詩》，頁 873。

17 張協〈洛禊賦〉，嚴可均輯《全上古三代秦漢三國六朝文》（北京：中華，1958），頁 1951b。

18 阮瞻〈上巳會賦〉，《全上古三代秦漢三國六朝文》，頁 1877b。

遊的同時，也就連帶描襯出五色光鮮的春日景象。庾闡的臨曲水詩，則
更將寫景的焦點集中在春水，由濯潔之「清氾」，俯觀鱗泳之深「壑」，
仰睇東岑之「高泉」，再回到自淨之「洄瀾」，具顯水之清淨、幽深、
潺湲、淙琤的動靜諸面；於是流觴觀魚既處在「豐林」「綠薄」相映成
趣的自然美景中，其樂何如，自不待言。至於後兩則資料，更因賦體鋪
敘的特質，而將此類修禊活動的步驟、模式作了完整的表現。首先，如
張協自「夫何三春之令月」至於「悅群生之樂欣」，次第以「惠風」、
「百卉」、「川流」、「原隰」、「遊魚」、「玄鳥」等物象於三春時節特有的
勃興喧鬧的樣態——如「布暢」、「敷芬」、「汪濊」、「蔥翠」、「濺澼」、
「鼓翼」，來為天地上下塗抹出一片五彩春光。緊接著所謂「美節慶之動
物，悅群生之樂欣」，正是承上總結三春活潑滿溢的生機，並以賞愛、
悅樂這般氣象的心情，開啟底下臨水禊除的活動；即如阮瞻所言「蔭
朝雲而為蓋，托茂樹以為廬。好修林之翳鬱，樂草莽之扶疏」。而〈洛
禊賦〉的第二段從「故新服之即成，將禊除於水濱」至「集乎長洲之
浦，曜乎洛川之曲」，分由縉紳、士女、權戚、豪侈的不同階層所表現
之吟詠抒志或誇炫財勢等各色行止，將洛濱事禊刻劃得豐富壯盛，多采
多姿。最後，〈洛禊賦〉「停輿」「稅駕」，乃至布醑薦肴，祈吉躝痾的一
段，參照阮瞻將「列肆筵」、「酌羽觴」與「祈吉祥」、「獻遐壽」交錯對
應，可見祓禊最終的祈祝，在此毋寧是奠基於嘉讌娛戲後，參與者好樂
狂歡、交酬合心的情態——亦即阮瞻所謂「同歡情而悅豫，欣斯樂之慨
慷」。

　　因此，我們可以總說，在這一系列以「春」之遊娛為主題的作品
中，不但是以賞景、嬉戲為全篇重心，同時透過遊讌所獲致的醺然陶
醉、興奮昂揚的歡悅狀態，也就暫時消弭了現實的疑慮、困挫——「時
逝焉可追」、「斗酒足為歡」，而使得當下的祝願（休吉、遐壽）在與陽
氣共徜徉、春光共流轉之中，變得理所當然、成合無違了。[19]

19　杜甫〈曲江〉詩云：「朝回日日典春衣，每日江頭盡醉歸。……傳語風光共流轉，

（二）貴遊公讌，作樂崇德

　　這類作品在六朝所有修禊文學中數量最多，將近半數，計有顏延之、王融的〈三月三日曲水詩序〉、梁簡文帝〈三日曲水序〉、庾信〈三月三日華林園馬射賦并序〉共四篇文，及張華〈太康六年三月三日後園會〉、〈上巳篇〉、阮修〈上巳會詩〉、王讚〈三月三日〉、王濟〈平吳後三月三日華林園詩〉、閭丘沖〈三月三日應詔詩〉二首，……等共計詩五十九首。由篇題上來看，絕大多數為「應詔」、「侍遊」之作，可見是以官庭宴會、園林觀遊為描述重點；那麼除了在題材上是以苑殿池湖、離宮行所以及來儀駕排場取代如第一類的自然山水、野宴雅集之外，更重要的是將原本單純的遊讌歸諸戒勉崇德、備具禮義。因此，如阮修、張華的上巳詩，雖非公讌貴遊一類，卻也因比德徵聖之義，暫歸此項。底下，節引顏延之、王融曲水詩序為例：

> 有宋函夏，帝圖弘遠。高祖以聖武帝鼎，規同造物。皇上以叡文承歷，景屬宸居。隆周之卜既永，宗漢之兆在焉。……皇祗發生之始，后王布和之辰。思對上靈之心，以惠庶萌之願。獻洛禊之禮，具上巳之儀。南除輦道，北清禁林。……略亭皋，跨芝廛。苑太液，懷曾山。松石峻垝，軒翠陰煙。遊魚之所攢萃，翔騖之所往還。於是離宮設衛，別殿周徼。旌門洞立，延帷接枑。……天動神移，淵旋雲被，以降於行所，禮也。既而帝暉臨幄，百司定列。鳳蓋俄軫，虹旗委旆，肴蔌芬藉，觴醳泛浮。妍歌妙舞之容，銜組樹羽之器。三奏四上之調，六莖九成之曲。……靚莊藻野，袨服縟川。故以殷賑外區，煥衍都內者矣。上膺萬壽，下禔百福。帀筵秉和，闔堂依德。（顏延之〈三月三日曲水詩序〉）[20]

暫時相賞莫相違」，見楊倫《杜詩鏡銓》卷4（臺北：里仁，1981），頁181。
20　顏延之〈三月三日曲水詩序〉，《文選》，頁2050-2054。

皇帝體臀上聖，運鍾下武。冠五行之秀氣，邁三代之英
風。……功既成矣，世既貞矣。信可以優遊暇豫，作樂崇德
者歟？於時青鳥司開，條風發歲。粵上斯已，惟暮之春。同律
克和，樹草自樂。禊飲之日在茲，風舞之情咸蕩。去肅表乎時
訓，行慶動於天矚。……虎視龍超，雷駭電逝。轟轟隱隱，紛
紛軫軫。羌難得而稱計。爾乃迴輿駐罕，……授几肆筵，因流
波而成次；蕙肴芳醴，任激水而推移。……戚奏翹舞，簫動邠
詩。……上陳景福之賜，下獻南山之壽。信凱讌之在藻，知和
樂於食苹。（王融〈三月三日曲水詩序〉）[21]

這兩篇序，就其布局大致可以修禊行禮分為前後兩部分，前半段一方面
是推溯創歷建家乃受命自天、紹宗三代，一方面是稱揚宋、齊之奄有天
下的太平壯盛。後半段則分由離宮別苑的綺疏玉砌、車駕旄旗的拂霄
振木以及歌舞肴醴的蕙芳妍妙，來敷陳修禊活動的繁沓壯觀。不論是前
半的頌美或後半的鋪排，其實都可見承續漢賦以來誇飾、麗靡的貴遊文
風。既是屬於貴遊文學，就免不了為「帝狩」、「王遊」尋找冠冕堂皇的
理由，[22]強調修禊獻禮之所以沓矩重規、浩大壯盛，最終目的在符顯君王
德性與功業，此即梁簡文所言「賓儀式序，盛德有容」也（〈三日曲水
詩序〉）。最後，兩篇序文都以賓主祝奉作結，總結前文「作樂崇德」的
理路，而「依德」或「和樂」再與「萬壽」、「百福」相對應，則更進一
步顯示修禊祝禱乃奠基於君臣讌樂當中的「禮具義舉」（梁簡文〈三日
曲水詩序〉）；換言之，是道德性行（如禊禮）合於「上靈之心」，即所
謂「去肅表乎時訓，行慶動于天矚」（王融序），因而使得福壽之企求變
得自然合理。關於這點，還可由其他詩文，詳加印證：

21　王融〈三月三日曲水詩序〉，《文選》，頁 2058-2067。
22　顏延之〈三日侍遊曲阿後湖〉：「虞風載帝狩，夏諺頌王遊。春方動宸駕，望幸
　　傾五州。」引自丁福保《全漢三國晉南北朝詩，全宋詩》卷三（臺北：藝文，
　　1968），頁 781。

暮春元日，陽氣清明。……啟滯導生，……卉木滋榮。……於
皇我后，欽若昊乾。順時省物，言觀中國。讌及群辟，乃命乃
延。……穆穆我皇，臨下渥仁，訓以慈惠。詢納廣神，好樂無
荒，化達無垠。（張華〈太康六年三月三日後園會〉）[23]
竊以周成洛邑，自流水以禊除。晉集華林，同文軌而高宴。莫
不禮具義舉，沓矩重規，昭動神明，雍熙鍾石者也。（梁簡文
帝〈三日曲水詩序〉）[24]
虞風載帝狩，夏諺頌王遊。春方動宸駕，望幸傾五州。……德
禮既普洽，川嶽偏懷柔。（顏延之〈三日侍遊曲阿後湖〉）[25]
河嶽曜圖，聖時利見。於赫有皇，升中納禪。……大哉人文，
至矣天睠。昭哉儲德，靈慶攸繁。……（顏延之〈三月三日
詔宴西池〉）[26]

首則張華詩，明顯是以祓濯公讌之「順時」性為中心，上承陽氣之「導
生」、「滋榮」，下應君德之「渥仁」、「慈惠」；而以「詢納廣神」，故
「化達無垠」作結。第二、三兩則資料，也是以「禮具義舉」、「德禮普
洽」，則「昭動神明」、「懷柔川嶽」相對成文。最後，顏延之所謂「大
哉人文，至矣天睠」，更是將儲德行慶的人文活動與乾元聖時的天文徵
象直接係連。於是，如果第一類春遊燕集之修禊作品，是以歡悅慷慨、
相賞莫違的情態，來企及春光陽氣；此處之貴遊公讌類，則是透過禮義
仁惠之儀行來符契上靈廣神於春令特有之甘雨祥風，而為「應時行樂」
的修禊模式加注異於「蕩心娛目」的教化性啟示。[27]

23　張華〈太康六年三月三日後園會〉，《先秦漢魏晉南北朝詩》，頁 616。
24　梁簡文帝〈三日曲水詩序〉，《全上古三代秦漢三國六朝文》，頁 3016a。
25　顏延之〈三日侍遊曲阿後湖〉，《先秦漢魏晉南北朝詩》，頁 1231。
26　顏延之〈三月三日詔宴西池〉，《先秦漢魏晉南北朝詩》，頁 1227。
27　梁文帝〈三日侍皇太子曲水宴〉：「震德叶靈，年芳節淑。濯伊臨瀨，蕩心娛目。」
　　引自丁福保《全漢三國晉南北朝詩，全梁詩》卷 2，頁 214-215。

（三）寄暢林丘，悟理感懷

這類作品即是指以王羲之、謝安為首的蘭亭會諸名士所作的詩三十七首及序二篇。[28] 與前兩類最大的不同是，並不以遊讌為全篇（首）的描寫重心與意脈高潮，雖然仍是由遊讌出發，但除去謝萬、徐豐之的少數作品，再看不到如張協、顏延之等著力寫景的表現；反倒是談玄說理、哀樂興感成為這組詩及其序最普遍的內容、主旨。於是，春遊讌集就不再是為「蕩心娛目」或「形容盛德」，而是對哲理的感悟與省思。

除了以上三類詩文，另有鮑照〈三日〉、沈約〈三月三日率爾成章〉兩首詩，是藉綺旎春遊以反襯春思閨怨，屬於比較個別、孤單的例子，《昭明文選》即錄沈約此詩入「雜詩」項下（卷三十），可見其率爾發詠、無法成類的事實。那麼，根據前面對百餘首修禊作品的類型劃分，也許就可以針對《文選》未收錄〈蘭亭序〉這問題，有一種比較全面、新出的思考方式。歷來的討論，總是把焦點局限在〈蘭亭序〉，由其修辭或命意來推測蕭統不選的緣由。其實，我們不妨換個角度，先看看蕭統收錄有哪些以上已為題的詩文。除去前述入「雜詩」項目的沈約〈三月三日率爾成章〉，另外有詩兩首、序兩篇，即卷 20 顏延年〈應詔曲水讌詩〉一首，卷 22 顏延年〈車駕幸京口三月三日侍遊曲阿後湖作〉一首，卷四十六顏延年〈三月三日曲水詩序〉，及王融〈三月三日曲水詩序〉。在六朝大多數修禊作品中，原是結合遊春與讌集於一篇的，顏延年、王融二序，如前所述，乃頌王遊以崇德，莫不同屬遊讌的基型主調。可見，就都總古今、標舉潮流的蕭統來說，以遊娛嘉讌為重心的創作既不僅在修禊文學中為數最多、歷時最久——由漢末至南朝共得七十八篇（首）——同時也與自漢末歷魏晉入宋齊愈漸勃興的貴遊巧似

---

28 關於蘭亭會參與人數有四十一人與四十二人兩說，前者如《世說新語‧企羨篇》第三則劉孝標註引〈臨河敘〉及《法書要錄》卷 3 何延之〈蘭亭記〉，後者如《蘭亭考》卷 1 所述；至於〈蘭亭詩〉大致以二十六人所成三十七首為數（如《全晉詩》《蘭亭考》所錄皆同）。

之文風相交融，自然是較諸僅見於東晉一時、為數居寡又質木說理的蘭亭諸作，更值得注意與載錄了。

蘭亭詩齊物達觀的意境

修禊活動既是舉行於暮春時節，以祓禊為題來創作，最直接、主要的素材自然是三春景色。但是素材雖然一樣，作者取景角度、觀景情態卻各不相同。〈蘭亭詩〉中，只有謝萬、王豐之各二首及華茂、王彬之各一首，是類似遊娛主流的表現，以客觀覽照、細摹密附的方式專事寫春，其餘則展現出迥異風貌。茲舉謝安、王豐之詩與謝萬詩稍作比對。

> 司冥卷陰旗，句芒舒陽旌。靈液被九區，光風扇鮮榮。碧林輝翠蕚，紅葩擢新莖。翔禽撫翰游，騰鱗躍清泠。（謝萬）[29]
> 伊昔先子，有懷春遊。契茲言執，寄傲林丘。森森連領，茫茫原疇。迴霄垂霧，凝泉散流。（謝安）[30]
> 肆盼巖岫，臨泉濯趾。感興魚鳥，安居幽峙。（王豐之）[31]

謝萬詩由冬去春來寫起，繼之以和風靈雨，揮灑出一片生機；於是「碧林」、「翠蕚」相互輝映，「紅葩」、「新莖」競逐光鮮，翔禽、騰鱗亦上下交舞，天地間頓時由蟄伏而甦醒、喧鬧，令人應接不暇。然而相對於這份喧嘩盈耳、光彩耀目的春意，謝安所寫的春遊，卻以冰封始解、雲霧垂罩的清冷、蒙昧的視角出現，而峰嶺的森然連綿、原疇的廣遠茫然，更加深了這種幽渺空寂之感。而王豐之在盼巖臨泉之後，因魚鳥所感興的也是凝然專一、孤絕特立的意態；這正是謝安所謂「寄傲林丘」的特殊遊春情懷。由此種情懷出發的修禊，既不著眼於春景是否悅目蕩

29　《先秦漢魏晉南北朝詩》，頁 907。
30　同上註，頁 906。
31　同上註，頁 915。

心，自亦不流醉於觴酌舞樂，反倒是由飲讌表面的壯盛，轉進於交酬獻酢的合心同情，如：

> 春詠登臺，亦有臨流。懷彼伐木，宿此良儔。（孫綽）
> 攜筆落雲藻，微言剖纖毫。時珍豈不甘，忘味在聞韶。（同前）[32]
> 人亦有言，得志則歡。佳賓即臻，相與遊盤。微音迭盤，馥焉若蘭。苟齊一致，遐想揭竿。（袁嶠之）[33]

由「得志則歡」、吟詠共鳴，蘭亭集詩在動機、意旨上的一致性是可以肯定的。

　　然則，藉由這一種幽寂的共感，蘭亭詩人究竟觀照到什麼？換言之，這集體意識是以什麼為本質，具有何種指向？底下，我們藉由三組字句來說明：

> 1. 消散肆情志，酣暢豁滯憂。（王玄之）[34]
>   嘉會欣時遊，豁爾暢心神。（王肅之）
>   今我斯遊，神怡心靜。（同前）[35]
>   駕言興時遊，逍遙映通津。（王凝之）[36]
> 2. 散懷山水，蕭然忘羈。（王徽之）[37]
>   散豁情志暢，塵纓忽已捐。（王蘊之）[38]
> 3. 主人雖無懷，應物貴有尚。宣尼遨沂津，蕭然心神王。〈桓

32　同上註，頁 901。
33　同上註，頁 911。
34　同上註，頁 911。
35　同上註，頁 913。
36　同上註，頁 912。
37　同上註，頁 914。
38　同上註，頁 915。

偉〉[39]

　時來誰不懷，寄散山林間。尚想方外賓，迢迢有餘間。（曹茂之）[40]

　溫風起東谷，和氣振柔條。端坐興遠想，薄言遊近郊。（郗曇）[41]

　馳心域表，寥寥遠邁。理感則一，冥然斯會。（庾友）[42]

由第一組詩句，可見春遊之逍遙怡悅，但是這又不僅止於一般悅目遊娛，因為如第二組詩句，散懷暢情的同時，是忘羈捐塵，去俗無累，所以在第三組詩句裡，我們進一步看到寄散山林、應物有尚的觀遊態度─即前述謝安所謂「寄傲林丘」，最終執著、企獲的是由豁滯憂、忘羈累所推促、逼顯的自足自由（「蕭然神王」、「迢迢餘閒」）、遠馳方外的精神境界。而這種「冥然斯會」的心靈感悟，很明顯是與魏晉盛行的隱逸、談玄風氣有關，[43]因而這種精神逍遙的指標或說是依歸的典型，就不外乎莊周、許由等歷史傳說中的人物，如：

望巖懷逸許，臨流想奇莊。誰云真風絕，千載挹餘芳。（孫嗣）[44]

莊浪濠津，巢步潁湄。冥心真寄，千載同歸。（王凝之）[45]

先師有冥藏，安用羈世羅。未若保沖真，齊契箕山阿。（王徽之）[46]

39　同上註，頁 910。
40　同上註，頁 909。
41　同上註，頁 908。
42　同上註，頁 908。
43　詳參王瑤〈論希企隱逸之風〉，《中古文人生活》（臺北：長安，1982）；羅宗強《玄學與魏晉士人心態》（杭州：浙江人民，1991）。
44　同上註，頁 908。
45　同上註，頁 912。
46　同上註，頁 914。

> 去來悠悠子，被褐良足欽。超蹤修獨往，真契齊古今。（王渙
> 之）[47]
> 神散宇宙內，形浪濠梁津。寄暢須臾歡，尚想味古人。（虞
> 說）[48]

這種懷想莊許、冥契真樸的話題，很容易讓人聯想到東晉許詢、孫綽諸
公的玄言詩，而將〈蘭亭詩〉的表現也簡單地歸諸文學上談玄說理的
創作風潮。其實，就〈蘭亭詩〉本身來說，試有謝萬、徐豐之、王彬之
等並不直從說理角度下筆，而〈蘭亭詩〉之外，如庾闡〈三月三日臨曲
水〉、〈三月三日〉或孫綽另有〈三月三日〉詩，亦純寫春景，並不見得
都是談玄。因此，與其含混籠統地說〈蘭亭詩〉就是東晉玄言詩風下的
必然產物，倒不如直接扣緊蘭亭集的本事——修禊活動，而說蘭亭會諸
名士絕大多數是特別地以一種玄心來面對春景與遊春行慶。關於「玄對
山水」，原出於羲之與孫綽對庾亮的賞鑒：

> 庾太尉在武昌，秋夜氣佳景清，使吏殷浩、王胡之之徒登南樓
> 理詠。音調始遒，聞函道中有屐聲甚厲，定是庾公。俄而率左
> 右十許人步來，諸賢欲起避之。公徐云：「諸君少住，老子於
> 此興復不淺！」因便據胡床，與諸人詠謔，竟坐甚得任樂。後
> 王逸少下，與丞相言及此事。丞相曰：「元規爾時風範，不得
> 不小頹。」右軍答曰：「唯丘壑獨存。」
> 劉孝標注引孫綽庾亮碑文曰：「公雅好所託，常在塵垢之外。
> 雖柔心應世，蠖屈其鞘，而方寸湛然，固以玄對山水。」（《世
> 說新語‧容止篇》第二四則）[49]

據《晉書》本傳（卷七三），庾亮是「風格峻整」「嶷然自守」，「時人

47　同上註，頁 914。
48　同上註，頁 916。
49　徐震堮《世說新語校箋》（臺北：文史哲，1985），頁 339。

皆憚其方儼，莫敢造之」，因此殷浩等人於登樓理詠之際，才會聞屐聲而欲避之；而元規不但不掃敗眾人之興，反而參與談詠笑謔，所以王導說庾亮當時廟堂之望稍頹。不過，右軍與孫綽的看法是，正是如此「坦率行己」（《晉書》本傳語），才透顯了在「從容廊廟」的外表下，[50] 有著淳至真率的心性，[51] 所謂「雅好所託，常在塵垢之外」，就是獨存於方寸之間的丘壑之思，亦即「以玄對山水」的人格特質。既言「方寸」、「玄對」，可見非身臨現實的山水丘壑，而是胸中常存一方澄靜明澈、不罹塵俗的丘原山林。如果對照前文對〈蘭亭詩〉的分析，由幽寂空渺的視角出發，至於暢懷忘羈，馳心遠想，一方面我們看不到詩人注心於春景的細膩寫照，另一方面倒發現對心靈神遊的強調、著重，於是「遊近郊」卻「興遠想」，「寄散山林」卻「尚想方外」，「遠」、「近」的迥別，「山林」、「方外」的殊異，正說明了「玄對山水」所形成的意識情態由現實當下的侷迫，開拓至無所規劃、無限展延的境地。

那麼，既然「玄對山水」是蘭亭詩人集體意識的質性與向度，在「冥然斯會」、「寥寥遠邁」之後，這份特殊的修禊情識對於一己之生命主體又有什麼具體地啟示，終究會產生什麼效應呢？茲引數詩於後以明之。

> 代謝鱗次，忽焉以周。欣此暮春，和氣載柔。詠彼舞雩，異世同流。迺攜齊契，散懷一丘。（王羲之）
>
> 仰視碧天際，俯瞰綠水濱。寥無涯觀，寓目理自陳。大矣造化工，萬殊莫不均。群籟雖參差，適我無非親。（同前）[52]
>
> 相與欣佳節，率爾同褰裳。薄雲羅景物，微風翼輕航。醇醪陶

---

50 《世說新語・品藻篇》載明帝問謝鯤與周顗自以何如庾亮，皆云「端委廟堂，使百僚準則」、「從容廊廟」則「臣不如亮」（第 17、22 則）。引自《世說新語校箋》，頁 280、281。

51 《晉書・阮籍傳》卷四九，累敘籍悖禮放誕之言行，總曰：「其外坦蕩而內淳至，皆此類也」，頁 1359-1362。

52 《先秦漢魏晉南北朝詩》，頁 895。

丹府，兀若遊義唐。萬殊混一理，安復覺彭殤。（謝安）[53]

茫茫大造，萬化齊軌。罔悟元同，竞異標旨。平勃運謀，黃綺

隱几。凡我仰希，期山期水。（孫統）[54]

羲之在「欣此暮春」、「詠彼舞雩」的同時，領略的是「代謝鱗次，忽焉
以周」；而仰視俯瞰的無涯觀覽，是深悟「大矣造化工，萬殊莫不均」；
謝安則由佳節搴裳，感發「萬殊混一理，安復覺彭殤」；孫總所以「期
山期水」，是因為「茫茫大造，萬化齊軌」。可以發現相對於六朝一般修
禊祓除在儀式上的繁盛與祝願的宣示，蘭亭詩人以玄對山水的春遊行
慶，似乎更能直契陽氣生機、造化之理；人與禊禮的「新生」象徵，
已由流連賞愛、崇德合儀的向外追擬，轉而成為內在於心的自然發顯。
所謂「群籟雖參差，適我無非輕」、「萬殊混一理，安復覺彭殤」、「萬化
齊軌，罔悟元同」，這「悟」、「覺」莫不在「我」之一身；而「我」既
「遊心於物之初」，[55] 體受了生化之道循環如一、渾同均和的本質，「不覺
鳥獸禽魚自來親人」。[56] 於是，玄對山水的修禊情態，最終可以說就是在
發顯玄同齊物的本理本心，破除人生中修短彭殤、參差彼我的相對面相
之煩累纏擾。

在本文中第一節，曾提到就最根源意義來說，祓禊禮俗是用以解決
人對死亡的本能恐懼，祈吉除厄，致福得壽；換言之，這是對於人如何
得以永存不滅、續生无死的強烈探索與渴慕。然而，在以遊讌為重心的

---

53 同上註，頁 906。

54 同上註，頁 907。

55 《莊子·田子方篇》：「老聃曰：『吾遊心於物之初』。孔子曰：『何謂邪？』曰：『
……至陰肅肅，至陽赫赫；肅肅出乎天，赫赫發乎地；兩者交通成和而物生焉，
或為之紀而莫見其形。……』孔子曰：『請問遊是。』老聃曰：『夫得是，至美至
樂也，得至美而遊乎至樂，謂之至人。』」引自王先謙《莊子集解》卷五（臺北：
世界，1967），頁 21。

56 《世說新語·言語篇》第 61 則：「簡文入華林園，顧謂左右曰：『會心處不必在
遠；翳然林水，便自有濠濮間想也。不覺鳥獸禽魚，自來親人。』」引自《世說新
語校箋》，頁 67。

主流模式中，我們卻發現再壯盛喧鬧、虔敬恭謹的修禊，也都不足以抗
拒遷逝的焦慮，如：

> 情盤景遽，歡洽日斜。金駕總駟，聖儀載佇。悵鈞臺之未臨，
> 慨酆官之不縣。（顏延之〈三月三日曲水詩序〉）[57]
>
> 既而日下澤官，筵闈相圍，悵徒躚之留歡，眷廻鸞之餘舞。
> （庾信〈馬射賦〉）[58]
>
> 翠葆隨風，金戈動日。惆悵清管，徘徊輕俏。（謝朓〈皇太子
> 侍華光殿曲水宴九首〉）
>
> 歡飲有終，清光欲暮。輕貂廻首，華組徐步。（同前）[59]
>
> 於維盛世即軒媧，朝酆宴鎬復在斯。……朱顏始洽景將移，安
> 得壯士駐奔曦？（沈約〈上已華光殿〉）[60]
>
> 暑運無窮已，時逝焉可追？斗酒足為歡，臨川胡獨悲？（潘尼
> 〈三月三日洛水作〉）[61]

在這幾則資料中，顯見惆悵悲心是緣自於歡洽驟逝；而留歡不得正由
於難駐奔曦、景移日暮。然則，當遊娛行慶是「順時」而動、承應「天
曜」，在寒暑更替、朝暮迭易的自然律則下，應時省物的同時，也就
必然注定、埋設了時移歡遷的悲劇。然而若是以玄對山水的意識情態
出發，卻由於不執著於現實物色、不計量於時運休否，而是「馳心域
表」、「尚想方外」的精神悠遊，反倒能撫古今於須臾、視千載只一朝，
如：

> 誰云真風絕，千載挹餘芳。（孫嗣）

57　顏延之〈三月三日曲水詩序〉，《文選》，頁 2054。
58　庾信〈馬射賦〉，《全後周文》卷八，《全上古三代秦漢三國六朝文》，頁 3921a。
59　謝朓〈皇太子侍華光殿曲水宴九首〉，《先秦漢魏晉南北朝詩》，頁 1422。
60　沈約〈上已華光殿〉，《全梁詩》卷四，《先秦漢魏晉南北朝詩》，頁 1662-1663。
61　潘尼〈三月三日洛水作〉，《先秦漢魏晉南北朝詩》，頁 767。

　　冥心真寄，千載同歸。（王凝之）

　　千載同一朝，沐浴陶清塵。（謝繹）

　　寄暢須臾歡，尚想味古人。（虞說）

　　古人詠舞雩，今也同斯歡。（袁嶠之）

　　宣尼遨沂津，肅然心神王。……今我欣斯遊，慍情亦暫暢。
（桓偉）

　　去來悠悠子，披褐良足欽。超跡修獨往，真契齊古今。（王渙
之）[62]

古今得同情共感，交流無礙，正由於冥心神遊就具有超越時間階段的特
性，亦即在寄心得志、體契玄同的當下，沒有了現在、過去的劃分，也
模糊長久、短暫的間隔，時間不分成線段，而是如循環不已、沒有起訖
始末的圓周，來回往復，終歸於一（「代謝鱗次，忽焉以周」）。因此，
不但百代共此一春，千載同此遊禊，人也參與了這天理的流行，不再有
哀樂交纏，更解消了生死憂懼，蘭亭詩人正以「湛然方寸」，恆得「至
美至樂」矣。[63] 如此，「安復覺彭殤」可說是蘭亭詩人透過「玄對山水」
的特殊遊禊情態，所覺悟的一種嶄新、不同於流俗的生命觀照，而為原
本因順應天時、祈企天睠所必然遭致的「日斜歡遽」之無助困境，開啟
了突顯人文自覺的解決徑路。

蘭亭序修短隨化的反悟

　　我們已經由玄對山水乃至齊物至樂，對蘭亭集詩作了完整的分析，
如果按照一般對序文作用的理解，那麼根本就毋需另立此節討論〈蘭亭
序〉。可是就在短短三百多字的這篇序文中，卻發現了「不知老之將至」

62　上述七位作家詩作，見《先秦漢魏晉南北朝詩》，頁 908、912、916、911、910、
　　914。

63　同註 18。

與「終期於盡」的對反，乃至有「一死生為虛誕，齊彭殤為妄作」此等推翻〈蘭亭詩〉最終體悟——「萬殊莫不均」、「安復覺彭殤」的話語出現，因此，底下將分段詳述羲之作序的角度立場與意旨脈絡，以釐清蘭亭詩及其序彼此的異同關係。

　　〈蘭亭序〉全篇大致可分為三部分，首段由「永和九年，歲在癸丑」至於「快然自足，不知老之將至」；次段由「及其所之既倦，情隨事遷」到「死生亦大矣，豈不痛哉」；從「每覽昔人興感之由」以下是最後總結。在第一大段，又可分為修禊本事的描述與人生情境的推闡兩部分來談。首先，羲之以「永和九年」「暮春之初」、「會稽山陰之蘭亭」與「群賢畢至，少長咸集」次第分明地標出時間、地點、人物；而「崇山峻嶺，茂林修竹」、「清流激湍，映帶左右」與「天朗氣清，惠風和暢」是交待時（暮春）、空（蘭亭）交識下的物色光景，「流觴曲水」、「仰觀俯察」就是對應此一景色的人為活動；至於「暢敘幽情」、「遊目騁懷」之「樂」，則是「感物」之後的「興情」結果。而也如同〈蘭亭詩〉由遊春出發，再帶引出玄心遠想，乃至齊彭殤、達至樂，羲之〈蘭亭序〉在暢情騁懷之後，亦接言「因寄所託，放浪形骸之外」，來揭舉蘭亭會諸人逍遙山林、棄絕塵俗的集體意向，並以「欣於所遇，暫得於己」描述集體共識形成後的自覺自足，最後更將此天人合契的同情共感，由原本只是「是日」禊事之「可樂」，擴展成「不知老之將至」這足以「俯仰一世」的生命觀照。

　　由以上的分析，可見首段文意與〈蘭亭詩〉的主旨若合符節，文章若到此打住，即是一篇言簡言賅、清雋精緻的總綱、提要。然而羲之卻接著舖敘出意旨對反於首段的二、三段文字，顯然〈蘭亭序〉全篇並不只是由一個立場出發、非為單一目的而作。仔細考察羲之的身分，他並不只是蘭亭集會當時流觴賦詠的詩人，又是眾詩完成之後，都總彙錄的作序者；換言之，他同時具有修禊進行與禊事結束之後的雙重體驗，在創作之餘，更有機會評賞品味〈蘭亭詩〉。於是，在首段以同為作詩者的角度，憶述行禊當時的同情共感，次段就換由事過境遷而後設賞閱的

角度來發言。「及其所之既倦，情隨事遷，感慨係之矣」，是從參與者主觀情態上悅厭的轉變及隨之遷逝的修禊活動，感慨樂事難繼，並由此一賞心樂事如今徒留字跡詩痕，緬懷當日齊契玄同的欣喜歡懌；而當「欣所遇」「得於己」的快然自足不復存在，「不知老之將至」也就頓失依恃，「我」不但從蘭亭集中被拋出，也不得再與天地為一、合氣流行，在歡樂難駐的同時，更體認到留歡之人本身亦是「修短隨化」、「終期於盡」的，因此除了哀樂興感，更不得不喟歎「死生亦大」這生命現實的終極沉痛。

那麼，由「暫得於己」、「不知老之將至」到「所之既倦，情隨事遷」、「修短隨化，終期於盡」，這兩種看似絕然對反卻又交續應生的情識反應，正是羲之由共感既又自省於〈蘭亭詩〉的細密完整、不可割裂的閱覽經驗。在第三段，羲之更將這種閱覽感懷置放在整個時間之流中作一番考察，如底下架構：

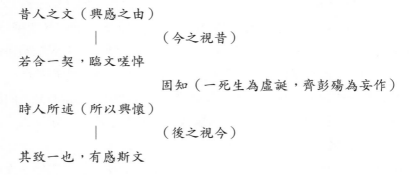

由此圖明顯可見羲之是用「後之視今」與「今之視昔」這前後相對時境所獲閱覽經驗的同質性，來推證出貫通古今的「固知」論斷。所謂「後之視今」與「今之視昔」自是以少總多，涵蓋了歷史時間中係連環扣的所有作品與讀者的交流感應，而由「興感之由」、「所以興懷」又可見臨文閱覽並不僅止於還原、重溫作品所述寫的當時情事，更重要的是能超越表象事境（「雖世殊事異」），探及那潛在的、卻又是古往今來共通的創作動機與議題，值得注意的是，「昔人之文」既與「時人所述」相

對，而〈蘭亭詩〉所表現的是齊彭殤、混萬殊的千載至樂，因此「興感之由」、「所以興懷」確切來說就是一種緣於死滅焦慮所激發的長生（永生）之渴慕與企圖。但是一般析釋〈蘭亭序〉皆未注意此一文意結構上的對應性，因此往往未細究〈蘭亭詩〉的原委，即以生死無常的感慨附會「時人所述」（〈蘭亭詩〉），也連帶誤解了「昔人之文」，而將〈蘭亭序〉全篇歸引入一味傷時歎逝的氛圍中。[64] 其實，再由孫綽〈蘭亭集後序〉，明白總提「閒步林野」乃「期乎瑩拂之道」更可證「詩人之致興」、「歌詠之有由」，是必須推原到蘭亭集諸人為排遣隱伏的推移之悲所亟思宣揚的「向榮」、「咸暢」之達觀快然。[65] 如此，讀者的感發所以會有「若合一契」、「其致一也」與「嗟悼」、「有感」、「不能喻懷」的交疊並蓄，正是一方面熱切同情於作品中以「因寄所託」、「欣於所遇」暫得的「不知老之將至」的快然自足；而另一方面卻又以「情隨事遷」的後設身分，冷眼省視所欣所之「已為陳跡」及相與之人隨化終盡的事實。講到這裡，當然可以清楚分辨，〈蘭亭詩〉中雖亦強調古今同感，卻偏重闡發冥遊逍遙這一點，而〈蘭亭序〉中「今昔」、「後今」的共「視」，卻更包涵了遷變的悲涼面。

於是由義之個人哀樂交作、生死連興的感懷，至於此一相對交並的

64　如錢鍾書先生即以「後之視今，亦猶今之視昔」不過是「惜時悲逝」的人生感歎，見《管錐篇》，頁 1116-1117。另外如楊鴻銘、韋鳳娟針對〈蘭亭序〉末段皆以「由喜轉悲」、「寓託無奈」或「悲歎生死」註解之。見楊鴻銘《歷代古文評析──兩漢魏晉之部》（臺北：文史哲，1983），韋鳳娟《魏晉南北朝諸家散文選》（香港：三聯，1991）。

65　孫綽〈蘭亭集後序〉：「古人以水喻性，有旨哉！非所以淳之則清，渻之則濁耶？故振響於朝市，則充屈之心生；閒步於林野，則寥落之意興。仰瞻羲唐邈然遠矣，近詠臺閣，顧探增懷。聊於曖昧之中，期乎瑩拂之道。暮春之始，禊於南澗之濱，……乃藉芳草，鑑清流，覽卉物，觀魚鳥，具類同榮，資生咸暢。於是和以醇醪，齊以達觀，快然兀矣，焉復覺彭殤之二物哉！耀靈縱轡，急景西邁，樂與時去，悲亦係之。……原詩人之致興，詩歌詠之有由。」由此序亦可見孫綽較重推闡蘭亭詩人之本旨，並未如義之於陳敘之外，復發抒一己之閱覽感懷與人生情識。引自《全上古三代秦漢三國六朝文》，頁 1808a-b。

雙線結構在歷史時間中的模式演練，最終證成的「一死生為虛誕，齊彭殤為妄作」二句，就不能只是視作對〈蘭亭詩〉中「安復覺彭殤」的駁斥與批判而已，自亦不能據此就說〈蘭亭序〉流露的無非就是人生無常的消極感慨；[66] 其實否定蘭亭詩人提出的遊心玄同、體道至樂的方案，並不必然就是悲觀頹靡，相對地反倒揭露了計較長短、愛生惡死的常情本性，而正是這樣一種對長生（無死生）的熱望與堅信，激促人們作種種可能的努力，以及承受一次次落空的打擊。因此「一死生為虛誕，齊彭殤為妄作」的「固知」，毋寧就含括有反省現實的理性批判與沉湎理想的感性堅執這兩種對反連生、難以分言的認知體構，而完備地總結了〈蘭亭序〉一篇所展現的不悔不避、全程參與的生之勇氣。

　　根據以上對〈蘭亭序〉的析釋，底下我們將針對時間觀及隨之應生的人生觀，來與遊讌主流的修禊詩文及〈蘭亭詩〉作一全面地比較。蘭亭集詩的創作，如第二節所述，是企圖以一種超越線段時間的循環觀念，來克服「金戈動日」、「清光欲暮」（謝朓〈為皇太子侍華光殿曲水宴九首〉）的推移之悲，那麼〈蘭亭序〉中由「不知老之將至」重又陷落「修短隨化，終期於盡」的沉痛，無異是宣告這份企圖的失敗無效。雖然蘭亭詩人已經擺脫應時順天的被動地位，不再隨波於時間長河，改以一種哲思玄心來齊參差、混萬殊，但是「所之既倦，情隨事遷」卻道盡了情變多端，玄同共感難以持續、久執的悲哀；而就在事往情遷的重覆堆疊中，其實也就悄悄染漬出起訖、久暫、陳新這不同的時間色調與刻度。因此時間並不曾因「是日」之欣樂自足而扭轉軌跡或停駐一世，就在情事變遷的間隙中仍驚見其無情殘酷的告白。很明顯地，蘭亭集當時所形成的「代謝以周」的循環時間觀，在〈蘭亭序〉中，因羲之自身情識更迭的具體經歷——由作者至讀者、由欣遇得己至所欣既倦，又轉換成線段的標示出現。然而值得注意的是，同樣面對線性的時間長河，

66　如《中國歷代著名文學家評傳》（濟南：山東教育，1989）續篇一、《魏晉南北朝諸家散文選》等於評論羲之〈蘭亭序〉皆作如是觀。

一般寫春遊行禊的作者，卻重在擷摘、頌美那最歡娛壯盛的一段，而怨懟時光無法長此明麗，隱晦其餘暗淡部分；除了修禊詩文，大抵遊娛之作，都不免同此心境，如石崇〈金谷詩序〉及陶潛〈遊斜川詩序〉亦云：

> 有別廬在河南縣界金谷澗中，或高或下，有清泉茂林，眾果竹柏、藥草之屬，莫不畢備。又有水碓、魚池、土窟，其為娛目歡心之物備矣。時征西大將軍祭酒王詡當還長安，余與眾賢共送往澗中，晝夜遊宴，屢遷其坐。……遂各賦詩，以敘中懷。……感性命之不永，懼凋落之無期。故具列時人官號、姓名、年紀，又寫詩著後。後之好事者，其覽之哉？（石崇）
> 辛丑正月五日，天氣澄和，風物閑美。與二三鄰曲，同遊斜川。……欣對不足，率共賦詩。悲日月之遂往，悼吾年之不留。各疏年紀鄉里，以記其時日。（陶淵明）[67]

由資料可見，石崇、陶潛所以著列同遊詩作及年里、名號，為的是留記當日那一段歡悅時光，據以抵免凋落遂往的悲慨；〈遊斜川〉詩曰：「未知從今去，當復如此不？中觴從遙情，忘彼千載憂。且極今朝樂，明日非所求」，正說明了二人重在抓執今朝、是日之「樂」，而有意去忽忘明日或甚至是一世、千載之「憂」。然而相對於這樣一種執今忘明、取樂忘憂的模式，羲之卻是熱切、仔細地體驗人生時間中所有亮黯明滅的階段。暮春和氣的明朗、蘭亭山水的清麗、修禊觴詠的暢放，乃至相與遇合的快然，栩栩分明又層疊交錯地圈圍身旁、引逗人心。同樣地，情隨事遷的感慨、所欣既倦的枉然、修短隨化的沉痛，亦猶如刻削般道道精確、快速地逼顯成真，令人觸目傷心卻又無從閃躲。正是如此真切地體

67　石崇〈金谷詩序〉見《世說新語・品藻篇》第五七則劉孝標註所引，《世說新語校箋》，頁291。〈遊斜川詩〉並序見逯欽立校注《陶淵明集》卷2（臺北：里仁，1980），頁44-46。

受生命中紛至沓來的每一份悲喜，因而既不因一時陶然歡快而從此忘我出世，亦不因面臨現實悲涼便一味悵惘逃避；然則，〈蘭亭序〉固不能籠統地劃歸「及時行樂」、「惜時歎逝」之作，[68] 又何能偏狹地以是否通達莊學評衡其得失呢？

生與死交響重奏的生命樂章

由修禊禮俗到修禊詩文，由春遊公讌至於蘭亭玄遊，雖然是針對個別的節慶活動、特殊題材的詩文來探討，然而由企蒙陽氣的種種方式及其啟示效應——如應時行樂、歡遽哀來、齊同彭殤、死生亦大等，卻發現所得竟是一系列不同類型的時間觀與生死觀；換言之，透過專以生死意識為本旨的修禊活動之實錄，我們不但能系統地觀照、彰顯魏晉時人的生命情態，當然也能精準地辨析其異同而為彼此的轉變作一番意義的評估與定位。[69] 近來許多學者已經提到魏晉時期充滿了傷逝的情懷、生死的詠歎，而透過這感慨人生的風潮，正突顯了以「情」為本體的人的自覺，如：

> 以情為核心的魏晉文藝－審美的基本特徵，……它超出了一般
> 的情緒發洩的簡單內容，而以對人生蒼涼的感喟，來表達出某

68　如錢鍾書先生即將石崇〈金谷序〉、陶潛〈遊斜川詩序〉等與羲之〈蘭亭序〉並比而觀，認為都是以「有待之身，及時行樂，則深感於時光之逝而莫留、樂事之後難為繼」。見《管錐篇》第 3 冊 106 則，頁 1116。另外如江正誠〈蘭亭序的文學與藝術價值〉文中，亦謂羲之乃藉〈蘭亭序〉「申論不可不隨時行樂之意，言下有無限的感慨」。見《中華文化復興月刊》15 卷 3 期，頁 67。

69　譬如一般山水寫景之作，亦常出現對生命、時間的感懷，如前引石崇〈金谷序〉，陶潛〈遊斜川詩序〉或《世說新語‧言語篇》中如簡文入華林園之「會心」、荀中郎登北固有「凌雲意」、王司州至吳興印渚覺「人情開滌，日月清朗」等（分見第 61、74、81 則，頁 67、74、77），乃至謝靈運遊賞兼悟理的山水作品，……。不過，一方面它們都不是原此就刻意要去思索長生、解決死亡，另一方面緣於不同的本事、動機，情意思致難免零亂紛紜。因此，像修禊詩文如此專一地扣緊生死主題，企思排解之方，毋寧是系統地探照六朝士人生命情識的重要途徑。

種本體的探詢。即是說，魏晉時代的「情」的抒發，由於總與
人生－生死－存在的意向、探詢、疑惑相交織，從而達到哲理
的高層。[70]

造成魏晉名士特殊生命情調最重要的原因，更在於魏晉之際生
死問題的愴痛所帶給人自我生命的醒悟與自覺；……生命的
無常原是一個不容否認的事實，但是由於「情」的堅持，更使
人倍感生命的尊嚴與可貴，也更突顯出個體存在的意義與價
值。[71]

「情」之所以成為哲學問題，被魏晉名士提出來討論，除了具
體的社會、歷史原因外，從「精神史」的角度來看，是作為人
對死亡的自覺而被深刻意識到的。人在面對死亡時，所以覺得
難以為懷的，正是因為「情」的存在。在這種情形下，「情」
成為界定人的自我的必不可少的內容，成為人之所以存在的依
據。[72]

在這所謂「抒情主體」或「抒情自我」的概念體系之下，〈蘭亭序〉通
常被引以證明魏晉名士對人生短促的深情關注、[73] 對生死悲情的無法忘
懷，[74] 或是對於人情感通的渴望，[75] 以及企求「在自我與山水景物的交會
處取得歸宿」。[76] 以上種種看法，如果對照本文第三節對〈蘭亭序〉的
分析，可說僅是各得其一端；〈蘭亭序〉中的確描述了人我遇合、物我

70　見李澤厚《華夏美學》（臺北：時報文化，1986）第 4 章〈美在深情〉，頁 148。
71　引自蔡英俊《比興物色與情景交融》（臺北：大安，1989）第 1 章〈理論探源〉，
　　頁 36-41。
72　呂正惠〈物色論〉、〈緣情說〉，收於氏著《文心雕龍綜論》（臺北：學生，1988），
　　頁 305。
73　同註 27，頁 42。
74　同註 29。
75　如張淑香〈抒情傳統的本體意識——從理論的「演出」讀「蘭亭集序」〉，《中外文
　　學》20 卷 8 期，頁 85-99。
76　同註二八，頁四四。

齊契的快然自足，也抒發了「情隨事遷」、「修短隨化」的淒然大痛，但是羲之真正的意圖卻存在於所有這些情思的更迭轉換及其交融整合的過程。換言之，一般由「抒情本體」這大主題出發來看〈蘭亭序〉，反倒易流於斷章強附，無法據〈蘭亭序〉本身意旨生發的緣由──〈蘭亭詩〉的閱覽體驗，及其背景──修禊事的本義，來具體、真切地呈顯右軍作序時之心境輪廓，當然也模糊了羲之個人由此序所表現的獨特生命情態。在前文，我們已經談到蘭亭詩人如何以人文自覺──玄對山水的集體意識，來破除時間的線性規律及其推移之悲，而企羨齊物至樂的境地，也談到羲之如何認清「齊彭殤為妄作」，而勇於面對人生長流中企慕長生與死亡幻滅的交疊映演；底下我們即藉由〈蘭亭詩〉及其序的文意旨趣，嚐試勾勒出王羲之在「達」（詩）與「不達」（序）之間的人格儀型。當代心理學家佛洛姆（Erich Fromm）曾經談到：

> 人之存在的問題，是整個自然界中獨一無二的；他跟自然分了家，又仍然在自然之中；他部分是神，部分是動物；部分無限，部分有限。人需要為他存在中的矛盾覓求常新的解決，為其與自然的合一覓求永遠更高的形式。[77]

短短幾句話，道盡了人生在世無從逃避的根本問題，一個孤獨、分離的個體，一個生死無常的困境，以及終其一生對歸途的追尋；而每個人就通過他自己認同的軌道，希望回到當初無死無生、諧和一體的樂園。如果以前文所談的修禊作品的表現為例，其中屬於主流的遊讌類，詩人在「歡飫有終，清光欲暮」（謝朓〈侍華光殿曲水宴九首〉）的脅逼之中，是採取一種順循天矚、承應時訓的信仰模式，即便是標榜「作樂崇德」、「禮具義舉」，仍是以「昭動神明」──臣服於上靈，來隱避自己的有限與無力。但是就蘭亭集詩來說，卻並未將「時移歡遽」的驚駭，

77　佛洛姆（Erich Fromm）著，陳琍華譯《理性的掙扎》第 2 章（臺北：志文，1991），頁 44。

完全推交上天來解決，由其內容題材上談玄論道的普遍性表現，我們感受到研討、推理的強烈與熱切，這是由人自己來尋求答案，而不是毫無選擇地被指定。於是取徑「馳心域表」、「尚想方外」，忘卻日常經驗、中斷現實關連（「塵纓忽已捐」、「安用羈世羅」），在「寄傲林丘」、「感興魚鳥」的當下，獲得物我齊契之歸屬與安頓。而不論在方式上是屈從逃避或是神思玄想，「順時」之遊娛、「是日」之「放浪」，既被認定得以蠲疢得吉、俯仰一世，就成為人生當中值得去渴慕、耽醉的圓滿典型。然而，再看到〈蘭亭序〉，卻發現羲之竟是一個忍心喚醒美夢、澆滅希望的人。當一般人由焦懼偶值合一，即企求貞定不渝；右軍卻由合一的樂境順時前移，歷經「所欣既倦」「情隨事遷」，省覺精神意識的無力自持，而重又正視「修短隨化」、「終期於盡」的生命長河。於是，我們可以發現一種流宕起伏的過程，而不是高潮的定型，構成了羲之生命情識與人格特質。《世說新語‧言語篇》有這樣一則記載：

> 謝太傅語王右軍曰：「中年傷於哀樂，與親友別，輒作數日惡。」王曰：「年在桑榆，自然至此，正賴絲竹陶寫，恆恐兒輩覺，損欣樂之趣。」[78]

根據這則資料，首先，相對於謝安所表現的悲時歎逝的一般反應，右軍反而是以一種自然而然、不避不惡的態度來面對時命推移的事實；亦即坦然接受生命的季節劃分（如少、青、壯、晚）及其興衰變遷。[79] 於是，第二點，此處所謂「陶寫」之「欣樂」，自亦不同於一般悲觀無奈下的及時行樂或甚至是隔絕現實的興寄冥遊，反倒是尊基於哀樂自然的體認，時刻保持對生命階段清醒地省察。然則，針對生與死兩大問題，如果說順時行樂、作藥崇德乃至遊心逍遙，這一連串行為是表現了人們

---

78 《世說新語校箋》，頁 68。
79 關於生命或人格是一個成長變遷的過程這看法，詳參艾普麗爾等著，高繼海譯《人格變化與最佳選擇》（鄭州：河南人民，1989）第 1 編第 1 章。

在重生與企求永生──即「如何生」這單方面議題上的種種努力；羲
之個人所表現的則是將「必然死」視為思索「如何生」的相對前提。[80]
而正在「如何生」與「必然死」的對立之中，孤離與合一的對立之中，
欣樂與悲痛的對立之中，人文精神才因為與現實生命的拉拒吸斥，由虛
幻無力變得堅實而有意義；[81] 而生命主體──我，也才能達到一種不偏
不敧、不趨不避的「泰然狀態」──「它意謂具有充份的喜悅與悲傷能
力」，「從一般人所處的半睡眠狀態覺醒，充分覺醒」，並且「同人與自
然充分關切，克服隔離與疏離」，「然而同時又體驗到我自己是一個不可
分的單元，是一個我」，最後，我「不再追求自我的擴張與衍存」，「我
在生活中去做自己、去體驗持己」。[82]

　　如此，再回過頭來看羲之「達」與「未達」的問題，無論是由〈蘭
亭序〉說羲之「未達」或是由〈蘭亭詩〉辨解羲之「已達」，不但過於
偏頗武斷，也失之粗率輕淺。我們由修禊禮俗與六朝修禊詩文一路探索
下來，才發現羲之〈蘭亭詩〉之「達」，其實是克服了對「神明」、「上
靈」權威之屈從，亦即以人文玄理突破了「時移歡遷」的被動無助；而
〈蘭亭序〉所以「未達」，又其實是意謂可以隨時自玄遊的極至──不壞
自我（「安復覺彭殤」、「不知老之將至」）的幻象中省覺，正視自然的生
命節序。就在「達」與「不達」之間，我們看到了一個願意直接嚐受一

────────

80　「如何生」與「必然死」二詞乃出自葉舒憲《英雄與太陽──中國上古史詩的原型
　　重構》（上海：上海社會科學院，1991）第 7 章〈死亡意識與中國文化〉，前者指
　　如儒家的三不朽、道家的生死齊一等關於永生不朽的議題，後者即是人類普遍對
　　死亡的憂懼畏避。

81　卡西勒於〈當代哲學中的精神與生命〉一文中曾說到：「我們所擁有的（精神）不
　　是生命功能的簡單伸延，也不能說是任何來自生命的平靜的浮現，相反，是一種
　　對生命基本方向的堅決逆轉。……精神從一開始就是絕對無力的，在精神與生命
　　的對抗中，精神夠利用的所有力量，都絕非得自本身，相反，精神在一條極為曲
　　折的道路上，……從生命本身的領域中攫取力量。」見劉大基《人類文化及生命
　　形式》（北京：中國社會科學，1990）附錄，頁 286-288。

82　參考鈴木大拙、佛洛姆著，孟祥森譯《禪與心理分析》（臺北：志文，1981）〈泰然
　　狀態的本質一人的精神進化〉一文，頁 146-147。

切並加以回應（如哀樂悲喜、企求與幻滅），不必依執任何東西（如神明或哲理）卻勇於參與生活的王羲之；他異於飲酒任誕、服藥求仙或隱逸出世的魏晉名士，[83] 而為「名士風流」加注了一股清新、泰然的人生情味。

本文原發表於《漢學研究》12 卷 1 期（1994 年 6 月），頁 251-273。

83　如王瑤《中古文學史論》（臺北：長安，1982）論《中古文人的生活》即分由〈文人與藥〉、〈文人與酒〉及〈論希企隱逸之風〉來概括魏晉名士的生活言行。

附錄
《文本風景》書評
陳國球

　　《文本風景》是一本方向非常明朗的中國文學研究論文集。全書分成「意象化的城市」、「文體與地方感」、「自然中的氣氛」三個單元，合共收入六篇文章。本書所論作家、作品和文學現象的時段，分隸漢魏六朝以及「明清之際」；以文學史研究而言，並非沿波討源或者順流泝游的綜論。然而，這六篇似各有專門研究對象的論文，也不是零散成果的結集。貫通全書的是著者鄭毓瑜的獨特視角和論述方向，也就是副題所標示的「相互定義」的觀察點。

　　著者在本書第一篇〈名士與都城─東晉「建康」論述〉中引述高路茲（Elizabeth Grosz）〈身體－城市〉（"Bodies-Cities"）一文的「相互定義」之說，指出：「原來作為一個地域或都城成品（product）的個人，也會反過來具體改變這個城市的空間象徵〔按：原文為 "spatial metaphor"，「象徵」一詞似乎仍可從眾譯作「隱喻」〕。換言之，個人身體與城市空間，不是誰生產誰或誰反映誰的問題，而是他們彼此的相互定義（mutually defining）。」（頁 15）著者於本篇正是以「名士風流」與「都城的社會政治結構」之彼此周旋互涉，刻畫或想像「東晉建康的一種不必然同於以往都城論述的城市意象」（頁 15）。這種「相互定義」的觀察方式，可以讓我們反省過去文學史論述的單向思考，注意到建康朝中「清言」與「時務」的相容共存，「彼此妥協與轉化」，而不致偏重時務對玄風之批評，或者只看到時人之沉溺玄風而蔑棄時務。

　　著者依戲這種觀察方式，進而揭示南朝「宮廷與市井及其所衍生的公眾與私己這些相對社會領域彼此交錯、挪借的文化現象」（〈市井與圍

城一南朝「建康」宮廷文化之一側面〉，頁 43），探測明清之際的亂世
變局中文人士子如何在「書寫與詮釋相互為用的情況下」借辭賦文學表
現自我（〈明清之際辭賦作品的「哀江南」論述一以夏完淳〈大哀賦〉
為端緒的討論〉，頁 86），宣明必須「結合文本所穿織的文體傳統與情
境遭遇，才能真切體現〈遊後樂園賦〉在朱舜水流亡一生中所形成的
自我詮釋」（〈流亡的風景一《遊後樂園賦》與朱舜水的遺民書寫〉，頁
125）。

　　「交錯」、「拉鋸」、「周旋」、「挪借」、「轉化」、「反覆流轉」、「調
協」、「應和」……等語，在各篇論文中頻頻出現，成為本書思維方式的
重要標誌。鄭毓瑜藉由這個路向，補充、修訂、甚或挑戰不少文學史成
說，作出令人耳目一新的詮釋。例如有關「吳聲」、「西曲」的研究，從
蕭滌非（《樂府文學史》）、王運熙（《樂府詩述論》），以至曹道衡（《南
北朝文學史》）、楊生枝（《樂府詩史》）、閻采平（《齊梁詩歌研究》）、
詹福瑞（《走向世俗一南朝詩歌研究》）等人的著述，對這些「委巷之
歌」進入宮廷貴族世界的因由一如俗樂的興盛、統治者之寒素出身等一
已累積了相當的研究；然而經過鄭毓瑜細意查考這些「文本」在整個社
會環境「與其他成分互動下所扮演的角色」，得出「吳聲歌曲已經成為
政治話語」的判斷，從而辯明從吳聲至於宮體的「側艷之詞」的脈絡，
正是「南朝文化史上挪借市里的委巷歌謠而發展宮廷私欲論述的過程」
（頁 81）。又如她從文體與境遇交織互涉去推敲朱舜水如何通過〈遊後
樂園賦〉作「自我詮釋」，其體悟之深就遠勝許結、郭維森《中國辭賦
發展史》「一味從孤臣孽子的角度去比附」，或者「僅僅由主題內容說它
〔〈遊後樂園賦〉〕是辭賦史上唯一遊賞異國（日本）庭園的賦篇」（頁
125-127）。

　　從本書之操作方式看來，著者沒有忽視「個體」（從書中的文本與
作家分析可見），但更重視超越一時一地之「個體」的「體系」或「結
構」。比方說〈名士與都城〉所論的「名士風流」，依她的理解，就具
有「跨越朝代、地域的文化連續性」，可以「超越中原及都城權力論之

上，而成為重建江左政治社會更廣大的文化結構」（頁 51）。又如〈明清之際辭賦作品的「哀江南」論述〉界定「典律」之意義，不在於「值得保存的考古功用」，而在於「個別時空條件失去之後，仍能持續引發同情共感」，著者以此說明篇中討論的作品「重塑或體現了這個中國文化固有的情志體系，傳承了這個體系中一套累積前代無數習練經驗後的表意方式」（頁 124）。〈流亡的風景〉的關注點，也是「累積了世代的讀／寫經驗」的「文體傳統」（頁 125）。

這些不同結構系列，在著者的理解中，更是不斷的互涉互動。例如〈市井與圍城〉一文對「城市意象」的解釋，就清楚顯示了著者的思維方式：「城市意象的轉變既然是社會關係結構中相互拉鋸、調協的結果，必定是在人物、事例、環境施造上都有系列性的變革與發展，亦即是身心內外、尊卑上下成系統的游移、變位而漸漸被『看』出新輪廓的有意味的空間形式。……所謂『城市意象』因此不是分明的汰舊換新，而是在原本的氛圍中允許某種新成分的參與，透過制約與新變的相互對話、交錯演練，才能分辨出文化形態的不同邊界。」（頁 49）這些論述的模式和取向，可見鄭毓瑜的家數既近乎結構主義，也有現象學的意味。

這種結構主義－現象學的思維，在西方現代思想界中並不罕見，例如意大利哲學家庇雅納（Giovanni Piana, 1940-2019），以至語言學及文學批評家雅各布森（Roman Jakobson, 1896-1982）的理論體系，都具有這方面的特徵。當結構文法為象徵世界提供足夠的支撐、結構運轉的動力與觀物及自我觀照的意向交織，鄭毓瑜的論述就配備了最銳利的透視力。其最精彩的表現就在於她對中國文學研究的「抒情傳統論」的反省和開發之上。

本書第三單元兩篇文章分別是〈〈詩大序〉的詮釋界域——「抒情傳統」與類應世界觀〉與〈身體時氣感與漢魏「抒情」詩——漢魏文學與楚辭、月令的關係〉；以時序而言，相對第一單元之論「六朝」和第二單元之論「明清之際」，應該更為前列。鄭毓瑜不把這個單元的文章

置於全書之首，顯然別有深意。推敲之我們大概可以如此解釋：前兩個單元的論述可視作觀察模式的理論準備，積貯詮釋能量；而這種觀察的最重要的施為，還在於著者以及不少中國文學研究者所重視的「抒情傳統」的問題。因為無論「意象化之城市」、「典式化的國族認同」，都可以連繫到有關如何定義「自我」、「自我」是否具有確切不移的邊界等問題，而「抒情自我」再認識之必要，實在是本書的中心論旨。

　　「抒情傳統論」是現今中國文學研究一個具有強大解釋能力的論述傳統。這個論述傳統在臺灣學界發生影響，肇始於先後在臺講學和發表著作的兩位旅美學者陳世驤和高友工。經過蔡英俊、呂正惠、柯慶明、張淑香等學者的伸張發揚，「抒情傳統」幾乎成為中國文學研究者的共識。事實上這一套論述之漸成體系，可以追源到 20 世紀上半段受西方思潮衝擊的學者如聞一多（1899-1946）、朱自清（1898-1948）、朱光潛（1897-1986）、宗白華（1897-1986）、林庚（1910-2006）等對中國文化傳統的省思，其觀察方式在於中西現象的對照比較，尤其以想像中的西方文學傳統作為比較的起始點。於是中西之別就在文學各個層次架設規模：如敘事／史詩體及戲劇體與抒情詩體之別，第三身敘述模式與第一身抒發模式之別，模仿說與言志緣情說之別等等。沿此路往，「個體自我的醒覺」、「個人情感因傷時歎逝而激發」，或者「個體自我間的共鳴與認同」等議題就建構了「中國抒情傳統」以「抒情自我」為中心的討論框架。這個論述模式為中國文學研究提供了極大的貢獻，對中國文學史的許多現象供應了適宜的詮解。然而，經過大半個世紀的操作演練，這種以「我」為主的「抒情」論述，往往陳陳相因，難有更大的發展。同時，不少學者也開始省察到此說在「洞見」以外的「不見」。例如中國文學存有份量不輕的「個我抒情」以外的意識，包括「賦詩斷章」、「以詩為史」、「春秋筆法」、「代言敘事」、「調笑戲謔」、「玄言性理」等，都不是這個「抒情主義」的論述框架能夠完全包攬。再者，以「個體自我」為中心的論述，乘之愈往，愈有偏限於「純粹心學」的可能。鄭毓瑜《文本風景》一書，可說是「抒情傳統論」的重要回應。她並沒

有完全推翻「中國文學抒情傳統」之說，而是試圖從不同角度去完善這個詮釋框架，豐富其內涵。

首先是「抒情自我」的問題。在第一及第二單元各篇中，著者已論定所謂「自我」，並非自有永有，而是由多重相互定義而來。（參見頁15、43、86、114、125）在〈〈詩大序〉的詮釋界域〉一文，著者細意討論作為「抒情傳統」論述基礎的「在心為志，發言為詩」的意義，將相關語句重新置放於全篇的上下文語境，以及〈詩大序〉的社會政治脈絡以至文化傳承過程中，然後作出解釋，認為「情動於中而形於言」等語，不是指「個別詩人自抒憤懣而形於言說歌詠」，而是與「歌永言，聲依永，律和聲」連合以成全「樂教」。換言之，〈詩大序〉所傳遞的訊息重心不在於「作詩」而在於「用詩」，強調的是「群體性」；「詩言志」的「志」本為「整體的社會公眾意志」，「發言者的志意情感就透過斷章借用，轉化出符合諷諫對象的新義與實際用途」（頁168-169、176）。這種讀法，正如前二單元各篇所建立的「個體」與「集體」結構相互定義的詮解方向一樣，見到「抒情自我」在感興的過程中並無「先發的優位性」（頁194）。

再者，「抒情論述」其中一個重要議題是文學作品中「傷春悲秋」的意義，往往從創作的角度論證作者如何借物抒情，或者移情於物。著者在〈身體時氣感與漢魏「抒情」詩〉一文重點討論這個問題，主張在「物我相觸」的環節中「個我」並非必然主導；她從「同頻共振」、「物類相應」，以至「氣氛美學」的角度作解釋，以為「時物不但不必是為主體服務的間接設想，甚至可能就先對於人身形成侵擾」，譬如「明月何皎皎，照我羅床幃」、「安寢北堂上，明月入我牖」等詩，可見「明月逼來」，外物對人有實在的影響力。（頁213-214、217、222、225）這樣的詮解，可以攻破「純粹心學」所界劃的封閉疆域，讓「身體」成為心物的交匯場域，天地物我相互開放，彼此參與，挑戰嚴分物我的二元論。

本單元的兩篇文章還有更值得注意的一點：著者認為中國傳統「引

譬連類」的思維，實際參與了「抒情傳統」的建構。這種「類應」的模式，透過口耳相傳或者著述承遞，已經成為習知的「知識結構」；「天－人」、「時－事（物）」、「物－我」之間已有「相互繫聯、建構好的檔案紀錄」。例如「悲秋」文學中的節候風景，與《夏小正》、《周書‧時訓》、《呂氏春秋》、《禮記‧月令》等所建構的「涼風至——寒蟬鳴——鴻雁來——玄鳥歸——霜始降——草木黃落」系列一脈相承。所謂「觸景傷情」，其憑藉是「知識記憶」，於是「個我」的抒情，也得從「共識」結構定義。（頁 199、203、204）經著者如此規劃接引，我們可以更進一步思考「文本」的象徵意義。比方說，氣類感應的世界，是否可以詮釋為一個萬象森羅的文本結構？所謂「物我相互開放」，所謂「宇宙間的氣態流動」是否可以從文本結構中取得其意義？這些思慮，或者可以為本書之題名「文本風景」，提供一種詮解。

　　綜上所見，《文本風景》一著的重要性，不僅限於個別文學史課題研究的細緻深刻，更在於建構整體格局的典範意義。鄭毓瑜在〈流亡的風景〉中曾說：「告別是一種兼具回顧與前瞻的姿態。」（頁 133）或者我們可以借這句話來註解鄭毓瑜撰寫本書的用心：她要告別「抒情自我」的單向論述，前瞻相互定義的「抒情世界」。在可見的將來，「中國文學抒情傳統」的論述並不會因本書異於往昔的論見和種種批評而消逝；反之，這個論述傳統將因本書提供的新視野而打開更廣闊而明朗的通道。

陳國球，香港科技大學人文學部教授

徵引文獻

一、古籍文獻

〔漢〕孔安國傳，〔唐〕陸德明音義，〔唐〕孔穎達疏：《尚書注疏》，《十三
　　經注疏》1，臺北：藝文印書館，1993 年。

〔漢〕毛亨傳，〔漢〕鄭玄箋，〔唐〕孔穎達疏：《毛詩注疏》，《十三經注疏》
　　2，臺北：藝文印書館，1993 年。

〔漢〕鄭玄注，〔唐〕賈公彥疏：《周禮注疏》，《十三經注疏》3，臺北：藝文
　　印書館，1993 年。

〔漢〕鄭玄注，〔唐〕陸德明音義，〔唐〕孔穎達疏：《禮記注疏》，《十三經
　　注疏》5，臺北：藝文印書館，1993 年。

〔晉〕郭璞注，〔宋〕邢昺疏：《爾雅注疏》，《十三經注疏》8，臺北：藝文印
　　書館，1993 年。

〔春秋〕左丘明撰，楊伯峻注：《春秋左傳注》，臺北：源流出版社，1982
　　年。

〔春秋〕左丘明撰，沈玉成譯：《左傳譯文》，臺北：木鐸出版社，1982 年。

〔宋〕朱熹撰：《四書集注》，臺北：藝文印書館，1980 年。

〔明〕張自烈撰：《正字通》，臺南：莊嚴文化事業公司，《四庫全書存目叢
　　書》197-198，1997 年。

〔清〕顧鳳藻輯：《夏小正經傳集解》，臺北：藝文印書館，《百部叢書集成》
　　45（據清嘉慶黃丕烈校刊吳興劉氏重印本影印），1966 年。

〔清〕王聘珍撰：《大戴禮記解詁》，臺北：漢京文化公司，1987 年。

黃懷信等撰：《逸周書彙校集注》，上海：上海古籍出版社，1995 年。

〔漢〕司馬遷撰：《史記》，臺北：洪氏出版社，1974 年。

〔漢〕班固撰：《漢書》，臺北：鼎文書局，1981 年。

〔漢〕范曄撰：《後漢書》，臺北：鼎文書局，1979 年。

〔西晉〕陳壽撰：《三國志》，臺北：鼎文書局，1979 年。

〔南朝齊〕沈約撰：《宋書》，臺北：鼎文書局，1984 年。

〔南朝梁〕蕭子顯撰：《南齊書》，臺北：鼎文書局，1983 年。

〔北魏〕酈道元注，〔清〕楊守敬、熊會貞疏：《水經注疏》，南京：江蘇古籍
　　出版社，1999 年。

〔唐〕姚思廉撰：《梁書》，臺北：鼎文書局，1980 年。

〔唐〕房玄齡撰：《晉書》，臺北：鼎文書局，1980 年。

〔唐〕魏徵等撰：《隋書》，臺北：鼎文書局，1980 年。

〔唐〕李延壽撰：《南史》，臺北：鼎文書局，1980 年。

〔唐〕令狐德棻主編：《周書》，臺北：鼎文書局，1980 年。

〔唐〕許嵩撰：《建康實錄》，臺北：臺灣商務印書館，《影印文淵閣四庫全
　　書》370，1986 年。

〔宋〕周應合撰：《景定建康志》，臺北：臺灣商務印書館，《影印文淵閣四庫
　　全書》488-489，1986 年。

〔宋〕司馬光等撰：《資治通鑑》，臺北：藝文印書館，1955 年。

〔宋〕王應麟撰：《通鑑地理通釋》，臺北：臺灣商務印書館，《影印文淵閣四
　　庫全書》312，1986 年。

〔元〕脫脫撰：《宋史》，臺北：鼎文書局，1980 年。

〔明〕屈大均撰：《皇明四朝成仁錄》，周駿富編《明代傳記叢刊》，臺北：明
　　文書局，1991 年。

〔清〕張廷玉等撰：《明史》，臺北：鼎文書局，1979 年。

〔清〕趙翼撰：《二十二史劄記》，臺北：洪氏出版社，1978 年。

〔清〕計六奇撰：《明季南略》，《臺灣文獻叢刊》148，臺北：臺灣銀行經濟
　　研究室，1963 年。

〔清〕陳伯陶撰：《勝朝粵東遺民錄》，周駿富編《清代傳記叢刊》，臺北：明
　　文書局，1985 年。

趙爾巽等撰，楊家駱校：《楊校標點本清史稿》，臺北：鼎文書局，1981 年。

劉緯毅輯：《漢唐方志輯佚》，北京：北京圖書館出版社，1997 年。

沈雲龍選輯：《明清史料彙編》，臺北：文海出版社，1971 年。

周駿富編：《明代傳記叢刊》，臺北：明文書局，1991 年。

周駿富編：《清代傳記叢刊》，臺北：明文書局，1985 年。

〔春秋〕管子撰，黎翔鳳校注：《管子校注》，北京：中華書局，2004 年。

〔春秋〕管子撰，〔唐〕李勉註釋：《管子今註今譯》，臺北：臺灣商務印書
　　館，1988 年。

〔戰國〕莊子撰，〔清〕郭慶藩集釋：《莊子集釋》，臺北：華正書局，1980
　　年。

〔戰國〕莊子撰，〔清〕王先謙集解：《莊子集解》，臺北：世界書局，1967
　　年。

〔戰國〕荀子撰，梁啟雄釋：《荀子柬釋》，臺北：臺灣商務印書館，1974
　　年。

〔戰國〕荀子撰，李滌生集釋：《荀子集釋》，臺北：臺灣學生書局，1986
　　年。

〔秦〕呂不韋撰，陳奇猷校釋：《呂氏春秋校釋》，臺北：華正書局，1985
　　年。

〔漢〕劉安等撰，劉文典集解：《淮南鴻烈集解》，臺北：臺灣商務印書館，
　　1974 年。

〔漢〕董仲舒撰，〔清〕蘇輿義證：《春秋繁露義證》，北京：中華書局，1996
　　年。

〔南朝宋〕劉義慶編，楊勇校箋：《世說新語校箋》，臺北：宏業書局，1976
　　年。

〔南朝宋〕劉義慶編，余嘉錫箋疏：《世說新語箋疏》，臺北：華正書局，
　　1984 年。

〔南朝宋〕劉義慶編，徐震堮校箋：《世說新語校箋》，臺北：文史哲出版
　　社，1985 年。

〔南朝宋〕劉義慶編，毛德富、段書偉主編：《文白對照全譯世說新語》，鄭
　　州：中州古籍出版社，1994 年。

〔南朝梁〕蕭繹：《金樓子》，臺北：藝文印書館，《百部叢書集成》468（知
　　不足齋叢書本），1965-1970 年。

〔北齊〕顏之推撰，王利器集解：《顏氏家訓集解》，臺北：明文書局，1982
　　年。

〔唐〕歐陽詢主編，〔日〕中津濱涉編著：《藝文類聚》，京都：中文出版社，
　　1980 年。

〔宋〕李昉等編：《太平御覽》，臺北：臺灣商務印書館，1968 年。

〔漢〕司馬相如撰，金國永校注：《司馬相如集校注》，上海：上海古籍出版

社，1993 年。

〔漢〕張衡撰，張震澤校注：《張衡詩文集校注》，上海：上海古籍出版社，
　　1986 年。

〔漢〕王逸：《楚辭章句》，臺北：藝文印書館，1967 年。

〔魏〕曹植等撰，韓格平集校：《建安七子詩文集校注譯析》，長春：吉林文
　　史出版社，1991 年。

〔魏〕阮籍撰，陳伯君校注：《阮籍集校注》，北京：中華書局，1987 年。

〔魏〕阮籍撰，黃節注：《阮步兵詠懷詩注》，臺北：藝文印書館，1975 年。

〔東晉〕陶淵明撰，逯欽立校注：《陶淵明集》，臺北：里仁書局，1980 年。

〔東晉〕陶淵明撰，楊勇校箋：《陶淵明集校箋》，臺北：正文書局，1987
　　年。

〔南朝宋〕謝靈運撰，顧紹柏校注：《謝靈運集校注》，臺北：里仁書局，
　　2004 年。

〔南朝梁〕劉勰撰，周振甫註釋：《文心雕龍註釋》，臺北：里仁書局，1984
　　年。

〔南朝梁〕鍾嶸撰，陳延傑注：《詩品注》，臺北：臺灣開明書店，1981 年。

〔南朝梁〕鍾嶸撰，曹旭集注：《詩品集注》，上海：上海古籍出版社，1996
　　年。

〔南朝梁〕蕭統編，〔唐〕李善注：《昭明文選》，臺北：河洛出版社，1975
　　年。

〔南朝梁〕徐陵編，〔清〕吳兆宜箋注：《玉臺新詠箋注》，臺北：明文書局，
　　1988 年。

〔南朝梁〕庾信撰，〔清〕倪璠注：《庾子山集注》，臺北：臺灣中華書局，
　　《四部備要》658-659，1968 年。

〔南朝梁〕庾信撰，〔清〕吳兆宜箋註：《庾開府集箋註》，臺北：臺灣商務印
　　書館，《四庫全書珍本・四集》209-210，1973 年。

〔宋〕蘇軾撰：《蘇東坡全集》，臺北：河洛出版社，1975 年。

〔宋〕郭茂倩編：《樂府詩集》，臺北：里仁書局，1980 年。

〔宋〕洪興祖撰：《楚辭補注》，臺北：大安出版社，1995 年。

〔宋〕朱熹撰：《楚辭集注》，臺北：藝文印書館，1974 年。

〔宋〕周密撰：《齊東野語》，臺北：廣文書局，1969 年。

〔明〕計成撰：《園冶》，臺北：金楓出版社，1987 年。

〔明〕吳應箕撰:《樓山堂集》,北京:北京出版社,《四庫禁燬書叢刊・集部》11(據中國科學院圖書館藏清刻本影印),2000年。

〔明〕朱舜水撰,湯壽潛刊、馬浮編:《朱舜水全集》,臺北:世界書局,1956年。

〔明〕彭而述:《讀史亭文集》,臺南:莊嚴文化出版公司,《四庫全書存目叢書・集部・別集類》200-201,1997年。

〔明〕陳子龍撰,施蟄存、馬祖熙標校:《陳子龍詩集》,上海:上海古籍出版社,1983年。

〔明〕方以智撰:《浮山文集》,北京:北京出版社,《四庫禁燬書叢刊・集部》113(據湖北省圖書館藏清初方氏此藏軒刻本影印),2000年。

〔明〕方以智撰:《物理小識》,北京:北京圖書館出版社,《續百子全書》21,1998年。

〔明〕歸莊撰:《歸莊集》,上海:中華書局,1962年。

〔明〕王夫之撰:《船山全書》,長沙:岳麓書社,1998年。

〔明〕徐枋撰:《居易堂集》,臺北:臺灣商務印書館,《四部叢刊・三編・集部》82-83,1975年。

〔明〕屈大均撰:《翁山文外》,北京:北京出版社,《四庫禁燬書叢刊・集部》184(據首都圖書館藏民國吳興劉氏刻嘉業堂叢書本影印),2000年。

〔明〕屈大均撰:《廣東新語》,廣州:廣東人民出版社,1991年。

〔明〕夏完淳撰,〔清〕莊師洛輯:《夏節愍公全集》,臺北:華文書局,1970年。

〔明〕夏完淳撰,白堅箋校:《夏完淳集箋校》,上海:上海古籍出版社,1991年。

〔明〕杜騏徵等輯:《幾社壬申合稿》,北京:北京出版社,《四庫禁燬書叢刊・集部》34-35(據中國科學院圖書館藏明末小樊堂刻本影印),2000年。

〔清〕朱鶴齡撰:《愚菴小集》,上海:上海古籍出版社,《清人別集叢刊》,1979年。

〔清〕尤侗撰:《西堂雜俎》一集,北京:北京出版社,《四庫禁燬書叢刊・集部》129(據中國科學院圖書館藏清康熙刻本影印),2000年。

〔清〕毛奇齡撰:《西河集》,臺北:臺灣商務印書館,《影印文淵閣四庫全

書》1321，1986 年。

〔清〕朱彝尊撰：《靜志居詩話》，北京：人民文學出版社，1990 年。

〔清〕全祖望撰：《鮚埼亭集》，臺北：華世出版社，1977 年。

〔清〕全祖望撰，黃雲眉選注：《鮚埼亭文集選注》，濟南：齊魯書社，1982
　　年。

〔清〕蔣驥撰：《山帶閣註楚辭》，臺北：長安出版社，1984 年。

〔清〕楊倫撰：《杜詩鏡銓》，臺北：里仁書局，1981 年。

〔清〕楊鳳苞撰：《秋室集》，清光緒間湖城義塾刊本。

〔清〕黃遵憲撰：《日本雜事詩》，長沙：岳麓書社，1985 年。

〔清〕嚴可均輯：《全上古三代秦漢三國六朝文》，北京：中華書局，1958
　　年。

〔清〕丁福保輯：《全漢三國晉南北朝詩》，臺北：藝文印書館，1968 年。

逯欽立輯校：《先秦漢魏晉南北朝詩》，臺北：木鐸出版社，1988 年。

二、近人專著

王志弘：《流動、空間與社會》，臺北：田園城市文化公司，1998 年。

王健文：《奉天承運：古代中國的國家概念及其正當性基礎》，臺北：東大圖
　　書公司，1995 年。

王國瓔：《中國山水詩研究》，臺北：聯經出版公司，1986 年。

王進祥：《朱舜水評傳》，臺北：臺灣商務印書館，1976 年。

王運熙：《樂府詩述論》，上海：上海古籍出版社，1996 年。

王瑤：《中古文人生活》，臺北：長安出版社，1982 年。

王瑤：《中古文學史論》，臺北：長安出版社，1982 年。

田餘慶：《東晉門閥政治》，北京：北京大學出版社，1991 年。

朱自清：《詩言志辨》，臺北：臺灣開明書店，1975 年。

朱自清：《古詩歌箋釋三種》，臺北：宏業書局，1983 年。

朱偰：《金陵古蹟圖考》，上海：上海書店，《民國叢書》4 編「歷史・地理
　　類」87（據商務印書館 1934 版影印），1992 年。

何定生：《詩經今論》，臺北：臺灣商務印書館，1968 年。

何冠彪：《生與死：明季士大夫的抉擇》，臺北：聯經出版公司，1997 年。

李正治主編：《政府遷臺以來文學研究理論及方法之探索》，臺北：臺灣學生
　　書局，1988 年。

李甡平：《朱舜水》，臺北：東大圖書公司，1993 年。

李澤厚：《華夏美學》，臺北：時報文化出版公司，1989 年。

李錫鎮：《庾信哀江南賦的批評與詮釋》，臺北：三通圖書公司，2000 年。

周一良：《魏晉南北朝史札記》，北京：中華書局，1985 年。

孟森：《明代史》，臺北：華香園出版社，1993 年。

宗白華：《美學的散步》，臺北：洪範書店，1981 年。

明文書局編輯部編：《中國建築史論文選輯》，臺北：明文書局，1973 年。

林文月：《山水與古典》，臺北：純文學出版社，1981 年。

韋鳳娟注譯：《魏晉南北朝諸家散文選》，香港：三聯書店，1991 年。

唐長孺：《三至六世紀江南大土地所有制的發展》，臺北：帛書出版社，未著
　　出版年。

唐長孺：《魏晉南北朝史論叢續編》，臺北：帛書出版社，1985 年。

夏鑄九、王志弘編譯：《空間的文化形式與社會理論讀本》，臺北：明文書
　　局，1993 年。

孫立：《明末清初詩論研究》，廣州：廣東高等教育出版社，1999 年。

徐復觀：《兩漢思想史》，臺北：臺灣學生書局，1976 年。

徐復觀：《中國人性論史》，臺北：臺灣商務印書館，1979 年。

徐復觀：《中國文學論集》，臺北：臺灣學生書局，1980 年。

桑世昌：《蘭亭考》，臺北：臺灣商務印書館，1965 年。

馬茂元：《古詩十九首探索》，高雄：復文圖書公司，1991 年。

馬積高：《賦史》，上海：上海古籍出版社，1987 年。

張可禮：《東晉文藝系年》，濟南：山東教育出版社，1992 年。

張伯偉：《禪與詩學》，杭州：浙江人民出版社，1996 年。

張素卿：《左傳稱詩研究》，臺北：國立臺灣大學出版委員會，1991 年。

張淑香：《抒情傳統的省思與探索》，臺北：大安出版社，1992 年。

曹道衡：《南朝文學與北朝文學研究》，南京：江蘇古籍出版社，1998 年。

梁啟超：《朱舜水先生年譜》，臺北：臺灣中華書局，1957 年。

許杭生等著：《魏晉玄學史》，西安：陝西師範大學出版社，1989 年。

許結、郭維森：《中國辭賦發展史》，南京：江蘇教育出版社，1996 年。

許輝、蔣福亞主編：《六朝經濟史》，南京：江蘇古籍出版社，1993 年。

陳世驤：《陳世驤文存》，臺北：志文出版社，1972 年。

陳寅恪：《金明館叢稿初編》，《陳寅恪先生文集》1，臺北：里仁書局，1981

年。

陳寅恪：《金明館叢稿二編》，《陳寅恪先生文集》2，臺北：里仁書局，1982
　　年。

陳曉中：《中國古代的科技》，臺北：明文書局，1981 年。

隋樹森：《古詩十九首集釋》，上海：上海古籍出版社，1994 年。

楊牧：《失去的樂土》，臺北：洪範書店，2002 年。

楊儒賓：《儒家身體觀》，臺北：中央研究院中國文哲研究所籌備處，1996
　　年。

楊鴻銘：《歷代古文評析——兩漢魏晉之部》，臺北：文史哲出版社，1983
　　年。

葉舒憲：《英雄與太陽——中國上古史詩的原型重構》，上海：上海社會科學
　　院，1991 年。

葉舒憲：《詩經的文化闡釋：中國詩歌的發生研究》，武漢：湖北人民出版
　　社，1994 年。

葉嘉瑩：《迦陵談詩二集》，臺北：東大圖書公司，1985 年。

廖可斌：《復古派與明代文學思潮》，臺北：文津出版社，1994 年。

廖蔚卿：《漢魏六朝文學論集》，臺北：大安出版社，1997 年。

劉大基：《人類文化及生命形式》，北京：中國社會科學出版社，1990 年。

劉文英：《中國古代的時空觀念》（修訂本），天津：南開大學出版社，2000
　　年。

劉永濟：《屈賦通箋》，臺北：臺灣學生書局，1972 年。

劉師培：《中國中古文學史》，臺北：育民出版社，1979 年。

劉康：《對話的喧聲：巴赫汀文化理論述評》，臺北：麥田出版公司，1995
　　年。

劉淑芬：《六朝的城市與社會》，臺北：臺灣學生書局，1992 年。

劉漢東：《混亂與重構：魏晉南北朝社會與階級研究》，廣州：廣東人民出版
　　社，1996 年。

劉躍進：《永明文學研究》，臺北：文津出版社，1992 年。

蔡英俊：《比興物色與情景交融》，臺北：大安出版社，1986。

鄭毓瑜：《六朝情境美學》，臺北：里仁書局，1997 年。

鄭毓瑜：《性別與家國——漢晉辭賦的楚騷論述》，臺北：里仁書局，2000
　　年。

鄭毓瑜：《引譬連類：文學研究的關鍵詞》，臺北：聯經出版公司，2012 年。

鄭毓瑜：《姿與言：詩國革命新論》，臺北：麥田出版公司，2017 年。

蕭馳：《佛法與詩境》，北京：中華書局，2005 年。

賴橋本：《朱之瑜》，臺北：臺灣商務印書館，《中國歷代思想家》7，1978 年。

錢穆：《中國學術思想史論叢》，臺北：東大出版社，1977 年。

錢鍾書：《管錐篇》，北京：中華書局，1979 年。

謝國楨：《明清之際黨社運動考》，臺北：臺灣商務印書館，1967 年。

羅宗強：《玄學與魏晉士人心態》，杭州：浙江人民出版社，1991 年。

蘇紹興：《兩晉南朝的士族》，臺北：聯經出版公司，1988 年。

〔日〕中村元著，徐復觀譯：《中國人之思維方法》，臺北：臺灣學生書局，1991 年。

〔日〕松浦友久著，孫昌武、鄭天剛譯：《中國詩歌原理》，臺北：洪葉文化事業公司，1993 年。

〔日〕鈴木大拙、〔德〕佛洛姆（Erich Fromm）著，孟祥森譯：《禪與心理分析》，臺北：志文出版社，1981 年。

〔美〕漢娜‧鄂蘭（Hannah Arendt）著，林宏濤譯：《人的條件》（The Human Condition），臺北：商周出版公司，2021 年。

〔美〕劉若愚（James J. Y. Liu）著，杜國清譯：《中國文學理論》（Chinese Theories of Literature），臺北：聯經出版公司，1981 年。

〔美〕魏特罕（Margaret Wertheim）著，薛絢譯：《空間地圖：從但丁的空間到網路的空間》（The Pearly Gates of Cyberspace, 1997），臺北：臺灣商務印書館，1999 年。

〔英〕艾略特（T. S. Eliot）著，杜國清譯：《艾略特文學評論選集》，臺北：田園城市文化公司，1969 年。

〔英〕克蘭（Mike Crang）著，王志弘等譯：《文化地理學》（Cultural Geography, 1998），臺北：巨流圖書公司，2003 年。

〔英〕李約瑟著，陳立夫等譯：《中國古代科學思想史》，南昌：江西人民出版社，1993 年。

〔英〕琳達‧麥道威爾（Linda Mcdowell）著，徐苔玲、王志弘合譯：《性別、認同與地方》（Gender, Identy and Place: understanding Feminist Geographies），臺北：群學出版社，2006 年。

〔德〕卡西勒（Ernst Cassirer）著，劉述先譯：《論人》，臺北：文星書店，1959 年。

〔德〕佛洛姆（Erich Fromm）著，陳琍華譯：《理性的掙扎》（*The Sane Society*），臺北：志文出版社，1991 年。

〔德〕顧彬（Wolfgang Kubin）著，馬樹德譯：《中國文人的自然觀》（*Der durchsichtige berg: Die entwicklung der naturanschauung in der chinesischen literatur*），上海：上海人民出版社，1990 年。

〔羅馬尼亞〕埃利亞德（Mircea Eliade）著，楊儒賓譯：《宇宙與歷史：永恆回歸的神話》（*Le mythe de l'éternel retour: Archétypes et répétition*），臺北：聯經出版公司，2000 年。

〔日〕重森三玲撰：《日本庭園史圖鑑》，東京：有光社，1936 年。

〔日〕窪田敏夫：《和歌・歌人物語》，東京：ポプラ社，1966 年。

David Ley and Marwyn S. Samuels ed., *Humanistic Geography: Prospects and Problems* (Chicago: Maaroufa Press, 1978).

Gaston Bachelard, *The Poetics of Space* (Boston: Beacon Press, 1994).

Michel Foucault, *The Order of Things*（New York: Random House, 1970）.

Mikhail Bakhtin, *Rabelais and His World*, trans. Hélène Iswolsky (Bloomington: Indiana University Press,1984).

Richard B. Mather trans., *A New Account of Tales of the World* (Minneapolis: University of Minnesota Press, 1976).

Yi-fu Tuan, *Space and Place: The Perspective of Experience* (Minneapolis: University of Minnesota Press,1977).

王文進：《荊雍地帶與南朝詩歌關係之研究》，臺北：國立臺灣大學中國文學研究所博士論文，1987 年。

王鴻泰：《流動與互動——由明清間城市生活的特性探測公眾場域的開展》，臺北：國立臺灣大學歷史研究所博士論文，1998 年。

王學玲：《明清之際辭賦書寫中的身分認同》，新北：輔仁大學中國文學所博士論文，2001 年。

三、專書論文、期刊論文

王文生：〈詩言志——中國文學思想的最早綱領〉，《中國文哲研究集刊》第 3 期（1993 年 3 月），頁 209-304。

朱曉海：〈〈兩都〉、〈二京〉義疏補〉，《中國文哲研究集刊》第 14 期（1999
　　年 3 月），頁 193-256。

朱耀偉：〈當代批評論述中的空間化迷思〉，《當代》105 期（1995 年 1 月），
　　頁 14-25。

何乏筆：〈氣氛美學的新視野〉，《當代》188 期（2003 年 4 月），頁 34-43。

何乏筆：〈精微之身體——從批判理論到身體現象學〉，《哲學雜誌》29 期
　　（1999 年夏季號），頁 162-175。

余舜德：〈空間、論述與樂趣——夜市在臺灣社會的定位〉，收入黃應貴主
　　編《空間、力與社會》（臺北：中央研究院民族學研究所，1995 年），頁
　　391-462。

呂正惠：〈物色論與緣情說——中國抒情美學在六朝的開展〉，收入中國古典
　　文學研究會主編《文心雕龍綜論》（臺北：臺灣學生書局，1988 年），
　　頁 285-312。

李有成：〈理論旅行與文學史〉，《中外文學》25 卷 3 期（1996 年 8 月），頁
　　224-233。

李豐楙：〈六朝樂府與仙道傳說〉，《古典文學》第 1 集（臺北：臺灣學生書
　　局，1979 年），頁 67-96。

邱貴芬：〈尋找「臺灣性」——全球化時代鄉土想像的基進政治意義〉，《中
　　外文學》32 卷 4 期（2003 年 9 月），頁 45-65。

侯玄涵：〈吏部夏瑗公傳〉，《國粹學報》14 期（1906 年 3 月），頁 3b-4a。

施淑女：〈漢代社會與漢代詩學〉，《中外文學》10 卷 10 期（1982 年 3 月），
　　頁 70-107。

胡寶國：〈魏晉南北朝時期的州郡地志〉，《中國史研究》2001 年 4 期，頁 13-
　　25。

唐長孺：〈南朝的屯、邸、別墅及山澤佔領〉，《歷史研究》1954 年 3 期，頁
　　95-113。

孫慧敏：〈書寫忠烈——明末夏允彝、夏完淳父子殉節故事的形成與流傳〉，
　　《臺大歷史學報》26 期（2000 年 12 月），頁 263-308。

馬積高：〈論王船山的楚辭學及其辭賦——兼論船山文學思想和創作的一個
　　特質〉，湖南省社會科學院、湖南省哲學社會科學學會聯合會、湖南省
　　船山學社編《王船山學術思想討論集》（長沙：湖南人民出版社，1985
　　年），頁 579。

高友工：〈文學研究的美學問題〉，李正治主編《政府遷臺以來文學研究理論
　　及方法之探索》（臺北：臺灣學生書局，1988 年），頁 137-219。

張淑香：〈抒情傳統的本體意識——從理論的「演出」讀「蘭亭集序」〉，《中
　　外文學》20 卷 8 期（1992 年 1 月），頁 85-99。

郭黎安：〈試論六朝時期的建業〉，《中國古都研究》第 1 輯（1985 年 4
　　月），頁 283-284。

陳書良：〈王船山楚辭通釋‧離騷經淺議〉，《王船山學術思想討論集》（長
　　沙：湖南人民，1985 年），頁 592。

勞榦：〈上巳考〉，《中研院民族學研究所集刊》29 期（1970 年春季），頁
　　258。

楊儒賓：〈龍門之桐半死半生——由體裁、主題與表現方式論庾信晚期作品
　　所展現的精神世界〉，《幼獅學誌》20 卷 1 期（1988 年 5 月），頁 39-79。

熊秉真：〈十七世紀中國政治思想中非傳統成分的分析〉，《近代史研究所集
　　刊》15 期（1986 年），頁 1-31。

趙敏俐：〈論漢代文人五言詩與漢代社會思潮〉，《中國古代‧近代文學研
　　究》1994 年第 10 期（1994 年 10 月），頁 91-98。

潘朝陽：〈空間‧地方觀與「大地具現」暨「經典訴說」的宗教性詮釋〉，
　　《中國文哲研究通訊》10 卷 3 期（2000 年 9 月），頁 169-188。

蔡英俊：〈「擬古」與「用事」——試論六朝文學現象中「經驗」的借代與詮
　　釋〉，李豐楙主編《文學、文化與世變》（第三屆國際漢學會議論文集文
　　學組）（臺北：中央研究院中國文哲研究所，2002 年），頁 67-96。

鄭毓瑜：〈由話語建構權論宮體詩的寫作意圖與社會成因〉，《漢學研究》13
　　卷 2 期（1995 年 12 月），頁 259-274。

鄭毓瑜：〈賦體中遊觀的形態及其所展現的時空意識——以天子游獵賦、思
　　玄賦、西征賦為主的討論〉，《第三屆國際辭賦學學術研討會論文集》
　　（臺北：國立政治大學文學院，1996 年），頁 411-432。

鄭毓瑜：〈直諫形式與知識分子——漢晉辭賦的擬騷、對問系列〉，《中國文
　　哲研究集刊》16 期（2000 年 3 月），頁 151-212。

鄭毓瑜：〈歸反的回音——漢晉行旅賦的地理論述〉，《世變與創化：漢唐、
　　唐宋轉換期之文藝現象》（臺北：中央研究院中國文哲研究所籌備處，
　　2000 年），頁 135-192。

鄭毓瑜：〈東晉建康論述——名士與都城的相互定義〉，李豐楙、劉苑如主編

《空間、地域與文化：中國文化空間的書寫與闡釋》上冊（臺北：中央研究院中國文哲研究所，2002 年），頁 199-236。

鄭毓瑜：〈連類、諷誦與嗜欲體驗的傳譯——從七發的療疾效能談起〉，《清華學報》36 卷 2 期（2006 年 12 月），頁 399-425。

鄭毓瑜：〈身體行動與地理種類——謝靈運〈山居賦〉與晉宋時期的「山川」、「山水」論述〉，《淡江中文學報》第 18 期（2008 年 6 月），頁 37-70。

盧守耕：〈鄉賢朱舜水先生及其對於日本學術思想及建國之影響〉，《餘姚史料》3 期（1978 年 1 月），頁 30-34。

蕭放：〈秦至漢魏民眾歲時觀念初探〉，《北京師範大學學報》（人文社會科學版）2001 年 6 期（2001 年 12 月），頁 43-51。

賴橋本：〈朱舜水與日本文化〉，《國文學報》7 期（1978 年 6 月），頁 57-64。

錢穆：〈讀朱舜水集〉，《華岡文科學報》12 期（1980 年 3 月），頁 1-5。

戴瑞坤：〈一代儒宗朱舜水先生〉，《逢甲學報》20 期（1987 年 11 月），頁 1-25。

顏崑陽：〈論詩歌文化中的託喻觀念〉，《第三屆魏晉南北朝文學與思想學術研討會論文集》（臺北：文津出版社，1997 年），頁 211-253。

顏崑陽：〈論唐代「集體意識詩用」的社會文化行為現象〉，《第四屆唐代文化學術研討會論文集》（臺南：國立成功大學教務處出版組，1999 年），頁 27-68。

顏崑陽：〈從詩大序論儒系詩學的體用觀——建構「中國詩用學」三論〉，《第四屆漢代文學與思想學術討論會論文集》（臺北：國立政治大學中國文學系，2002 年 5 月），頁 287-324。

顏崑陽：〈論先秦「詩社會文化行為」所展現的「詮釋範型」意義〉，《儒道學術國際研討會：先秦論文集》（臺北：國立臺灣師範大學國文系，2002 年），頁 171-191。

羅宗強：〈對南京六朝都城的一些看法〉，《中國古都研究》2 輯（1986 年 9 月），頁 162-164。

龔鵬程：〈從呂氏春秋到文心雕龍——自然氣感與抒情自我〉，中國古典文學研究會主編《文心雕龍綜論》（臺北：臺灣學生書局，1988 年），頁 313-345。

〔日〕小尾郊一著，高輝陽譯：〈魏晉文學所表現的自然及自然觀〉（一），

《藝術學報》42 期（1988 年 6 月），頁 77-135。

〔西班牙〕曼威・柯思特（Manuel Castells）著，夏鑄九譯：〈都市象徵〉
（"The Urban Symbolic"），夏鑄九、王志弘編譯《空間的文化形式與社
會理論讀本》（臺北：明文書局，1993 年），頁 539-547。

〔美〕陳世驤著，古添洪譯：〈論時──屈賦發微〉，《幼獅月刊》45 卷 2 期
（1977 年 2 月），頁 51-62；45 卷 3 期（1977 年 3 月），頁 13-21。

〔美〕葛迪樂、拉哥波羅斯（M. Gottdiener and Alexandros Lagopoulos）著，
吳瓊芬等譯：〈都市與符號〉（導言），夏鑄九、王志弘編譯《空間的文
化形式與社會理論讀本》（臺北：明文書局，1993 年），頁 505-526。

〔德〕伯梅（G Bohme）著，谷心鵬、翟江月、何乏筆譯：〈氣氛作為新美學
的基本概念〉，《當代》第 188 期（2003 年 4 月），頁 10-33。

〔日〕興膳宏：〈豔詩の形成と沈約〉，《日本中國學會報》第 24（1972 年 10
月），頁 114-134。

〔日〕齋藤希史：〈「居」の文學──六朝山水／隱逸文學への一視座〉，《中
國文學報》42 卷（1990 年 10 月），頁 61-92。

Doreen Massey, "A Global Sense of Place," *Marxism Today* 35(June 1991): 28.

Elizabeth Grosz, "Bodies-Cities,"in Beatriz Colomina ed., *Sexuality and Space*
(New York:Princeton Architectural Press, 1992), pp. 241-253.

Eric Hayot, "Against Periodization; or, On Institutional Time", *New Literary
History*, AUTUMN 2011, Vol. 42, No. 4, pp. 739-756.

Michel Foucault,"Questions on Geography," in Colin Gordon ed., *Power/
knowledge: Selected Interviews and Other Writings*, 1972-1977 (New York:
Pantheon Books, 1980), pp. 63-77.

Yi-fu Tuan, "Literature and geography: Implications for geographical research",
David Ley and Marwyn S. Samuels ed., *Humanistic Geography: Prospects
and Problems* (Chicago:Maaroufa Press, 1978), pp. 194-206.

索引